学-评一体化策略与实践丛书

基于核心素养的单元教学设计

英语·科学·体育与健康
音乐·美术

丛书主编　卢臻

刘娜　毕丽霞
吴晶晶　陈永贵　主编

知识产权出版社
全国百佳图书出版单位
—北京—

图书在版编目（CIP）数据

基于核心素养的单元教学设计：英语、科学、体育与健康、音乐、美术 / 刘娜等主编 .—北京：知识产权出版社，2023.2

ISBN 978-7-5130-8680-6

Ⅰ. ①基…　Ⅱ. ①刘…　Ⅲ. ①课程—教学研究—小学　Ⅳ. ① G622.3

中国国家版本馆 CIP 数据核字（2023）第 021408 号

内容提要

本书以学生核心素养培育为导向，以《义务教育课程标准（2022 年版）》落地实施为根本遵循，探索单元教学实践策略和创新育人方式。涵纳策略研究与实践案例：策略研究分项解析了设计的相关理论与方法路径；实践案例涉及小学英语、科学、体育与健康、音乐、美术五门课程，覆盖小学低、中、高三个学段，分别选取具有代表性的自然单元，呈现了 32 篇单元教学设计，其中美术学科整合了具有共同要素、内在联系紧密的内容，重组单元后形成 4 篇教学设计。

本书可作为相关课程教师的培训教材，供教师自学或研修参考使用。

责任编辑：郑涵语　　　　**责任印制**：孙婷婷

基于核心素养的单元教学设计（英语、科学、体育与健康、音乐、美术）

JIYU HEXIN SUYANG DE DANYUAN JIAOXUE SHEJI（YINGYU、KEXUE、TIYU YU JIANKANG、YINYUE、MEISHU）

刘　娜　毕丽霞　吴晶晶　陈永贵　主编

出版发行：	知识产权出版社有限责任公司	网　　址：	http：//www.ipph.cn
电　　话：	010-82004826		http：//www.laichushu.com
社　　址：	北京市海淀区气象路50号院	邮　　编：	100081
责编电话：	010-82000860转8072	责编邮箱：	laichushu@cnipr.com
发行电话：	010-82000860转8101	发行传真：	010-82000893
印　　刷：	北京中献拓方科技发展有限公司	经　　销：	新华书店、各大网上书店及相关专业书店
开　　本：	720mm × 1000mm　1/16	印　　张：	24.5
版　　次：	2023年2月第1版	印　　次：	2023年2月第1次印刷
字　　数：	398千字	定　　价：	68.00元

ISBN 978-7-5130-8680-6

前言

基于理解，逆向设计，是单元教学设计的基本方针。

理解，乃课程核心素养在课堂教学的关键落脚点，学生只有在大量事实性信息、概念、原理等基础上建构自己的经验，建立知识之间的意义联结，才能随意调取知识来解决实际问题；换句话说，只有做到理解，才能应用于实践。《义务教育课程方案（2022年版）》在课程实施上提倡大单元教学，强调利用综合性教学活动促使学生深度学习，促进知识结构化。知识结构化是实现真正理解的重要标志，而提炼并表述单元大观念是建构知识的前提。

单元大观念是知识观转变的产物。无论是布鲁纳、菲尼克斯将之命名为“代表性概念”，还是埃里克森将之阐释为“抽象概括”，甚或威金斯和麦克泰把它定义为“有意义的概念工具”，都能清晰感知到“大观念”背后的观念，即知识是“活的”，只有“活”的知识才能被“代表性概念”所代表而富有意义，只有“活”的知识才能被“抽象概括”而建构起知识之间的纵横联系，也只有“活”的知识才能被人的思想和经验赋予意义从而被广泛迁移。所以，“大观念”意味着知识具有整体性、联系性和实践性，体现了建构主义知识观的本质。与此相对，客观主义知识观视域下的知识则是“死”的，是不以人的意志为转移的客观实在，是零碎的、静态的用以记忆和存储的普遍真理。在客观主义知识观看来，知识只有多少之分而无大小之别，只有“这一个”或“这一类”而不存在“本质的”或“关键的”，只有书本知识而无书本知识之外的创造与实践。

教科书知识是两类人的产儿：一类人是知识的发明者或发现者，即前人；另一类人是知识的编纂者，即编者。他们与学习者之间都有要沟通而没有办法沟通的无限内容。就前人而言，知识是他们最终提炼、总结、呈现的成果。那么这成果产生的过程有着怎样特别的经历或经验？它与客观现象、规律之间有着怎样的关联或关系？它具有怎样的意义与内涵？就编者而言，知识由他们选择、组织、整合到一起，这样编排有什么特别意义？知识之间有什么内在联系？哪个是关键性的知识？只有揭示知识产生的背景与内在依据，知识才具有现实的实践意义；只有透视知识间的内在联系，知识才具有学习与创造的价值。以人教版高中《物理》必修一第四章“牛顿运动定律”为例，此单元共7节，分别是牛顿第一定律，实验探究加速度、力、质量的关系，牛顿第二定律，力学单位制，牛顿运动定律的运用等。其中第2节是个实验课，这个实验为什么不编排在第3节之后？它和牛顿第一、第二定律之间分别有什么关系？有何特别意义？第4节“力学单位制”为何不编排在整体学完牛顿三大定律之后而在牛顿第二定律之后？这说明什么？牛顿三大定律的结合点是什么？等。因为种种客观局限，这些问题无论是前人还是编者都难以现身说法，教师，而且只有教师是他们的代言人、悟道者，抓住关键，找到联系，建立关系，以简驭繁，起“死”回“生”。所以，“大观念”呼唤智慧型的教师，呼吁教师转变知识观念，做知识的创造者、建构者，做学生学习的引导者、点拨者。

书本上的很多知识都是等待唤醒的精灵，沉睡着的知识因孤立、零散而面目死板，一旦与其他知识建立联系，就像人找到了人生定位，它就“活”了，有用了。所以“大观念”的揭示与表达还意味着实现迁移。迁移是指学习者面对新的困境能够机智高效地、独立地从知识结构中提出需要的经验并加以应用，其中关键必然在于知识结构。如果学生的长时记忆库中存放的知识是孤立的、毫无章法的堆积物，在应激状态下很难做到随意调取；相反，如果学生的知识是一个动力系统，知识之间因具有必然联系而具有组织性、条件性，那么一旦遭遇外部挑战就会自动做出反应。因此我们所强调的知识结构不是一般意义上的知识之间的从属或衍生关系的梳理，而是站在学生学习的立场，对学生解决问题的思维路径的摸索与建立。

疏通了学生对某一领域问题解决的思维路径，找到学生实现真正理解的一个又一个坐标，才能够准确回答“带学生到哪里去”的单元目标制订问题。无论哪一个领域的学科学习，学生要去的最终目的地只有一个——实践。实践能力是课程核心素养的关键，而支撑实践能力的一定是强大的知识网络，即解决问题的观念、规则、原理、方法、模型等的建构与思维形成，从而确立基于核心素养的单元目标群的三个主要层级：基础性目标、理解性目标和实践性目标。基础性目标指向单元孤立的事实性知识、技能的掌握，理解性目标指向解决问题的思路、模型的建构，实践性目标则指向应用所学解决问题的实践能力培养。

围绕单元大观念建立知识结构，基于知识结构逆推单元目标群是单元教学设计的核心工作，也是基于核心素养的单元教学设计的创新点和着力点。

单元目标是学生学习后的结果，确定学习结果之后，反向求助结果达成的表现性证据和标准，以及达成结果的途径、手段或过程、方法等，遵循的是逆向教学设计的逻辑，目的在于确保目标实现及学生的智力投入和自我监控。在这一点上，我们的创新在于设计贯穿教学过程始终的单元大任务。单元大任务是基于学情，以真实性生活情境为背景，涵盖单元不同层次目标的学前作业。它的完成主要经历三个阶段：一是未学先做，做而知困。在单元正式学习前，学生利用旧的经验和对新知识的把握尝试完成作业，在完成作业的过程中感知、发现并表述问题。二是困而求学，学以致用。课堂教学在预设、梳理学生问题的基础上，围绕课时学习目标，以课中学习活动为依托为学生搭建“认知脚手架”，学生则学用结合，借助课堂学习一步一步修正、完善作业。三是作业展演，推陈出新。展示作业是为了在交流、碰撞中进一步完善作业，乃至创新作业。单元学习结束后，如果在与同伴的作业分享、对比后，学生能够推翻已完成的作业，在更高层面上思考更复杂的情境任务，就在我们所期许的课程素养的形成上更进一步了。

“教—学—评一体化教学”项目获得首届基础教育国家级教学成果二等奖，我们在课堂教学增效上一直在持续探索，从课时到单元，再由单元到课时，始终锁定知识建构与学习效能，培养学生学习能力，落实课程核心素养。单元教学设计的理念与之一脉相承，注重目标制订，关注学生思维，以课堂评价促进学生学习表现。这套丛书的编写者主要是郑州高新技术产业开发区的教研员和郑州中学第二附属小学、郑州高新技术产业开发区外国语小学的课程领导者及学科骨干教师，其中大部分是国家课程教材研究所深度学习教学改进项目的核心成员，他们在“教—学—评”一体化和深度学习之间找到了契合点，在学习的发生和学生的发展上，取得了重大的实践突破。

本套丛书以“教—学—评一体化策略与实践”为主题，一是强调建构知识、运用知识的重要性，倡导理解性学习；二是宣扬致力于课堂教学改进的教研员、学校校长和教师对基础教育发展的贡献，课堂已然在育人方式的变革上发生悄然变化。丛书分三本全面呈现小学语文和道德与法治、数学、英语及其他学科单元整体教学设计的思考与实践。小学语文学科从学习任务群的视角，分别重构了教材中的“识字单元、阅读策略单元、习作单元、口语交际、快乐读书吧、综合性学习”，撰写了6篇覆盖各学段的单元教学设计；道德与法治学科撰写了具有代表性的4篇单元教学设计。小学数学学科基于“数与代数、统计与概率、图形与几何、综合与实践”4个领域，撰写了21篇覆盖各学段的单元教学设计。小学英语及其他学科，覆盖各学段，分别选择具有代表性的自然单元，撰写了32篇单元教学设计，其中美术学科整合具有共同要素、内在联系紧密的内容，形成素养导向的教学设计。

每本书的第一篇，由卢臻、王明霞、汪艳丽、刘娜撰稿完成；第二篇由各学科成员完成。全书由卢臻整体设计，小学语文、道德与法治一书由王明霞组织创编并统稿、完善，小学数学一书由汪艳丽组织创编并统稿、完善，小学英语及其他学科一书由刘娜组织创编并统稿、完善。各学科单元教学策略与实践既体现了整体的设计理念与价值追求，同时也充分表现出了学科特色。

本套丛书中案例的撰写及实践始于2021年年底，在《义务教育课程方案（2022年版）》出台之后，基于各学科课程标准又进行了全面修改，虽经多番打磨及实践论证，仍难免粗疏，其中有关大单元教学的理解问题和某些学科专业问题，有待进一步探讨、解决，希望大家不吝赐教，提出批评意见。

郑州市教育局教学研究室

卢　臻

2022年9月教师节前夕

目　录

第一篇　策略研究

素养导向的单元学习目标：特征、研制及课堂观察*

——以高中语文学科为例

卢 臻 汪艳丽**

摘要：厘清单元目标的特征是落实学科核心素养的关键。单元目标具有实践性、结构性和多维性三重特征。研制单元目标宜从实践出发进行逆推，制订指向实践能力养成的具有内在逻辑关系的目标群；针对单元目标的课堂观察则应以学习者为中心，从静态的文案观察和动态的过程观察两个方面入手，聚焦学习的真正发生和学习结果的产生及证据，重点考量目标达成与落实的过程性与表现性，促进学生自主学习，推进课堂教学改革。

关键词：学科核心素养；单元目标特征；单元目标制订；基于目标的课堂观察

从“双基”、三维目标到学生核心素养的嬗变，在教学设计与实施层面不过是“学生学什么”这一问题的不断追问与持续更新。“学生学什么”指向的不是教材或教材内容，也不是教师提供的个体经验，而是学生学习后的结果——能力或行为倾向的变化，这就是学习目标。学习目标是“学生形象预期”的具体教学落脚点，是抽象的“人”在学校养成的决策性判断与概括性表达，因此学习目标的制订与表述是教学设计与实施的首要工作，一方面它承载着国家的育人方针与课改精神；另一方面决定着课堂教学的质量与效益。

当前，单元教学是落实学科核心素养的主要路径，素养导向的单元学习目标（以下简称“单元目标”）有何特征？对这个问题进行深入思考与回答，不仅有利于单元目标的准确制订与表述，而且也有利于在课堂层面实施基于目标的课堂观察，具体落实学科核心素养。

---

* 本文系 2019 年度河南省基础教育教学研究项目“指向核心素养养成的单元教学设计策略研究”（课题编号：JCJYC19250175）阶段性研究成果。本文发表于《基础教育课程》2022 年第 3 期。

** 卢臻，河南省郑州市教育局教研室教研员，中小学正高级教师；汪艳丽，郑州中学第二附属小学校长，中小学高级教师。

一、单元目标的特征：由素养阐发

素养是单元目标的内涵特征。素养是抽象的，抽象往往意味着需要借助具体的事物表现出来，比如电是抽象的，人们只有看到灯亮了、电动汽车走了，才知道它是存在的。素养也是如此。很难在一个不说、不动、不做事的人身上看出素养，陆游在《上殿札子》中说“气不素养，临事惶遽”，素养一定要人“临事”才能显示出来。经济合作与发展组织（OECD）在其“迪斯科”（DeSeCo）计划中就将学生素养与“做事”联系起来，认为“素养”是结合真实情境的需要而调动心理、社会资源（包括技能和态度）以满足复杂需要的能力[1]。将这个长句进行分解，不难得出“素养”的三个相关元素：一是解决复杂问题的能力；二是可随时调用的知识体系；三是人际关系、情感态度等非智力因素。与此相应，指向学科素养的单元目标应具有以下三大特征。

（一）实践性，强调高阶思维

无论从哪个角度说，学习都是为了实践应用。学的“有用”，做个“有用”的人，这是教育目的，也是学习目的。学生在看到所学东西的用途及发现能用所学影响别人——尤其是地方社群时，所有学段的学生都具有较强的学习动机[2]。“有用性”就是实践性，指向真实情境下解决实际问题的能力，强调高阶思维的培养，高中语文四大核心素养均落脚于此，“运用”“创造”“传承”等都明确指向应用所学解决问题的能力，《普通高中语文课程标准（2017 年版 2020 年修订）》中所列学习任务群的学习目标最终基本也都归结于此。以“学习任务群 1 整本书阅读与研讨”为例，5 条学习目标中的前 4 条均清晰指向信息的输入——理解，最后一条则指向输出——实践，即用自己的语言撰写全书梗概或提要、读书笔记与作品评介，通过口头、书面形式或其他媒介与他人分享。也就是说，阅读整本书籍，既要善于汲取营养全方面丰盈自己，又要擅长表达自己所得以影响更多的人，至于用何种方式表达、如何表达、表达到什么程度、要产生多大影响等，则需根据实际需要灵活应对，这就是语文实践。所以，无论单元内容是什么，学习最终的目的都是为了实践应用，这应是学科育人的重点。

（二）组织性，注重知识结构化

当针对一种情境的解决方案不是那么明朗时，我们就遇到了问题[3]。应对问题的关键在于识别问题类型，以便从记忆中提取或组建合适的解决办法。对特定领域的专家知识研究表明，识别问题类型依赖于专家建立在大量事实性信息之上的有组织的知识，有组织的知识是围绕核心概念或“大观点”建立起来的[4]（图 1），它被称为知识的金字塔结构[5]。处于顶端的是价值观念或（跨）学科观念，其中学科观念是帮助学生组织和建构知识与经验的透镜，知识间的关系因此清晰明了而形成结构化体系；其下便是系统化的程序性知识和结构化的陈述性知识，程序性知识是用来“对外办事”（即解决问题）的知识，它和思维模式与探究方式、自我监控与评价的元认知等密切相关，共同组成用以解决问题的有机体；最下端则是大量的事实性信息、孤立的概念及规则。有组织的知识既便于遇到突发任务时随时提取，也便于在特定情境下进行迁移，所以也被称为情境性知识。情境性知识就是学生知道何时、何地、为何及怎样运用知识去解决问题的知识，它是结构性知识的应有之义。

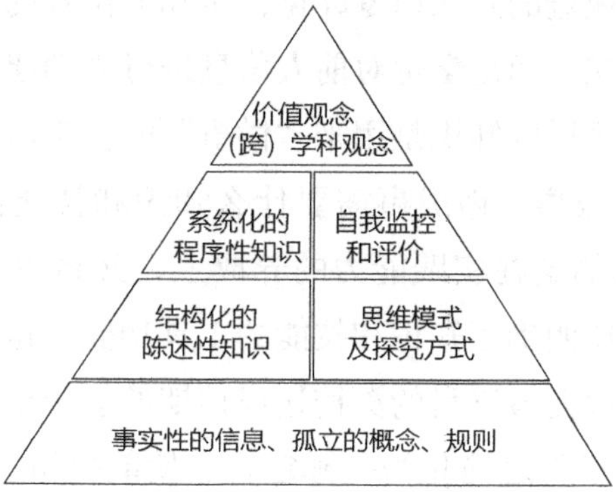

图 1 有组织的知识体系，即情境化知识

（三）多维性，关注态度等养成

能做事，能正确地做事，能做正确的事，这就是一个人的核心素养。其中“能做正确的事”涉及必备品格，指在问题面前一个人所表现出的信仰、立场、原则等，也就是情感态度价值观，这是我们重要的教育目的。无论哪个学科、哪个单元的学习内容，只要课堂上发生真正的学习，师生展开充分的互动、对话，或隐或显，或轻或重，均会产生这方面的影响，即所谓的熏陶渐染、潜滋暗长。克伯屈把知识建构的过程称作主学习，把品格、情感及态度形成的过程叫作伴随学习[6]。伴随学习的内容形成较慢，且往往需要借助学生的行为表现进行间接观察。如“学习任务群 1 整本书阅读与研讨”第 5 条的学习目标为“从作品中汲取营养，丰富自己的精神世界，逐步形成正确的世界观、人生观和价值观”。学生是否形成了正确的价值观呢？需要在本条“用自己的语言撰写全书梗概或提要、读书笔记与作品评介，通过口头、书面形式或其他媒介与他人分享”的实践目标中体现出来。

当然，具体性也是单元目标的重要属性。我们制订目标是为了完成目标，完成目标就需要目标具体、清晰，做到可操作、可测量。另外，单元目标规定了一定时限（几周或几个月）的学习结果，还可对其进一步细化以形成课时学习目标，因此它在某种程度上也具有一定的包容性、概括性。

二、单元目标的制订：从实践逆推

单元教学表面上规避的是知识零碎化，实际上扭转的是教师的知识观。知识不是现成的客观存在，而是学生对前人信息进行主动建构所形成的认识，包括世界观和方法论，这样的知识是用来“做事”的。学习本单元，学生能够做什么事？怎么才能做成事？做成事需要什么知识和技能？以终为始，步步追问，既直接将学习目的定在实践能力的养成上，又将主要精力聚焦在“做成事”的知识建构上，还明确了知识和技能的工具功能。这就是单元目标逆推策略。删繁就简，围绕单元最终目的深挖达成预期的能力要素，形成具有内在逻辑的单元目标群，这里将之简化为一锤定音、使能分析、起点确定三个步骤。下面以高中《语文》教材必修（上册）第六单元为例具体阐述。

（一）一锤定音

加涅认为，学习目标是经过教学之后学生将能做哪些他们之前不会做的事[7]，这与素养的内涵特征是一致的，超越单元具体的知识与技能。单元目标最终只有一个，那就是学生实践、迁移能力的培养，我们可以称之为实践目标（或迁移性目标）。制订实践目标，需在通览单元内容、把握核心概念之后，对单元学习意义进行终极追问，即“学习本单元学生应获得的可迁移的目标是什么”或“学生学习本单元后在生活中能够做什么”，直接将单元目标定在实践应用上，避开对单元零碎知识的纠缠，传达单元学习的期望，明确教与学的责任。

实践目标即表现性目标，需要准确陈述学生的学习表现，以便通过学生的学习表现观察其能力养成情况。实践目标在陈述上应该主要包括实践情境、表现性动词、表现的内容、表现的条件（工具或手段）四个成分。就语文学科来说，指向实践的学习表现的动词一般为鉴赏、评价、表达、解决、辩论、演讲、创作、撰写等。

高中《语文》教材必修（上册）第六单元聚焦学习之道，汇集名家名篇，从不同角度呈现说理性文章的“说理”精彩。那么，学习本单元用来做什么呢？“单元提示”已然给出明示：一是形成正确的价值观；二是进行语言实践，即“从合适的角度以恰当的方式阐述自己的看法”。其后的“单元学习任务”与之相应，第三题即要求学生以《“劝学”新说》为题，写一篇不少于800字的文章。据此，本单元实践目标可以表述为：

在写作活动情境中，给出现实中的某个问题（实践情境），能够运用驳论的方法和逻辑（行为表现条件），撰写（表现性动词）一篇说理性文章（表现的内容），不少于800字（表现程度）。在这条实践目标中，学生的预期表现独立于课堂教学之外，强调的是学生在教室或学校之外的真实生活情境中的学习表现，这是素养的应有之义。当然，为使目标更加具体可测，还可加上“行为表现程度”，如上述目标中的“不少于800字”即是对“撰写”行为做出的程度限定。目标包括的成分越多，所传递的期望就越准确。

（二）使能分析

实践目标的达成不会一蹴而就，那么它“需要什么样的支撑”或“需要什么样的条件”？以这样的追问对实践目标进行必要的成分厘定或分步描述，就是使能分析，所得下位目标就是使能目标。实践是要求学生运用所学对外输出、办事。要有理想的输出，必须有充分的输入。“输入”不只是掌握大量的事实性知识，还包括超越事实性知识的知识建构，将知识组织化、结构化，这就是深度理解。理解的过程就是新知进入学生原有知识结构，使原有结构不断重构的过程[8]。因此，结构化的知识是“活”的知识，就像训练有素的士兵，一旦受到与之相关的外部情境的刺激就能随时调动，因此也叫情境性知识。它是实现实践目标的先决条件，也是理解性学习的结果，因此使能目标也可称作理解性目标。

根据布卢姆目标分类学，表现“理解”的可测量的学习表现有解释、概括、说明、比较、分类、推理、阐述七类行为动词，主要指向知识建构过程。那么，是何种建构？建构什么？怎么建构？使能目标在表述上主要包括认知条件（方法、方式）、认知动词、核心知识三种主要成分。

针对撰写驳论文这一实践目标，如何驳斥对方观点？如何阐发自己的见解？如何建立行文思路？怎样的语言更有说服力？这些问题大多是学生在面临该实践任务时的瞬间追问，也是完成该实践目标的必要支撑，对这些问题的回答及表述就是相应的使能目标，这里可将其总述为：

研读《劝学》《师说》《反对党八股》《拿来主义》等文章（认知条件），建构（认知动词）创作（包括鉴赏）说理性文章的方法和逻辑（核心知识），培养思辨能力。

将这条目标细化，自上而下可以制订如下三条具体目标，分别指向语言表达、行文思路和立论方法。

（1）探究各篇文章语言的共性，阐释其语言说服力，体会说理文章语言表达上的说理艺术。

（2）分析文章行文结构及说理方法，推断观点与论据的关系，形成说理文创作的一般思路。

（3）梳理文章内容，概括作者的观点和情感倾向，分析立论角度，阐明说理文立论的方法。

这三条目标在认知上由内容到形式依次递增难度，逐渐建构说理性文章创作（包括鉴赏）的逻辑和方法，形成创作说理性文章的行动方案，为达成实践目标提供必要的能力支撑，促使学生形成在说理文写作、辩论、演讲等实际问题情境中解决问题的能力，会说理，有理说，说得有理。需要说明的是，这些目标内部看似都有多个子目标，其实落点都在最后的方法、思路等的建构上，其他均为达成方法、思路的过程和手段，充分体现“教材不过是个例子”的理念。

（三）起点确定

学习起点指的是学生原有的知识基础。在建构主义学习观看来，学习的本质就是学生利用原有的知识结构对新知进行同化，所谓理解就是新知识在学生原有的知识结构中找到适当的位置，即新知识与旧知识建构起应有的联系。这正是单元教学的应有之义，克服孤立、零碎的知识教学，将学科课程内容在纵向上自上而下逐渐分化，在横向上融会贯通，形成结构化知识。因此，学习起点的确定有两种形式，一种是调查分析学生的原有经验，从中找到学生的认知冲突，据此明确学生的思维结节，确定单元教学的难点；另一种是基于课程标准与学情分析，联系旧知识，整合单元内容，建立单元内容的本质认识，提出单元大观念。提炼单元大观念是建构单元内容的前提，因此它应成为单元的起点目标。上述第六单元的起点目标即为：通览单元内容，将驳论文与一般议论文对比分析，提出单元大观念，建立有关驳论文的一般认识。

就驳论文这一单元来说，起点目标要求抓住本质，对驳论文形成整体认知；支撑目标要求局部探讨，从不同角度研究、深化既有观念；实践目标则基于逐步形成的观念、思维、逻辑方法等解决实际问题。三条目标呈现“整体—局部—整体”的建构学习思路，将其按学习的顺序归总表述，即是该单元具有内在建构关系的目标群，具体如下所示：

（1）通览单元内容，将驳论文与一般议论文进行对比分析，提出单元大观念，建立有关驳论文的一般认识。

（2）研读《劝学》《师说》《反对党八股》《拿来主义》等文章，建立创作（包括鉴赏）说理性文章的方法和逻辑，培养思辨能力。

①梳理文章内容，概括作者的观点和情感倾向，分析立论角度，阐明说理文立论的方法；②分析文章行文结构及说理方法，推断观点与论据的关系，形成说理文创作的一般思路；③探究各篇文章语言的共性，阐释其语言说服力，体会说理文章语言表达上的说理艺术。

（3）在写作活动情境中，给出现实中的某个问题，能够运用驳论的方法和逻辑，撰写一篇说理性文章，不少于800字。

三、单元目标的课堂观察：以学习者为中心

课堂观察的起点与归宿都是指向学生课堂学习的改善[9]。作为一种教学研究方法，课堂观察主要是对课堂教与学的互动情况进行记录、分析和研究，

以达到改善学生学习表现和提高教师教学能力之目的。单元目标以学习者为中心，耕于课前制订，收于课堂实施，特别强调在课堂实施中生成、落实。因此，针对单元目标，应主要从两个维度、四个视角进行课堂观察。两个维度，一是指单元目标制订与表述；二是指单元目标达成与落实。

“单元目标制订与表述”维度应为静态的文案观察，主要观察单元目标的制订情况，如表1所示。与前述单元目标的内涵及制订策略一致，“目标制订”视角可设立目标来源的科学性、核心素养的鲜明性、目标群内在逻辑性三个观察点，主要观察、分析教师对单元课程内容的理解程度、相关核心素养的表现程度及知识的建构程度等，既考查教师的学生观及教学质量观，又考量教师的课程决策能力。“目标表述”视角主要观察目标是否具体、可操作，其中“具体”指尽量避免使用“体会”“领悟”“学会”等笼统、模糊的动词，而要用经心理学界定的动词表述目标，如布卢姆修订的目标分类中提出的六级认知水平

表1　素养导向的单元目标制订与表述观察量表

学科　年级　册　单元　　　　执教教师：

单元目标：
1.
……

观察维度	观察视角	观察点		实时观察	
		具体指标	特征表述	是 / 否	现象记录与分析
单元目标制订与表述	目标制订	目标来源的科学性	1. 基于课程标准 / 教材 / 学情分析		
			2. 基于单元核心观念的提炼		
			3. 基于单元内容结构化整合		
		核心素养的鲜明性	4. 指向学生高层次精神活动		
			5. 指向学生单元知识的建构		
			6. 强调在真实情境中的生成		
			7. 关注情意、价值观的培养		
		目标群内在逻辑性	8. 目标中有明显的主目标		
			9. 目标之间有一定的层级性		
	目标表述	目标的具体可操作性	10. 学习表现动词具体明确		
			11. 学习表现条件清晰可靠		

动词，每级认知水平还有更具体的代表能力的学习表现动词，这些动词描述的学习行为是外显的、可观察的。学科核心素养的养成需要一定的过程与方法，因此在目标表述上，还要强调学习表现条件的清晰、可靠，以使学习目标的达成有依据、可操作。

不要把目标视为一个凝固的、静态的东西，目标与流程之间具有复杂的辩证关系[10]。说到底，单元目标只是一种假设，能否实现取决于它在实践过程中的探讨与修正情况。实践过程是一个有机的运动着的流程，单元目标引导并受制于这个流程，因此对单元目标的课堂观察主要集中于目标与实践流程的互动过程及互动结果（即学生的学习表现），从而建立“单元目标达成与落实”观察维度，如表 2 所示。

“单元目标达成与落实”观察维度分“目标达成”与“目标落实”两个视角。

表 2　素养导向的单元目标达成与落实观察量表

单元目标：
1.
……

目标	目标达成						目标落实							生成性目标			
目标	知悉目标情况			达向目标情况			落实目标的手段				目标落实的证据			有		无	
	目标呈现方式	知悉程度	学习动机	生成性学习活动	学习活动有效性	学习情绪	评价工具	评价信度	教师反馈	学生自评	初步证据	修正完善	最终证据	时机	证据	失时	未有
目标1																	
……																	
分析建议																	

“目标达成”视角主要指向达成目标的过程与方法，聚焦学生知悉目标情况和达向目标情况两个观察点。以学习者为中心，“知悉目标情况”主要包括目标呈现方式、知悉程度、学习动机三个内在关联的指标。单元目标是学生最

终达成的学习结果，学习是学生自己的事情，知道并理解目标，既益于学生明白学习目的从而生发学习的意义，也益于师生目标一致从而结成学习同盟，这是达成目标的第一步。所以目标的呈现方式很重要，媒体出示、口头告知、师生商定或教师解释等，都会给学生带来不同的目标觉知或认同程度，学生越明白成功的标准，越能投入实现目标所必需的努力中[11]。“达向目标情况”则集中于生成性学习活动及学习活动有效性、学习情绪三项内容。学习是个主动的过程，学生达向目标的过程就是主动建构新旧知识意义关系的过程，乔纳森等人称这种学习过程为“生成性学习”。生成性学习与真实的世界相联系，能够使学生深入理解新知并实现迁移[12]。这与学科素养的内在要求极其一致，因此生成性学习活动的设置与实施是学生为实现目标而努力的重要标志。当然，生成性学习活动也存在有效与否的问题，与目标一致且任务具有挑战性，就是适当、有效的，学生学习积极性也高；反之则不然。

学习是一种由现有状态到达理想状态的过程，“理想状态”就是学习目标。判定学生是否达标，需要围绕学生的学习表现对其达标情况进行测评，如果不达标，还要采取补救措施帮助学生完善学习表现，这就是形成性课堂评价，它是落实目标的系统工程，也是评价较高学力的方法[13]。因此“目标落实”视角事关落实的手段和证据两个观察点。

“落实目标的手段”着眼于评价工具、评价信度、教师反馈、学生自评四个指标，其中评价工具指用以检测目标的评价任务及评价标准，其须与目标类型保持内在一致，以确保测评出目标内含的学习表现，这就是评价的信度。没有信度，再好的评价工具也不能发挥促进学习的作用。教师借助具有信度的评价工具收集学生达标的证据，借助证据推断、反馈、指导学生学习，以促进学生最终达标。要更加值得注意的是，形成性评价不仅是教师获取信息和管理教学的手段，也是学生进行自我监控与管理的方法，让学生进行自我评价，不仅能够调动学生学习动机，使其积极地参与课堂学习，还可以帮助学生成长为反思性学习者，成为自我学习的主人[14]。这是学生核心素养极其重要的内容，因此“学生自评”这个指标关系到单元目标能否全面落实。

与“落实目标的手段”一致，“目标落实的证据”强调初步证据与最终证据两种证据。“初步证据”是指借助评价工具最先获得的学习信息；在教师补救教学之后，经过学生“修正完善”这个过程，再次施测而获得的学习结果就是“最终证据”。因此这个视角中的“修正完善”指标极其重要，它体现了学习的反思性特征，与“学生自评”指标一起共同促成学生自主学习能力的培养与发展。

上述两个观察维度主要针对的是既定目标。既定目标是教学效益的底线，但不是全部教学结果，真正的教学结果应该还包括生成性目标[15]。生成性目标即教师利用课堂随机性的课程资源而实现的非预期目标，它往往源于师生互动过程中出其不意的问题，教师需要机智地、不失时机地把握、引导，将看似“节外生枝”的问题转化为实实在在的学习结果，实现课堂教学的“附加值”。因此这个观察点主要查看有无生成性目标，有，则观其时机及证据；无，则看其是因失去时机，还是由于课堂教学仅止于完成预设目标，导致没有生成，因为课堂教学的重点首先还在于完成预设目标。

在有限时间内，什么最值得学习？如何计划和实施以促进学生深度学习？如何设计测评工具以准确获取学习信息？如何确保目标、教学和测评彼此一致？这是有效教学的四个基本问题[16]，其实质都是以学习为中心的目标问题，也是针对目标而实施的课堂观察所考量的有效教学问题。核心素养背景下，一线教师在制订、观察单元目标上深入考量这些问题，不仅利于调动师生教与学的主动性，落实学科核心素养，还利于促进课堂教学改革，加快教师专业成长。

参考文献

[1] RYCHEN，SALGANIK. Highlights from the OECD Project Definition and Selection Competencies：Theoreticaland Conceptual Foundations（DeSeCo）[J]. Definitions，2003，37（12）：10.

[2] Motivation in Education：Theory，Research and Application.Columbus [M]. OH：Merrill PrentIce-Hall.

[3] R.M. 加涅，等. 教学设计原理[M]. 王小明，等译. 上海：华东师范大学出版社，2007：64.

[4] 约翰·D. 布兰思福特. 人是如何学习的：大脑、心理、经验及学校[M]. 程可拉，等译. 上海：华东师范大学出版社，2013：36−39.

[5] GARY D.BORICH & MARTIN L.TOMBARI. 中小学教育评价 [M]. 国家基础教育课程改革"促进教师发展与学生成长的评价研究"项目组，译. 北京：中国轻工业出版社，2004：1.

[6] 威廉·赫德·克伯屈，等. 教学方法原理 [M]. 杨爱程，等译. 北京：人民教育出版社，2020：12–13.

[8] 皮连生. 学与教的心理学 [M]. 上海：华东师范大学出版社，2009：226.

[9] 沈毅，崔允漷. 课堂观察走向专业的听评课 [M]. 上海：华东师范大学出版社，2008：75.

[10] 钟启泉. 三维目标论 [J]. 教育研究，2011（9）：66.

[11] 约翰·哈蒂. 可见的学习：最大程度地促进学习 [M]. 金莺莲，等译. 北京：教育科学出版社，2015：52.

[12] GARY R.MORRISON，等. 设计有效教学 [M]. 严玉萍，译. 北京：中国轻工业出版社，2007：135.

[13] 田中耕治. 教育评价 [M]. 高峡，等译. 北京：北京师范大学出版社，2011：151.

[14] 杨向东. 促进学习的课堂评价设计与使用 [J]. 基础教育课程，2010（6）：63.

[15] 崔允漷. 有效教学 [M]. 上海：华东师范大学出版社，2009：111.

[16] 洛林·W. 安德森. 布卢姆教育目标分类学（修订版）[M]. 蒋小平，等译. 北京：外语教学与研究出版社，2009：5.

单元目标群的建构策略与实践案例*

——以人教版（2019）高中《语文》必修一第一单元为例

卢　臻　汪艳丽　董雪霞**

摘要： 为形成课程合力，优化单元内容，与“学习任务群”一致，单元学习目标也需以“群”的形式进行建构，形成单元目标群。建构单元目标群是一个系统工程，需在解析课程标准、教材等的基础上提炼出单元大观念，围绕单元大观念建构单元知识结构，基于单元知识结构逆向推导出单元学习目标。逆向推导单元目标强调基于理解的学习，以学生迁移、实践能力为终极目标，自上而下逐层反推支持迁移、实践能力的理解性目标及基础性目标。人教版高中《语文》必修一——现代诗歌单元目标群的制订为这一思路提供了具体案例。

关键词： 单元目标群；单元大观念；单元知识结构

学习目标是教学的归宿与灵魂[1]。单元教学设计的关键也在于单元目标的确立与制订。与高中语文课程标准所设计的“学习任务群”相对应，单元教学目标也应以“群”的形式进行建构，即形成单元目标群。下面以人教版（2019）高中《语文》必修一第一单元为例，尝试论述单元目标群的建构策略。

一、单元目标群的界定及理论依据

“群，辈也。从羊，君声。”《说文解字》将“群”的本义定为人类团体，

---

*基金项目：全国教育科学“十三五”规划2018年度单位资助教育部规划课题“基于学科核心素养的学历案教学实践研究”（项目编号：FHB180585）；2019年度河南省基础教育教学研究项目“指向核心素养养成的单元教学设计策略研究”（课题编号：JCJYC19250175）阶段研究成果。本文发表于《中小学教材》2020年第12期，由人大报刊复印资料《高中语文教与学》（2021年6月）全文转载。

**卢臻，河南省郑州市教育局教研室教研员，中小学正高级教师；汪艳丽，郑州中学第二附属小学，中小学高级教师；董雪霞，河南省郑州市回民中学语文教师，中小学高级教师。

而非兽类团体；但《辞源》却将之定义为兽类团体。只要是团体，都存在一个将众人或众兽凝聚成团的核心，现代汉语中“句群”这一概念即是例证。句群是一组句子，但只有中心明确、语意连贯的一组语言单位才能称为句群[2]。同样，高中语文新课标中的“学习任务群”也是个例证，每一任务群的“学习目标与内容”都是一组目的明晰、关系密切的学习结果，比如“学习任务群 5 文学阅读与写作”，围绕“提高审美鉴赏能力和表达交流能力”这一中心，分别从理解、鉴赏、表达和积累四个方面陈述学习目标[3]，呈现螺旋上升的学习能力发展阶序，体现了语文实践的内在规律。

实现教育目标需要一定的时间。拉尔夫·泰勒强调应选择少量且内在高度一致的重要目标，认为具有一定整合性、连贯性、一致性的学习目标能够彼此强化，易于达成；内容分离的学习目标可能在实际学习中彼此干扰[4]。这条原则既适合学科课程标准的制订，也适用于单元、课时学习目标的确立，其中所说的整合性、连贯性和一致性即学习目标群的基本属性。安德森等人在布卢姆目标分类的基础上，将学习结果分为知识内容和认知过程两部分，并将知识内容分为事实性知识、概念性知识、程序性知识、策略性知识四部分，将认知过程划分为记忆、理解、应用、分析、评价、创造六个逐渐提升的层级[5]，同时认为这六个层级一般情况下顺序不可颠倒。据此，学习目标群的内在统一性即体现在知识内容与认知过程两个层面。在知识内容上，主要指一组学习目标围绕一个基本概念或大观念进行组织，各目标分别从基础概念到规则、原理及应用等不同角度有层次地拱向基本概念或大观念的生成，以确保学生对某一领域知识形成集中的、核心的认知和迁移，而非零散的、孤立的知识罗列、堆积。在认知过程上，多指一组学习目标呈现出自低到高的认知层级，高层阶目标以低阶目标为基础，学生学习逐步攀升，环环相扣。

加涅把学习结果分为言语信息、智慧技能、认知策略、态度及动作技能五种类型，与布卢姆目标分类相比，其中的言语信息近似于事实性知识，智慧技能相当于概念性知识和程序性知识。每单元或每节课确立的学习目标可能指向不同的学习结果类型，但一组学习目标中要确立一个主要目标。如果没有主要目标，这节课似乎是不值得的[6]。就一组单元目标而言，主要目标的出现更说明这组目标成为“群”的可能与必然，目标之间因主目标而相互联系、支撑，主目标因其他目标支持而得以逐步达成。

二、单元目标群的建构策略

实际上，教材所组建的单元某种意义上也是“群”，比如人教版高中《语文》（2019年版）必修一，基本按题材组建单元，包括“现代诗歌”“思辨类文章”“实用类文选”“语言规律与语用规则”四个单元，单元内部篇章安排上具有一定的时空或逻辑顺序。这种“篇章群”明确了“最好用什么教/学”的教学资源问题，并未回答“教/学什么”的教学目标问题。教材作为教学资源，是实现教学目标的工具，同时也是制订教学目标的基本依据，除此之外的主要依据则是课程标准。因此，建构单元教学目标群是一个系统工程，需要在解析课程标准、教材等的基础上提炼单元大观念，围绕单元大观念建构单元知识结构，基于单元知识结构推导出单元学习目标群。

（一）依据课程标准等提炼单元大观念

大观念又称“大概念”“核心概念”“基本观念”等，是超越学科事实性知识而做出的重要“推论”或“概括”。埃里克森将之分为两种，一种是跨学科或超越单元主题的“宏观概念”，另一种是与学科或学科特定主题相关的“微观概念”；并建议为保证理解深度，单元概括最好使用“微观概念”[7]。不论宏观概念还是微观概念，大观念回答的都是“本质是什么”的知识本源问题，它深藏在大量零碎、孤立的事实性知识或概念性知识之中，需要通过分析、综合等提炼或揭示出来，所以威金斯等人强调大观念必须用完整的语句表述出来[8]。他强调的不是表述形式，而是强调大观念是思维的结果这个内涵。

大观念其实就是“放之四海而皆准”的大道理。人类的生活处处都有大观念，也因有大概念的引导而变得简单易行。如“态度决定一切”就是个大观念，在关键时刻它能将人们引出举棋不定或艰辛困苦的泥淖。生活大观念或来自人们对实践经验的深刻总结，或产生于哲学家对人类基本问题的根本揭示，课程单元大观念则需基于学科课程标准和教材分析等进行提炼。国家课程标准是教材编写、教学、评估和考试命题的依据，是评价管理和评价课程的基础[9]。《普通高中课程标准（2017年版2020年修订）》从学科核心素养到课程目标及学业质量水平等多个维度，规定、分解、明确了学科某一领域（也可说是学习任务群）“教什么”及“教到何种程度”的问题，其中反复强调的概念理应是建构单元大观念的基本要素。如“整本书阅读与研讨”模块的相关阐述中反复强调“阅读经验和方法”，那么有关整本书阅读的经验和方法总结该是单元大观念的基本内容。至于建构什么具体的阅读经验和方法，则要结合篇章类型或单元内容。需要指出的是，围绕阅读经验和方法建构的有关整本书阅读的大观念不一而足，并没有“标准答案”，只要反映一定的阅读规律且具有普适性均应得到肯定。

（二）围绕大观念建立单元知识结构

“高中新课程标准”进一步精选了学科内容，重视以学科大观念为核心，使课程内容结构化[10]。这个结论点明了学科大观念的一个基本功能——凝聚课程内容，便于课程内容结构化。将课程内容结构化是有效教学的重要途径。不论我们选择教什么学科，务必使学生理解各门学科的基本结构，这是知识运用的基础，有助于解决学生在课外遇到的问题和事件[11]。新的认知科学强调的“理解”，实际上就是在新知识与旧知识之间、新知识内部诸要素之间建立联系，形成知识结构；新知不断冲击、挑战原有的认知结构，原有的认知结构不断同化新知而得以重组、完善或变化，这是超越一切陈述性的、零碎的事实、概念、原理等形成抽象概括的过程，也是学习真正发生的过程，所谓的学习就是认知结构的变化。

研究表明，某一特定领域专家的知识不是对相关事实、公式的罗列，而是围绕核心概念或大观念组织成的有条理的知识结构[12]。有条理的知识结构可以是由大观念贯穿的分层次排列的金字塔形，由底部向上是逐渐增多的事实、概念，处于顶端的是系统的原理和规则，呈现由具体到概括的内在关系；也可以是由大观念引发的知识地图，以各种联系标注、呈现知识之间的关联，明确知识运用的时机、条件等，便于在不同情境中随时提取。相比其他学科，语文学科因其篇章教学的特性更易使学习碎片化、零星化、重复化，王荣生教授对此曾用“比喻修辞”为例进行批判，认为一堂课庞庞杂杂二三十个内容，教师多不知道自己在教什么，所以十二年语文课教不会一个“比喻修辞”[13]。单元教学是解决语文碎片化教学的一种手段，关键是要找到将篇章组元的“魂”——单元大观念，并围绕这个“魂”建构单元知识结构，梳理某一领域主要语文要素（技能）及要素（技能）之间、要素（技能）学习与审美鉴赏、情意态度培养等之间的关系，明确学习的重点、难点及解决重点、难点的思维路径。

（三）逆向推导并陈述单元学习目标

为了更加明确学习目的和意义，威金斯提出了逆向教学设计思路，即先确定希望学生理解的学习目标及促进学生理解的评价任务，在此基础上再开发帮助学生掌握有关知识和能力的教学活动[14]。这是由教学结果及对结果的评价倒推出教学活动，将评价任务设计调至教学活动设计之前，确保教学设计直达教学结果的实现，在一定程度上提高了师生教与学的责任感。这种思路也适用于单元学习目标群的制订。逆向教学设计实质是“以终为始”逆向思考，“终”就是教学最终的目的地。教学最终的目的地也就是教学的最终目标，教学最终目标必然是学生的能力及行为倾向发生了什么变化，也就是学生最终能做什么事，即对外的输出——运用或迁移等；对外输出必然需要知识与技能的输入——掌握和理解，那么基于运用或迁移之输出，依据单元知识结构，应由上到下依次掌握、理解什么内容才能达成最终学习结果呢？这种反向思考由输出开始，逐层反推输入性目标，形成运用、迁移—掌握、理解—积累、识记等的金字塔形倒推学习目标思路。这种思路易于一组单元目标共同指向最终目的而成为“群”，形成指向学生运用、迁移能力的目标合力，既利于删繁就简、优化整合单元内容，也利于集中学习成本，避免在零碎、无用的内容上消耗精力。

加涅提出正序与倒序两种排列目标的顺序，其中倒序就是一种逆向思路，即自上而下、由一般的目标到更具体的目标[15]。所不同的是，加涅强调的是目标之间的先决关系，下一级目标的达成是上一级目标实现的基础，目标间的顺序必须完整，以确保较低水平的目标的学习。

为保证单元学习目标的可评价性，最好使用可观察的行为表现动词进行陈述，做到具体、可操作。

三、一个单元目标群建构案例

经济合作与发展组织在其“DeSeCo”计划中称“素养”是结合真实情境

的需要而调动一切知识储备用以解决问题的迁移能力。单元目标群的建构就是着眼于学生迁移能力的培养，确保学生所学到的知识是“活”的、可调动的。下面以人教版（2019）高中《语文》必修一第一单元为例简要阐述单元目标群的建构过程。

（一）依据教材、课程标准等提炼单元大观念

首先，分析课程标准，提取单元关键词。人教版高中《语文》（2019 年版）必修上册第一单元为现代诗歌和小说，指向的主要核心素养是审美鉴赏与创造。《普通高中语文新课程标准（2017 年版）》中相应的学习目标与内容为：“感受作品中的艺术形象，理解欣赏作品的语言表达”“根据不同的艺术表现方法，从语言、构思、形象、意蕴、情感等多角度欣赏作品”；相应的学业质量水平 2 的内容为：“能整体感受作品的语言、形象和情感，展开合理的联想和想象；能对作品的内容和形式做出自己的评价。”可知，“形象”“语言”“表现手法”“情感”等是该单元学习的关键词。

其次，解读篇章内容，提炼单元大观念。本单元包含五首新诗和两篇新时期小说，主题均为对青春的吟唱和抒怀，但风格迥异，各具特色。如《沁园春·长沙》笔下蓬勃的湘江美景与精妙的炼字选词，《立在地球边上放号》中壮丽的北冰洋、太平洋与雄奇奔放的气概，《红烛》中被赋予新义的古典意象“蜡炬”与诗句长短错落的节奏，《峨日朵雪峰之侧》中壮美的“雪峰”、卑微的“蜘蛛”等众多审美意象与充满张力的语言，《致云雀》蕴含深刻象征意义的“云雀”与新奇的比喻等，《百合花》通过感人的细节描写颂扬战争年代革命军人的牺牲奉献精神，《哦，香雪》通过清新的笔调描绘改革开放初期山村少女对现代生活的向往，等等。可见，主题相同或相近的作品，因其语言运用、形象塑造、情感表达方式的不同而尽呈美姿，这与课程标准中强调的关键词高度一致，据此可以得出这样的认识：文学作品通过选取鲜明形象、借助富有表现力的语言和表现手法来反映社会生活和独特情思。这就是单元大观念，它适应分析和鉴赏本单元所有作品，也可迁移于阅读理解单元以外的其他文学作品。

（二）围绕大观念构建单元学习体系

基于上述单元大观念，本单元最终学习目的显而易见，即学生能够通过分

析作品所选取的形象、采用的语言和表现手法、反映与表达的社会生活和独特情感等来鉴赏、评价文学作品。与迁移能力相对应，单元基本问题顺势而出，即面对一篇文学作品，学生需回答：其（如何）选取（何种）形象，借助（何种）语言和（何种）表现手法，来表达（何种）独特情思及反映社会生活的？这也是本单元要着力解决的核心内容。为解决这一基本问题，学生需要知道的基本知识有：文学作品的具体样式、形象的概念与种类、人物语言与作品语言及语言风格的区别、主要表现手法的特点等；需要掌握的基本技能有：概括及分析形象的特征和内涵、判断及分析语言风格和语言表现力、推断并分析表现手法和表现手法的表达效果、归纳并分析情感与主旨等，由此可构建出本单元的学习体系。（图 1）

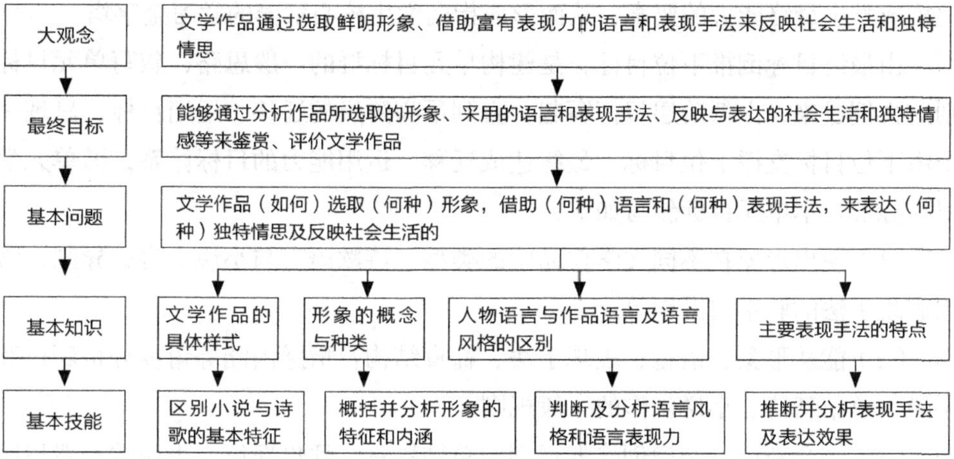

图 1　人教版（2019）高中《语文》必修一第一单元学习体系

人教版 2019 年版新教材打破了按文章体裁编排单元内容的传统，按阅读能力训练编排单元，目的在于促使教师树立整体教学观。围绕单元大观念，立足迁移能力，以养成学生鉴赏与创造的素养为宗旨，培养学生归纳、概括、比较、分析、评价等关键能力和勇于探索、实践的品质，同时促使学生厚积基本知识和技能，整合并理清知识与知识之间，知识与技能、素养之间的逻辑关系，建构清晰的、有条件的单元知识网络，以便随时随地提取知识储备进行迁移。

（三）根据单元学习体系，建构单元学习目标群

单元学习体系自上而下呈现“迁移—理解—了解”三种认知过程，每一下位能力都是其上位能力的强力支撑，即若要形成鉴赏与创造等迁移能力，需有对文学作品创作的内在规则、机理的分析、提炼，在此基础上形成鉴赏与创造的方法、策略；若要分析、提炼创作的规则、机理，则需具备从形象、语言、构思、手法等角度分析文学作品的一般技能；若要掌握一般技能，则需了解有关形象、结构、手法、语言等的一般知识。越处于下位的内容越具体，越处于上位的内容越抽象、概括，从最高层阶的能力一路倒推，处于最下位的一般性知识、技能是迁移、运用的基础，但不是目的；处于上位的迁移、运用能力是目的，但需借助层层知识、技能的支持，每一层内容并非孤立的单独存在，都是构成学生最终能力的要素，从而形成指向学生核心素养的学习金字塔。

由最终目标倒推下位目标，是建构单元目标群的一般思路；叙写单元目标则需再倒过来，由低阶层目标写起，直到最高阶层的迁移、运用目标，呈现一个由下位目标支撑上位目标，最终达成迁移、运用能力的目标体系，即单元学习目标群。本单元目标叙写如下：

（1）说出形象在不同文学作品中的类型、诗歌语言与小说语言的异同、常用表现手法的联系与区别等。

（2）能从形象、语言、表现手法、篇章结构及情感内涵等角度分析新诗和小说，总结新诗、小说创作的一般规则。

（3）结合新诗、小说创作的规则，总结鉴赏、评价新诗、小说的一般思路和方法。

（4）能运用鉴赏、评价新诗、小说的思路和方法，分析、评论新诗、小说。

（5）能运用新诗、小说创作的一般规则，尝试创作新诗或小说。

参考文献

[1] 崔允漷 . 有效教学［M］. 上海：华东师范大学出版社，2009：110.

[2] 郝长留 . 教学语法研究与应用［M］. 郑州：中州古籍出版社，1994：248.

［3］［10］中华人民共和国教育部．普通高中语文课程方案标准（2017 年版）［S］．北京：人民教育出版社，2018：4.
［4］RALPH W.TYLER. 课程与教学的基本原理［M］．罗康，等译．北京：中国轻工业出版社，2008：30.
［5］盛群力 .21 世纪教育目标新分类［M］．杭州：浙江教育出版社，2008：2.
［6］［15］R.M. 加涅，W.W. 韦杰，等．教学设计原理［M］．王小明，庞国维，等译．上海：华东师范大学出版社，2007：133，154.
［7］林恩·埃里克森，洛伊斯·兰宁．以概念为本的课程与教学：培养核心素养的绝佳实践［M］．鲁效孔，译．上海：华东师范大学出版社，2008：34.
［8］格兰特·威金斯，杰伊·麦克泰．追求理解的教学设计（第二版）［M］．闫寒冰，译．上海：华东师范大学出版社，2017：144-145.
［9］教育部．国家基础教育课程改革纲要（试行）［J］. 人民教育，2001（9）：6.
［11］杰罗姆·布鲁纳．教育过程［M］．邵瑞珍，等译．北京：人民教育出版社 .2018.
［12］约翰·D. 布兰思福特，等．人是如何学习的——大脑、心理、经验及学校［M］．程可拉，等译．上海：华东师范大学出版社，2013：33.
［13］王荣生．合宜的教学内容是一堂好课的最低标准——以《竹影》的教学为例［J］．语文教学通讯 .2005（2）：4-6.
［14］格兰特·威金斯．教育性评价［M］．国家基础教育课程改革“促进教师发展与学生成长的评价研究”项目组，译．北京：中国轻工业出版社，2005.

单元大观念："是什么"与"不是什么"*

——以人教版《数学》五年级下册"长方体和正方体"单元为例

卢 臻 汪艳丽 楚建娇**

摘要： 在提炼单元大观念的实践中，一线教师对单元大观念多有误解。单元大观念不是单元学习目标，也不是某一定义性概念，而是建立在单元事实或概念内在联系基础上的本质认识。因此，它不是课程标准或教材现成内容的检索，而是对单元主要课程内容的本质深入推理而得出的结论。

关键词： 单元大观念；数学空间观念；真正的理解

对于概念的学习，一般要经历概念"是什么"及"不是什么"的思辨。"是什么"是在明确事物共同特征的基础上对概念内涵的揭示与证明，"不是什么"则是在对比分析中强调事物的本质特征，是进一步认清概念的反驳与纠错，因此它相较于"是什么"更能让学习者走出混沌，澄清认识[1]。在提炼单元大观念的实践中，实验教师正是在单元大观念"是什么"与"不是什么"的反复推论中实现认识的飞跃。下面以人教版《数学》五年级下册"长方体和正方体"单元大观念的提炼为例，从探索和评议两个视角陈述、梳理实验教师对大观念的渐进认识，以期帮助广大实践者走出误区，改进教学。

"长方体和正方体"单元包括长方体和正方体的认识、长方体和正方体表面积、长方体和正方体的体积三小节内容，（因正方体是特殊的长方体，本案统称为长方体）其中第三小节还介绍了容积概念，并探索某些不规则实物体积的测量方法。这个单元的大观念是什么？如何提炼与表述？为此，实验教师及其团队先后进行了三次实践，每次实践的思考与结论不仅反映其对大观念的理解程度，也透视了其对学科教学本质的认识进程。

---

* 基金项目：2019 年河南省基础教育教学研究项目"指向核心素养养成的单元教学设计策略研究"（课题编号：JCJYC19250175）。

** 卢臻，河南省郑州市教育局教研室教研员，中小学正高级教师；汪艳丽，郑州中学第二附属小学，中小学高级教师；楚建娇，郑州经济技术开发区列子小学，高级教师。

第一次实践

【探索】空间观念是数学学科的核心素养。依据课程标准，初步形成空间观念是“长方体和正方体”单元指向的主要课程目标，该单元具体知识、技能主要是从点、线、面三个角度了解长方体、正方体的基本特征，从测量的角度掌握长方体、正方体的表面积、体积意义及计算等[2]。学生虽已能够直观辨识长方体，但从学情调查得知，在长方体的认识上，近八成学生难以将具体的长方体实物抽象为立体图形；另外，受平面图形负迁移的影响，绝大多数学生的学习困于二维平面图形与三维立体图形的相互切换。那么，什么是长方体？能够统领本单元课程内容的核心概念是什么？分析教材得知，教材内容主要围绕长方体的特征、表面积、体积、容积等由浅入深安排课程，教材明确给出了长方体的定义，即“长方体一般是由 6 个长方形围成的立体图形”。这个定义包含三层意思，一是长方体由平面图形“围成”，面与面相交之处即“棱”，棱和棱相交之处是“顶点”，面、棱、顶点是探索长方体特征的三个结构要素；二是长方体是由“平面图形”转化而来，这自然实现了二维到三维图形的迁移，也容易建立有关长方体表面积的认识；三是长方体由“6 个”面围成一定的空间，空间大小即体积（或容积）。可见，“长方体一般是由 6 个长方形围成的立体图形”这句话可以统领本单元几乎所有内容，对这句话的深入理解能够帮助学生突破难点，建立空间观念，因此，它即为本单元大观念。

【评议】所谓“分析”不是泛泛陈述，而是根据潜在目的提取分析对象或材料的重要信息，再对这些信息进行组织并建立起系统的、一致的联系，最后确定分析对象或材料的本质内涵[3]。从把握课程标准入手，确定单元内容对应的学科核心素养及关键知识技能；在此基础上分析学情，把握学习难点；然后分析教材，明确单元本质内容，提出单元大观念。这是提炼单元大观念的一般路径。也就是说，单元大观念是对课程标准、学情及教材三种来源综合分析得出的结论。那么单元大观念的坐标一定在三者的交叉点上，即课程标准的关键乃学情要害，学情要害正是课程内容本质，这是一个通过分析不断寻找、牵引“牛鼻子”的过程。

本次探索虽然分析了单元大观念的多种依据，但并未将这些依据当作一个整体综合阐释，因而未能找到课程标准、学情、教材的接洽点，所得出的结论不能解决本单元涉及的根本问题。例如，建立空间观念是本单元主要课程目标，那么从课程标准相关内容来看，建立空间观念的关键何在？学习难点在于由平面图形迁移到三维图形，那么影响迁移的因素是什么？这个影响因素与建立空间观念有何关系？所得单元大观念与学情所需及建立空间观念的内在关联何在？对这些问题进行追问并寻求答案，才可能找到真正的单元大观念。

另外，作为定义，“长方体一般是由 6 个长方形围成的立体图形”这句话仅仅揭示了“长方体”的特征，虽然从其关键词中能推导出与长方体相关的课程内容，但单元大观念寻求的不是课程内容的“相关性”，而是“同质性”，这个“同质性”也被称为“普适性”，即单元大观念适应于理解单元几乎所有的课程内容，而且越接近课程内容的本质，单元大观念的普适性越强。

【结论】提炼单元大观念不是简单的课程标准、教材内容及学情分析的罗列，而是为了实现真正理解而对有关材料、学情进行归纳推理的过程；单元大观念不是孤立的事实或概念，而是建立在事实性知识或概念之上的推论，这个推论反过来又成为单元相关事实或概念的灵魂。

第二次实践

【探索】已知初步建立空间观念是此部分重要的课程目标，空间观念也是数学学科重要的核心素养。那么怎么形成空间观念呢？课程标准对此进行了回答，即根据物体特征抽象出几何图形，根据几何图形想象出所描述的实际物体[4]。因此小学阶段学生空间观念的主要表现就是建立几何图形与其现实原型、名称、特征之间可逆的“刺激—反应（联想）[5]，实质上就是能在几何体与其三视图、展开图、实物之间互相转化。这正是学生学习的难点所在。学生在一年级上册《认识图形（一）》的学习中已初步建立立体图形的表象，但从一年级下册直到五年级上册均在学习平面图形的有关内容，包括长方形、正方形的周长、面积，平行四边形、三角形、梯形、组合图形等多边形的面积，建立起了牢固的二维平面图形概念，很难建立三维立体图形概念。调查得知，约 80% 的学生囿于具象思维及平面图形的认识，难以将具体实物抽象成相应的几何体。教材也关注到了这一点，作为研究立体图形的起始内容，本单元一开始即以“长方体一般是由 6 个长方形围成的立体图形”这个定义揭示了长方体和长方形之间的联系，所谓点动成线、线动成面、面动成体，点、线、面、体连动、转换是形成空间观念的关键。长方体就是由长方形垂直平移形成的三维图形，由此确定本单元的大观念为“通过观察长方形垂直平移形成长方体的过程，初步建立空间观念”。

【评议】实践团队领悟到提炼单元大观念的一般路径，基于培养空间观念的目的，聚焦形成空间观念的方法，分析、调查相关课程标准内容和学习情况，把握建立空间观念的要义及学习困难；然后将长方体学习纳入广阔的几何知识背景之中，从点、线、面、体转换的角度考虑建立长方体概念与形成空间观念之间的关系，在纵向上实现了新旧知识重构。从如何建立空间观念的角度，尝试提出单元大观念——通过观察长方形垂直平移形成长方体的过程，初步建立空间观念。

然而，方法论主要解决“怎么办”的问题，学科价值观解决课程本质“是什么”的问题；没有对课程内容价值的本质认识，不可能形成正确的方法论。此次探索绕开对空间观念本质的把握，直接寻求建立空间观念的方法，最终将“垂直平移”作为长方形转化成长方体的策略，以期引导学生建立空间观念。访谈得知，这种方法仅仅帮助学生建立了几何直观，学生最终不过加深了“长方体一般是由 6 个长方形围成的立体图形”的认识，而不能解决学生对“空间”的根本认识问题，即长方形与长方体的内在联系是什么？长方体的“空间”形成的关键是什么？空间观念的核心是什么？这些“是什么”的问题解决不了，不可能解决空间观念的建立问题。

再者，本轮实践所得出的结论——通过观察长方形垂直平移形成长方体的过程，初步建立空间观念——更像是学习目标。学习目标是学习一定时间后能力或行为倾向发生的变化，指向学生学习的具体结果，这里“初步建立空间观念”就是一种学习结果，不管实现这种结果需要经历怎样的过程与方法，最终都是为了达成“建立空间观念”的结果。

【结论】大观念体现学科的本质，它是学科重要的价值观和方法论[6]。大观念可以是学科重要的方法论，但须以厘清学科价值观为前提，有的学科大观念本身就是学科重要的方法论。另外，单元大观念不是具体的学习目标，而是建立在具体目标达成之上的高度认识，这种认识反过来又导引我们深入领会课程内容，实现真正的理解。

第三次实践

【探索】空间观念是数学学科的核心素养，培养空间观念是个复杂而漫长的过程。就本单元来说，可以通过长方体展开图及展开图的折叠等帮助学生直观感知三维“空间”的建立，但二维图形与三维图形的内在关联决定学生对空间观念的理解与迁移程度。点动成线、线动成面、面动成体，点、线、面是几何图形的基本元素，点、线、面的位置、数量关系一定是二维与三维图形转换的决定因素。例如，长方形是一个平面内由一个顶点出发的两条线段的组织关系，长方体则是在不同平面内由一个顶点出发的三条线段的组织关系；长方形的这两条线段（边）就是其长和宽，即二维；长方体的这三条线段（棱）则是其长、宽、高，即三维，其中表示“高”的这条棱与表示“长”“宽”的两条棱垂直而处于不同平面，所以“高”的出现和确认是建立空间观念的关键，长方形与长方体的结合点就在于从一个顶点出发的线段的位置关系及意义确认。长、宽、高是长方体的基本结构元素，长、宽、高的长度决定长方体的大小。本单元教材内容开篇即用图形直观明确了构成长方体的这三个基本元素，接着从不同角度——表面积、体积、容积——探讨长方体的大小，长方体的大小均与其长、宽、高的长度有关，这就是本单元大观念，即从一个顶点出发的三条棱的长度决定长方体的大小。

【评议】崔允漷教授在《指向核心素养的教学方案设计：大观念的视角》一文中追溯了“大观念”在西方文献中的内涵及其演变[7]。无论是布鲁纳、菲尼克斯将之命名为“代表性概念”，还是埃里克森将之阐释为“抽象概括”，或是威金斯和麦克泰把它定义为“有意义的概念工具”，大观念都是超越事实性知识与孤立概念，对概念间关系的提炼与表达[8]。教材往往被认知心理学家称作“陷阱”，因其一般按照知识产生的逻辑纵向叙写课程内容，遮蔽了知识之间深层的内在联系，给人造成事实、概念等个体独立存在的误解，以致难以在真实情境中迁移运用。核心素养背景下，单元教学就是要求教师绕到教材背后，以横截面的形式把握看似散乱的知识个体之间的内在联系，并对这种联系进行简洁、明确的揭示与表达，生成单元大观念。所以单元大观念一旦产生，知识个体之间便发生了有意义的联系，成为一个有组织的整体。

实践团队首先抓住了二维图形与三维图形的内在联系，在顶点及由顶点出发的线段这些要素的关系上实现了平面认识向空间观念的转变；接着通过解读教材，找到了教材主要内容之间的本质联系，即长方体的形状、表面积、体积、容积等均与长方体概念中的基本元素——长、宽、高有关，从而做出“从一个顶点出发的三条棱的长度决定长方体的大小”的推论。这个推论具有牵一发而动全身的功效，单元主要课程内容都成了它的一个个“特例”，并且在长方体基本要素与长方体形状、大小之间建立起了正相关关系。长、宽、高三个要素中任何一个长度发生改变，长方体的形状都会发生变化，长方体表面积、体积、容积的大小也会随之改变，从而起到举一反三的作用，单元内容因此化零为整，实现真正的理解。

【结论】格兰特·威金斯说理解来之不易，它是被“揭示”——探索和思考出来的，因为需要理解的内容通常不明显，单元大观念是实现理解的重要标志，它要求抓住课程内容的内在联系去把握知识的本质，并对本质内容进行简明表达，以实现由少统多、由简驭繁的目的。

参考文献

［1］R.M. 加涅．教学设计原理［M］．王小明，等译．上海：华东师范大学出版社，2007：60–63.

［2］［4］中华人民共和国教育部．义务教育数学课程标准（2011）［S］．北京：人民教育出版社，2011：3–6.

［3］洛林·W. 安德森．布卢姆教育目标分类学修订版［M］．蒋小平，等译．北京：外语教学与研究出版社，2009：5.

［5］曹培英．跨越断层，走出误区：“数学课程标准”核心词的解读与实践研究［M］．上海：上海教育出版社，2017：38–39.

［6］［8］格兰特·威金斯，杰伊·麦克泰．理解为先模式［M］．盛群力，等译．福州：福建教育出版社，2018：24，72.

［7］邵朝友，崔允漷．指向核心素养的教学方案设计：大观念的视角［J］．全球教育展望，2017（6）：11.

学习情境：学生达成核心素养的蓝图描绘 *

王明霞 汪艳丽 **

摘要： 新课标背景下，学习情境创设是单元教学设计与实施的关键环节。本文提出“学习情境是对学生通过单元学习达成核心素养的蓝图描绘”这一观点，阐述了学习情境在课程改革中的提出、发展、价值取向，并形成了创设学习情境的策略，即“两核心三要素”：“本单元将要学习的内容和将达成的目标、学习之后将采用的评价方式”两大核心内容；“创设学习导语、勾勒学习目标、明晰学习评价”三个关键要素。

关键词： 学习情境；发展；价值取向；创设策略

随着课程改革的纵深发展，核心素养成为国际课程改革的主基调，“聚焦核心素养”也成为我国课程育人的新方向。《义务教育课程方案（2022年版）》中进一步明确了“培养什么人、怎样培养人、为谁培养人”的问题，建构了“中国话语”体系。而课程核心素养的培养追求以学科大观念、大主题、大任务组织课程内容，创设学习情境，统筹规划目标、任务、活动、评价等要素，实施大单元教学。

基于此，本文拟就学习情境在课程改革中的发展、价值取向，以及创设策略做一阐述，探寻大单元教学的密码，促进学生学习方式的变革。

一、背景：情境概念在课程改革中的提出与发展

中华人民共和国成立以来的八次课程改革，从“师承苏联”到“落实双

* 本文系河南省教育科学规划一般课题“指向深度学习的小学课堂教学实践研究”（课题编号：2020YB0780）阶段性研究成果。

** 王明霞，郑州高新技术产业开发区尚文中学，中小学高级教师；汪艳丽，郑州中学第二附属小学校长，中小学高级教师。

基”，再到“义务教育、高中”两阶段设计，以及第八次课程改革所强调的“三维”，逐渐凸显了课程的育人功能，全面深化了素质教育的发展。与此同时，“情境”一词频繁出现在国家教育文件中，从课程实施与评价方面提出了具体要求。

就课程实施维度而言，2019 年，中共中央、国务院印发的《关于深化教育教学改革全面提高义务教育质量的意见》提出，“强化课堂主阵地作用，切实提高课堂教学质量”，要求“融合运用传统与现代技术手段，重视情境教学，优化教学方式”[1]。2022 年 4 月，《义务教育课程方案（2022 年版）》颁布，课程实施部分指出，“注重真实情境的创设，增强学生认识真实世界、解决真实问题的能力”[2]。与此同时，各学科课程标准均围绕“增强课程实施的情境性和实践性”做出了具体阐述。

就课程评价维度而言，2019 年 11 月，教育部印发的《关于加强初中学业水平考试命题工作的意见》提出“提高试题科学化水平”，明确要求“充分考虑城乡学生学习和生活实际，增强情境创设的真实性、典型性、适切性，提高试题情境设计水平”。2020 年，教育部考试中心发布《中国高考评价体系》和《中国高考评价体系说明》，创造性地提出了考查载体，即试题情境，明确要求“通过设计生活实践情境和学习探索情境，实现对不同内容、不同水平学科素养的考查”。

由此，本文认为在国家课程改革中，通过学习情境、试题情境的创设进一步提高课堂教学质量，已逐步成为课堂改革的关键环节。

二、内涵：情境在课程改革中的价值取向

“情境”，在中国古代是两个独立的词，合而言之有两种基本意思：一是“带有感情的环境”；二是“事物表现的实际情况”“具体场合的情形”。有研究者认为，情境指学生在真实的生活世界中需要真正面对的问题环境，“即让学生回到真实的情境中解决真实的问题”。也有研究者认为，情境是连接学生体验、社会生活与所学知识技能的纽带，是学科素养形成、发展与表现的载体。基于“建构主义”和“情境认知”理论，还有研究者认为，情境是个体产生、建构知识的主客观背景，在这个背景中，个体通过和群体互动，用自己原有认

知结构中的经验赋予新知识某种意义，或对原有认知结构进行改造与重组[3]。所以，情境是一种学生个体主动加工知识的适时存在的场合、氛围，它因学生学习而存在，同时刺激学生学习行为的发生。

而“情境教育”的思想源远流长，最早可追溯到孔子树下讲学，苏格拉底在集市、剧院与人辩论，以及苏霍姆林斯基提出“活的教育”等。情境教育的发展，一般认为源于19世纪帕克、杜威、威廉姆·威尔特等对经验、实践活动、社区作用的重视，由英国语言学家帕默、洪贝等在20世纪30年代到60年代提出，并由李吉林老师在中国实践、发扬起来的[4]。

综上所述，学习情境是为学生创设的学习背景，强调打破知识的孤立性，将学习与学生生活无缝对接，从而赋予学科生命，使学科教学扎根于学生的具体生活和真实体验中。本文所指的学习情境本质上亦是如此，它是为实施单元教学而构建的宏观学习背景，这个背景将知识与生活无缝衔接，将学习活动与学习结果有机结合，为学生单元学习创设一个广阔而具体的场域。所以从某种意义上讲，学习情境是通过对单元学习达成核心素养的蓝图描绘，是教师预设的“看得到的风景”，它应贴近学习需求，链接学生生活，整合学习内容，明确学习结果，设定评价活动，呈现出学生持续、完整且有意义的学习过程，指引学生达向彼岸。

三、策略：学习情境创设的“两核心三要素”

学习情境创设的策略可概括为“两核心三要素”。两大核心内容：一是本单元将要学习的内容及将达成的目标；二是学习之后将采用的评价方式。具体来说，学习情境创设需要体现三个关键要素：创设学习导语、勾勒学习目标和明晰学习评价。

以教育部审定义务教育教科书小学语文学科“阅读策略单元”为例。教师整合、重组了第二、第三学段的四个自然单元，以学习任务群的视角进行大单元教学设计与实施。在单元学习之前，教师创设了这样的学习情境：

> 同学们，一串串文字是一个个美妙的音符，一篇篇文章是一幅幅美丽的图画。还记得那有趣的童话故事吗？还记得那神奇的自然现象吗？还记得那了不起的历史人物吗？……本单元，我们将继续在阅读中成长，感受

作品中的喜怒哀乐，体会文字所传达的真善美；在美好的阅读中前行，跟随作者找准人生目标，丰富精神世界。本单元学完以后，我们将开展“我是阅读小达人”主题系列评比活动，包含“出彩少年、共沐书香”“阅读马拉松”等，通过这些活动评一评谁的阅读技巧更娴熟，谁的阅读方法更适宜，谁的阅读策略更高效。让我们积极准备，一展风采吧！

在这一学习情境中，包括了两大核心内容。一是明确了本单元将要学什么及将达成怎样的目标，即在学习之前，使学生知道本单元“我们将继续在阅读中成长，感受作品中的喜怒哀乐，体会文字所传达的真善美；在美好的阅读中前行，跟随作者找准人生目标，丰富精神世界”，将要达成的目标是“阅读技巧更娴熟，阅读方法更适宜，阅读策略更高效”。二是明确了学习之后将采用的评价方式，即参加“我是阅读小达人”主题系列评比活动，包括“出彩少年、共沐书香”“阅读马拉松”等。

具体来说，学习情境创设体现了三个关键要素。

其一，链接学生日常生活，创设学习导语。阅读伴随学生成长的每一天，从建立零散的、不系统的阅读经验，到学习阅读策略，逐渐从形象思维向抽象思维过渡，养成比较系统的、有目的性的阅读习惯。在这一学习情境中，“同学们，一串串文字是一个个美妙的音符，一篇篇文章是一幅幅美丽的图画。还记得那有趣的童话故事吗？还记得那神奇的自然现象吗？还记得那了不起的历史人物吗”是学习导语，链接了学生日常阅读生活，达成了唤醒学生的阅读体验、激发单元学习兴趣的目的，有效引导学生在丰富的阅读实践中提升阅读力和思考力。

其二，链接核心素养，勾勒学习目标。从三年级开始，统编教材有目的地编排了四个阅读策略单元：预测、提问、阅读要有一定的速度、有目的的阅读。这样编排有利于学生建立运用阅读策略的意识，获得必要的阅读策略，最终使学生爱上阅读，成为积极主动的阅读者。这一学习情境链接语文课程核心素养，勾勒了学习目标：“继续在阅读中成长，感受作品中的喜怒哀乐，体会文字所传达的真善美；在美好的阅读中前行，跟随作者找准人生目标，丰富精神世界”。这一学习目标的勾勒，引导学生整体感知了本单元的学习内容及所需达成的美好愿景。

其三，链接学科育人功能，明晰学习评价。在本单元的学习过程中，同学们将在阅读中学习策略，并运用阅读策略提高阅读质量。为此，教师在学生学习之前，指向语文学科的育人功能，提出明晰的学习评价，即开展“我是阅读小达人”主题系列评比活动，包含“出彩少年、共沐书香”“阅读马拉松”等。从而使学生认识到，单元学习之后的展演活动是自己的学习方向，是展现素养的舞台，从而努力斩获佳绩。同时使教师明确，单元学习评价是学生“走得到的景点”，需要在教学实践中思考“如何把学生带到那里去”。

四、结　语

总之，实施单元学习前创设的学习情境是对学生核心素养达成蓝图的描绘。我们应深入解读学习情境的发展、内涵及建构策略，并在实施过程中去真正激发学生学习的愿望和使命感，同时也更好地推进“教—学—评”一体化理念的落实，促进新课标背景下学生学习方式的变革。

参考文献

[1] 中共中央、国务院．关于深化教育教学改革全面提高义务教育质量的意见［EB/OL］．（2019-06-23）［2020-01-05］.www.scio.gov.cn.
[2] 中华人民共和国教育部．义务教育课程方案（2022 年版）［S］．北京：人民教育出版社，2022.
[3] 高文，徐斌艳，吴刚．建构主义教育研究［M］．北京：教育科学出版社，2008：10.
[4] 曹艳．李吉林语文情境教育思想研究［D］．成都：四川师范大学，2008.

知识结构：学生解决真实问题的思维路径

汪艳丽　上官勤　王明霞*

摘要： 单元知识结构是站在学生学习的角度，围绕单元大观念，对相关重要的小观念及其关系进行的梳理建构，它本质上是学生解决实际问题的思维路径，旨在摸清学生学习上的重点、难点，打通学生解决问题的思维卡点，从而落实课程核心素养。

关键词： 单元大观念；单元知识结构；课程核心素养

2001 年，教育部启动了第八次基础教育课程改革，2011 年 12 月，正式颁布《义务教育课程标准（2011 年版）》（以下简称《标准》）。该《标准》体现了素质教育理念，强调教学方式方法的变革，构建新的课程体系。2022 年 4 月，教育部印发《义务教育课程方案和课程标准（2022 年版）》，反复强调加强知识间的内在关联，促进知识结构化。学习的本质就是建构知识，因此，强调知识结构化标志着我国课程改革对教育教学回归学习本质的呼唤。

一、单元知识结构的内涵及意义

一般认为的知识结构是指一个人经过专门学习培训后所拥有的知识体系的构成情况与结合方式，它包括知识的组成、知识的层级关系、知识点之间的前后依赖等。这样的知识结构是教材有形知识点的梳理、关系的建立，强调的只是知识的从属或衍生关系，并非对知识间的意义关联进行揭示或推理，因此在实际应用时不能做出合理的应激反应。我们强调的单元知识结构是在遇到挑战时能够随意调取知识以解决实际问题，也就是当面临实际复杂的问题时，学

* 汪艳丽，郑州中学第二附属小学校长，中小学高级教师；王明霞，郑州高新技术产业开发区尚文中学，中小学高级教师；上官勤，郑州中学第二附属小学数学教师。

生的知识是有组织的、条件化的，知道何时何条件运用该知识，为何运用该知识，怎么运用该知识等，因此这种知识结构确切地说是学生的认知结构，它主要采用动态的流程或方法论的思路来建立知识的内在关系，以期找到学生在复杂情境下解决问题的思维路径，从而培养科学的思维方式，提高学生的实践能力。

单元大观念是对单元中的种种小观念的本质提炼，那么单元大观念与重要的小观念之间是什么关系呢？本案中的单元知识结构就是在进行单元设计时，教师站在学生学习的角度，围绕单元大观念对相关重要小观念及其关系进行推断、揭示、建构。它是在单元教学之前，教师首先对单元内容实现真正理解的重要标志，以少统多、以简驭繁，以期在单元教学实施过程中引导学生深度学习，建构学生自己的认知体系。

二、单元知识结构的建构原则与策略

单元知识结构的建立，在意识层面解决了单元教学的整体性、系统性问题，是单元教学目标制订的前提，也是单元教学规划的基础。因此从某种意义上说，单元知识结构的建构原则同时也是建构策略。

从根本上说，单元知识结构的建立就意味着实现了真正理解与知识的迁移，也意味着学习在本课堂教学的发生，所以建构单元知识结构应遵循以下三大原则。

1. 围绕单元大观念

单元大观念是单元课程内容的一条总纲，也是总结与组织单元知识的透镜。在其观照下，单元孤立、零碎的知识具有了实际意义，就像一个人在集体中被赋予了社会职责从而具有某种使命一样，因此，单元知识结构的建立一定要围绕单元大观念，基于单元大观念进行瞬间下意识地追问，即单元大观念的关键是什么？“关键的”关键是什么？以此思维方式不断追问与回答，抽丝剥茧，寻根问底，步步为营。

2. 从学生学习出发

单元知识结构不是教师组织教学的步骤，也不是呈现教学内容的顺序安排，它不是教师教的思路，而是学生学的思路。因此教师在建构单元知识时一定要转变观念，将自己当作学生，从学生学习的角度，或者说从一个未知者的角度，一步步去探寻单元大观念下诸多相关重要的小观念之间的关系，这种关系是知识之间关联性的梳理，更是学生面对真实问题时的真实的思维之路。

3. 指向实践迁移

作为思维路径，单元知识结构最终的归宿在哪里？即解决问题的方法、策略。梳理种种重要的小观念及其关系之后，单元知识结构要落脚到解决问题的具体方案上来。从这个角度看，单元知识结构就像一座冰山，海平面之上的部分是解决问题的“法”，海平面下的则是“理”，所谓循理入法，以理驭法。

依据这三条原则，单元知识结构的建立可以遵循以下思路，即抓关键，析要素，结应用。如图 1 所示，基于单元大观念，追问并找到关键的小观念，然后对具有总括性的小观念进行解析，从不同角度分层细化，推出一个个小观念，最后归结到应用的策略、方法。

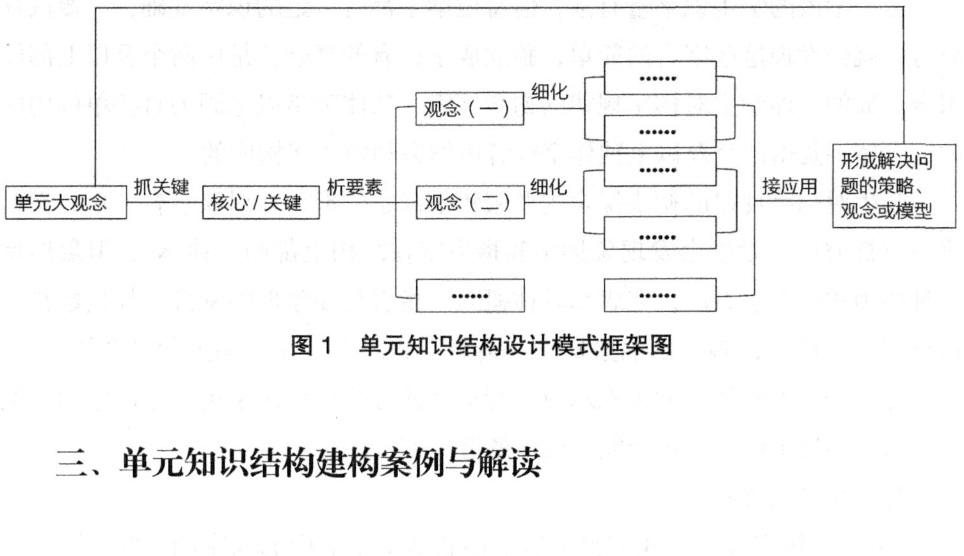

图 1　单元知识结构设计模式框架图

三、单元知识结构建构案例与解读

（一）小学语文第一学段“识字单元”的单元知识结构建构过程

1. 确立单元大观念

汉字是中华文明延续与发展的重要载体，其本身就蕴含着极其丰富的文化。统编教材的编写渗透了大量的汉字文化，主要体现在汉字字理、汉字演变过程及汉字故事。小学第一学段“识字单元”的设置，重在渗透汉字文化，体现汉字规律，着力于激发学生识字兴趣，指导识字方法，培养识字能力。为此，我们将“识字单元”的核心价值定位在“关注汉字的本质，辨析汉字音、形、义，传承汉字文化”。从而确立单元大观念：追根溯源识汉字。

2. 从学生学习出发

确立了单元大观念，我们站在学生思维的角度思考大观念形成的过程，图示知识之间的内在联系，看到“追根溯源识汉字”这一大观念，学生下意识的反应会是什么？“什么是汉字的根？什么是汉字的源？”汉字的本质是学生思维上的难点，也是结构图中的关键点。因此，结构图中大观念下的关键点便是“汉字是音、形、义的结合体。”

学生把握了汉字的本质，接着又会追问什么呢？如“汉字音、形、义之间的关系是怎样的？”也就是我们该如何辨析音、形、义识字？这指向对构字规律的探索，对应结构图中的“构造汉字有规律”。“构造汉字有哪些规律？”学生接着追问。结构图接下来的部分便是针对学生的这个思考点建构的。

第一学段的学生识字量有限，但每位学生都有一定的识字基础，只要认真思考，就会发现这些字有的简单，独立成字；有的复杂，是由两个及以上部件组合而成的，即学生对构字规律的初步探索：独体字是以笔画为直接单位构成的，合体字是由两个及以上独体字或者由偏旁和独体字构成的。

学生对构字规律的初步探索主要聚焦于汉字的形，在对汉字音、形、义的进一步探究中，学生会发现象形字和指事字在结构上都归“独体”，但象形是一种图画式的造字方法，多表示具体概念；指事是在象形的基础上加指事符号以标识字义所指，多表示抽象概念。会意字和形声字在结构上归“合体”，会意字是根据事物间的某种关系示意进行造字的方法；形声字由表示汉字意义类属的形旁和提示读音的声旁复合成体的造字方法。

3. 指向实践迁移

“了解了构字规律，我们真的能运用它认识生活中的汉字朋友吗？”学生会进一步探寻。学生在认识有关人的身体与行为、天地四方、自然万物等方面的常用字时，会发现可以迁移运用象形和指事造字法。在认识家庭生活、学校生活、社会生活中的常用字时，发现会意、形声造字法运用较多。从而在实践中挖掘汉字的字源字理时，将抽象的文字符号具体化和形象化，实现追根溯源识汉字，真正内化大观念。

单元知识结构建构如图 2 所示。

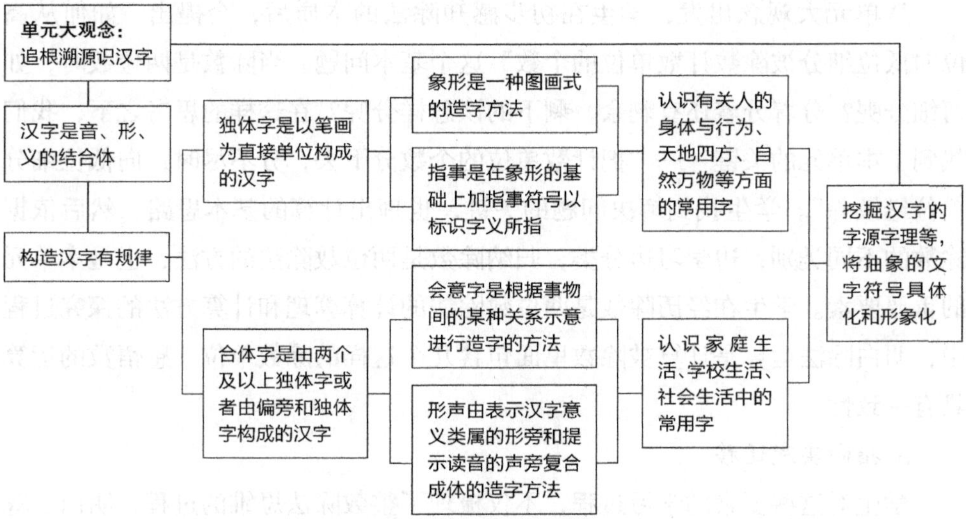

图 2　单元知识结构

（二）小学数学四年级上册“除数是两位数的除法”单元知识结构建构过程

1. 确立单元大观念

小学阶段有关整数除法计算，教材分三个阶段学习：二年级下册（除法的认识）、三年级下册（除数是一位数的除法）、四年级上册（除数是两位数的除法）。本单元“除数是两位数的除法”是学习整数除法的最后阶段，要求学生掌握两位数除三位数的计算方法，主要包括除的顺序、商的书写位置、余数必须比除数小等。除数是两位数的除法与除数是一位数的除法算理相同，只是试商难度增大，所以本单元的难点是掌握灵活试商的方法，重点在掌握整数除法的算法，理解整数除法的算理。

从算法的角度来看，计算实际上是计数单位与计数单位的运算、计数单位的个数与计数单位的个数的运算。整数除法只有计数单位的个数参与运算，因此，我们要抓住被除数的计数单位的个数如何被除数这样的单位依次细分，从而确立单元大观念：除法是把被除数计数单位的个数从高位向低位依次细分。

2. 从学生学习出发

从单元大观念出发，学生在初步感知除法的本质后，会提出“如何从高位向低位细分被除数计数单位的个数”这个基本问题。当除数是两位数时，如何细分呢？分着分着还有剩余，剩下的该怎样分呢？在这样的思考之下，我们找到了本单元的关键——“把计数单位的个数分下去，分不尽时，向低位细分单位继续除”。学生找到解决问题的关键，也理出计算的基本思路。然后依据除数的不同类别，边学习边分类，归纳除数是两位数除法的方法，也是本单元的重要要素。学生在经历除数是两位数除法的计算算理和计算方法的探究过程中，明白除法运算是计算被除数里面包含几个这样的除数单位，感悟数的运算具有一致性。

3. 指向实践迁移

学生对这些要素的学习过程，不仅梳理了整数除法思维的过程，明白了算理是算法的因、算法是算理的果，同时也对单元大观念做了进一步的理解和内化。在此基础上，我们揭示除法的本质，总结整数除法的计算方法，打通了四则运算的内在联系，使知识结构化、系统化、逻辑化，并统领整个除法领域的学习，学以致用，为学生自主迁移探究小数和分数除法提供支撑。

在单元大观念的统领下，结合本单元的知识和学生已有的知识经验和认知特点，建构了单元知识结构，如图 3 所示。

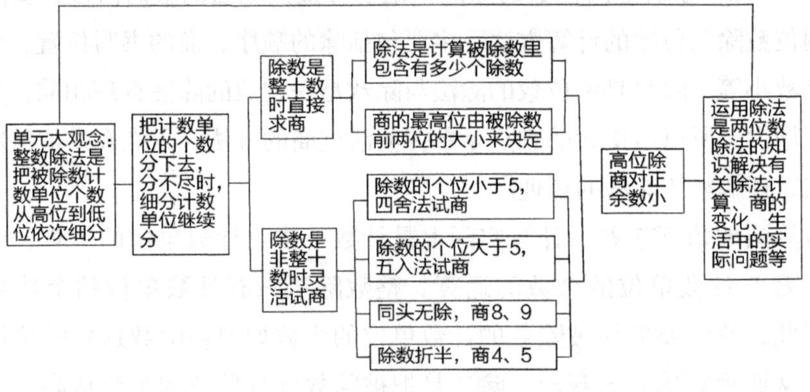

图 3　单元知识结构

从根本上来说，单元教学的目的就是实现知识结构化。教师在教学设计时建构单元知识结构，通过教学实施，引导学生提炼出单元大观念，围绕单元大观念一步步展开学习，总结一个个重要的小观念并建构出它们之间的关系，从而形成单元知识结构，这既是学习真正发生的过程，也是落实课程核心素养的过程，更是学生参与实践并用所学知识解决问题的过程。

参考文献

[1] 中华人民共和国教育部. 义务教育课程方案（2022 版）[S]. 北京：人民教育出版社，2022

[2] 卢臻，许巧枝，康明达. 教学评一体化教学 [M]. 郑州：河南科学技术出版社，2017.

学习任务：学生展开自主学习的有效载体*

刘　娜　汪艳丽**

摘要： 学习任务的创设是课堂教学落实学生核心素养的重要工作，为确保单元教学中学习任务的质量，设计应遵循情境性、系统性、一致性的原则，强调以单元大观念为统领，围绕基本问题设计前置任务、研学任务、展演任务等学习任务组群，促使学生经历建构知识、运用知识的过程。

关键词： 学习任务；自主学习；有效载体

《义务教育课程方案（2022年版）》（以下简称《方案》）在“课程实施”部分强调大单元教学，通过开展主题化、项目式学习等综合性教学活动，促进学生举一反三、融会贯通，加强知识间的内在关联，促进知识结构化[1]。与此一致，本文所说的学习任务即大单元教学中的综合性教学活动，它是学生学习发生、发展的有效载体，也是落实学生核心素养的广阔平台。

一、认识学习任务

随着课程改革的不断推进，义务教育阶段教师专业化程度逐步加深，学生学习生态正在逐步改善，但也存在种种影响教育教学质量提升的问题，尤其在《方案》出台以后，我们应更加清醒深刻地审视教学中存在的问题，担负起新时代赋予我们的使命。这种使命，主要在于转变教学观念，创设能促进学生知识建构的学习任务，从而密切学习与生活的联系，增强学生学习的内驱力，培养学生的思维能力。

---

* 本文系2021年度河南省基础教育教学研究室专项课题“指向学科核心素养的小学单元教学设计与实施的研究”（课题编号：JCJYC212501101）的阶段性研究成果。

** 刘娜，郑州高新技术产业开发区外国语小学校长，中小学高级教师；汪艳丽，郑州中学第二附属小学校长，中小学高级教师。

学习任务，字面释义为有明确目的的学习活动。“任”有信任、任命之义，“务”指事情、事务。任务，就是指人们在日常生活、工作、娱乐活动中所从事的各种各样有目的的活动，通常指上级交派的工作及担负的责任等。

《方案》“课程实施”部分提出，深化教学改革要注重“做中学”，引导学生参与学科探究活动，经历发现问题、解决问题、建构知识、运用知识的过程，体会学科思想方法；同时也须加强知识学习与学生经验、现实生活、社会实践之间的联系，注重真实情境的创设，增强学生认识真实世界、解决真实问题的能力。《义务教育语文课程标准（2022年版）》“课程理念”部分提出，教学应遵循学生身心发展规律和核心素养形成的内在逻辑，以生活为基础，以语文实践活动为主线，以学习主题为引领，以学习任务为载体，整合学习内容、情境、方法和资源等要素，设计语文学习任务群，要求从学生语文生活实际出发，创设丰富多彩的学习情境，设计富有挑战性的学习任务，激发学生的好奇心、想象力、求知欲，促进学生自主、合作、探究学习。《义务教育英语课程标准（2022年版）》“课程理念”部分也提出，学生应围绕真实情境和真实问题，激活已知，参与到指向主题意义探究的学习理解、应用实践和迁移创新等一系列相互关联、循序递进的语言学习和运用活动中。《义务教育数学课程标准（2022年版）》“教学建议”部分强调要重视单元整体教学设计，体现数学知识之间的内在逻辑关系，以及学习内容与核心素养表现的关联，注重发挥情境设计与问题提出对学生主动参与教学活动的促进作用，适当采取主题活动或项目学习的方式，促进学生对教学内容的整体理解与实际应用。另外，《义务教育道德与法治课程标准（2022年版）》“评价建议”部分提出“任务指向”，依据学业质量标准和学习内容的不同特点，综合考查学生面对真实问题情境，在完成相应的学习任务过程中，展现出的核心素养达成情况；同时指出学习任务应具有多样性，任务设计应具有合适的思维水平层级[1]。此外，诸如《义务教育体育与健康课程标准（2022年版）》等均对学习任务设计提出了明确建议。

可以看出，虽然各课程标准在学习任务这一名称的表述上不一而足，但其内涵是一致的，即学习任务是为落实学生核心素养而创设的有意义的活动，也可以说是课堂教学过程中学生为达成单元目标而需完成的实践作业。华东师范大学崔允漷教授等在《语文学习任务究竟是什么？》一文中强调“学习任务”

应契合新课标所强调的“实践”的思想，认为语文学习任务是素养导向的语文实践活动，其实质是真实情境下的语言文字运用[3]。华东师范大学吴刚平教授等主编的《新方案、新课标、新征程》一书也指出，通过任务型、项目化的内容汇聚机制和动力激发机制，让学科知识、学习过程和学习结果嵌套整合，更具操作性、具身性和体验性，整个教学转向知识建构型教学，突出学生与学科知识的意义关联和价值关系，实现教学活动的意义增值[4]。

综上所述，学习任务既是学习活动，又是综合性的课中作业，还可以是用以考量学习表现的评价活动，它在整个单元教学中多位一体，一贯到底，是单元教学中学生展开自主学习的有效载体。所以本案中的学习任务在设计上强调与单元大观念、单元目标一致，围绕单元基本问题创设学生喜闻乐见的真实性情境任务，它贯穿课前、课中、课后整个知识建构的过程，学习任务之间相互联系、循序进阶。它与《义务教育语文课程标准（2022 年版）》中“学习任务群”的理念相通，但架构方式不同。

二、设计学习任务

根据课前、课中、课后不同的学习目的，统筹设计前置任务、研学任务、展演任务等“三位一体”的学习任务组群，同时匹配相应的评价量表。其中前置任务用于单元学习之前，“未学先做”，初步试做“有形成果”，目的是唤醒学生旧知，在失误中寻找学习上的“惑”，从而对学习新知产生预期；研学任务主要是课堂教学过程中展开的探究新知的活动，边学边修改“有形成果”，以期形成解决问题的思路、模型、策略等；展演任务则主要指课后的交流、分享活动，在展示“有形成果”的过程中，进一步发现问题，完善学习表现。三项任务各自独立又互相交叉，可随时进行任务之间的转换，在循环往复中建构知识，落实“教—学—评”一体化[2]，让学习精准高效，素养真实可见。学习任务内在逻辑关系如图 1 所示。

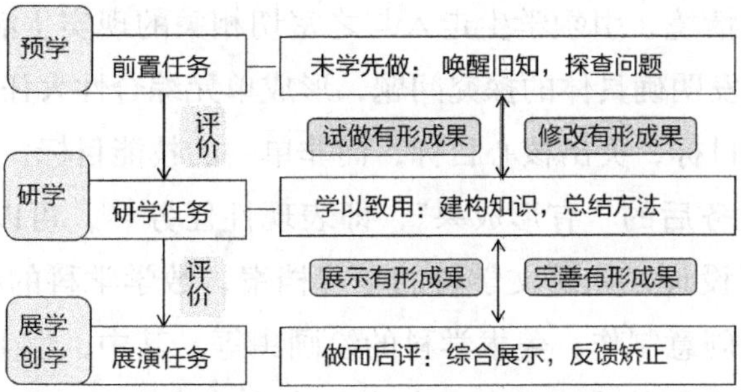

图 1　学习任务内在逻辑关系

（一）设计原则

1. 情境性原则

根据学生年龄特点和已有经验，结合基本问题的核心价值，学习任务须创设真实的生活情境，从而促使学生经历发现问题寻找方法、解决问题建构知识、应用方法优化生活的探究过程。学生在这个过程中领悟到“学了有用、学是为了用”，从而激发学习内驱力。

2. 系统性原则

前置、研学、展演三项学习任务内在关联，有序展开，相辅相成。其中前置任务一做到底，学前试做，学中修改，学后展示；研学任务与单元目标一体设计，任务之间目的一致，情境相通，知识相连；展演任务则更像一个真实性的总结评价，是对学生研学活动的验收，也是对单元目标落实的检测。学生从中体验到“建构一体、螺旋上升”的快乐，从而发展思维能力。

3. 一致性原则

单元大观念统领下，针对单元目标设计学习任务，针对学习任务制定评价量表，做到目标、任务、评价三者高度一致。有什么样的目标，就要有什么样的学习任务及评价量规，这是“教—学—评”一体化的基本原则。促使学生“心中有目标、学中有标尺”，从而时刻明确自己“学得怎么样、哪里再努力”，确保学习效率的提升。

（二）设计方法

1. 前置任务

前置任务是单元学习的开启。设计中要重点关注三点要素：其一是情境。

创设真实的学习情境，引领学生走入与之密切相关的现实生活；其二是包容。在具体情境中引发明确具体的探究问题，形成单元综合性大任务，该任务指向单元大观念与总目标，突出核心目标，而非单一的技能目标；其三是可见。要明确完成学习任务后的“有形成果”，即表现性任务[5]，可以根据不同学科、内容的特点进行设计，如语文学科的学习档案，数学学科的小论文、调查报告，科学学科的创意制作，美术学科的绘画集等。其中，学生根据已有经验、预习收获、资料查阅等尝试体验大任务，自主或合作学习并适当解决相关问题，在试做中形成初步的“有形成果”，建立对大观念的浅层认识。

此环节为“预学”。可根据单元内容灵活安排课时，一般情况下不设置课时，作为单元学习前置的实践性预习活动，学生在课下进行综合体验；也可以设置单元前 1 课时。根据前置任务的体验与达成情况，学生整体感知单元主旨、学习目标与知识结构，明确个人优势与劣势、经验与不足，从而制订个人单元学习计划；教师则从中更加精准分析并把握学情，提前对教学方案进行科学合理的优化调整。

2. 研学任务

研学任务是单元学习的主体部分，是学生建构知识结构、发展核心素养的重中之重。它涵盖以下几个关键要素。

（1）基本问题统领学习。围绕单元大观念，确立要解决的基本问题和该问题指向的核心价值，统领整个单元的学习。

（2）精学实评搭建支架。单元目标分解课时目标，基本问题分解课时问题，单元综合性大任务分解课时任务群，学习任务匹配评价量表。根据前期全面系统的分析，基于单元目标，按照单元知识结构的思维路径，结合教材内容整合分析，在真实的生活情境中，通过前置任务中“有形成果”的完成情况，逐步将分解的任务引向深入，建立思维的关联性、进阶性。每一阶段的学习都建立在上一阶段学习的基础之上，是下一阶段的旧知识，也可以作为下一阶段的前置任务。学习中不断用总结的方法、形成的意识来修改完善“有形成果”，边学边评，环环相扣，知识在旧知识与新知识的循环往复中得以系统建构。其中，学生在具体探究、合作交流中充分体验大任务，积极主动参与，精准有效解决相关问题，在系统学习中形成较为完善的“有形成果”，建立对大观念的基本认识。

此环节为“研学”。作为单元学习的主干，要占据大部分课时，可根据内容灵活安排。总体要做到单元整合、目标统领、问题导引、任务驱动、评价跟进。学生在研学中不断修订并完善前置任务，整理“有形成果”，其中融入作业的设计与落实，是课内与课外的结合，完善和促进学生的学习表现，归纳学习方法，创生学科思想，落实素养目标；教师在引领学生不断挑战、完成并评测研学任务的过程中，心中有目标、眼中有学生、胸中有章法，基于真实证据监控并调适教学。

3. 展演任务

展演任务是单元学习的总结与拓展。基于前面的真实情境，在前置、研学整个过程中学生对大任务有了系统学习，经历探究实践、合作互学、总结提炼、修改优化，形成了属于自己或团队较为完善的“有形成果”。在此设置展演任务，情境中采用交流展示、比赛评选等形式进行总结性评价，确立优秀范本、总结学习收获，强化应用拓展。从中进一步完善“有形成果”，建立对大观念的整体认识。

此环节为“展学”，也蕴含着“创学”。可根据单元内容灵活安排课时，一般设置为单元后的 1 课时，也可以延伸至课下的实践活动。通过多种形式对单元学习成果进行展示与评价，表现学科本质，学生对单元目标的达成度、自我学习情况有了较为全面客观的评定，对比他人成果不仅能够找到差距、弥补不足、增强信心，更能为接下来的学习提供参考、明确目标，还能在相互碰撞中激发新的思考，创生新的智慧；教师把学生展示作为单元总结性评价的依据，对单元达标情况进行全面分析，及时反思教学中的成败与关键，并非意味着单元学习的结束，而是另一个新的学习阶段的开始，对教学具有指导意义，对个人专业发展潜移默化中起到积极促进作用。

根据学习任务的设计原则与方法，以人教版《数学》小学三年级下册第七单元“小数的初步认识”为具体案例，体现更为直观、明晰的思路，如图 2 所示。

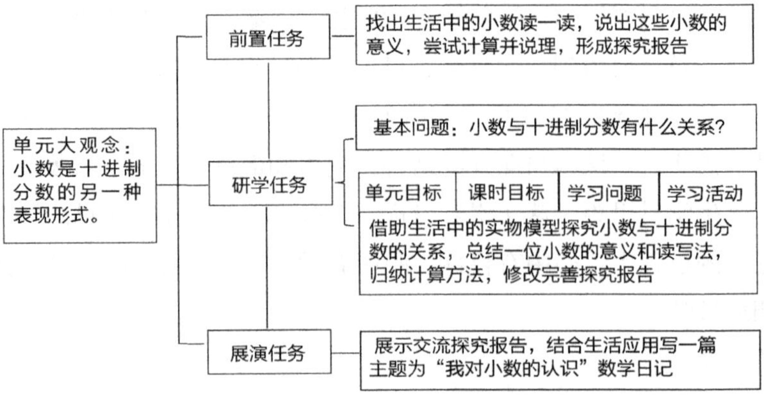

图 2 “小数的初步认识”案例

（三）匹配评价

学生评价是单元教学的导向标，是决定核心素养能够落实到学生身上的关键[4]。各学科《义务教育课程标准（2022 年版）》中均明确描述“学业质量”，学业质量是学生在完成课程学习后的学业成就表现；学业质量标准是以核心素养为主要维度，结合课程内容，根据不同学段学业成就表现的关键特征的具体刻画，反映课程目标的达成度[5]。在此研制评价量表是和新课标的精准对接。评价量表体现评价的规则与标准，与学习任务匹配设计，即“有任务必有评价”，其核心是素养目标的具体分解与分层呈现，即对单元目标的细化，并结合学情对指标进行不同等级的具体描述。全过程反映学生应用知识解决实际问题的技能、思想、意识与方法等，理性对应思维发展、观念建立、习惯养成情况，不断用事实证据指导教学、确保质量。

具体设计思路：

围绕三项学习任务，设计三组相对应的评价量表。

第一组为前置任务评价量表。在生活情境中引出聚焦基本问题的真实性大任务，自主设疑，评估旧知，引发认知冲突，激发学习期待。

第二组为研学任务评价量表。包含两个方面，其一是具体任务完成情况评价量表，其二是学生课堂表现评价量表，均为表现性评价。第一个量表中一个评价维度对应一项核心学习任务，通过各环节学习结果的反馈，及时改进教与学的策略；第二个量表中一个评价维度对应一项关键学习方式，引导学生发现自身潜能，改进学习态度与习惯，逐步达成知行合一。

第三组为展演任务评价量表。全班展示交流、依标互评，总体反馈学习情况，及时诊断目标达成度，适时矫正，达到学以致用。

根据评价量表的设计思路，以人教版《数学》小学五年级下册第六单元“分数的加法和减法”示例第一组“前置任务评价量表”，设计“布展规划图”评价量表。见表1。

表1 “布展规划图”评价量表

维度	评价等级标准		
	A	B	C
布展规划图	能够设计一份布局合理、美观的展区规划图，并用分数表示出每一块区域约占总面积的几分之几	能够设计一份展区规划图，但不够合理或美观，能用分数表示出每一块区域约占总面积的几分之几	在他人的帮助下能够设计一份展区规划图，不能用分数表示出部分区域约占总面积的几分之几

每个评价项目分为A、B、C三个等级，全面覆盖每一名学生，每一个环节。评价中坚持内容的全面性，形式的多样性，主体的多元性。至此，本单元学生是否达到了预先的学习目标，达到了什么样的程度，师生在学习之初、之中、之后均能及时反馈矫正、调整思路，有明确的基准和方向。

三、结论与建议

（一）学习任务设计

（1）打破框架，规避模式。不同学科、不同内容均有其独特的属性，学习任务的设计并不是一成不变的，在设计中建议全面分析、整合资源、创新思路，紧紧围绕学生思维进阶与素养发展，避免模式化。

（2）任务统领，内部关联。同一单元的学习任务，建议设计一个以基本问题为核心的综合性真实任务，贯穿在前置、研学、展演任务之中，一条主线把学生已有经验与新知学习、知识建构与实际应用的内部逻辑关联起来。

（3）学评一体，任务有效。没有评价的任务常常是低效或无效的，建议在设计学习任务的同时，一定要随之研制评价量表，两者要统一构思。评价量表中维度的确定要和任务相匹配，其层级和具体指标要清晰明确、具体可评。

（二）学生素养发展

（1）有理想，明确学习方向。学生在全面、全程体验学习任务之中，始终朝向大观念的建立，落实基本问题的解决与目标的达成，心中始终有明确的方向。在此更能发展方向意识，落实理想与行动的一致。

（2）有本领，掌握学习方法。在任务的系统学习中，学生的认知逐步建立起内在的逻辑关系，梳理完善方法、形成观念意识、评价跟进调适，始终把握科学有效的学习方法。在此更能发展思维能力，落实本领与行动的一致。

（3）有担当，强化学习应用。学习任务来源于真实的生活，学生通过探究并解决实际问题，能够将学科学习与社会应用有机结合起来，明确学习的意义和价值。在此更能发展自主学习的意识，落实担当与行动的一致。

（三）教师专业成长

（1）提高理论水平。学习任务的设计对教师提出了更高的要求，建议教师加强教育教学理论的学习，深入开展学科教研活动，研究与实践、设计与实施相结合，不断总结经验、审视不足，丰富认知、优化做法。

（2）把握学科本质。学习任务的设计建立在对学科本质的精准把握之上，建议教师认真研读新课标，对义务教育阶段的教材做到统筹把握，对各学段学情进行全面分析，从而设计出系统有效的学习任务。

（3）实现学科育人。学习任务的设计指向学生核心素养的发展，建议教师更新认识，让单元大观念统领素养目标，将素养目标细化分解到学习任务之中，不再是单一地“教”学科知识，而是通过学科实现整体育人。

参考文献

［1］教育部义务教育课程方案和课程标准（2022年版）［S］. 北京：人民教育出版社，2022.

［2］卢臻，许巧枝，康明达. 教学评一体化教学·目标与设计［M］. 郑州：河南科学技术出版社，2017.

［3］文艺，崔允漷. 语文学习任务究竟是什么［J］. 课程·教材·教法，2022（1）：42.

［4］吴刚平，安桂清，周文叶．新方案 新课标 新征程：义务教育课程方案和课程标准（2022年版）研读［M］．上海：华东师范大学出版社，2022.
［5］特蕾西·K. 希尔．设计与运用表现性任务——促进学生学习与评估［M］．杜丹丹，杭秀，译．福州：福建教育出版社，2019.

教学评丛书

第二篇　实践案例

认识动物，热爱动物

——人教版《英语》小学三年级上册第四单元 We love animals

李蕊蕊 *

一、制订基于核心素养的单元目标

本单元主题属于“人与自然”范畴，涉及“常见的动物”。在本单元学习中，教师引导学生在建构知识的过程中不断加深对动物的认识，发现动物可爱有趣的一面。结合语言要素，使用相关表达方法，询问和回答近处与远处的不同动物名称，说出自己最喜欢的动物，激发学生爱护动物的情感。

（一）提炼单元大观念

1. 课程标准分析

《义务教育英语课程标准（2022 年版）》中提出三、四年级应达到一级目标。

语言能力：能有意识地通过模仿学习发音；能感知语言信息，积累表达个人喜好；能借助图片读懂简单的小故事；能正确书写字母、单词；能根据简单指令做出反应；能围绕相关主题，运用所学语言，进行简单交流，表达情感和喜好等。

文化意识：能在教师的指导下，通过图片、配图故事、歌曲、韵文等获取简单的中外文化信息；具有初步观察、识别、比较中外文化的意识。

思维品质：通过对图片、具体现象和事物的观察获取信息，了解不同事物的特点，辅助对语篇意义的理解；能根据个人经历对语篇内容、人物或事件等表达自己的喜恶。

---

* 李蕊蕊，郑州高新区外国语小学

学习能力：喜欢和别人用英语交流；乐于学习和模仿；注意倾听，敢于表达，不怕出错。能在学习过程中积极思考，发现并尝试解决语言学习中的问题。

依据课标，分析本单元：

①语言能力：能有意识地通过模仿学习动物类单词的发音，在具体情境中感知、认读、辨认单词；辨识五个字母的发音，并能够规范字母书写；能围绕相关主题，运用目标句型，进行简单的交流，表达个人对某种动物的喜好。

②文化意识：知晓中国和其他国家的代表动物，对比中西方动物声音的拟声词，探索中西文化差异。

③思维品质：能根据个人经历表达自己的喜恶；利用动物的外形、声音、习性等特点，激发学生对动物的已有认知，促进对动物全方位的感知。

④学习能力：乐于学习和模仿，乐于与同伴谈论动物；能够在图片或者情境的帮助下询问动物的名称并说出自己喜爱的动物；能在学习过程中积极思考，与他人合作，创编对话、玩演小故事等，共同完成学习任务。

2. 教材分析

（1）相关教材内容梳理。

三、四年级教材内容梳理如表 1 所示。

表 1　三、四年级教材内容梳理

册数	单元标题	相关语言要素
三年级下	Unit 3 At the zoo	谈论自己喜欢的动物并能够描述动物特征
四年级下	Unit 4 At the farm	农场动物的名称表达，以及其复数形式。如：hens，ducks，horses 等

（2）教材内容整合分析。

本单元以学习常见的动物为话题，分 A、B、C 三个部分。以 A、B 部分 Let’s talk 中询问近、远处动物名称的句型为线索，Let’s learn 中的 10 个动物单词为桥梁，A 部分 Let’s spell 中字母发音教学为辅助，B 部分 Start to read，Let’s check 和 Let’s sing 及 C 部分 Story time 中的任务活动为落实点，贯穿整个单元。

结合教材内容，具体梳理如表 2 所示。

表 2 教材内容整合安排

文本形式	主要内容	主要来源	课时整合
Dialogue 1	在活动室里开展动物手影游戏，学习对话	A. Let's talk	Period 1
Activity 1	通过“我来扮演你来猜”活动，练习对话	A. Let's play	
Vocabulary 1	展示动物手影并认读单词	A. Let's learn	
Chant 1	说唱关于动物的名称和特征	A. Let's chant	
Dialogue 2	去马戏团观看动物表演	B. Let's talk	Period 2
Activity 2	通过“我来画画你来猜”活动练习对话	B. Let's play	
Vocabulary 2	动物园里的小动物举办音乐会	B. Let's learn	
Chant 2	学生模仿动物做出相应的动作	B. Let's do	
Pronunciation 1	正确听、说、读、写字母 Jj，Kk，Ll，Mm，Nn 并知晓在单词中的发音	A. Let's spell	Period 3
Reading 1	读一读，数一数字母和动物单词	B. Start to read	
Listening 1	单元内容巩固练习	B. Let's check	Period 4
Singing 1	歌曲:《麦克唐纳的农场》	B. Let's sing	
Dialogue 3	小动物们接龙排队	C. Story time	

根据表 2 分析，可以看出整个单元主要按照听做、说唱、玩演、读写、视听五大板块，并辅以相应的练习进行编排，每个板块基本以一种语言技能活动为主，兼顾对其他技能的培养。所以将本单元的学习主线确定为“人与自然——常见的动物”，询问并回答小动物的名称，说出自己喜欢的动物，激发学生保护动物的意识和情感。

3. 学情分析

三年级学生的思维能力处于从具体形象思维向逻辑思维的过渡时期，具有爱玩、好动、爱表现、求知欲强、模仿表演力强等特点，对英语学习有着浓厚的兴趣。根据学生特点，对本单元的知识进行有效整合，注重培养学生对动物单词的听说、认读能力，更注重培养学生综合语言运用能力，使学生听、说、读、写、看的能力得到提升。

本单元教学要求学生学习新的语言要素来表述“动物”这一概念并进行交流。从认知的角度来说，三年级学生对动物的概念及母语的表达形式已经掌握，学生可利用母语的知识和经验迁移来理解新的词汇和句型。在英语口语的听说方面，学生已有两年的低阶学习，积累了简单的动物类词汇，会用简单的句子表达。因此，本单元将设计生动有趣的语言交流任务，让学生在学习活动中内化新语言；通过丰富的课堂活动及展示汇报，培养学生个性表达、质疑思辨、语言组织、合作交流等学科核心素养。

4. 单元大观念

本单元是人教版《英语》小学三年级上册第四单元，主题语境属于“人与自然”范畴，涉及“常见的动物”子主题。围绕这个主题，对教材等教学资源进行深度解读、分析、整合后，结合学生主体需求，搭建起一个由单元大主题统领、各语篇子主题相互关联的完整教学单元。围绕对 Animals 这一主题意义的探究，通过“动物游戏”“观看动物表演”“招募动物园小导游”三个子主题逐步推进，旨在使学生在知识建构的过程中不断加深对动物的认识，发现动物的可爱有趣，激发喜爱动物的情感。

因此，提炼出本单元大观念：认识动物，热爱动物。

（二）建构单元知识结构

单元知识结构如图 1 所示。

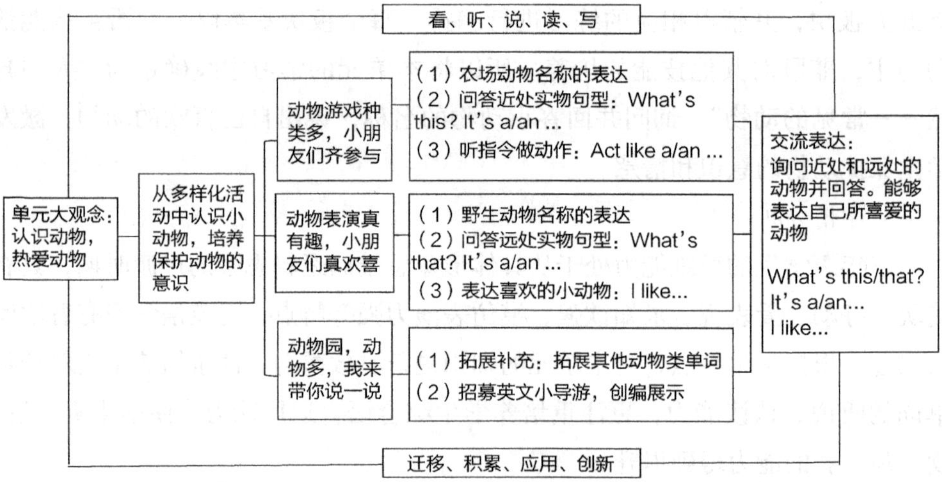

图 1　单元知识结构

（三）表述单元目标

（1）能够听说、认读、辨认动物类单词，辨识 Jj，Kk，Ll，Mm，Nn 五个字母的发音并规范书写。运用目标句型问答近处与远处的不同动物名称。

（2）梳理动物名称的语言要素，通过“动物游戏”“观看动物表演”“招募动物园小导游”等学习活动，归纳出询问近处和远处不同动物名称的方法和回答方式。

（3）在生活情境中，运用动物类单词和目标句型的相关知识，能和同伴交流自己喜欢的小动物，树立爱护小动物的意识。

二、创设学习情境和评价任务

（一）学习情境

动物是人类的好朋友，小动物们萌态各异，惹人喜爱，你都认识哪些动物？如何用英语询问近处和远处的动物并回答？如何表达你最喜欢的小动物？Miss Li 邀请同学们一起参观银基动物王国，她设计了丰富的活动，让我们和 Miss Li 一起开启动物园之旅吧。本单元学习后，我们将开展动物园招募“英语小导游”活动。结合本单元我们学习的语言要素，使用重点单词和目标句型，设计一份精彩的导游词并展示交流！

（二）评价任务

评价任务如图 2 所示。

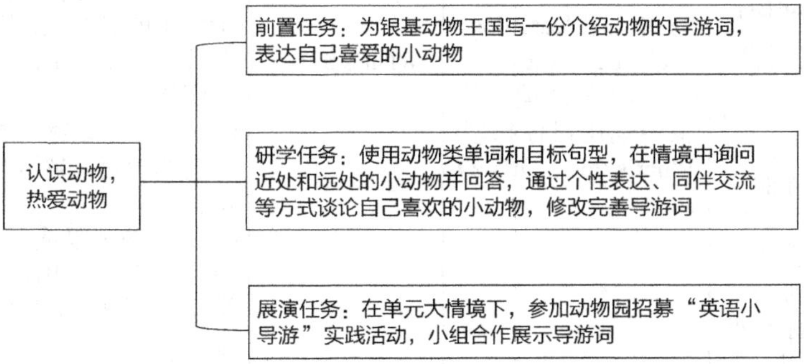

图 2　评价任务

课时总体规划：前置任务课前自学完成，不占用课时，研学任务占 4 课时，展演任务占 1 课时，本单元共占 5 课时。

三、设计学习活动方案

（一）前置任务

周末到了，Miss Li 邀请同学们一起参观银基动物王国，向同学们展示了动物的图片，这些小动物萌态各异，可爱有趣。尝试为动物园写一份导游词，描述小动物。

（二）研学任务

研学任务如表 3 所示。

表 3　研学任务

基本问题：如何询问和回答远、近处的单个动物名称？			
单元目标	**课时目标**	**学习问题**	**学习活动**
（1）能够听说、认读、辨认动物类单词，辨识 Jj, Kk, Ll, Mm, Nn 五个字母的发音并规范书写。运用目标句型问答近处与远处的不同动物名称。 （2）梳理动物名称的语言要素，通过“动物游戏”“观看动物表演”“招募动物园小导游”等学习活动，归纳出询问近处和远处单个动物名称的方法和回答方式。 （3）在生活情境中，运用动物类单词和目标句型的相关知识，能和同伴交流自己喜欢的小动物，树立爱护小动物的意识	【Period 1】 （1）能够听说、认读、辨认关于动物的单词：cat，dog，duck，bear，pig。 （2）能在语境、语篇中运用目标句型：What’s this？ It’s a / an...	What’s this？	**任务 1：** 在情境中，交流熟知的小动物，学习动物词汇，归纳问答近处动物的目标句型，说出自己喜爱的小动物。 周末，大家通过 Miss Li 创设的丰富游戏已经认识了部分小动物，并试着为动物园里的动物写了导游词。请同学们合作学习： （1）交流自己喜爱的动物，评价组员的导游词，围绕动物话题展开讨论，记录并发现问题和困惑。 （2）观察小动物的脚印和它们喜爱的食物，猜测动物，学习动物词汇。 （3）看动画跟读、模仿对话，听读结合，能用正确的语音、语调朗读对话并进行角色扮演。 （4）扮演小动物，仿照课本中 Chant 语言模式，介绍扮演的小动物。小组选派一名同学上台展示

续表

单元目标	课时目标	学习问题	学习活动
(1) 能够听说、认读、辨认动物类单词，辨识 Jj, Kk, Ll, Mm, Nn 五个字母的发音并规范书写。运用目标句型问答近处与远处的不同动物名称。 (2) 梳理动物名称的语言要素，通过“动物游戏”“观看动物表演”“招募动物园小导游”等学习活动，归纳出询问近处和远处单个动物名称的方法和回答方式。 (3) 在生活情境中，运用动物类单词和目标句型的相关知识，能和同伴交流自己喜欢的小动物，树立爱护小动物的意识	【Period 2】 (1) 能够听说、认读、辨认关于动物的单词 monkey, panda, tiger, bird, elephant。能听懂指令并做相应动作：Act like a/an ... (2) 运用 I like... 表达自己喜欢的小动物。 (3) 能够在语境语篇中运用目标句型：What’s that ？ It’s a/an ...	What’s that ?	**任务 2：** 积累动物园常见动物名称的英文表述，归纳、问答远处动物的目标句型。 同学们，你们去过银基动物王国吗？在那里不仅可以看到萌态各异的小动物们，还能欣赏它们的精彩表演。今天大家和 Miss Li 在云端上重游银基动物王国吧。 (1) 欣赏银基动物王国拍摄的动物照片，尝试说出动物的英文名称。 (2) 搭坐园内观光车，自主探究，根据动物距离观光车的远近区分、归纳目标句型：What’s this/that ？ It’s a/an ... (3) 正确朗读对话，小组创编对话并展示。 (4) 从动物名称方面，完善导游词的内容
	【Period 3】 能听、说、读、写五个字母：Jj, Kk, Ll, Mm, Nn 及字母的例词	What’s the sound of the letters Jj, Kk, Ll, Mm, Nn ?	**任务 3：** 认读、辨识 Jj, Kk, Ll, Mm, Nn 5 个字母的发音并规范书写，总结字母在单词中的发音。 同学们，你们注意到动物园内标牌上的小动物们的英文介绍了吗？你能找出 Jj, Kk, Ll, Mm, Nn 字母都藏在哪些单词里吗？ (1) 圈出英文介绍中含有 Jj, Kk, Ll, Mm, Nn 的单词，并大声朗读。 (2) 参与“字母找朋友”游戏，匹配字母大小写。观看书写视频，在四线三格中正确规范书写字母。 (3) 完成“Start to read ”的找字母活动

续表

单元目标	课时目标	学习问题	学习活动
（1）能够听说、认读、辨认动物类单词，辨识 Jj, Kk, Ll, Mm, Nn 五个字母的发音并规范书写。运用目标句型问答近处与远处的不同动物名称。 （2）梳理动物名称的语言要素，通过“动物游戏”“观看动物表演”“招募动物园小导游”等学习活动，归纳出询问近处和远处单个动物名称的方法和回答方式。 （3）在生活情境中，运用动物类单词和目标句型的相关知识，能和同伴交流自己喜欢的小动物，树立爱护小动物的意识	【Period 4】 （1）能在不同活动中，听说、认读、匹配动物的单词。 （2）能听懂、玩演 Story time 里面的小故事	Who follows...？	**任务 4：** 阅读故事，巩固动物词汇和目标句型。融合相关动物类绘本，拓展动物类单词和更多关于动物的英文表达。 同学们，我们的老朋友 Zoom 和 Zip 带领小动物们在玩动物接龙游戏，我们一起去看看吧。 （1）准确、流利朗读故事，小组分角色练习并上台表演。 （2）小组合作，结合文本，创编新的动物接龙故事并大胆展示

（三）展演任务

银基动物王国即将迎来一批外宾，现在年级举办招募“英语小导游”活动，诚邀喜爱动物的小朋友积极参加。结合本单元学习的语言要素，使用重点单词和目标句型，根据动物园里的动物，设计一份精彩的导游词，展示交流。

四、研制评价量表

根据单元学习目标，本单元共有三组评价量表。第一组是前置任务评价量表，在单元学习前进行，即为动物园写一份导游词，描述小动物。第二组是关于研学任务的评价量表，在单元学习过程中进行，包括研学活动评价量表和课堂表现评价量表。第三组是展演任务评价量表，在单元学习结束之后进行，使用重点单词和目标句型，根据动物园的动物，设计一份精彩的导游词。

（一）前置任务评价量表

“动物园导游词”评价量表如表 4 所示。

表 4 “动物园导游词”评价量表

维度	A	B	C
语言表达	正确认读核心动物类单词；准确说出喜欢的小动物，无语法表述错误	基本能正确认读动物类单词；语句中存在少许语法错误	不能正确认读动物类单词；语句表述有多处错误。无法正确说出自己喜欢的小动物

（二）研学任务评价量表

“研学活动”评价量表如表 5 所示。

表 5 “研学活动”评价量表

维度	A	B	C
对话表演	语音、语调优美，语言表述正确流利，肢体语言丰富，富有美感	语音、语调基本正确，语言表达较流畅，肢体语言较丰富	语音、语调不标准，语言表达卡顿，不流畅，肢体语言僵硬
词汇运用	正确听说、认读本单元 11 个动物类单词	基本能正确听说、认读本单元至少 8 个动物类词汇	基本能正确听说、认读本单元至少 6 个动物类单词
课文朗读	语音、语调正确；按意群停顿，整体通顺、流畅；通过语调的变化能表达出对小动物的欣赏和赞美之情，感情充沛，情感流露自然	语音、语调基本正确，个别单词发音不够准确；不能正确按意群停顿，个别地方不够顺畅；能基本通过语调变化，读出对小动物的喜爱，但感情不够充沛、自然	语音不标准，较多单词发音不准确；不能按意群停顿，朗读不流畅、通顺；语调平淡，不能读出喜爱小动物的情感
故事表演	使用丰富的肢体语言、道具等绘声绘色地表演动物接龙故事；语音、语调优美，语言正确，表达流利	基本能够表演动物接龙故事，语音、语调较优美，内容基本正确，表达比较流利	能分角色朗读故事，语音、语调欠佳，朗读基本正确，但是不够流利

“课堂表现”评价量表如表 6 所示。

表 6 “课堂表现”评价量表

维度	A	B	C
自主探究	主动自主探究关于动物的相关知识，态度端正，能按要求自学	学习主动性欠缺，态度基本端正，能按要求自学，但只能完成部分学习	不能主动学习探究动物类的相关知识，不能按照要求完成自学
合作交流	认真倾听、讨论、记录自己或他人喜欢的小动物；积极发言，主动和他人合作交流	比较认真地倾听、讨论、记录自己或他人喜欢的小动物；发言欠积极，与他人合作交流的主动性有待提高	不能认真倾听、讨论、记录自己或他人喜欢的小动物；课堂参与度低，被动与他人合作
课堂听讲	积极和教师互动，主动质疑	比较积极地听讲，与教师互动较少	上课走神，注意力不集中，几乎不主动与教师互动
作业质量	卷面整洁，书写工整，正确率 95% 以上	卷面整洁，书写较工整，正确率 80% 以上	不能按时完成作业或者正确率不到 60%

（三）展演任务评价量表

“动物园英语小导游”评价量表如表 7 所示。

表 7 “动物园英语小导游”评价量表

维度	A	B	C
表演展示	正确介绍动物园里多种小动物，内容有创新，语言丰富，符合逻辑；使用丰富的肢体语言展示；语音、语调优美，表达流利，绘声绘色	能正确介绍动物园里的部分小动物，语言比较丰富，句子基本无语法错误，符合逻辑；语音、语调比较优美，表达比较流利	能介绍动物园里少许的小动物，句子符合逻辑但是存在个别语法错误；语音、语调基本正确，但是表达不够流利

五、教学设计反思

本单元的主题是 We love animals。备课时，首先笔者仔细研读了《义务教育英语课程标准（2022 年版）》，研究单元所有内容，搭建单元整体框架，确定单元教学目标；其次，围绕具体内容，梳理结构化知识和语言重点，确定课时教学目标；最后，对单元内课时目标进行整体规划，引导学生探究主题意义，建构小观念并逐步形成单元大观念：“认识动物，热爱动物”。围绕对 Animals 这一主题意义的探究，通过创设游览银基动物王国大情境，逐步推进学习，使学生在知识建构的过程中不断加深对动物的认识，激发他的喜爱动物的情感。笔者先后调整单元教学内容，重组文本，遵循从知识到能力再到素养形成的规律，使学生的学习得以逐步正向迁移。同时在活动设计中，根据课堂评价的方式和具体的评价要点，设置评价量表，实现评价育人。

学完本单元后，笔者发现高质量的问题才能引发学生有深度的思考。在单元整体教学下，作为教师，我们要考虑的是如何通过提问，从学科核心知识慢慢发展到学科核心素养，通过课堂提问建立两者的内在联系，使学科核心知识与学科核心素养形成一个整体。于是，笔者在教学过程中开展了看“‘尾巴’猜动物”“听声音猜动物”“参观银基动物王国”等一系列活动，设置了具备连贯性、逻辑性、情境性和思维递进性的问题群，把教学中碎片化的知识无痕迹地整合，有效地促使学生的英语思维一步步形成。

合理膳食，文明就餐

——人教版《英语》小学三年级上册第五单元 Let's eat!

翁　非*

一、制订基于核心素养的单元目标

《义务教育英语课程标准（2022 年版）》中提出：学科核心素养是课程育人价值的集中体现，是学生通过课程学习而逐步形成的正确价值观、必备品格和关键能力。人教版《英语》小学三年级上册第五单元 Let's eat，属于"人与自我"范畴，涉及"饮食与健康"主题。在深度解读教材的基础上，围绕饮食与就餐话题进行探究。在大情境下，通过学习有关食物的词汇，探究表达想要某种食物及为别人提供某种食物的句型，探索中西饮食文化的异同。树立合理膳食、文明就餐的意识。

（一）提炼单元大观念

1. 课程标准分析

《义务教育英语课程标准（2022 年版）》中规定三、四年级应达到一级标准。

语言能力：能有意识地通过模仿学习发音；能借助图片读懂简单的小故事；能正确书写字母；能围绕相关主题，运用所学语言，进行交流，语言达意。

文化意识：能理解基本的问候、感谢用语，并做出简单回应；具有国家认同感，对中华优秀传统文化感到骄傲。

思维品质：具有初步问题意识，知晓一问可有多解。

---

* 翁非，郑州高新区外国语小学

学习能力：对英语学习感兴趣、有积极性；乐于学习和模仿；敢于表达；乐于参与课堂活动；能在学习活动中尝试与他人合作，共同完成学习任务。

语音知识：感知字母在单词中的发音。

词汇知识：借助图片、实物理解词汇的意思；根据视觉、听觉提示，如图片、动作、动画、声音等说出单词和短语；根据单词的音、形、义学习词汇，体会词汇在语境中表达的意思。

语法知识：围绕相关主题，在语境中运用所学语法知识进行交流。

语篇知识：识别对话中的话轮转换。

语用知识：在语境中使用基本的礼貌用语与他人交流；对他人的致谢做出恰当的回应。

文化知识：不同国家或文化背景下的饮食习惯异同。

语言技能：在听、读、看的过程中有目的地提取、梳理所需信息；简单介绍自己的一日三餐；在教师指导下进行简单的角色扮演。

依据《义务教育英语课程标准（2022 年版）》，分析本单元：

①语言能力：能有意识地通过模仿学习有关食物的 8 个单词的发音；能大声跟读，并识别这些食物单词；能围绕饮食主题用所学句型进行简单地交流，表达自己想要的食物；能根据“Have some...”指令语做出反应。

②文化意识：能正确运用简单的感谢用语，能对别人的感谢做出简单回应；能在教师指导下，通过图片、配图故事、歌曲等获取中外饮食文化信息。

③思维品质：能根据图片进行预测，大胆思考。

④学习能力：能在就餐情境中，乐于学习和模仿，使用英语表达想吃的食物；能合理安排自己的饮食，敢于表达；能在学习活动中尝试与他人合作，共同完成学习任务；能在学习过程中积极思考，发现并尝试解决语言学习中的问题。

2. 教材分析

（1）相关教材内容梳理。

相关教材内容梳理如表 1 所示。

表 1　三、四、五年级相关教材内容梳理

册数	单元标题	相关语言要素	词汇与句型
三年级下	Unit 5 Do you like pears？	水果的表达；询问喜欢的水果及回答	pear，apple，orange，banana，watermelon，grape，strawberry I like.../I don't like... Me too./ Me neither. Do you like... Yes，I do./No，I don't
四年级上	Unit 5 Dinner's ready	食物的表达；征求并表达用餐意愿；提出用餐和餐具使用建议并恰当回应	beef，chicken，noodles，vegetable，soup. What would you like？ I'd like...
四年级下	Unit 4 At the farm	询问及回答各种蔬菜名称的表述；描述食物的特点	tomatoes，green beans，potatoes，carrots
五年级上	Unit 3 What would you like？	询问并回答最喜欢的食物，并说出喜欢的原因	ice cream，hamburger，tea，sandwich，salad. What would you like to eat？ What is your favourite food？

（2）教材内容整合分析。

本单元以讨论“饮食与健康”为话题，分 A、B、C 三个部分。以 A、B 部分 Let's talk 中表达“想吃的某种食物”的句型为线索，Let's learn 中的 8 个有关食物或饮品的词汇为桥梁，A 部分 Let's spell 中的 o，p，q，r，s，t 字母发音教学为辅助，B 部分 Start to read，Let's check，Let's sing 及 C 部分 Story time 中的任务活动为落实点，贯穿整个单元。

结合教材内容，具体梳理如表 2 所示。

表 2　教材内容整合安排

文本形式	主要内容	主要来源	课时整合
Dialogue 1	Mike 和妈妈在餐桌上吃早餐。 句型：I'd like...，Have some...	A. Let's talk	Period 1
Speaking 1	做游戏，复现句型：I'd like...	A. Let's play	
Vocabulary 1	Sarah 和妈妈在厨房谈论早餐。 句型：Can I have some...	A. Let's learn	
Chant 1	说唱：邀请别人吃食物、喝饮品	A. Let's do	

续表

文本形式	主要内容	主要来源	课时整合
Dialogue 2	孩子们在郊外野餐，表达自己想要的食物，表达谢意并礼貌回应 Can I have some... Here you are. Thank you. You are welcome	B. Let's talk	Period 2
Speaking 2	对话活动，区分 Can I have some..., please？和 Have some... 语用功能	B. Let's play	
Vocabulary 2	在餐厅点餐	B. Let's learn	
Chant 2	说唱有关食物、切蛋糕的句子	B. Let's do	
Pronunciation 1	o，p，q，r，s，t 在单词中的发音	A. Let's spell	Period 3
Reading 1	读图找字母	B. Start to read	
Listening 1	单元内容巩固练习	B. Let's check	
Singing 1	跟唱 Let's have a picnic today	B. Let's sing	
Dialogue 3	Zoom 在餐厅点餐	C. Story time	Period 4

根据以上分析，可以看出整个单元主要按照听做、说唱、玩演、读写、视听五大板块，并辅以相应练习进行编排。本单元的学习主线为“合理安排自己的一日三餐”“餐厅点餐，文明就餐”。

3. 学情分析

三年级的学生活泼、热情，有旺盛的求知欲和好奇心。他们勇于探索新知，乐于合作与分享。他们喜欢并擅长直观思维，对游戏、歌谣等有极大的兴趣。

学生在前四个单元中的“Letters and sounds”里已经学过 apple，egg，banana，milk 等食物的单词。在这一单元第一次接触 I'd like some..., please. Have some... 等有关就餐的交际用语。

4. 单元大观念

本单元主题属于“人与自我”范畴，涉及“饮食与健康”主题。通过本单元的学习，学生在知识建构的过程中，能够用英文表达自己想要某种食物，为别人提供某种食物，并能够用英文表达礼貌用语，展现就餐礼仪。在深度解读教材的基础上，我们从学科本质视角，围绕对“饮食与就餐”这一主题意义的探究，提出了单元大观念：合理膳食，文明就餐。

（二）建构单元知识结构

单元知识结构图如图 1 所示。

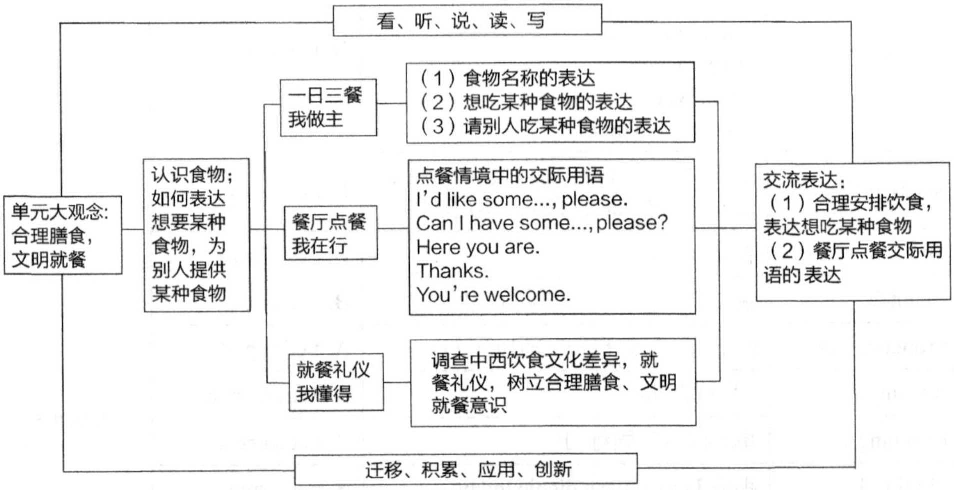

图 1　单元知识结构

（三）表述单元目标

（1）能听说、认读有关食物的 8 个单词；积累与饮食就餐相关的句型，对比中西饮食文化差异。

（2）通过提取文本中与就餐相关的词汇与句型，梳理相关语言要素，归纳“想要某种食物及为别人提供某种食物”的表达方式。

（3）能够在具体情境中，运用有关“想要某种食物及为别人提供某种食物”的表达，围绕“饮食与就餐”话题进行对话。树立合理膳食、文明就餐的意识。

二、创设学习情境和评价任务

（一）学习情境

你最喜欢的食物是什么？你的饮食习惯健康吗？你会制作自己的一日三餐计划表吗？中国饮食文化博大精深，我们一年一度的美食节即将开始，在本单元学习后，班级将开展美食节活动，请制订一张膳食合理的三餐计划表，为自己的小餐厅设计一份健康的饮食菜单，合理搭配饮食。结合本单元我们学习的语言要素，使用“自己想要的食物及为别人提供食物”的表达和正确的礼貌用语，请同学们一起来餐厅点餐就餐吧！

（二）评价任务

评价任务如图 2 所示。

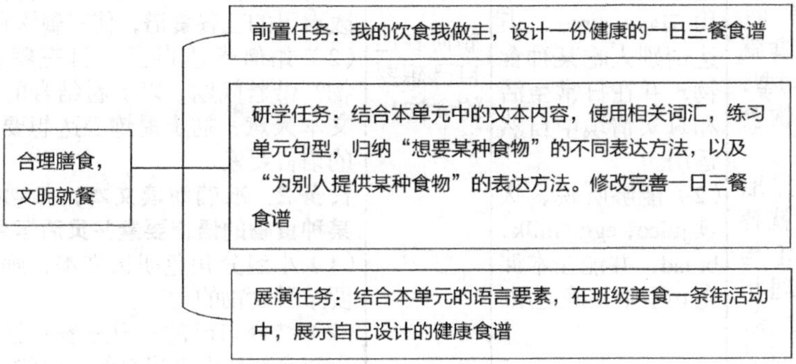

图 2　评价任务

课时总体规划：前置任务课前自学完成，不占用课时，研学任务占 4 课时，展演任务占 1 课时，本单元共占 5 课时。

三、设计学习活动方案

（一）前置任务

你最喜欢的食物是什么？你认为你喜欢的食物是健康的吗？你对健康饮食了解吗？请查阅资料，整理日常生活中一日三餐有哪些食物。制订一张健康的一日三餐食谱。

（二）研学任务

研学任务如表 3 所示。

表 3　研学任务

<table>
<tr><td colspan="4">基本问题：如何表达自己想要的食物，如何表达为别人提供某种食物？</td></tr>
<tr><th>单元目标</th><th>课时目标</th><th>学习问题</th><th>学习活动</th></tr>
<tr><td rowspan="2">（1）能听说、认读有关食物的 8 个单词；积累与饮食就餐相关的句型，对比中西饮食文化差异。
（2）通过提取文本中与就餐相关的词汇与句型，梳理相关语言要素，归纳“想要某种食物及为别人提供某种食物”的表达方式。
（3）能够在具体情境中，运用有关“想要某种食物及为别人提供某种食物”的表达，围绕饮食与就餐话题进行对话。树立合理膳食、文明就餐的意识</td><td>【Period 1】
（1）通过吃早餐的情景对话，能用 I'd like some... 表达想要某种食物。用 Have some... 表达请别人吃某种食物，并在日常生活和真实情境中自然运用。
（2）能够听说、认读 juice，egg，milk，bread，并能在本课主句型中正确运用</td><td>如何表达自己想要的食物？</td><td>任务 1：我的饮食我做主。
同学们，我们通过查阅资料，整理了日常生活中一日三餐的食物及表达。根据“儿童平衡膳食宝塔”及“食物金字塔”，请小组合作学习：
（1）三餐中，哪些食物有利于我们的身体健康？根据“儿童平衡膳食宝塔”修改自己的三餐食谱，使三餐饮食更健康。
（2）如何表达自己一日三餐想吃的食物？带着问题，以听看结合的方式感知文本大意，初步提炼表达想要某种食物的语言要素。
任务 2：准确朗读文本，归纳梳理想要某种食物的语言要素并灵活运用。
（1）小组分角色朗读文本，画出表达想要某种食物的句型。
（2）结合自己的一日三餐食谱，运用核心语言要素向全班介绍自己的三餐食谱</td></tr>
<tr><td>【Period 2】
（1）能用 Can I have some... 表达想要的食物，并进行点餐。
（2）能够听说、认读 cake，water，fish，rice，正确运用于主句型。
（3）用 Thank you. You are welcome. 展现就餐礼仪</td><td>（1）如何在餐厅点餐？
（2）如何用礼貌用语展现就餐礼仪？</td><td>任务 3：餐厅点餐我在行。
同学们，我们在餐厅遇到了几名外宾想点餐，服务员不会说英语。你能帮助外宾点餐吗？请同学们小组合作：
（1）思考交流：餐厅点餐需要用到哪些语言要素，如何表达想要某种食物，如何表达为别人提供某种食物，应该使用哪些礼貌用语？
（2）带着问题或困惑，整体阅读文本内容，交流学习收获，初步提炼关于餐厅点餐的语言要素。
（3）两人一组用核心句型对话表演，表达想要的食物，以及为别人提供食物。
任务 4：调查并总结中西方饮食差异。
（1）观看视频，说出视频里出现的中西饮食文化差异。
（2）组内交流，列举其他饮食差异。
（3）对比不同饮食文化，补充完善自己的《健康食谱》</td></tr>
</table>

续表

单元目标	课时目标	学习问题	学习活动
（1）能听说、认读有关食物的8个单词；积累与饮食就餐相关的句型，对比中西饮食文化差异。 （2）通过提取文本中与就餐相关的词汇与句型，梳理相关语言要素，归纳“想要某种食物及为别人提供某种食物”的表达方式。 （3）能够在具体情境中，运用有关“想要某种食物及为别人提供某种食物”的表达，围绕饮食与就餐话题进行对话。树立合理膳食、文明就餐的意识	【Period 3】 （1）能通过听、读含有o，p，q，r，s，t这六个字母的单词，掌握字母在单词中的发音。 （2）能听、说、认、读o，p，q，r，s，t这六个字母并在四线三格中正确书写	字母o，p，q，r，s，t在单词中的发音是什么？怎么书写？	**任务5：在餐厅中寻找字母宝宝，学习字母读音和书写。** 同学们，欢迎来到我们的校园餐厅，字母宝宝随处可见，请大家在餐厅的文化墙上寻找o，p，q，r，s，t这几个字母并观察它们的书写。 （1）找到字母宝宝，试着大声读出字母，并给字母大小写配对。 （2）菜单中部分食物的名称缺少了一个字母，请同学们补充完整。观看字母书写视频，在四线三格中正确书写字母。 （3）完成“Start to read”和“Let’s check”部分的找字母，听音打钩和菜单图片连线活动
	【Period 4】 （1）能听懂Story time小故事。 （2）小组合作表演故事	故事中的主人公如何在餐厅点餐？	**任务6：借助故事视频和任务单，梳理文本内容，朗读并创编故事。** 同学们，我们的好朋友Zoom今天要去餐厅吃大餐。让我们一起看看他都点了些什么？点餐的时候发生了什么有趣的事？ （1）观看视频，梳理文本内容，画出Zoom点了哪些食物。 （2）小组合作，续编故事。 （3）班级展示，分享创编的故事

（三）展演任务

一年一度的校园美食节到了，单元学习结束后，班级将开展“美食一条街”活动，同学们可以拥有自己的小餐厅啦！请为自己的小餐厅设计一份健康食谱。结合本单元我们学习的语言要素，使用“自己想要的食物及为别人提供食物”的表达方法及正确的礼貌用语，请同学们一起来餐厅点餐享受美食吧！

四、研制评价量表

根据单元学习目标，本单元共有三组评价量表。第一组是前置任务评价量表，在单元学习前进行，即学生自己设计的一日三餐健康食谱。第二组是研学任务评价量表，在单元学习过程中进行，包括研学活动评价量表和课堂表现评价量表。第三组是展演任务评价量表，在单元学习结束之后进行，即设计健康食谱和餐厅点餐就餐活动。

（一）前置任务评价量表

“一日三餐健康食谱”评价量表如表 4 所示。

表 4 “一日三餐健康食谱”评价量表

维度	A	B	C
词汇表达	食物单词的表述全部正确	食物单词的表达错三处以内	食物单词的表达有三分之一不够准确
合理膳食	三餐安排合理健康，符合逻辑	三餐安排大部分合理健康，符合逻辑	三餐安排营养不均衡，不合逻辑

（二）研学任务评价量表

“研学活动”评价量表如表 5 所示。

表 5 “研学活动”评价量表

维度	A	B	C
语言表达	准确表达自己一日三餐想吃的食物。语音、语调优美	准确表述自己一日三餐想吃的食物。语音、语调基本正确	对自己一日三餐想吃的食物表达有个别错误。语音、语调基本正确
课文朗读	语音正确；按意群停顿，做到通顺、流畅；准确读出情感，声情并茂	语音基本正确；基本能按意群停顿，个别地方不够顺畅；感情比较充沛、自然	语音基本正确；不能准确按意群停顿，不够顺畅；感情欠充沛、自然
对话表演	积极参与小组合作，梳理文本句型，合作创编餐厅点餐情境五组以上并表演；对话符合逻辑，语音、语调优美，语言表达正确流利，肢体语言丰富	参与小组合作，梳理文本句型，合作创编餐厅点餐情境三组以上并表演；对话基本符合逻辑，语音、语调基本正确，语言表达比较流利	参与小组合作不够积极，不能梳理文本句型，合作创编餐厅点餐情境对话少于三组；能够分角色朗读创编对话，不能绘声绘色表演

续表

维度	A	B	C
故事表演	小组积极合作，分角色使用丰富的肢体语言、道具等绘声绘色地表演点餐故事；语音、语调优美，语言正确，表达流利	小组合作，分角色合作表演点餐故事；语音、语调基本正确，内容基本正确，语音、语调比较优美；表达比较流利	可以合作，分角色朗读故事；语音、语调欠佳，朗读基本正确，但是不够流利；表演不够生动
续编故事	续编五组以上话轮，内容有创新，语言丰富，句子无语法错误，故事符合逻辑；使用丰富的肢体语言合作表演创编的故事；语音、语调优美，表达流利，绘声绘色	续编三组以上话轮，语言比较丰富，句子基本无语法错误，故事符合逻辑；能合作表演创编的故事；语音、语调比较优美，表达比较流利	续编话轮少于三组，创编故事符合逻辑，但是句子中存在较多语法错误；语音、语调不正确，表达不流利

“课堂表现”评价量表如表 6 所示。

表 6 “课堂表现”评价量表

维度	A	B	C
自主探究	主动学习，查阅资料，完成一日三餐计划表，书写正确美观；能积极主动探究点餐交际用语及礼貌用语；主动查阅中西饮食文化差异	主动学习，查阅资料，完成一日三餐计划表，但在书写中有错误；能在同伴帮助下探究点餐交际用语及礼貌用语；在他人帮助下，查阅中西饮食文化差异	不能主动学习，没有完成一日三餐计划表；不能积极主动探究点餐交际用语及礼貌用语；不愿了解中西饮食文化差异
合作交流	能够认真倾听小组同学的观点，积极参与讨论，认真记录，发言积极	能够倾听小组同学的观点，参与讨论不够积极，认真记录，发言不够积极	不认真倾听小组同学的观点，参与讨论不够积极，没有认真记录，不发言
课堂听讲	积极和教师互动，主动质疑	比较积极地听讲，与教师互动较少	上课走神，注意力不集中，不与教师互动

（三）展演任务评价量表

“健康食谱”展示评价量表如表 7 所示。

表 7 “健康食谱”展示评价量表

维度	A	B	C
展示分享	餐厅的菜单设计健康合理，词汇表达准确无误；点餐对话表达正确，语音、语调优美；话轮丰富，礼貌用语使用恰当	餐厅的菜单设计基本合理，词汇表达 90% 正确；点餐对话表达正确，语音、语调基本正确；话轮内容完整但不够丰富，礼貌用语使用恰当	餐厅的菜单设计基本合理，词汇表达 50% 正确；点餐对话表达 80% 正确，语音、语调基本正确；话轮内容不够丰富，没有使用礼貌用语

五、教学设计反思

本单元学习过程中，“如何表达自己想要的食物，如何表达请别人吃某种食物”这个问题贯穿始终，在大观念“合理膳食，文明就餐”的引领下，围绕主问题深入研读语篇内容，重构知识体系，建构大观念下的小观念“一日三餐我做主”“餐厅点餐我在行”“就餐礼仪我懂得”。围绕以上观念，设计学习任务，达成学习目标。

通过创设较为真实的情境，设计“家庭一日三餐计划表”和“餐厅就餐”两大情境，让学生在家庭、社会中灵活多变地使用句型 I'd like ... /Can I have some... , please? 表达想要某些食物或饮品，用 Have some... 表达请别人吃东西，用 Here you are 表达为别人提供食物。用 Thank you，You are welcome 展现礼仪。让新知识的引入和学习水到渠成，学生在生活中尽可能增加话轮进行交谈，达到操练巩固、运用自如的目的。通过学生自主探究，根据“饮食金字塔”评价自己的三餐安排是否健康合理。经过一系列具有综合性、关联性特点的语言学习和思维活动，树立科学健康饮食的意识。在“美食一条街”活动中，树立合理膳食、文明就餐的观念。通过调查研究中西就餐礼仪的异同，中西饮食文化的差异，拓宽学生的视野，培养学生的跨文化意识。

大观念下的单元教学理念，让笔者在每次备课上课时，都能立足育人目标，依据课标，制订单元学习目标，让琐碎的知识更加整体化、结构化，引导学生建构自己的知识体系，更好地提升学生的素养。

热爱动物，保护动物
——人教版《英语》小学三年级下册第三单元 At the zoo

王雅璞　孙　蕊*

一、制订基于核心素养的单元目标

本单元是人教版小学《英语》三年级下册的第三单元，主题语境表现为“人与自然”，涉及“自然生态，环境保护”。在认识动物的基础上，本单元学习描述动物的表达。在真实的故事情境下，学习运用句型整体输出对话；通过问题培养学生的思维品质，运用多种有趣的教学活动激发学生学习英语的兴趣。在整个单元的学习过程中，每一课时都贯穿热爱、保护动物的教育，提升学生爱护动物、保护动物的意识，并真正把这一观念落实到实际生活中。

（一）提炼单元大观念

1. 课程标准分析

《义务教育英语课程标准（2022年版）》中规定三、四年级应达到一级目标。

语言能力：能有意识地通过学习模仿发音；能大声跟读音视频材料；能感知语言信息，积累表达个人喜好；能理解基本的日常问候、感谢和请求用语；能借助图片读懂语言简单的小故事；能正确书写字母、单词；能识别有关个人、家庭，以及熟悉事物的图片或实物、单词、短语；能根据简单指令做出反应；能围绕相关主题，运用所学语言，进行简单的交流，介绍自己和身边熟悉的人或事物，表达情感和喜好等，语言达意。

文化意识：能在教师指导下，通过图片、配图故事、歌曲、韵文等获取简单的中外文化信息；能用简单的单词、短语和句子描述与中外文化有关的图片

* 王雅璞　孙蕊，郑州高新区外国语小学

和熟悉的具体事物。

思维品质：通过对图片、具体现象和事物的观察获取信息，了解不同事物的特点，辅助对语篇意义的理解；能根据标题、图片、语篇信息或个人经验等进行预测；能根据个人经历对语篇内容、人物或事件等表达自己的喜恶。

学习能力：喜欢和别人用英语交流；乐于学习和模仿；注意倾听，敢于表达，不怕出错；能在学习活动中尝试与他人合作，共同完成学习任务；能在学习过程中积极思考，发现并尝试解决语言学习中的问题。

依据课标，分析本单元：

①语言能力：能有意识地通过模仿，学习有关描述动物外貌特征的 7 个形容词，能大声跟读并识别这些形容词；围绕动物这一话题，使用所学句型描述自己喜爱的小动物的外形；能根据简单指令做出反应。

②文化意识：能在教师指导下，通过图片、配图故事、歌曲等获取中外不同小动物外貌特征信息；了解中西特有动物的外形特征。

③思维品质：能根据图片进行预测，大胆思考。

④学习能力：能在真实情境中，使用英语说出自己喜爱的小动物，乐于学习和模仿；注意倾听，敢于表达，不怕出错，爱护小动物；能在学习活动中尝试与他人合作，共同完成学习任务；能在学习过程中积极思考，发现并尝试解决语言学习中的问题。

2. 教材分析

（1）相关教材内容梳理。

相关教材内容梳理如表 1 所示。

表 1　三到六年级相关教材内容梳理

册数	单元标题	相关语言要素
三年级上	Unit 3 Look at me	五官名称的表达，如：nose，eyes 等
三年级上	Unit 4 We love animals	动物名称的表达，如：pig，monkey 等
四年级上	Unit 3 My friends	人物外貌特征的表达，如：tall and strong 等
四年级下	Unit 4 At the farm	农场动物名称的表达，以及名词的复数形式，如：hens，ducks，horses 等
五年级上	Unit 1 What's he like？	人物性格特征的表达，如：young，funny 等
六年级下	Unit 1 How tall are you？	形容词比较级的表达，如：taller，stronger，shorter，longer 等

（2）教材内容整合分析。

本单元以描述几种各具特色的动物为话题，分A、B、C三个部分。以A、B部分Let’s talk中描述动物外貌特点的句型为线索，Let’s learn中的7个形容词为桥梁，A部分Let’s spell中的单词和发音教学为辅助，B部分Start to read，Let’s check和Let’s sing及C部分Story time中的任务活动为落实点，贯穿整个单元。

结合课本内容，具体梳理如表2所示。

表2　教材内容整合安排

文本形式	主要内容	主要来源	课时整合
Dialogue 1	在公园讨论长颈鹿和熊的外形	A. Let’s talk	Period 1
Speaking 1	两个孩子画动物并讨论其外形	A. Draw and say	
Vocabulary 1	在动物园一角观察、讨论猴子和长颈鹿的外形	A. Let’s learn	
Activity 1	听唱、表演歌谣，对形容词的音和义进行巩固操练	A. Let’s do	
Dialogue 2	在公园一角观察、讨论大象的外形	B. Let’s talk	Period 2
Speaking 2	两个孩子根据指令拼凑怪兽	B. Make a monster	
Vocabulary 2	在动物园一角观察、讨论鸵鸟的外形	B. Let’s learn	
Activity 2	形容词音义训练、形义配对	B. Let’s do	
Pronunciation 1	元音字母i在单词中的短音发音规律	A. Let’s spell	Period 3
Reading 1	猜灯谜（猜动物）	B. Start to read	
Listening 1	单元内容巩固练习	B. Let’s check	
Singing 1	听唱动物歌曲	B. Let’s sing	
Dialogue3	Zoom和Zip比赛认识动物	C. Story time	Period 4

根据表2分析可以看出，整个单元主要按照听、说、读、看、写五大板块，并辅以相应的练习进行编排，每个板块基本以一种语言技能活动为主，兼顾对其他技能的培养。教师可以将本单元的学习主线确定为“常见的动物，动物的特征”，从动物的整体和局部描述动物的外形特征。

3. 学情分析

本单元的教学对象是小学三年级的学生，此学段学生的思维能力处于从具体形象思维向逻辑思维过渡时期，注意力可集中持续20分钟左右，具有爱玩、好动、爱表现、求知欲强、模仿表演力强等特点，对英语学习有着浓厚的兴趣。根据三年级学生好玩、好唱、好动的特点，对本单元的知识进行有效的整合。注重培养学生对形容词的听说、认读能力，更注重培养学生综合语言运用能力。

三年级的学生经过一个多学期的英语学习，积累了一些词汇量。本单元主题为动物，学生对此话题也非常感兴趣，乐于参与课堂活动，也已经掌握了一定的学习方法与策略。在学习前期，学生已经掌握了常见动物的单词，如 pig，duck，elephant 等；在歌谣中学习过一些形容词，如 fat，big 等；句型 Look at the...，能对一些动物从整体和局部进行简单描述。通过本单元的学习，旨在让学生从用简单的单词描述过渡到用整句的语言对动物的外表特征进行描述。

4. 单元大观念

本单元主题属于“人与自然”范畴，涉及“常见的动物，动物的特征”。通过本单元的学习，旨在使学生在知识建构的过程中明白动物与我们的生活息息相关，同时形成一定的英语思维，会主动描述自己所喜爱动物的外形。在深度解读教材的基础上，我们从学科本质视角，围绕描述动物外形这一话题的探究，提出单元大观念：热爱动物，保护动物。

（二）建构单元知识结构

单元知识结构如图 1 所示。

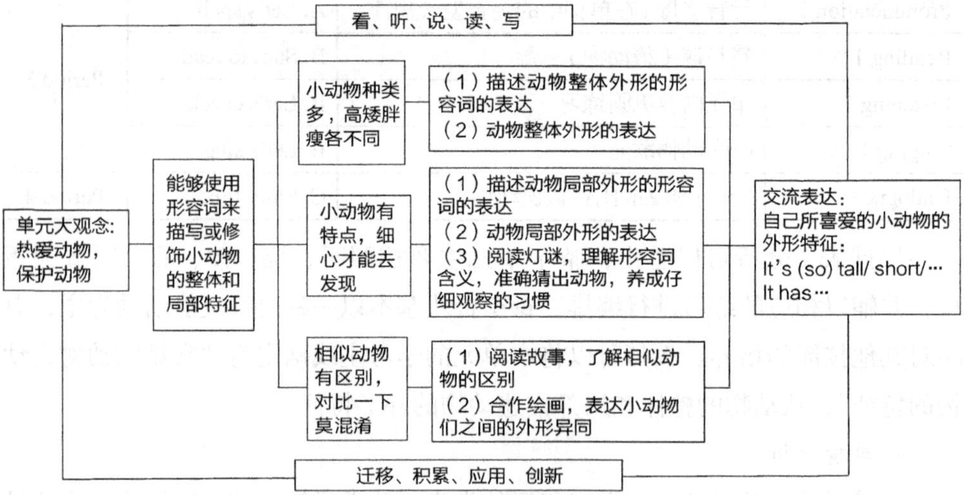

图 1　单元知识结构

（三）表述单元目标

（1）能听说、认读单词 thin，fat，tall，short，small，big，long，积累句型 It's tall/ short... It has... 用来描述动物外形。知道字母 Ii 在单词当中的发音。

（2）梳理描述动物外形的语言要素，归纳总结描述动物整体特征与局部特征的表达方式。

（3）能够在具体的语境中，通过运用描述动物外形的语言要素，表达自己对动物的喜爱之情，树立保护动物、善待动物的意识。

二、创设学习情境和评价任务

（一）学习情境

孩子们，我们的生活中有许多小动物，你有喜欢的小动物吗？你最喜欢的动物是什么呢？你会用简单的语言描述你喜欢的动物吗？来到动物园，你们看到自己喜欢的动物会说些什么呢？小动物们的外形都有什么特点呢？让我们一起走进动物园，描述自己喜爱的小动物吧！请同学们认真观察，单元学习结束后，我们将会在班级里举办以“I love animals”为主题的分享会，请同学们大胆地向大家说出你心中最喜欢的小动物吧！

（二）评价任务

评价任务如图 2 所示。

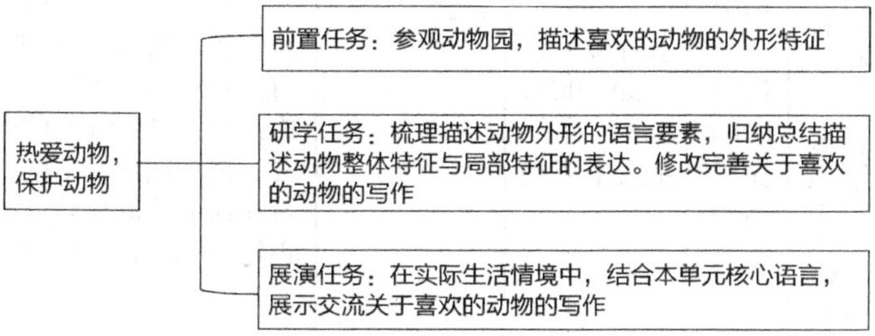

图 2　评价任务

课时总体规划：前置任务课前自学完成，不占用课时，研学任务 4 课时，展演任务 1 课时，本单元共 5 课时。

三、设计学习活动方案

（一）前置任务

动物园里各种各样的动物形态不一，各有特点。你喜欢哪一种动物呢？它的体型如何？有哪些标志性的特点呢？今天，我们一起去动物园里看一看。请说一说自己喜欢的动物的外形，可以先描述动物的整体外形特征，再从局部进行描述。

（二）研学任务

研学任务如表 3 所示。

表 3 研学任务

基本问题：如何用恰当的形容词描述动物的外形？			
单元目标	课时目标	学习问题	学习活动
（1）能听说、认读单词 thin，fat，tall，short，small，big，long，积累句型 It's tall/short... It has... 用来描述动物外形。知道字母 Ii 在单词当中的发音。 （2）梳理描述动物外形的语言要素，归纳总结描述动物整体特征与局部特征的表达方式。 （3）能够在具体的语境中，通过运用描述动物外形的语言要素，表达自己对动物的喜爱之情，树立保护动物、善待动物的意识	【Period 1】 （1）能听懂、会用句型 Look at... It's... 来介绍动物，描述动物的整体外形，并能在实际情境中运用。 （2）能够听说、认读单词 fat，thin，tall 和 short，并能在实际生活中正确运用	如何描述动物的整体外形特征？	**任务 1：围绕"我喜欢的动物"这个话题展开讨论，初步学习使用形容词描述动物的整体外形特征，形成大观念。** 同学们在假期和爸爸妈妈去动物园看到了许多动物，它们各有特点，请同学们小组合作学习： （1）小组合作，评价组员是如何描述动物园里动物外形的，再围绕"我喜欢的动物"这个话题展开讨论，并记录发现的问题和困惑。 （2）带着问题和困惑，读文本，学习本课描述动物整体外形特征的核心句型和单词，朗读语篇

续表

单元目标	课时目标	学习问题	学习活动
（1）能听说、认读单词 thin，fat，tall，short，small，big，long，积累句型 It's tall/short... It has... 用来描述动物外形。知道字母 Ii 在单词当中的发音。 （2）梳理描述动物外形的语言要素，归纳总结描述动物整体特征与局部特征的表达方式。 （3）能够在具体的语境中，通过运用描述动物外形的语言要素，表达自己对动物的喜爱之情，树立保护动物、善待动物的意识	【Period 2】 （1）能听懂、会用句型 It has... 介绍动物的局部特征，并能在生活中适当而灵活地运用。 （2）能够听说、认读单词 big，small，long，short，并能在实际生活中正确运用。 （3）能够听懂 Let's do 中的内容，并能根据指令性语言快速做出反应	如何描述动物外貌的局部特征？	**任务 2：在活动中积累描述动物外形的语言要素，正确表达动物外形的局部特征。** 同学们，让我们再次走进动物园，一起看一看动物们各自都有什么标志性的外在特征。 （1）通过对文本的学习梳理，总结描述动物局部特征的日常用语。 （2）在动物园参观动物的大情境中，学生两人一组用核心句型对话，谈论自己喜爱的动物的外形。 （3）根据动物局部特征的描述，修改完善“我喜欢的动物”的写作内容
	【Period 3】 （1）能够了解元音字母 i 在闭音节里的发音规律，并能准确发音。 （2）能匹配动物和描述动物外貌的单词及句型	字母“Ii”在重读闭音节中是怎样发音的？	**任务 3：总结字母“Ii”在单词当中的发音，结合发音规则，解决实际问题。** 同学们，动物园里要举行猜灯谜的夜场活动。你们可以准确猜出对应的动物吗？让我们一起来试一试吧！ （1）听音总结字母“Ii”的发音规律，并能正确书写含有字母“Ii”的单词。 （2）结合发音规则，完成猜灯谜和听力活动的练习
	【Period 4】 （1）能听懂 Story time 的小故事。 （2）在理解故事的前提下，小组合作尝试表演故事	相似的动物间最具有标志性的区别是什么呢？	**任务 4：回顾本单元所学描述动物外形的语言要素，对比相似动物间的不同，进一步强化对单元大观念的认识。** 同学们，自然界有很多动物都非常相似，但它们却又不同，你对这些动物了解多少呢？我们一起来看一看，比一比，说一说吧！ （1）观察相似动物，用本单元所学的语句说出不同之处。 （2）准确、流利朗读故事，参加故事表演大赛

（三）展演任务

单元学习结束了，请同学们带上自己喜欢的动物图片，参加班上“I love animals”主题分享会，进行展示交流。大家可以拿着图片介绍自己喜欢的动物，也可以用猜谜的方式让同学们猜一猜所描述的动物是什么。期待同学们更多更有创意的分享形式。

四、研制评价量表

根据单元学习目标，本单元共有三组评价量表。第一组是前置任务评价量表，在单元学习前进行，即书写描述自己喜爱的动物。第二组是研学任务评价量表，在单元学习过程中进行，包括研学活动评价量表和课堂表现评价量表。第三组是展演任务评价量表，在单元学习结束之后进行，即运用所学语言来描述自己喜爱的动物。

（一）前置任务评价量表

“我喜欢的动物”评价量表如表 4 所示。

表 4 “我喜欢的动物”评价量表

维度	A	B	C
语言表达	符合逻辑，准确表达动物外形特征，无语法错误	3 处以内形容词使用不准确，语句中存在些许语法错误，比较符合逻辑	逻辑混乱，无法准确描述动物外形特征，表述存在较多语法错误

（二）研学任务评价量表

“研学任务”评价量表如表 5 所示。

表 5 “研学活动”评价量表

维度	A	B	C
对话表演	自创与动物相关情境，语音、语调优美，语言表达正确流利，能使用丰富的肢体语言模仿动物的外在形态	自创与动物相关情境，语音、语调基本正确，语言表达较流畅	可以分角色在组内朗读对话

续表

维度	A	B	C
课文朗读	语音正确，读准句子；按意群停顿，做到通顺流畅；准确读出语调的变化，表达情境中所包含对动物喜爱的情感，声情并茂	语音较正确，1 ~ 2个单词发音不够准确；不能很好地按意群停顿，1个语句不够顺畅；基本读出语调变化，大体表达出情境中所包含的情感，感情欠充沛、自然	课文中一半及以上单词发音不够准确；整体朗读不够顺畅；不能感知语调的变化，无法读出情境中所表达的情感
词汇运用	正确认读、规范书写本单元7个“四会”单词，并且可以在语句当中正确熟练使用所学词汇	可以正确认读、书写本单元5 ~ 6个“四会”单词，并且可以在语句中使用所学词汇	只能认读、书写本单元4个（包含4个）以下“四会”单词或者不能认读、书写本单元“四会”单词，在语句中不能正确使用所学词汇

“课堂表现”评价量表如表6所示。

表6　“课堂表现”评价量表

维度	A	B	C
自主探究	主动学习，按要求自学，完成所有自学任务，自学质量高，在自学后可以自主说出两句及以上描述动物外形的句子	学习主动性不足，态度基本端正，能按要求自学，但只能完成部分学习任务，在自学后可以主动说出一句及以上描述动物外形的句子	不能主动学习，不能按照要求完成自学任务
合作交流	认真倾听、讨论，在书本上认真记录课堂中所讲重点，发言积极	比较认真地倾听、讨论，发言欠积极	不能认真倾听、讨论、记录，课堂参与度低
课堂听讲	积极和教师互动，主动质疑同学描述动物外形的语句中存在的语法或者逻辑性错误	比较积极地听讲，与教师互动较少	上课走神，注意力不集中，不与教师互动
学业成果	按时按要求完成作业，作业质量高，正确率达到90%及以上	基本完成作业，作业质量良好，正确率达到75% ~ 89%	不能按时完成作业，作业的错误率较高

（三）展演任务评价量表

“I love animals”展示评价量表如表 7 所示。

表 7　“I love animals”展示评价量表

维度	A	B	C
语言表达	描述动物外形特征的句子无语法错误，符合逻辑	描述动物外形特征的句子中存在 1 ~ 2 处语法错误，较符合逻辑	句子中存在较多语法错误，逻辑混乱
表现力	使用丰富的肢体语言来展现动物的外在特征，表演形象，语音、语调优美，内容达意，词法句法正确，表达流利	有肢体语言，表演较形象，基本可以展现动物的外在特征，语音、语调基本正确，内容达意，词法句法基本正确，表达比较流利	可以分角色朗读

五、教学设计反思

本单元源于生活，符合三年级学生对动物的好奇心与保护欲。学习本单元之前，我们梳理了本单元的内容，整合教材相关内容之后，提炼出了本单元的大观念：热爱动物，保护动物。在真实有趣的大情境下，学生带着问题与目的进行学习。活动中，在老师的引导下，学生积极参与，主动思考，提升了学习能力，发展了思维品质。

传统的教学设计一般都是为了完成教学任务，根据教学重点设计，并没有体现新课标当中所说的育人价值。而主题单元的设计中，学生的学习方式由教师的说教变为学生的主动参与，培养了学生主动学习的能力。将相关的教材内容整合，由一个大观念引领学习，极大加强了知识的连贯性，从一个个小任务的完成，实现了单元内容学习，发展了学生的自主学习思维。在设计教学活动时，可以打破教材内容的束缚，源于教材，又不拘泥于教材，结合英语学科特点和英语活动观，设计一系列递进活动，达成各课时学习目标，从而更好地实现课程的育人目的。

认识数字，乐享生活

——人教版《英语》小学三年级下册第六单元 How many?

王星星　吴晶晶*

一、制订基于核心素养的单元目标

本单元是人教版《英语》小学三年级下册的第六单元，该主题属于“人与自我”范畴，涉及“身边的事物”，在深度解读教材的基础上，从学科本质视角，围绕“Numbers”这一主题意义进行探究，使学生在知识建构的过程中明白英文数字在我们生活中广泛应用，同时形成一定的英语数字思维，能主动用英语数字来表达生活中物品的数量。

（一）提炼单元大观念

1. 课程标准分析

《义务教育英语课程标准（2022 年版）》中要求三、四年级应达到一级标准。

语言能力：能有意识地通过模仿学习发音；能借助图片读懂简单的小故事；能正确书写字母；能围绕相关主题，运用所学语言进行交流，语言达意。

文化意识：能理解基本的问候、感谢用语，并做出简单回应。

思维品质：具有初步问题意识，知晓一问可有多解。

学习能力：对英语学习感兴趣、有积极性；乐于学习和模仿；敢于表达；乐于参与课堂活动；能在学习活动中尝试与他人合作，共同完成学习任务。

语音知识：感知字母在单词中的发音。

词汇知识：借助图片、实物理解词汇的意思；根据视觉、听觉提示，如图

* 王星星　吴晶晶，郑州高新区外国语小学

片、动作、动画、声音等说出单词和短语；根据单词的音、形、意学习词汇，体会词汇在语境中表达的意思。

语法知识：围绕相关主题，在语境中运用所学语法知识进行交流。

语篇知识：识别对话中的话轮转换。

语用知识：在语境中使用基本的礼貌用语与他人交流；对他人的致谢做出恰当的回应。

语言技能：在听、读、看的过程中有目的地提取、梳理所需信息。会简单询问数量。在教师指导下进行简单的角色扮演。

依据课标，分析本单元：

①语言能力：能有意识地通过模仿，学习 11 ~ 20 数字的发音，大声跟读，并识别数量单词，能主动谈论数量话题。

②文化意识：能在教师指导下，学习和感知人际交往中英语独特的表达方式。

③思维品质：能根据图片进行预测，大胆思考。

④学习能力：能在生活情境中，使用英文数字表达不同数量，乐于学习和交流；能在学习活动中尝试与他人合作，共同完成学习任务；能在学习过程中积极思考，发现并尝试解决语言学习中的问题。

2. 教材分析

（1）相关教材内容梳理。

相关教材内容梳理如表 1 所示。

表 1　三到五年级相关教材内容梳理

册数	单元标题	相关语言要素
三年级上	Unit 6 Happy birthday	年龄的表达，物品数量的表达，会说 10 以内的数字
四年级上	Unit 6 Meet my family	家庭成员数量的表达
四年级下	Unit 2 What time is it？	时间的表达，会说 60 以内的数字
五年级下	Unit 4 When is the art show？	日期的表达，会正确表达序数词

（2）教材内容整合分析。

本单元是《英语》小学三年级下册的第六单元，以“Numbers”为话题，分为 A、B、C 三个部分。以 A、B 部分 Let’s learn 中的十个数字 eleven，twelve， thirteen，fourteen 等和 How many... do you see？ How many... do you have? 及回答 I see... I have... 句型为线索，以 A、B 部分 Let's talk 的日常交际会话为桥梁，以 C 部分的故事教学为巩固，贯穿整个单元。拓展了从 thirteen 到 nineteen 的构词规律。Part B 部分是在 Part A 部分基础上的延伸和拓展，在学习新知识的同时，落实任务型教学。通过 "Find and count" "Let's learn" "Let's chant" "Let's sing" "Let's find out" 等形式多样的任务活动，将数字学习串联起来，具体内容如表 2 所示。

此外，本单元复习字母 a，e，i，o，u 在单词中的短音发音规律，要求学生能够根据其发音规律拼读和听写单词，建立单词音、形、义之间的联系，整体学习单词。让学生多说、多听，通过生生互动、师生互动，让学生体验开口说英语的乐趣，在轻松愉快的情境中表达、感受、理解语言，从而习得语言。

表 2 教材内容整合安排

文本形式	主要内容	主要来源	课时整合
Dialogue 1	在公园谈论风筝并数数量	A. Let's talk	Period 1
Speaking 1	在公园一角数动物的数量	A. Find and count	
Vocabulary 1	在公园鱼塘看鱼并数数	A. Let's learn	
Chant 1	说唱物品数量	A. Let's chant	
Dialogue 2	在公园画画，并数蜡笔的数量	B. Let's talk	Period 2
Speaking 2	调查班级同学物品的数量	B. Let's find out	
Vocabulary 2	在公园询问管理员碰碰车的数量	B. Let's learn	
Chant 2	说唱关于数字的加与乘	B. Let's chant	
Pronunciation 1	a，e，i，o，u 的发音规律	A. Let's spell	Period 3
Reading 1	养花日记，观察花的数量	B. Start to read	Period 4
Listening 1	单元内容巩固练习	B. Let's check	
Singing 1	听唱数字歌	B. Let's sing	
Dialogue 3	在果园摘水果并数数量	C. Story time	

通读教材单元的内容，分析整理后，确定单元主题意义探究的主线，并根据主线确定需要重点学习的语篇和内容。《义务教育英语课程标准（2022 年版）》指出主题语境包含三大范畴："人与自我""人与社会"和"人与自然"。"人与自我"涉及"生活与学习""做人与做事"这两个主题群下的 7 项子主

题。本单元的主题则可以确定为“人与自我”，具体是“身边的事物”。

根据表 2 分析，整个单元主要按照听做、说唱、玩演、读写、视听五大板块，并辅以相应的练习进行编排。可以将本单元的学习主线确定为“认识基数词 11 ～ 20 的英文表达”“真实情境中使用英文数字 11 ～ 20”“生活中英语数字算法广泛应用”。

3. 学情分析

本单元的学习对象是小学三年级学生，此阶段学生的思维能力处于从具体形象思维向逻辑思维过渡时期，根据学生好玩、好唱、好动的特点，对本单元的知识进行有效的整合，让学生的听、说、认、读能力得到提升。

学生在三年级上册 Unit 6 Happy birthday 中已经学习了英文数字 1 ～ 10 的表达。但对于 11 ～ 20 的表达及对看到或拥有物品的数量的提问是陌生的。学完本单元，学生能在不同情境中准确运用英文数字 11 ～ 20，使用主句型就数量话题进行交流表达。

4. 单元大观念

本单元主题属于“人与自我”范畴，涉及“身边的事物”。通过本单元的学习，学生在知识建构过程中，能够用英文数字与同伴交流数量话题。在深度解读教材的基础上，从学科本质视角，围绕对 Numbers 这一主题意义的探究，特提出本单元大观念：认识数字，乐享生活。

（二）建构单元知识结构

单元知识结构如图 1 所示。

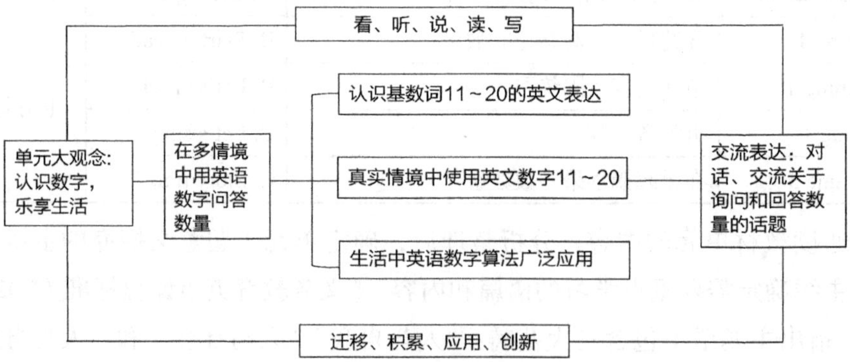

图 1　单元知识结构

（三）表述单元目标

（1）能够使用基数词 eleven 至 twenty 和主句型询问看到和拥有物品的数量并准确回答；能说出 5 个元音字母在单词中的短音发音，并根据发音规律拼读含有元音闭音节的词汇。

（2）通过数数，梳理基数词 eleven 至 twenty 相关语言要素，总结英文数字在生活中表达的方法；提取文本中与数词相关的单词与句型，梳理看到物品的数量及拥有物品数量的表达方法。

（3）能在生活情境中，运用数词表达的方法，正确使用数词。

二、创设学习情境和评价任务

（一）学习情境

我们一般都会在哪里见到数字呢？数学书里？还有什么时候我们会用到数字呢？生活中我们用到数字的时候也很多，比如，周末妈妈带我们去公园里玩，看到鸟、风筝、鱼、碰碰车等，我们要数某个东西的数量。我们已经会用英语数 1 ~ 10 了，如果超过数字 10，用英语如何表达呢？今天我们就来探究更多的英文数字，学完后我们就可以用英文数字讨论数量的话题了。

（二）评价任务

评价任务如图 2 所示。

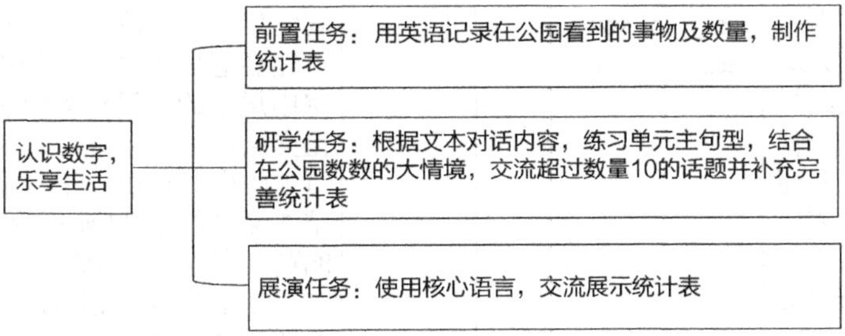

图 2　评价任务

课时总体规划：前置任务课前自学完成，不占用课时，研学任务 4 课时，展演活动 1 课时，本单元共 5 课时。

三、设计学习活动方案

（一）前置任务

在公园里，有鸟、鱼、风筝、碰碰车等有趣的东西，数一数它们的数量，用英语记录下自己看到的有趣的东西及数量，制作统计表。

（二）研学任务

研学任务如表 3 所示。

表 3　研学任务

基本问题：如何询问事物的数量？			
单元目标	课时目标	学习问题	学习活动
（1）能够使用基数词 eleven 至 twenty 和主句型询问看到和拥有物品的数量并准确回答；能说出 5 个元音字母在单词中的短音发音，并根据发音规律拼读含有元音闭音节的词汇。 （2）通过数数，梳理基数词 eleven 至 twenty 相关语言要素，总结英文数字在生活中表达的方法；提取文本中与数词相关的单词与句型，梳理看到物品的数量及拥有物品数量的表达方法。 （3）能在生活情境中，运用数词表达的方法，正确使用数词	【Period 1】 （1）能够听说、认读数字 eleven 至 fifteen。 （2）能在生活情境中灵活运用句型 How many... do you see？ I see...	How many... do you see？	**任务 1：表述在公园里看到的事物的数量，提出困惑和问题，初步提炼单元大观念。** 同学们，大家周末去公园游玩，看到各种各样的事物，并对各种事物进行了数量统计，请同学们小组合作学习： （1）同伴交流自己看到的事物，围绕如何问答事物数量，提出问题或困惑。 （2）带着问题或困惑，整体阅读单元大情境，交流学习收获，初步提炼关于不同数量的表达。修改完善自己的统计表。 **任务 2：在数风筝的情境中，认识并会使用数字 11 ~ 15 的英文表达。** 同学们，除了数字 1 ~ 10，生活中我们还会遇到更多数量的事物，如：天空中风筝的数量该如何表达，小组讨论交流： （1）画出对话里关于数量的表述，总结本课核心句型 I see... 和数字 11 ~ 15 的英文表达，并准确朗读对话。 （2）小组对话，在情境中使用 11 ~ 15 的数字进行对话。 （3）根据积累的物品名词，补充事物数量统计表

续表

单元目标	课时目标	学习问题	学习活动
（1）能够使用基数词 eleven 至 twenty 和主句型询问看到和拥有物品的数量并准确回答；能说出 5 个元音字母在单词中的短音发音，并根据发音规律拼读含有元音闭音节的词汇。 （2）通过数数，梳理基数词 eleven 至 twenty 相关语言要素，总结英文数字在生活中表达的方法；提取文本中与数词相关的单词与句型，梳理看到物品的数量及拥有物品数量的表达方法。 （3）能在生活情境中，运用数词表达的方法，正确使用数词	【Period 2】 （1）能听懂并会说询问物体名称的句型 What's this？ 以及询问物品数量和如何回答，How many... do you have？ I have... （2）在认读英文数字 one 至 fifteen 的基础上，能听说、认读英文数字 sixteen 至 twenty，并能在生活情境中灵活运用	How many... do you have？	**任务 3：在游乐场数碰碰车的活动中，认识并会使用数字 16 ~ 20 的英文表达。** 同学们，我们已经能熟练地使用英文数字 11 ~ 15 了，下面我们到游乐场里数数碰碰车吧！ （1）梳理对话中数量的表述，总结本课核心句型 I have…的使用情境和数字 16 ~ 20 英文表达，并准确朗读对话。 （2）数一数自己和同伴的文具分别有多少，同桌合作使用核心句型问答事物的数量。 （3）补充完善事物数量统计表
	【Period 3】 （1）能听、说、读、写 5 个元音字母。 （2）能通过听、读含有五个元音字母 a, e, i, o, u 的单词，拼读含有元音的闭音节单词	What's the sounds of the letters, a, e, i, o, u？	**任务 4：总结元音的发音规律和含有元音的单词的拼读规律，积累语音知识。** 同学们，我们已经学过 5 个元音字母的发音和拼读规律，现在元音字母宝宝大集合啦，快和同伴一起去挑战一下吧！ （1）复习 5 个元音字母拼读规律，完成 Chant and write 的课后练习。 （2）小组合作，根据不同单词卡拼读含有 5 个元音的单词
	【Period 4】 （1）能够准确听说、读写英文数字 11 ~ 20。 （2）能朗读 Story time 里面的小故事。 （3）能小组合作表演故事	How many apples do you have？	**任务 5：在关于数水果的故事中，总结 11 ~ 20 英文数字的表达方法，强化单元大观念。** 同学们，故事时间到了，让我们一起来完成下面任务。 （1）小组合作正确朗读《Zoom 摘水果》的故事。绘声绘色表演故事。 （2）根据故事内容，运用语言要素独立创编故事

（三）展演任务

本单元学习了数字 11 ~ 20 的表达和一些名词的表达，大家能轻松地完成和关于数量对话。现在，班级举行“认识数字，我能行”小组活动比赛，请大家交流展示自己的《事物数量统计表》。

四、研制评价量表

根据单元学习目标，本单元共有三组评价量表。第一组是前置任务评价量表，在单元学习前进行，即学生根据旧知记录物品数量，制作事物数量统计表。第二组是研学任务评价量表，在单元学习过程中进行，包括研学活动评价量表和课堂表现评价量表。第三组是展演任务评价量表，在单元学习结束之后进行。

（一）前置任务评价量表

“公园事物统计表”评价量表如表 4 所示。

表 4 “公园事物统计表”评价量表

维度	A	B	C
语言表达	能准确数出每个事物的数量，并用完整句子呈现，无语法错误，语篇符合逻辑	能准确数出少数事物的数量，但句子存在 3 个以下语法错误，语篇较符合逻辑	在同学帮助下，能准确数出各事物的数量，但不会使用完整句子表达

（二）研学任务评价量表

“研学活动”评价量表如表 5 所示。

表 5 “研学活动”评价量表

维度	A	B	C
对话表演	能够独立朗读完整对话，语音、语调优美，语言表达正确流利，肢体语言丰富	基本能够独立完整朗读对话，语音、语调较优美，语言表达较流利	在同学帮助下，能够朗读部分对话
词汇运用	能正确认读、规范书写英语数字 11 ~ 20；能在主句型中正确熟练使用数字 11 ~ 20 的英文表达	能认读、书写部分英文数字 11 ~ 20；能在主句型中使用数字 11 ~ 20 的英文表达	在他人帮助下，能认读、书写英文数字 11 ~ 20 部分数字；在主句型中基本能使用数字 11 ~ 20 英文表达

续表

维度	A	B	C
课文朗读	能够独立绘声绘色地朗读完整课文内容；肢体语言丰富，语音正确；按意群停顿，做到流利；能读出语调的变化，准确表达情境所包含的情感，声情并茂	在同学帮助下，能够朗读完整课文内容；肢体语言基本丰富，语音基本正确；按意群停顿，做到基本流利；能读出语调的变化，表达情境所包含的情感，声情并茂	在同学帮助下，能够朗读部分课文内容；语音基本正确；按意群停顿，但不够流利；不能读出语调的变化，表达情境所包含的情感，不能声情并茂

“课堂表现”评价量表如表6所示。

表6 “课堂表现”评价量表

维度	A	B	C
自主探究	能够主动学习数字话题，按要求自学，自学质量高	在教师提醒下，能主动学习数字话题，基本能按照要求完成自学	学习主动性不足，态度基本端正，能按要求自学数字话题，但只能完成部分学习
合作交流	认真倾听、讨论数字话题并记录，发言积极	在教师提醒下，基本能认真倾听、讨论数字话题并记录，但课堂参与度低	比较认真地倾听、讨论数字话题并记录数字，发言欠积极
课堂听讲	积极和教师互动数字问答，主动质疑	上课走神，注意力不集中，不能与教师互动	比较积极地听讲，与教师互动数字话题较少
学业成果	按时按要求完成作业，作业质量高	在教师提醒下，基本能按时完成作业，但作业的错误率较高	基本完成作业，作业质量良好

（三）展演任务评价量表

“认识数字我能行”评价量表如表7所示。

表7 “认识数字我能行”评价量表

维度	A	B	C
语言表达	能准确数出每个事物的数量，并用完整句子呈现，无语法错误，语篇符合逻辑	基本能数出事物的数量，但句子存在3个以下语法错误，语篇较符合逻辑	在同学帮助下，能准确数出各事物的数量，但不会用完整句子表达

五、教学设计反思

本单元学习过程中，“如何使用英文数字表达数量话题？”这个问题贯穿始终，通过帮助学生知识迁移、积累、表达，建立有关“认识数字，乐享生活”的大观念，在大观念引导下进行总结应用，帮助学生养成生活中能够使用英文数字表达数量的核心素养。

在大观念引领下，围绕主要问题“如何在生活情境中交流有关数量的话题？”深入研读教材，建构完整的单元知识脉络；梳理各课时的内容，确定小观念，使整个单元的知识结构更加清晰，具有关联性。根据教材主情境——去公园游览并数事物数量，划分单元子主题为：“认识基数词 11 ~ 20 的英文表达”“真实情境中使用英文数字 11 ~ 20”“生活中英语数字广泛应用”。

本单元的学习活动通过围绕大观念开展，活动设置系列化，通过生活中运用英文数字表达数量话题时的困惑，进而开展朗读文本、表演对话、阅读故事、创编对话等相关活动，解决前置任务中遇到的困难。通过可视化量表对学生学习活动进行有针对性的评价，使得核心素养落地，达成学生在生活中主动运用英文数字，准确表达关于数量话题的核心目标。

快乐交友

——人教版《英语》小学四年级上册第三单元 My friends

于天瀛 *

一、制订基于核心素养的单元目标

人教版《英语》小学四年级上册第三单元话题为：介绍自己的朋友。根据《义务教育英语课程标准（2022 年版）》，本单元属于“人与社会”范畴，涉及“社会服务与人际沟通”主题，子主题为“同伴交往，互相尊重，友好互助”。通过将本单元的关键要素——描述人物外貌、性格及装扮与旧知有机结合，在话题引领下建构学生单元思维路径，从而提出单元大观念。

（一）提炼单元大观念

1. 课程标准分析

《义务教育英语课程标准（2022 年版）》要求三、四年级应达到一级标准。

语言能力：能有意识地通过模仿学习发音；能借助图片读懂简单的小故事；能正确书写字母；能围绕相关主题，运用所学语言进行交流，语言达意。

文化意识：能在教师指导下，通过图片、配图故事、歌曲、韵文等获取简单的中外文化信息；能用简单的单词、短语和句子描述与中外文化有关的图片和熟悉的具体事物。

思维品质：能注意到不同的人看待问题是有差异的，能从不同角度观察周围的人与事。

学习能力：对英语学习感兴趣、有积极性；乐于学习和模仿；敢于表达，乐于参与课堂活动；能在学习活动中尝试与他人合作，共同完成学习任务。

* 于天瀛，郑州中学第二附属小学

语音知识：感知字母在单词中的发音。

词汇知识：借助图片、实物理解词汇的意思；根据视觉、听觉提示，如图片、动作、动画、声音等说出单词和短语；根据单词的音、形、意学习词汇，体会词汇在语境中表达的意思。

语法知识：围绕相关主题，在语境中运用所学语法知识进行交流。

语篇知识：识别对话中的话轮转换。

语用知识：在语境中运用目标语言介绍他人的外貌、性格及装扮，并能进行简单的交流，语言达意。

文化知识：不同国家或文化背景下介绍他人的异同。

语言技能：在听、读、看的过程中有目的地观察、提取、梳理各种信息；简单介绍他人的外貌、性格及装扮，形成自我的语言体系。

依据课标，分析本单元：

①语言能力：能有意识地模仿strong，friendly，quiet，short hair，blue glasses等描述人物外貌、性格及装扮的单词、词组发音；能听懂，并用正确的语音、语调朗读课文；能用目标语言，围绕单元主题，运用“What's his/her name？”“He/She is...”“He/She has...”“His/Her... is/are...”等相关语言介绍他人的外貌、性格及装扮，并能进行简单的交流，语言达意；能根据o和o–e的发音规则读出并拼写单词；在书面表达中，能根据图片或语境，仿写简单的句子；能借助图片读懂简单的小故事。

②文化意识：能在教师的指导下，学习和感知人际交往中英语独特的表达方式；能在任务情境中运用所学语言介绍自己的朋友，包括人物外貌、性格及装扮；能用单元相关单词、短语、句型描述中外小朋友特征的异同；初步具有观察、识别、比较中外文化的意识；能识别图片、短文中体现中外文化和正确价值观的具体现象及事物或人物。

③思维品质：能根据标题、图片、语篇信息或个人经验等进行预测；能从不同角度观察周围的人物特征，如外貌、性格及装扮等；能根据图片或关键词，归纳文本的重要信息，养成良好的思维习惯、阅读习惯；通过对图片、具体现象和事物的观察获取相关信息，了解不同人物的特点，辅助对核心内容意义的理解；能够运用新旧知识的迁移，从多方面梳理表达朋友特点，如姓名、外貌、性格、装扮等。

④学习能力：对英语学习感兴趣、有积极性；能在教师指导下，结合本单元描述朋友特征的真实语境，积极参与到课堂中来；注意倾听，敢于表达，不怕出错；能够愉快地与他人沟通，喜欢和别人用英语交流；能在学习活动中尝试与他人合作，共同完成学习任务；能意识到英语学习中的进步与不足，并作出适当调整；能尝试借助多种渠道学习英语；能在学习过程中积极思考，发现并尝试解决语言学习中的问题。

2. 教材分析

（1）相关教材内容梳理。

相关教材内容梳理如表 1 所示。

表 1　三年级相关教材内容梳理

册数	单元标题	相关语言要素	词汇和句型
三年级上	Unit 3 Colour	描述物品、人物、动物颜色的单词及句型	blue, green, yellow, red, purple, white, black, brown, pink... I see... It’s...
三年级上	Unit 3 Look at me	介绍人物、动物五官、身体部位等的单词及句型	eye, ear, mouth, hand, leg... This is...
三年级下	Unit 3 At the zoo	描述动物或人物外貌特征的形容词和句型	long, short, big, small... It’s...and... It has...

（2）教材内容整合分析。

本单元围绕话题“介绍朋友”展开，分 A、B、C 三个部分。以 A、B 部分 Let’s talk 中描述朋友外貌及装扮的句型为线索，Let’s learn 中的形容词为桥梁，A 部分 Let’s spell 中的单词和发音教学为辅助，B 部分 Read and write, Let’s check 和 Let’s sing 及 C 部分 Story time 中的任务活动为落实点，贯穿整个单元。

结合教材内容，具体梳理如表 2 所示。

表 2　教材内容整合安排

文本形式	主要内容	主要来源	课时整合
Dialogue 1	John 向他妈妈介绍了自己的新朋友	A. Let’s talk	Period 1
Speaking 1	做游戏，通过描述猜其姓名，复现句型：His name is...	A. Let’s play	
Vocabulary 1	John 和 Mike 的对话引出描述他人的词汇：tall and strong 等	A. Let’s learn	
Chant 1	说唱：描述朋友的性格特征	A. Let’s do	
Dialogue 2	Mike 告诉 John 自己结识了一个新朋友，John 通过询问其特征，猜出了他是谁	B. Let’s talk	Period 2
Speaking 2	对话活动，复现确认他人姓名的目标语言	B. Let’s play	
Vocabulary 2	Mike 和 Chen Jie 的游戏对话引出重点词汇短语：brown shoes，blue glasses 等	B. Let’s learn	
Talking 1	进一步熟悉核心词汇	B. Say and draw	
Pronunciation 1	元音字母 o 在开音节中的发音 /o/	A. Let’s spell	Period 3
Listening 1	单元内容巩固练习	B. Let’s check	
Singing 1	跟唱英文歌曲	B. Let’s sing	
Reading 1	读文本完成任务	B. Read and write	Period 4
Dialogue 3	小动物们帮助小兔子拔萝卜	C. Story time	

3. 学情分析

四年级学生处于活泼好动的年龄阶段，英语学习兴趣浓厚，积极参与课堂教学活动，表现欲望强烈。对英语已经有了初步的认识与了解，并积累了一些词汇和句型。

学生在三年级已经学习过描述物品颜色及人物和动物的五官、身体部位的单词，还学习了简单的描述人物和动物体貌特征的词语及 He/She is... 等句型。对于有了一定语言基础的四年级学生而言，在学习本单元时更容易建构知识结构。但对于本单元难点 has 与 have 用法的区别，以及 His/Her...is/are.... 中 be 动词的用法，学生很难掌握。需要在真实语境中反复练习加以强化，帮助学生内化课本语言并锻炼他们的语言组织能力和口语表达能力，进一步培养其综合运用语言的能力。

4. 单元大观念

本单元的单元主题是介绍自己的朋友。核心能力是询问他人的个人信息，如姓名、国籍及描述朋友的外貌、性格、装扮等。培养学生在真实情境中严谨的学习态度和与人交往的能力。通过本单元的学习，旨在培养学生乐于交友，与同学和睦相处的情感。

因此提炼出本单元的大观念：快乐交友。

（二）建构单元知识结构

单元知识结构如图 1 所示。

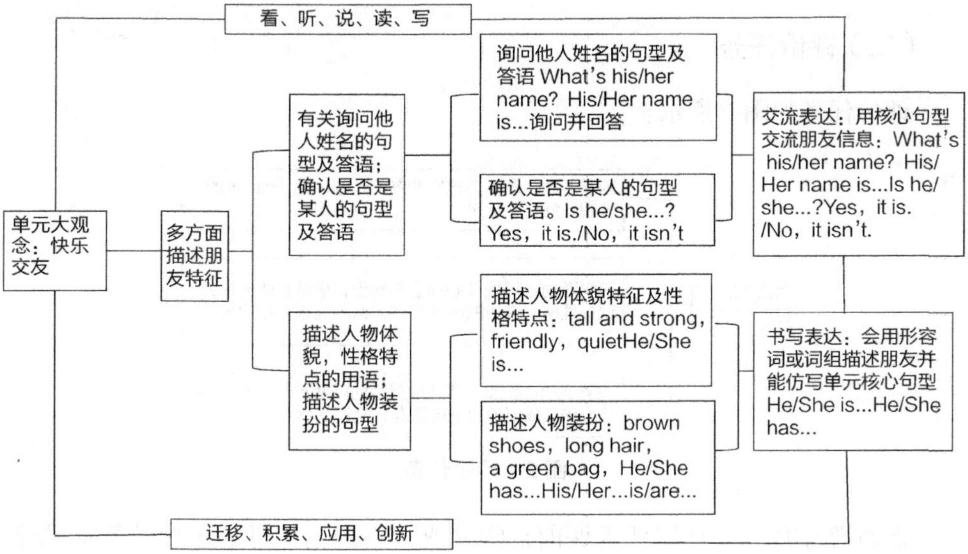

图 1　单元知识结构

（三）表述单元目标

（1）能够在图片、实物或情境的帮助下描述朋友外貌，能根据关键语句询问他人的个人信息，如：姓名、国籍，并能描述朋友的性格、外貌特征及装扮。

（2）梳理相关语言要素，归纳描述他人外貌、性格特征及装扮的表达方法。

（3）在真实情境中，能够通过运用描述他人外貌、性格及装扮的方式，快乐交友，并能仿写出描述朋友的相关句型。

二、创设学习情境和评价任务

（一）学习情境

同学们，你们都有哪些朋友，你的朋友都有哪些特征？本单元学习后你将会从多方面描述朋友，如姓名、国籍、外貌、性格及装扮等特征，并能用英语与他人沟通交流。同学们想结交到更多的新朋友吗？来这里！我校即将举行一场别开生面的英语节活动，在英语节上同学们描述自己最喜爱的那个同学，包括外貌、性格、装扮等特征，愉快地跟他/她交朋友吧。相信在这里，你一定会找到志同道合的好友！

（二）评价任务

评价任务如图 2 所示。

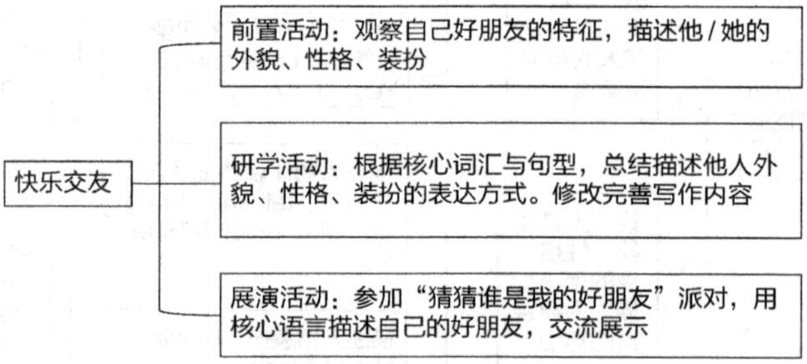

图 2 评价任务

课时总体规划：前置任务课前自学完成，不占用课时，研学任务 4 课时，展演任务 1 课时，本单元共 5 课时。

三、设计学习活动方案

（一）前置任务

每个小朋友的外貌、性格、装扮都不尽相同，仔细观察好朋友的特征，描述他/她的外貌、性格、装扮。

（二）研学任务

研学任务如表 3 所示。

表 3 研学任务

基本问题：如何运用所学的词汇及关键句型，准确描述朋友的外貌、性格及装扮？			
单元目标	**课时目标**	**学习问题**	**学习活动**
（1）在实物或情境的帮助下描述朋友的外貌，能根据关键语句询问他人的个人信息，如姓名、国籍，并能描述朋友的性格、外貌特征及装扮。 （2）梳理相关语言要素，归纳描述他人的外貌、性格特征及装扮的表达方法。 （3）在真实情境中，能够通过运用描述他人的外貌、性格及装扮的方式，快乐交友，并能仿写出描述朋友的相关句型	【Period 1】 能听说、认读 tall，quiet，friendly，brown shoes，blue glasses 等描述人物特征的单词和词组	如何使用合适的形容词描述他人的体貌、性格及装扮？	**任务 1：交流同学外貌、穿着打扮，初步提炼单元大观念。** 同学们，大家已描述出自己的好朋友，能否根据描述，猜出那个人呢？小组合作学习： （1）交流小朋友的外貌、装扮特征，围绕自己的发现与同桌展开讨论，提出问题或困惑。 （2）记录问题或困惑，小组内交流，总结外貌、性格、着装、打扮的语言要素。 （3）整体阅读单元内容，围绕 My friend 话题交流学习收获。 （4）修改完善自己的写作
	【Period 2】 （1）能听懂文本，询问朋友姓名并回答。 （2）能正确使用句型 He/She is... He/She has... His/Her... is/are... 等核心句型描述他人，用正确的语音、语调朗读课文	如何使用核心句型描述朋友的性格、外貌特征及装扮等？	**任务 2：正确朗读对话，进行角色表演。** 同学们，你们发现了小朋友的哪些特征呢？能用简单的语句描述一下吗？请同学们小组合作交流探究： （1）基于课本 John 介绍自己朋友的情境，通过问答的方式，用核心句型简单交流。 （2）根据课本对话，用核心句型描述自己好朋友的特征。 （3）正确朗读对话，进行角色表演
	【Period 3】 （1）能归纳出 –o– 与 o–e 的发音规则。 （2）能根据 o 和 o–e 的发音规则认读及拼写单词	如何根据 o 和 o–e 的发音规则拼写单词？	**任务 3：能归纳出 –o– 与 o–e 的发音规则，认读及拼写含有 o 和 o–e 的单词。** 同学们，观察视频中的单词，归纳出含有 –o– 与 o–e 的单词发音的不同。深入探究含有 –o– 与 o–e 的单词的发音规则吧。 （1）阅读绘本，找出本课中含有 –o– 与 o–e 字母的单词，准确读出并归纳其发音规律。 （2）完成听音选词、单词归类，并正确书写单词

续表

单元目标	课时目标	学习问题	学习活动
（1）在实物或情境的帮助下描述朋友的外貌，能根据关键语句询问他人的个人信息，如姓名、国籍，并能描述朋友的性格、外貌特征及装扮。 （2）梳理相关语言要素，归纳描述他人的外貌、性格特征及装扮的表达方法。 （3）在真实情境中，能够通过运用描述他人的外貌、性格及装扮的方式，快乐交友，并能仿写出描述朋友的相关句型	【Period 4】 （1）能读懂并理解故事大意。 （2）能朗读、表演故事并能在真实情境中恰当运用故事中的语言。 （3）通过故事让学生懂得积极与他人合作，互相帮助，发扬团队精神，共同完成学习任务	如何在具体情境中合理交友，快乐交友？	**任务4：描述自己好朋友的特征，进一步强化对单元大观念的认识。** （1）借助任务单，梳理文本内容，朗读故事。 （2）根据故事情境，进行故事展演及创编。 （3）根据核心语言和词汇，继续完善写作内容

（三）展演任务

学校即将举行一场别开生面的“猜猜谁是我的好朋友”活动，描述出自己的好朋友，包括外貌、性格、装扮等特征。

四、研制评价量表

根据单元学习目标，本单元共有三组评价任务。第一组是前置任务评价量表，在单元学习前进行，即学生根据旧知介绍自己的朋友。第二组是研学任务评价量表，在单元学习过程中进行，包括研学活动评价量表和课堂表现评价量表。第三组是展演任务评价量表，在单元学习结束之后进行。

（一）前置任务评价量表

"描述好朋友"评价量表如表 4 所示。

表 4　"描述好朋友"评价量表

维度	A	B	C
语言表达	能用正确的语音、语调，多角度描述朋友特征，无语法错误，逻辑清晰	基本能用正确的语音、语调，多角度描述朋友特征，有个别语法错误，逻辑较清晰	不能用正确的语音、语调描述朋友特征，语音、语调不准确，语法错误较多，逻辑不清晰

（二）研学任务评价量表

"研学活动"评价量表如表 5 所示。

表 5　"研学活动"评价量表

维度	A	B	C
课文朗读	能准确朗读关于描述朋友的文本，语调优美，停顿准确	基本能准确朗读关于描述朋友的文本，语调较优美，停顿比较准确	不能准确朗读关于描述朋友的文本，语调有错误，停顿不准确
对话表演	用介绍朋友的核心语言交流，语言达意，发音准确，无语法错误	能用介绍朋友的核心语言交流，语言较为达意，发音较为准确，有个别语法错误	不能用介绍朋友的核心语言交流，语言不达意，发音不太准确，语法错误较多
词汇运用	能准确认读、规范使用 90% 以上的本单元单词、词组	能准确认读、规范使用 70% 以上的本单元单词、词组	能准确认读、规范使用 50% 以上的本单元单词、词组

"课堂表现"评价量表如表 6 所示。

表 6　"课堂表现"评价量表

维度	A	B	C
自主探究	借助网络、卡片、视频资料等搜集描述朋友特征的简单的形容词或词组，独立完成全部自学任务	借助网络、卡片、视频资料等搜集描述朋友特征的简单的形容词或词组，在他人的帮助下，能完成自学任务	不能借助网络、卡片、视频资料等搜集描述朋友特征的简单的形容词或词组，不能完成自学任务

续表

维度	A	B	C
合作交流	主动与他人合作，完成描述他人外貌、性格、装扮特征的学习任务	基本能与他人合作，完成描述他人外貌、性格、装扮特征的学习任务	不愿在学习活动中与他人合作或不敢与他人合作
课堂听讲	认真倾听，敢于表达，不怕出错；积极与教师互动，认真记笔记，主动质疑	听课状态较好，基本会表达，偶尔与教师互动，能主动记笔记	注意力不集中，不善于表达，基本不与教师互动，不能认真记笔记
学业成果	按时按要求完成作业，能用5句话以上描述朋友特征，正确率90%以上	基本能按时按要求完成作业，能用3句话以上描述朋友特征，正确率70%以上	不能按时按要求完成作业，能用1～2句话以上描述朋友特征，正确率50%以上

（三）展演任务评价量表

“猜猜谁是我的好朋友”评价量表如表7所示。

表7 “猜猜谁是我的好朋友”评价量表

维度	A	B	C
仿写句子	准确仿写出描述朋友特征的句型，无语法错误，标点使用准确，逻辑清晰	基本仿写出自己朋友特征的句型，有个别语法错误，标点使用准确，逻辑较为清晰	有大量语法错误，标点使用不准确，逻辑稍混乱
表现力	语音、语调准确，语言表达流利，逻辑清晰	语音、语调基本准确，语言表达基本流利，逻辑基本清晰	语音、语调不准确，语言表达不流利，逻辑不清晰

五、教学设计反思

本单元的大观念是“快乐交友”，从学生的兴趣与真实生活出发，通过创设生活中的真实情境，梳理学生旧知，在主问题“如何运用所学词汇及关键句型，准确描述朋友外貌、性格及装扮等特征”的引领下，围绕话题“介绍朋友”展开。利用新旧知识间的迁移与整合，最终以一个大的真实情境来评价学生的学习效果，从而培养学生严谨的学习态度及与人交往的能力，即能在生活中愉快地与他人沟通，学会快乐交友。

大观念单元教学方式打破学生原有的思维固化，形成从知识到能力的过渡，将知识作为载体，注重学生实践，培养学生的综合语用能力。学生将自然习得的知识在开放、真实、平等、和谐的环境中交流输出，达到了预设的学习目标，具有一定的实践性。教育哲学家布鲁巴赫曾指出，反思型教学是提高教师素质最有效的途径。通过整合本单元内容，深入解读单元内关键信息及相关教学资源，结合四年级学生的认知逻辑和生活经验，建立各课时之间的联系，让学生在英语课上真正地乐学爱学。

我爱我家

——人教版《英语》小学四年级上册第四单元 My home

朱变变[*]

一、制订基于核心素养的单元目标

本单元是人教版《英语》小学四年级上册第四单元，该主题属于“人与自我”范畴，涉及“生活与学习”。单元主题通过“家庭与家庭生活”这一主题的探究，学习核心词汇和句型，展示家人和朋友的家居生活。在深度解读教材的基础上，通过本单元的学习，培养学生有意识地在生活中主动询问物品的位置并能积极应答，归纳语言要素，使用相关表达方法，培养对自己家庭的热爱；同时引导学生学会主动收拾物品并摆放整齐，养成良好的生活习惯，从而激发学生热爱生活的情感。

（一）提炼单元大观念

1. 课程标准分析

《义务教育英语课程标准（2022年版）》中要求三、四年级应达到一级标准。

语言能力：能有意识地通过模仿学习发音；能借助图片读懂简单的小故事；能围绕相关主题，运用所学语言进行交流，语言达意。

文化意识：能理解基本的问候、感谢用语，并做出简单回应；具有国家认同感，对中华优秀传统文化感到骄傲。

思维品质：具有初步的问题意识，知晓一问可有多解。

学习能力：对英语学习感兴趣、有积极性；乐于学习和模仿；敢于表达；乐于参与课堂活动；能在学习活动中尝试与他人合作，共同完成学习任务。

---

* 朱变变，郑州中学第二附属小学

语音知识：感知字母及字母组合在单词中的发音。

词汇知识：借助图片、实物理解词汇的意思；根据视觉、听觉提示，如图片、动作、动画、声音等说出单词和短语；根据单词的音、形、意学习词汇，体会词汇在语境中表达的意思。

语法知识：围绕相关主题，在语境中运用所学语法知识进行交流。

语篇知识：识别对话中的话轮转换。

语用知识：在语境中运用目标语言描述家里居室及相关设施的位置，并对他人的询问做出恰当的回应。

文化知识：了解不同国家或文化背景下的住房的异同。

语言技能：在听、读、看的过程中有目的地提取、梳理所需信息；简单描述自己家里居室及相关设施。在教师的指导下进行主题演讲。

依据课标，分析本单元：

①语言能力：能有意识地通过模仿学习单词的发音；能大声跟读音视频材料；能识别有关个人、家庭及熟悉事物的图片或实物的单词、短语；能围绕“家庭与家庭生活”这一主题，运用所学语言，介绍自己的家；在书面表达中，能根据图片或语境，仿写与单元主题相关的句子。

②文化意识：通过学习了解不同国家房屋的布局，有主动了解中外文化差异的愿望，培养学生初步观察、识别、比较中外文化的意识；能在教师指导下，通过图片、配图故事、歌曲、韵文等获取简单的中外文化信息；能识别图片、短文中体现中外文化和正确价值观的具体现象与实物，激发学生爱家、爱生活的情感。

③思维品质：分析《义务教育英语课程标准（2022 年版）》中有关思维品质的表达，本单元应引导学生从不同角度观察描述自己的家；能根据图片或关键词，归纳本单元语篇中的重要信息；能根据个人经历对语篇内容表达自己的喜恶，意识到不同人对事物的看法有所不同，要尊重他人观点。

④学习能力：能够在情境中进行真实的交际；通过小组合作，能够在积极思考、解决问题的过程中学习语言，提高学习热情与自信；学生能够通过观察对比、分析归纳掌握字母组合发音规律。

2. 教材分析

（1）相关教材内容梳理。

相关教材内容梳理如表 1 所示。

表 1　三到五年级相关教材内容梳理

册数	单元标题	相关语言要素	词汇与句型
三年级下	Unit 4 Where is my car	不同物品在不同位置的表达	on, in, under, desk, chair, ball, boat, map. Where is ...？ It's in/on/under ... Is it...？ Yes, it is./ No, it isn't
四年级下	Unit 1 My school	教室、场馆或建筑物的位置表达	library, teachers' office, art room, computer room, music room Where is...？ It's on the first/second floor. Do you have ...？ Yes, we do./No, we don't
五年级下	Unit 5 My bedroom	物品位置的表达	kitchen, bathroom, mirror, living room, under, on. Where is...？ It's ... There is/are...

（2）教材内容整合分析。

本单元以描述“校园设施的位置”为话题，分 A、B、C 三个部分。以 A、B 部分 Let's talk 中询问教室物品及校园设施的位置句型为线索，Let's learn 中的方位介词及地点名词为桥梁，A 部分 Let's spell 中的单词和发音教学为辅助，B 部分 Start to read，Let's check 和 Let's sing 及 C 部分 Story time 中的任务活动为落实点，贯穿整个单元。

结合教材内容，具体梳理如表 2 所示。

表 2　教材内容整合安排

文本形式	主要内容	主要来源	课时整合
Dialogue 1	Amy 和 Sarah 在家寻找猫。 句型：Where is she？ Is she in ...？ Yes, she is./No, she isn't	A. Let's talk	Period 1
Speaking 1	做游戏，复现句型：Is it in ...？ Yes, it is./No, it isn't	A. Let's play	
Vocabulary 1	妈妈和爸爸在谈论 Amy 在哪儿	A. Let's learn	
Speaking 2	说唱去房间做什么	A. Let's do	

续表

文本形式	主要内容	主要来源	课时整合
Dialogue 2	通过 John 与妈妈寻找钥匙的情境，感知句型的语意及语用情境。Where are the keys？Are they on the table？No，they aren't	B. Let's talk	Period 2
Speaking 3	问答相关物品位置，并作出判断	B. Ask，answer and write	Period 2
Vocabulary 2	谈论居室相关物品的位置	B. Let's learn	
Speaking 4	与同伴交流房间及相关设施的位置	B. Let's play	
Pronunciation 1	归纳 u/u-e 的发音规律	A. Let's spell	Period 3
Reading 1	根据图片，读短文并连线	B. Read and match	
Listening 1	单元内容巩固练习	B. Let's check	
Singing 1	跟唱 My home	B. Let's sing	
Reading 2	熊爷爷和熊伯伯在找眼镜的故事	C. Story time	Period 4

3. 学情分析

四年级的学生具有好奇、好动、爱表现、善模仿等特点。他们喜欢新鲜事物，对陌生语言的好奇心能激起他们对英语的兴趣。他们的记忆力、形象思维好，模仿力、可塑性强，但缺乏理性思维，逻辑思维不强。

学生在三年级下册已经学习过询问物品方位的句型，如：Where is...？It's... 大部分学生会询问单个物品的位置，但是对于 Where are...？ They're in/on/under... 这组含有名词复数和 be 动词复数的问答还未学过，所以需要大量的情景对话来帮助学生内化课本语言，培养其综合语言运用的能力。

4. 单元大观念

本单元是人教版《英语》小学四年级下册的第四单元，该主题属于“人与自我”范畴，涉及“生活与学习”，围绕对“家居物品陈设”这一主题进行深入探究。通过本单元的学习，学生在知识建构的过程中，通过新旧知识的相互转化，能使用核心语言问答家中物品及人物的位置。通过本单元的学习引导学生发现主动收拾物品并摆放整齐给生活带来的便利，从而养成良好的生活习惯，激发学生爱家、爱生活的情感。故提炼出本单元的大观念是：我爱我家。

（二）建构单元知识结构

单元知识结构如图 1 所示。

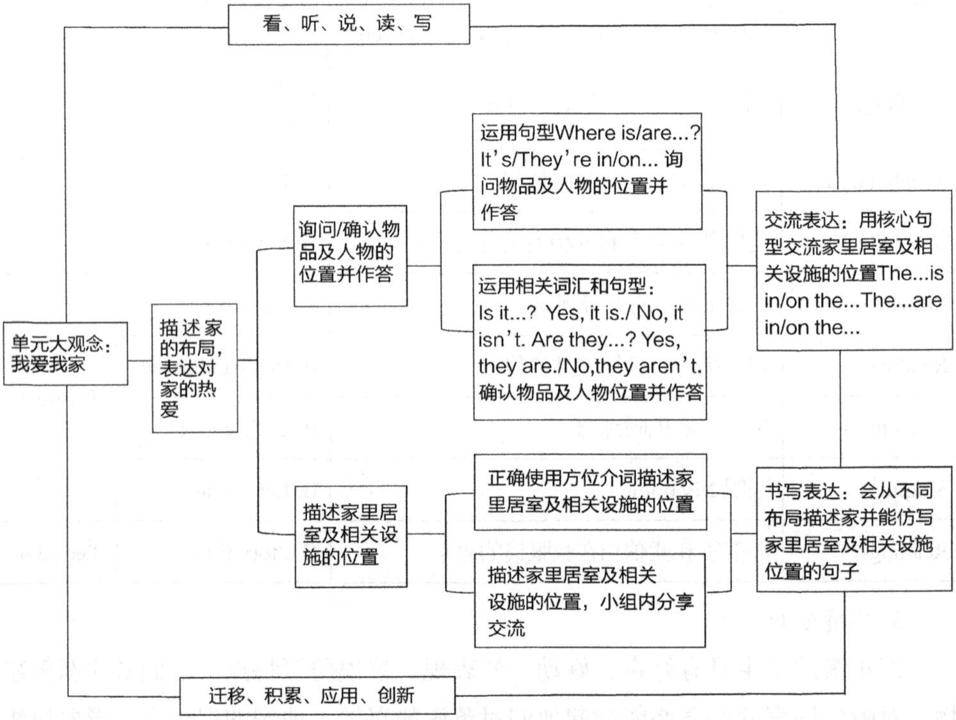

图 1　单元知识结构

（三）表述单元目标

（1）能够运用有关房间类名词、物品名称及句型，询问或确认物品及人物的位置并做出回答；通过拓展相关绘本故事，养成良好的生活习惯。

（2）通过梳理相关语言要素，总结描述家里居室及相关设施位置的表达方式。

（3）运用正确的表达方式，与同伴交流家里居室及物品设施的位置并能仿写，形成爱家、爱生活的情感。

二、创设学习情境和评价任务

（一）学习情境

同学们，我们在三年级下册 Unit 4 Where is my car？中已经学习过如何询问汽车、帽子、船等单个物品的位置并作答。那么复数形式该怎么表述？本单元我们将以“我的家”为主题进行学习探究，涉及名词单复数，对家里居室及相关设施的位置进行问答。那么你们对自己的家有多少了解呢？我们将举行以“My home”为主题的演讲秀，同学们可以结合自己家的实际情况，尝试用演讲的方式表述出来。

（二）评价任务

评价任务如图 2 所示。

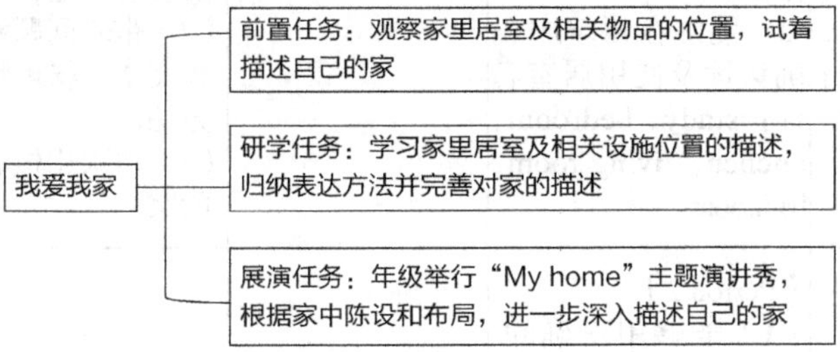

图 2　评价任务

课时总体规划：前置任务课前自学完成，不占用课时，研学任务占 4 课时，展演任务占 1 课时，本单元共占 5 课时。

三、设计学习活动方案

（一）前置任务

家是每个孩子成长的摇篮，是家人栖息的港湾。每个人都爱自己的家。仔细观察家里居室及相关物品的位置，结合生活常识，以“My home”为主题，从家中房间类型和常用物品的位置等方面，描述自己的家。

（二）研学任务

研学任务如表 3 所示。

表 3　研学任务

基本问题：如何描述家中居室及相关物品的位置？			
单元目标	课时目标	学习问题	学习活动
（1）能够运用有关房间类名词、物品名称及句型，询问或确认物品及人物的位置并做出回答；通过拓展相关绘本故事，养成良好的生活习惯。 （2）通过梳理相关语言要素，总结描述家里居室及相关设施位置的表达方式。 （3）运用正确的表达方式，与同伴交流家里居室及物品设施的位置并能仿写，形成爱家、爱生活的情感	【Period 1】 （1）能够用正确的语音、语调、意群朗读对话，并能进行角色表演。 （2）能在生活情境中运用句型：Where's ... ？ Is she in the ... ？询问物品及人物的具体位置并作答。 （3）能够在语境中正确认读及使用居室名称：study，bedroom，kitchen，living room，bathroom	Where's ... ？ Is she in the ... ？	**任务 1：交流家中物品及人物的具体位置，描述自己的家。** 同学们，大家在课前观察家中居室及相关物品位置的过程中，画出了自己家的结构图，请同学们小组合作学习。 （1）交流自己家里物品的位置，围绕“My home”这个话题展开讨论，记录描述过程中发现的问题和困惑。 （2）带着问题和困惑，整体阅读文本，梳理物品位置的表达方法。 （3）再次用核心语言描述自己的家
	【Period 2】 （1）能够用正确的语音、语调、意群朗读对话，并能进行角色表演。 （2）能够在情境中运用句型 Is it... ？ Yes，it is./ No，it isn't.Are they... ？ Yes，they are./ No，they aren't. 确认并回答物品及人物的位置。 （3）能够听说、认读 sofa，bed，phone，table，fridge 等单词并能正确运用	Is it... ？ Are they... ？	**任务 2：结合不同住房的结构，完善描述自己的家。** 同学们，不同的国家，家的布局文化各不相同，请同学们结合自己家的实际情况，小组内分享交流。 （1）小组交流，描述自己家居室及相关设施。 （2）小组交流，归纳物品位置的表达方法，并完善关于自己家的描述

续表

单元目标	课时目标	学习问题	学习活动
（1）能够运用有关房间类名词、物品名称及句型，询问或确认物品及人物的位置并做出回答；通过拓展相关绘本故事，养成良好的生活习惯。 （2）通过梳理相关语言要素，总结描述家里居室及相关设施位置的表达方式。 （3）运用正确的表达方式，与同伴交流家里居室及物品设施的位置并能仿写，形成爱家、爱生活的情感	【Period 3】 （1）能够正确读出符合 u–e 发音规则的单词，并能根据发音拼写出符合 u–e 发音规则的单词。 （2）能够在四线三格中正确书写单词，做到书写规范。并能在教师的帮助下拓展阅读相关绘本	如何通过听音写词活动帮助学生按照发音规则拼写单词？	**任务 3：在探究活动中，总结 u–e 的发音规则，积累相关语言知识。** 同学们，我们学习了元音字母 u 的发音规则，那么含有 u–e 结构的单词怎么发音呢？请同学们小组探究学习。 （1）找出本课中含有 u–e 结构的单词，尝试读出并归纳其发音规则。 （2）根据拼读规则，尝试拼写出符合 u–e 发音规则的单词
	【Period 4】 （1）能够在任务情境中，运用所学语言交流不同布局下家里居室及相关设施的位置。 （2）能读懂 Story time 故事大意，创编对话	如何向他人描述家里居室及相关设施的位置？	**任务 4：在真实情境中，根据家中陈设和布局，进一步深入描述自己的家。** 本单元我们以“我的家”为主题进行学习探究，对家里居室及相关设施的位置进行问答。现在你们一定能介绍自己温馨的家吧！ （1）小组内展示交流，每小组推选出一位同学进行班级分享，互相评价。 （2）运用所学知识，结合真实情境，进一步深入描述自己的家

（三）展演任务

家是每个孩子成长的摇篮，是每个孩子栖息的港湾。单元学习结束后，年级将举行以“My home”为主题的演讲秀，请大家结合家中的实际情况，在小组内与同学交流分享，展示自己美丽温馨的家吧！

四、研制评价量表

根据单元学习目标，本单元共有三组评价任务。第一组是前置任务评价量表，在单元学习前进行，即学生根据旧知完成对家的描述。第二组是研学任务评价量表，在单元学习过程中进行，包括研学活动评价量表和课堂表现评价量表。第三组是展演任务评价量表，在单元学习结束之后进行，对创编对话活动和演讲活动进行评价。

（一）前置任务评价量表

“My home”评价量表如表 4 所示。

表 4 “My home”评价量表

维度	A	B	C
口头表达	发音准确，语调自然、流畅，语言流利，逻辑清晰；能正确说出五句描述家里居室及相关设施位置的句子	发音基本准确，语调基本流畅，语言基本流利，逻辑基本清晰；能正确说出三句描述家里居室及相关设施位置的句子	发音不够准确，语调不够流畅，语言不够流利，逻辑不够清晰；能正确说出一到两句描述家里居室及相关设施位置的句子

（二）研学任务评价量表

“研学活动”评价量表如表 5 所示。

表 5 “研学活动”评价量表

维度	A	B	C
对话表演	语音、语调优美，语言表述正确流利，感情充沛，声情并茂，反应敏捷，表演到位，表达得体	语音、语调基本正确，语言表达较流畅，肢体语言丰富	可以分角色，组内朗读对话
词汇运用	正确认读、规范书写 10 个房间类型及房间物品类词汇，并且可以在语句当中正确熟练使用所学词汇	正确认读、书写 8 个房间类型及房间物品类词汇，并且可以在语句中使用所学词汇	认读、书写 5 个房间类型及房间物品类词汇，在语句中不能正确使用所学词汇
课文朗读	用正确的语音朗读，读准句子，按意群停顿，做到通顺流畅；准确读出语调的变化，情境所表达的情感、态度，声情并茂	句子中个别单词发音不够准确，不能很好地按意群停顿，个别地方不够顺畅；通过语调变化，大体读出情境中所表达的情感、态度，感情欠充沛、自然	发音不够准确，朗读不流利；不能读出语调、停顿及情感变化

“课堂表现”评价量表如表 6 所示。

表 6 “课堂表现”评价量表

维度	A	B	C
自主探究	广泛阅读，认真搜集材料，按要求完成所有自学任务，正确率 90% 及以上	按要求自学，基本能完成自学任务，正确率 70% 及以上	在他人的帮助下，完成自学任务
合作交流	认真听取别人的意见并询问，积极表达自己的意愿，完成小组分配的任务，乐于助人	基本能配合他人完成组内任务，主动性欠佳	不愿意或不服从组内安排，缺乏合作意识
学习态度	积极主动参与活动，认真准备，大胆发言，勇于质疑	基本能认真听讲，与教师互动较少，主动性欠佳	听讲不认真，发言不主动，不爱思考
学业成果	按时按要求完成作业，作业正确率 95% 及以上	基本完成作业，作业正确率 80% 及以上	不能按时完成作业

（三）展演任务评价量表

“My home”主题演讲秀评价量表如表 7 所示。

表 7 “My home”主题演讲秀评价量表

维度	A	B	C
演讲表现	在情境中使用丰富的肢体语言合作表演，语音、语调优美，内容达意，词法句法正确，表达流利	在情境中合作表演，语音、语调基本正确，内容达意，词法句法基本正确，表达比较流利	可以分角色朗读创编的对话或故事
文本内容	准确运用所学词汇及句型描述自己的家，语句通顺，书写规范，无语法错误	能基本运用所学词汇及句型描述自己的家，语句较通顺，书写较规范，有少量语法错误	不能准确运用所学词汇及句型描述自己的家，语法和拼写错误较多

五、教学设计反思

本单元教学设计突出了以学生为主题的教学理念。教学设计的关键点在于提取单元大观念和建构单元知识结构图，在提取过程中，结合《义务教育英语课程标准（2022 年版）》，整合教材内容，深挖单元主题的本质，确定单元大观念——我爱我家。结构图以单元大观念为核心，设计符合学生年龄和兴趣的各种活动，从而帮助学生真正进行深度学习，达成“教、学、评”一体化。

本单元的学习过程，主要在于前置任务的设置，观察家里居室及相关物品的位置，试着描述自己的家。前置任务贯穿单元学习始终，随着学习的不断展开和深入，在相互交流中操练巩固问答位置的核心词句。同时，结合本单元的大情境“My home”主题演讲活动，创设轻松愉悦的子任务，根据家中陈设和布局，进一步深入描述自己的家。活动贴近学生的生活实际，具有较强的交际性。通过互相交流、切磋，共同完成学习任务，在合作中感受学习英语的乐趣及交流的意义，培养小组合作意识，以及对家、对生活的热爱。

教学中对任何困惑和关键问题的不断思考，都是我教学的不竭动力。感恩卢臻老师对我们的指导。单元大观念下的英语教学，更能发展学生的学习品质和思维能力，教学活动也更加丰富有趣，学生学习英语的兴趣也日益提升。

我爱学校

——人教版《英语》小学四年级下册第一单元 My school

刘丹丹 [*]

一、制订基于核心素养的单元目标

本单元是人教版小学《英语》四年级下册第一单元，该主题属于“人与社会”范畴中的子主题“校园与设施”。在深度解读教材的基础上，围绕“校园设施位置”这一话题进行探究，通过本单元的学习，培养学生有意识地在生活中主动询问教室物品及校园设施的位置并能积极应答，掌握语言要素，学会使用相关表达方法；同时在本单元学习中，引导学生学会规范自己的言行，养成良好的行为习惯，从而培养学生热爱学校的情感。

（一）提炼单元大观念

1. 课程标准分析

《义务教育英语课程标准（2022 年版）》中要求三、四年级应达到一级标准。

语言能力：能有意识地通过模仿学习发音；能借助图片读懂简单的小故事；能正确书写字母；能围绕相关主题，运用所学语言进行交流，语言达意。

文化意识：能理解基本的问候、感谢用语，并做出简单回应；具有国家认同感，对中华优秀传统文化感到骄傲。

思维品质：具有初步的问题意识，知晓一问可有多解。

学习能力：对英语学习感兴趣、有积极性；乐于学习和模仿；敢于表达；乐于参与课堂活动；能在学习活动中尝试与他人合作，共同完成学习任务。

---

* 刘丹丹，郑州中学第二附属小学

语音知识：感知字母在单词中的发音。

词汇知识：借助图片、实物理解词汇的意思；根据视觉、听觉提示，如图片、动作、动画、声音等说出单词和短语；根据单词的音、形、意学习词汇，体会词汇在语境中表达的意思。

语法知识：围绕相关主题，在语境中运用所学语法知识进行交流。

语篇知识：识别对话中的话轮转换。

语用知识：在语境中使用基本的礼貌用语与他人交流；对他人的致谢做出恰当的回应。

文化知识：不同校园设施所在位置的异同。

语言技能：在听、读、看的过程中有目的地提取、梳理所需信息；简单介绍校园设施。在教师指导下进行简单的角色扮演。

依据课标，分析本单元：

①语言能力：能在任务情境中运用所学语言讨论校园设施及所在位置；能借助图片、图像、手势听懂简单的话语并描述学校教室、场馆及其位置；能在图片和教师的帮助下，在具体的语境中理解对话大意，读后回答问题；能按照正确的语音、语调及意群朗读对话，进行角色扮演并开展对话交流；能根据教材范例，通过不同的方式描述校园设施所在位置，完成主题写作。

②文化意识：通过对话，了解校园设施及所在位置，培养学生热爱校园的意识和主动用英语交际的习惯；通过学习，了解中外校园设施的不同，形成跨文化交际意识。

③思维品质：能够在教师帮助下借助思维导图理顺语言信息的逻辑关系，养成良好的思维习惯、阅读习惯；能够运用新旧知识的迁移，正确使用方位介词描述校园设施及物品设施的位置。

④学习能力：能够在情境中进行真实的交际；通过小组合作，能够在积极思考、解决问题的过程中学习语言，提高学习热情与自信；学生能够通过观察对比、分析归纳掌握字母组合发音规律。

2. 教材分析

（1）相关教材分析梳理。

相关教材分析梳理如表 1 所示。

表 1 三到五年级相关教材分析梳理

册数	单元标题	相关语言要素	词汇与句型
三年级下	Unit 4 Where is my car	表示位置的介词和其问答句型	on, in, under. Where is... ? It's... Is it ... ? Yes, it is. / No, it isn't
四年级上	Unit 4 My home	关于位置的问答句型	Where is she ? Is she in the living room ? Is she in the study ? Yes, she is. / No, she isn't. She's in the kitchen
五年级上	Unit 5 My bedroom	房间陈设的表达和表示位置的介词	bedroom, kitchen, mirror, living room, in, on, under. There is/are...

（2）教材内容整合分析。

本单元以讨论“世界时间”为话题，分 A、B、C 三个部分。以 A、B 部分 Let's talk 中问答时间及表达作息活动安排的句型为线索，Let's learn 中的有关在校活动和作息活动的 10 个单词为桥梁，A 部分 Let's spell 中的单词和发音教学为辅助，B 部分 Read and write，Let's check 和 Let's sing 及 C 部分 Story time 中的任务活动为落实点，贯穿整个单元。

结合教材内容，具体梳理如表 2 所示。

表 2 教材内容整合安排

文本形式	主要内容	主要来源	课时整合
Dialogue 1	询问校园设施的方位	A. Let's talk	Period 1
Speaking 1	与同伴交流校园设施的方位	A. Look ask and answer	
Vocabulary 1	讨论校园设施所在的具体方位	A. Let's learn	
Reading 1	说唱：根据学校地点要学会规范自己的言行	A. Let's do	
Dialogue 2	带领他人参观校园设施	B. Let's talk	Period 2
Speaking 2	询问他人校园设施所在位置并回答	B. Let's play	
Vocabulary 2	向他人介绍校园设施位置	B. Let's learn	
Speaking 3	与同伴交流校园设施位置	B. Look ask and answer	
Pronunciation 1	归纳 er 的发音规律	A. Let's spell	Period 3
Reading 1	用 This/That 介绍校园设施并规范书写	B. Read and write	Period 4
Listening 1	单元内容巩固练习	B. Let's check	

续表

文本形式	主要内容	主要来源	课时整合
Grammar 1	跟唱 Our school	B. Let's sing	
Reading 1	Zoom 和 Zip 带着动物们参观校园的故事	C. Story time	

3. 学情分析

这个阶段的学生，英语学习兴趣浓厚，模仿力强、好奇心强、感知力强，善于表现自己。学习活动中以学生为主体，会更好地激发学生的学习兴趣。

本单元话题十分贴近学生在校生活，学生融入学习的程度会非常高。而且四年级的学生已经掌握了一些与学校设施相关的词汇，如 classroom，teacher's desk 等，能够用所学的知识对熟悉的事物进行简单描述，这为本单元的学习奠定了基础。

4. 单元大观念

本单元主题属于“人与社会”范畴，涉及“校园与设施”。通过本单元的学习，学生在知识建构的过程中，简单了解学校设施、场所的功能，用英文交流教室物品及校园设施的位置，培养学生热爱学校的美好情感。

本单元的大观念是：我爱学校。

（二）建构单元课程结构

单元课程结构如图 1 所示。

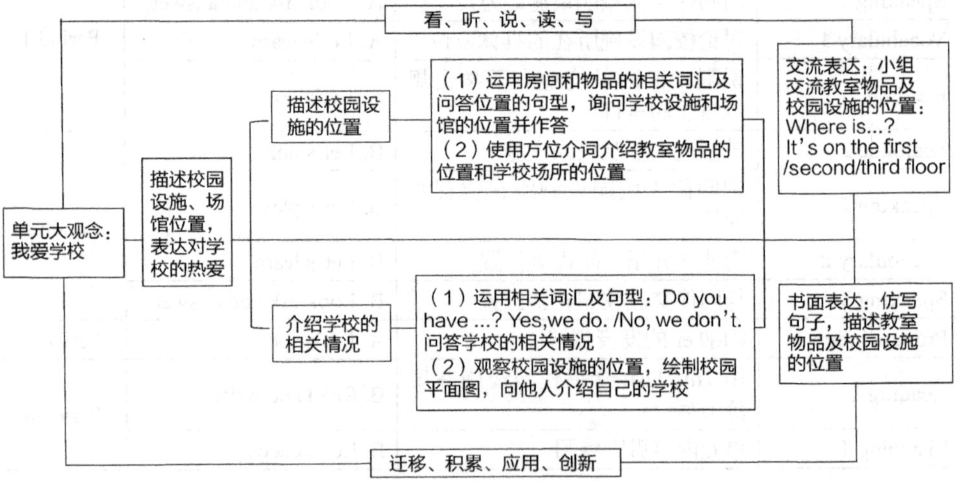

图 1　单元课程结构

（三）表述单元目标

根据单元课程结构，围绕“我爱学校”这一大观念，参考《义务教育英语课程标准（2022 年底）》对英语学科核心素养的界定，拟定如下单元学习目标：

（1）能积累运用问答校园设施位置的关键词句，谈论学校教室、场馆及其位置。

（2）通过梳理相关语言要素，形成介绍校园的表达方法。

①通过对描述教室物品设施旧知的迁移，梳理相关语言要素，归纳表达方法。

②通过提取文本中关于教室物品及校园设施的表达，梳理相关语言要素，能正确描述教室物品及校园设施所在位置。

（3）能够在具体的语境中，结合生活实际，运用正确的表达方式，与同伴交流自己的学校设施并仿写介绍校园的句子，培养热爱学校的情感。

二、创设学习情境和评价任务

（一）学习情境

同学们，校园是我们成长的摇篮，是我们的另一个家。你了解你的校园吗？你的校园有哪些设施，都有什么功能？在学完本单元后，学校将举办“我的学校”展演活动，请结合本单元学习的语言要素，使用“描述教室物品及校园设施位置”的表达，将你的校园介绍给大家，让大家更了解和热爱学校吧！

（二）评价任务

评价任务如图 2 所示。

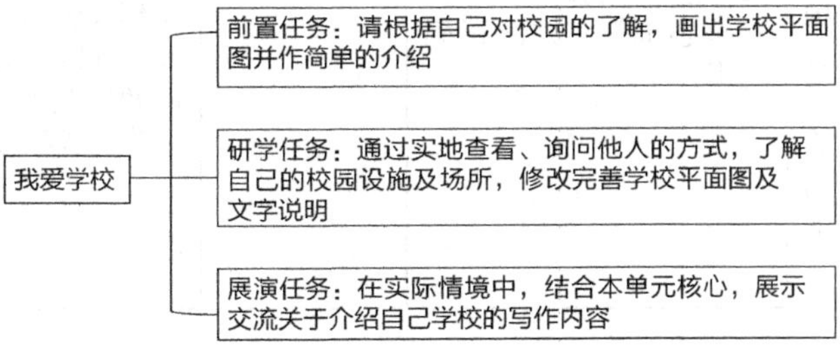

图 2　评价任务

课时总体规划：前置任务课前自学完成，不占用课时，研学任务占 4 课时，展演任务占 1 课时，本单元共占 5 课时。

三、设计学习活动方案

（一）前置任务

校园是每个孩子成长的乐园，是学生们的另一个家。校园是什么样的？校园的设施及相关物品的位置是怎样的？请仔细观察自己的校园及相关物品的位置，结合生活实际，以“My school”为题，画一画校园设施结构图，从校园设施及所在位置等方面，用英语简单描述自己的校园吧！

（二）研学任务

研学任务如表 3 所示。

表 3　研学任务

基本问题：如何在真实情境中描述教室及场馆的位置？			
单元目标	课时目标	学习问题	学习活动
（1）能积累运用问答校园设施位置的关键词句，谈论学校教室、场馆及其位置。 （2）通过梳理相关语言要素，形成介绍校园的表达方法。 （3）能够在具体的语境中，结合生活实际，运用正确的表达方式，与同伴交流自己的学校设施并仿写介绍校园的句子，培养热爱学校的情感	【Period 1】 （1）能在生活情境中运用核心句型 Where's ...? It's on the ... floor. 等问答学校教室、场馆的位置。 （2）能认读教室、场馆等核心词汇，并能正确运用	如何描述校园设施或教室物品所在位置?	**任务 1：交流展示校园平面结构图，提炼“我爱学校”的单元大观念。** 同学们，在课前观察校园设施位置的过程中，大家都画出了简单的校园结构图，请同学们合作学习： （1）小组合作，问答教室物品和设施的位置。 （2）和同伴讨论交流如何描述教室物品及设施的位置，修改“我的校园”内容

续表

单元目标	课时目标	学习问题	学习活动
(1) 能积累运用问答校园设施位置的关键词句，谈论学校教室、场馆及其位置。 (2) 通过梳理相关语言要素，形成介绍校园的表达方法。 (3) 能够在具体的语境中，结合生活实际，运用正确的表达方式，与同伴交流自己的学校设施并仿写介绍校园的句子，培养热爱学校的情感	【Period 2】 (1) 能够在情境中运用句型：Do you have... ? Yes, we do. / No, we don't. 等问答学校的相关设施情况。 (2) 能够听说、认读 library、first floor、second floor 等词，并能正确运用	如何询问学校是否拥有相关设施?	**任务2：观察校园设施位置，与同伴交流自己的学校设施并仿写介绍校园的句子。** 同学们，请结合我们的校园，交流学校设施的位置吧。 (1) 参加班级举办的“最佳校园小导游”评选活动，说一说学校的设施位置。 (2) 小组内讨论交流学校教室、场馆等设施，完善“我的校园”的写作内容
	【Period 3】 (1) 能够正确读出符合 er 发音规律的单词。 (2) 能在四线三格中正确书写 under，teacher，water	如何拼读含有 er 发音规律的单词?	**任务3：总结文本中符合 er 发音规律的单词，并能够正确书写。** 同学们，我们已积累了一些语音知识，可以拼读出不同的单词，那么含有 er 字母组合的单词怎么拼读，让我们一起来学习探究吧。 (1) 通过选择、组合、书写等形式，准确将含有 er 的单词归类，完成连词成句。 (2) 根据拼读规律拼读出更多含有 er 组合的单词
	【Period 4】 (1) 能够根据学校平面图提示的信息，问答学校教室和场所位置。 (2) 能读懂故事，创编并表演对话	怎样描述校园设施及场馆位置?	**任务4：观察学校平面图，创编并表演对话。** 同学们，我们现在已经了解了学校所有设施所在的位置，试着根据学校平面图完成探究任务吧。 (1) 比一比谁更了解学校，用本单元核心句型和词汇问答关于学校设施位置的情况。 (2) 根据阅读任务单，读懂文本大意，完成课后问题

（三）展演任务

校园是每个学生成长的乐园，是学生们的另一个家。单元学习结束后，学校举行“My school”主题演讲秀。请同学们结合校园的布局，根据自己画的平面图，在小组内与同学交流、分享，并在学校举办的演讲舞台上自信地介绍自己美丽的校园吧！

四、研制评价量表

根据单元学习目标，本单元共有三组评价任务。第一组是前置任务评价量表，在单元学习前进行，即学生根据旧知完成对校园的描述。第二组是研学任务评价量表，在单元学习过程中进行，包括研学活动评价量表和课堂表现评价量表。第三组是展演任务评价量表，在单元学习结束之后进行，即介绍校园及物品设施位置的演讲活动和写作评比。

（一）前置任务评价量表

“My school”评价量表如表 4 所示。

表 4 “My school”评价量表

维度	A	B	C
口头表达	语音、语调正确，逻辑清晰；能正确说出四句关于校园设施位置的句子	语音、语调基本正确，逻辑较为清晰；能正确说出三句关于校园设施位置的句子	语音、语调不够准确，逻辑不够清晰；能正确说出一至两句关于校园设施位置的句子
书面表达	正确使用大小写字母和标点符号，无语法错误，文本符合逻辑。能正确写出四句关于校园设施位置的句子	文本中大小写字母和标点符号基本正确，单词拼写有个别错误，能正确写出三句关于校园设施位置的句子	文本中大小写字母和标点符号有个别错误，单词拼写错误较多，能正确写出一至两句关于校园设施位置的句子

（二）研学任务评价量表

“研学活动”评价量表如表5所示。

表5 “研学活动”评价量表

维度	A	B	C
对话表演	小组合作，在情境中表演校园设施位置的对话，语音、语调优美，语言表述正确流利，肢体语言丰富	小组合作，在情境中表演校园设施位置的对话，语音、语调优美，语言表述正确流利，肢体语言丰富。语音、语调基本正确，语言表达较流畅	小组合作，可以分角色组内朗读校园设施位置的对话
短文阅读	能根据图片和标题，准确推测85%以上词汇的意思和未知信息，能完整、连贯地朗读所学语篇；借助语言支架，准确复述语篇	能根据图片和标题，推测65%以上词汇的意思，能完整朗读所学语篇；借助语言支架，简单复述语篇	能准确推测50%以上词汇的意思，不能完整朗读所学语篇；不能复述语篇
课文朗读	语音正确，读准句子；按意群停顿，做到通顺流畅；准确读出语调的变化和表达的情感、态度，声情并茂	语音较正确，句子中个别单词发音不够准确；不能很好地按意群停顿，个别地方不够顺畅；基本能读出语调变化和情境中所表达的情感、态度，感情欠充沛、自然	不能用正确的语音、语调朗读，多数单词发音不准确，朗读不流畅

“课堂表现”评价量表如表6所示。

表6 “课堂表现”评价量表

维度	A	B	C
自主探究	独立完成自学任务单，正确率达到90%以上，记录学习中的疑问	在教师的指导下，完成自学任务单，正确率达到75%以上	不能独立自学，且无法完成自学任务
课堂听讲	认真听讲，准确记录笔记和反思，能流畅地与教师交流校园设施的所在位置	比较认真地听讲、记笔记，主动发言，能与教师基本交流校园设施的所在位置	不能认真地听讲、记笔记，发言不主动
合作交流	善于与人合作，能听取别人的意见，认真完成组内任务	配合其他人完成组内任务，主动性欠佳	不愿意或不服从组内安排，缺乏合作意识
学业成果	按时按要求完成作业，能正确完成作业的95%及以上	基本能按时按要求完成作业，能正确完成作业的80%及以上	不能完成作业，正确率不到50%

（三）展演任务评价量表

“My school”展示评价量表如表 7 所示。

表 7　“My school”展示评价量表

维度	A	B	C
演讲内容	句子无语法错误，符合逻辑	句子中存在些许语法错误，基本符合逻辑	句子中存在较多语法错误，逻辑有误
表现力	语音、语调正确，在情境中使用道具或者丰富的肢体语言合作表演	语音、语调基本正确，能参与表演	不敢表达，或不参与活动
书面表达	准确运用所学校园设施的相关词汇，条理清晰，语篇无语法错误且内容完整；能写出五句以上有关校园设施位置的句子，有创编性语言	基本准确运用所学校园设施相关词汇，内容完整，语法错误较少，能写出三句以上有关校园设施位置的句子	不能准确运用所学相关词汇，内容不完整、逻辑混乱、语法错误较多

五、教学设计反思

本单元话题贴合学生校园生活实际。加上四年级的学生活泼好动，已能自己独立思考，而且已经在学校学习了近四年，对学校有一定的感情，那么在本单元教学设计中，除了让学生学会运用核心词句外，更想通过丰富的英语活动，让学生有话可说，有话想说，在递进式的学习中帮助学生建构本单元学习后应达到的素养。

结合本单元的大情境——“My school”展演任务，创设轻松愉悦的子任务，通过“校园小导游评选”、小组合作创编对话、绘制学校平面图等真实的交际情景，帮助和引导学生在语境中理解语言的结构和意义，给学生提供模仿、体验、实践和创造性运用语言的机会。

大观念下的单元教学课堂尊重学生的差异，让不同程度的学生都能在课堂上找到自信，合作中感受学习英语的乐趣及交流的意义，鼓励、培养孩子的小组合作意识。通过真实有趣的场景激发学生的欲望，有利于四年级学生语言表达能力的提高。

自从开始单元大观念教学，笔者最深刻的感受就是更加热爱研究课标，时时从整体思考，将知识整合再结构化。每次备课时，首先思考的是单元学习后让学生提升哪些素养，在此基础上，思考设定单元大观念，精心设计每个课堂活动，完成一个又一个的小任务，最终实现单元学习目标，达到学科教学提升学生素养的目的。

合理规划时间

——人教版《英语》小学四年级下册第二单元 What time is it?

靳嘉宝*

一、制订基于核心素养的单元目标

本单元是人教版《英语》小学四年级下册第二单元，讨论时间，并根据时间安排自己一天的活动。在深度解读教材的基础上，围绕对“时间”这一主题的探究，培养学生具备严格的时间观念，养成守时的习惯，知晓地球上不同的时区时间不同，提升合作学习与实践能力。

（一）提炼单元大观念

1. 课程标准分析

《义务教育英语课程标准（2022 年版）》中要求三、四年级应达到一级目标。

语言能力：能有意识地通过模仿学习发音；能借助图片读懂简单的小故事，理解基本信息；能正确书写字母、单词和句子；能围绕相关主题，运用所学语言进行交流，语言达意。

文化意识：能在教师指导下，通过图片、配图故事、歌曲、韵文等获取简单的中外文化信息；能用简单的单词、短语和句子描述与中外文化有关的图片和熟悉的具体事物；具有国家认同感，对中华优秀传统文化感到骄傲。

思维品质：通过对图片、具体现象和事物的观察获取信息，了解不同事物的特点，辅助对语篇意义的理解；能根据图片或关键词，归纳语篇的重要信息。

学习能力：能在教师帮助和指导下，制订简单的英语学习计划；能在学习

* 靳嘉宝，郑州中学第二附属小学

活动中尝试与他人合作，共同完成学习任务；能在学习过程中积极思考，发现并尝试解决语言学习中的问题。

语音知识：感知字母在单词中的发音；感知简单的拼读规则，尝试借助拼读规则拼读单词。

词语知识：借助图片、实物理解词语的意思；根据视觉或听觉提示，如图片、动作、动画、声音等，说出单词和短语；根据单词的音、形、义学习词语，体会词语在语境中要表达的意思。

语法知识：围绕相关主题，在语境中运用所学语法知识描述人和物，进行简单交流。

语篇知识：识别对话中的话轮转换；体会语篇中图片与文字之间的关系。

语用知识：在语境中使用基本的礼貌用语与他人交流；对他人的赞扬、道歉、致谢等做出恰当的回应。

文化知识：了解不同国家或文化背景下的学校生活、家庭生活等的异同；了解中外传统节日的简单信息。

语言技能：在听、读、看的过程中有目的地提取、梳理所需信息；简单介绍自己的日常起居和学校生活；在教师指导下进行简单的角色扮演。

依据课标，分析本单元：

①语言能力：能有意识地通过模仿学习 music class，PE class，English class，breakfast，lunch，dinner，get up，go to school，go home，go to bed 的发音，准确认读和运用。

②文化意识：能在生活情境中，表达时间及活动安排；注意倾听，敢于表达，不怕出错，能合理利用时间。能在学习活动中尝试与他人合作，共同完成学习任务；能在学习过程中积极思考，发现并尝试解决语言学习中的问题。

③思维品质：能在教师帮助下，借助思维导图理顺语言信息的逻辑关系，养成良好的思维习惯、阅读习惯；能够运用新旧知识的迁移，表达时间和活动计划。

④学习能力：能在教师指导下，通过图片、配图故事、歌曲等获取时区的概念，知晓时差，养成守时的好习惯；能表达时间及活动安排，并做出简单回应。

2. 教材分析

（1）相关教材内容梳理。

相关教材内容梳理如表 1 所示。

表 1　三、五年级相关教材内容梳理

册数	单元标题	相关语言要素	词汇与句型
三年级上	Unit 6　Happy birthday！	数字的表达	one，two，three，four，five，six，seven，eight，nine，ten
五年级上	Unit 2　My week	活动的表达	wash my clothes，watch TV，do homework，read books，play football，play sports，listen to music，play ping-pong
五年级上	Unit 4　What can you do？	日常活动的表达	sing English songs，play the pipa，do kung fu，draw cartoons，swim，speak English，cook，play basketball
五年级下	Unit 1　My day	日常活动的表达、问答活动的时间	eat breakfast，have...class，play sports，exercise，eat dinner，do morning exercises，clean my room，go for a walk，go shopping，take a dancing class. When do you+ 动词原形 + 其他? I/We+ 动词原形 + 其他 +at+ 时间点

（2）教材内容整合分析。

本单元以讨论“世界时间”为话题，分 A、B、C 三个部分。以 A、B 部分 Let's talk 中问答时间及表达作息活动安排的句型为线索，Let's learn 中的有关在校活动和作息活动的 10 个单词为桥梁，A 部分 Let's spell 中的单词和发音教学为辅助，B 部分 Read and write，Let's check 和 Let's sing 及 C 部分 Story time 中的任务活动为落实点，贯穿整个单元。

结合教材内容，具体梳理如表 2 所示。

表 2　教材内容整合安排

文本形式	主要内容	主要来源	课时整合
Dialogue 1	John 和 Wu Binbin 在讨论放学后的活动安排。句型：What time is it？ It's ... o'clock. It's time for ...	A. Let's talk	Period 1
Speaking 1	做游戏，复现句型：What time is it？ It's ... o'clock.	A. Let's play	
Vocabulary 1	Zhang Peng 和 John 在讨论 John 一天的活动。句　型：What time is it ？ It's ... o'clock. It's time for ...	A. Let's learn	
Chant 1	用说唱的形式复现有关课程和三餐的单词及词组	A. Let's do	

续表

文本形式	主要内容	主要来源	课时整合
Dialogue 2	Mike 早上起床去上学，与妈妈谈论活动。句型：It' s time to...	B. Let's talk	Period 2
Speaking 2	对话活动，区分 It's time for ... 和 It' s time to... 的语用功能	B. Let's play	
Vocabulary 2	Mike 一天的作息活动	B. Let's learn	
Speaking 2	谈论作息时间表	B. Let's play	
Pronunciation 1	字母组合 ir/ur 的发音规则	A. Let's spell	Period 3
Reading 1	句子排序和书写活动	B. Start to read	Period 4
Listening 1	单元内容巩固练习	B. Let's check	
Singing 1	跟唱 It's twelve o'clock	B. Let's sing	
Dialogue 3	Zip 让 Zoom 早起并祝他愚人节快乐	C. Story time	Period 5

3. 学情分析

四年级学生正处于从具体形象思维向逻辑思维过渡的时期，根据他们好玩、好唱、好动的特点，对本单元的知识进行整合。从观察钟表开始，加入大量听、说、读、写的活动，在不断地询问和回答时间及作息活动中，激发学生的好奇心，让学生喜欢说英语，以加深学生对句式的记忆；通过生动有趣的小故事，扩大学生的语言输入，培养学生对英语的阅读兴趣，明白守时的重要性，最终让学生在此过程中形成自主安排日常活动的能力。

学习本单元之前，学生已经学习过有关周末活动和日常活动的短语，为本单元的学习奠定了词汇基础。询问时间时，在句型方面只需把已知的“What is it？”变成“What time is it？”，学生很容易接受。此外，学生已经学过英文数字的表达并具备认识钟表的生活常识，因此学生在学习中可以自然过渡到交流时间及课内外活动安排，并在此过程中明晰时间观念，锻炼规划能力，养成守时的习惯。

4. 单元大观念

本单元主题为时间及活动安排，在深度解读教材的基础上，我们从学科本质视角，围绕这一主题意义探究，通过本单元的学习，旨在使学生在知识建构的过程中，学习有关在校活动和作息活动的词语，并根据时间规划安排活动，形成一定的英语思维，并养成主动用英语交际的习惯。

因此将本单元大观念定为：合理规划时间。

（二）建构单元知识结构

单元知识结构如图1所示。

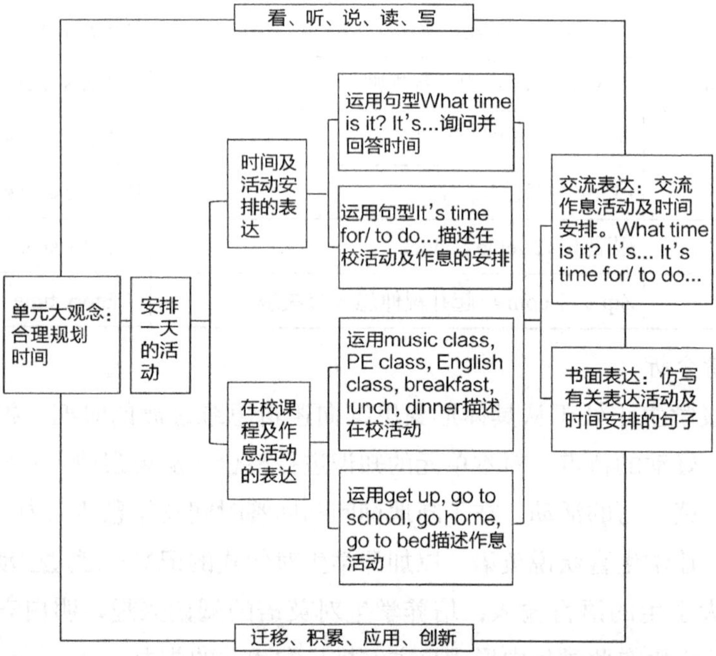

图1　单元知识结构

（三）表述单元目标

（1）能够积累有关在校活动和作息活动的词语及短语，使用核心句型询问并回答，可以描述活动安排；通过拓展相关绘本故事，养成守时的习惯。

（2）通过梳理相关语言要素，归纳一天内活动安排的表达方式，培养合理利用时间的意识。

（3）运用正确的表达方式，与同伴交流自己一天的活动安排并能仿写表达时间的句子，养成合理规划时间的习惯。

二、创设学习情境和评价任务

（一）学习情境

同学们，丰富的活动一定带给你很多美好的回忆。你平时都做了哪些日常活动，又是在什么时间进行的，在这个过程中我们是否具备了合理规划时间的能力？今天，请一起走进我们的生活，调查并记录下同学们一天的活动安排。在本单元的学习结束之后，请你设计出自己一天的活动安排表，做一个会规划时间、守时的人吧！

（二）评价任务

评价任务如图 2 所示。

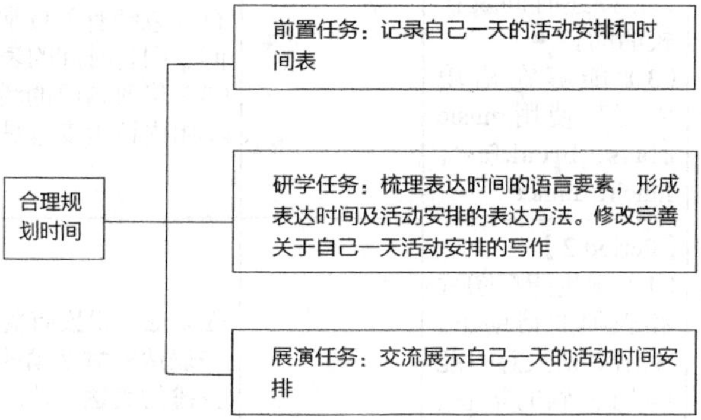

图 2　评价任务

课时总体规划：前置任务课前自学完成，不占用课时，研学任务 4 课时，展演任务 1 课时，本单元共 5 课时。

三、设计学习活动方案

（一）前置任务

学习生活是充实而又忙碌的。记录下自己一天的活动安排和时间表。

（二）研学任务

研学任务如表 3 所示。

表 3　研学任务

基本问题：如何表达一天的活动安排？			
单元目标	课时目标	学习问题	学习活动
（1）能够积累有关在校活动和作息活动的词语及短语，使用核心句型询问并回答，可以描述活动安排；通过拓展相关绘本故事，养成守时的习惯。 （2）通过梳理相关语言要素，归纳一天活动安排的表达方式，培养合理利用时间的意识。 （3）运用正确的表达方式，与同伴交流自己一天的活动安排并能仿写表达时间的句子，养成合理规划时间的习惯	【Period 1】 （1）能够用正确的语音、语调、意群朗读对话，并能进行角色表演。 （2）能在情境中运用句型："What time is it？ It's ... o'clock. It's time for ..." 描述时间及在校活动。 （3）能够在语境中正确使用 music class，breakfast，lunch，dinner	今天你的活动安排是什么？	**任务 1：交流小组成员个人的活动时间表，初步提炼大观念。** 同学们，你的日常活动一定丰富多彩。请在小组内讨论交流大家安排活动的时间是否合理。 （1）小组合作，根据自己的活动时间表展开讨论。 （2）阅读文本，梳理文本关键信息，总结有关日常活动的词语和询问、回答时间的表达方式。 （3）修改自己的活动时间表，并在小组内评价安排是否合理
	【Period 2】 （1）学生能在图片和教师的帮助下，说出对话大意；能够用正确的语音、语调、意群朗读对话，并能进行角色表演。 （2）能够在语境中运用句型 "It' s time to..." 描述作息活动。 （3）能够听、说、读、写有关作息活动的动词短语，如：get up，go to school，go home，go to bed，并能在语境中正确运用	怎样正确使用句型表达时间及活动安排？	**任务 2：积累有关日常活动的词汇和表达安排活动的句子，总结活动安排的表达方法。** 同学们，你能合理安排自己的日常活动吗？请对比分析 John 和 Mike 一天的活动安排表，形成科学的时间观念。 （1）听读对话，学习本课核心句型和描述日常活动的动词短语，梳理核心语言，创编对话。 （2）基于情境，通过问答的方式，恰当准确地使用核心语言描述时间及活动安排。 （3）根据时间及活动的表达，修改完善自己的活动时间表的写作内容

续表

单元目标	课时目标	学习问题	学习活动
（1）能够积累有关在校活动和作息活动的词语及短语，使用核心句型询问并回答，可以描述活动安排；通过拓展相关绘本故事，养成守时的习惯。 （2）通过梳理相关语言要素，归纳一天活动安排的表达方式，培养合理利用时间的意识。 （3）运用正确的表达方式，与同伴交流自己一天的活动安排并能仿写表达时间的句子，养成合理规划时间的习惯	【Period 3】 能够感知并归纳字母组合 ir 和 ur 在单词中的发音规则并读出含有字母组合 ir 和 ur 的单词	如何听出并正确写出含有 ir/ur 字母组合发音的单词?	**任务3：在探究活动中，总结文本中符合 ir/ur 发音规则的单词，并能够正确书写。** 同学们在积累了一定的拼读规则后，已经可以拼读出不同的单词，那么含有字母组合 ir/ur 的单词怎么拼读呢？让我们一起来学习探究。 （1）单词游戏，初步感知字母组合 ir/ur 在单词中的发音。 （2）进行选择、组合、书写等练习，准确将含有 ir/ur 单词归类，完成听力和书写活动。 （3）根据拼读规则拼读出更多含有 ir/ur 组合的单词
	【Period 4】 （1）能读懂文本内容，创编对话。 （2）能够仿写出问答时间的句子	如何准确写出表达时间的句子?	**任务4：梳理表达活动安排的语言要素，形成合理的时间观念，写出并交流介绍“我的时间表”。** 在一系列学习活动之后，相信你已经学会合理规划自己的时间，请完成“我的时间表”。 （1）归纳文本信息，形成表达 Amy 等人的活动安排思维导图，复述文本内容，并在此基础上创编对话。 （2）正确仿写询问和回答时间的句子

（三）展演任务

观察记录自己一天的活动，并做出健康合理的安排，然后向全班同学展示“My time table”（表4），同学们通过交流讨论形成正确的时间观念。

表4 My time table

Time	Activity

四、研制评价量表

根据单元学习目标，本单元共有三组评价任务。第一组是前置任务评价量表，在单元学习前进行，即学生根据旧知完成个人活动时间表。第二组是研学任务评价量表，在单元学习过程中进行，包括研学活动评价量表和课堂表现评价量表。第三组是展演任务评价量表，在单元学习结束之后进行书写表达和展示分享。

（一）前置任务评价量表

“My time table”评价量表如表 5 所示。

表 5 “My time table”评价量表

维度	A	B	C
语言表达	正确表达有关活动的单词，能区分有关在校活动的名词和有关日常作息活动的动词词组	个别单词使用不正确，语句中存在些许语法错误，活动安排基本合理，表达基本符合逻辑	不能正确运用词语，表达时间和描述活动安排的语句中存在较多语法错误

（二）研学任务评价量表

“研学活动”评价量表如表 6 所示。

表 6 “研学活动”评价量表

维度	A	B	C
课文朗读	能用优美的语音、语调朗读文本，内容正确，情感充沛	能朗读课文，语音、语调基本正确	语音、语调有误，个别单词不能准确认读
对话表演	利用道具或肢体语言，描述事实符合逻辑，无语法错误，创造性地表演	描述基本符合逻辑，有少量语法错误，能流利地表演	逻辑混乱，语法错误较多，或者拒绝合作和表演
词语运用	无任何词语使用错误	错误不多于三处	词语使用不当，错误较多
读写训练	能看懂语篇中 90% 词语的含义，能正确复述文本，逻辑清晰。能正确仿写有关询问并回答时间的句子，字体优美，无语法错误，标点使用准确	能看懂语篇中 70% 词语的含义，能正确朗读文本。能仿写有关询问并回答时间的句子，单词抄写正确但有语法错误，字体整洁干净	看不懂文本含义，不能正确读出文本句子，仿写的句子存在大量语法错误

“课堂表现”评价量表如表 7 所示。

表 7 “课堂表现”评价量表

维度	A	B	C
自主探究	制订明确的学习计划，认真完成自学任务，积极思考，记录疑问	按要求制订学习计划，基本能完成自学任务	不能按要求自学，无法完成自学任务
课堂听讲	认真听讲，准确记录活动类单词和短语及核心句型，主动与教师交流互动	比较认真地听讲、记录核心知识，主动发言	不能认真地听讲、记笔记，不主动发言
合作交流	积极与人合作，能听取他人合理的安排建议，认真完成组内任务	配合其他人完成组内任务，主动性欠佳	不愿意或不服从组内安排，缺乏合作意识
学业成果	在 15 分钟内完成作业，书面整洁干净，没有错误	按时完成作业，书写认真，错误三处以内	不能按时完成作业，错误较多

（三）展演任务评价量表

“My time table”展示评价量表如表 8 所示。

表 8 “My time table”展示评价量表

维度	A	B	C
书写表达	能拓展课外知识，运用丰富的活动类词语，正确填写表格，逻辑清晰，内容富有创意，无语法错误	能运用所学词语，正确填写表格，书写存在少量语法错误，符合逻辑	存在较多的语法错误，逻辑混乱
展示分享	能运用优美的语音、语调描述表格内容，在展示活动中使用道具或者丰富的肢体语言进行表演	语音、语调基本正确，表达内容存在少量错误，积极与他人进行沟通交流	发音不标准，不愿展示分享

五、教学设计反思

在教学过程中，教师作为学生学习的帮助者和引导者，要架起新旧知识间的桥梁，将教材中具有内在关联性的单元进行分析、重组、整合，从单元整体出发，创设情境任务，带领学生深入探究。学生是积极的探究者，通过完成学习任务，提升英语能力，培养合作意识。

本单元的主题是时间，要求学生根据时间表安排自己一天的活动。在前置活动中，教师根据学生已有的知识基础，让学生交流自己在不同时间的日常活动。学生要完成任务，就必须在研学任务中进一步学习相关知识。学生要学习有关课程和作息活动的单词，学会问答时间并描述自己的日常活动，同时了解不同时区人们的作息活动。在后续的练习和拓展故事中，进一步巩固有关时间和日常活动的知识，养成合理利用时间的意识和习惯，明白守时的重要性。学生通过学习完成任务，搭建自己的知识框架。在展演任务中，学生制作出属于自己的时间表，这既是对学生知识掌握程度的考查，也是检验学生是否具备了合理规划时间的能力。本次设计的关键点在于设计者要把握学生已有的知识框架，并分析整合新知，设置适切的学习情境和有效任务。难点在于如何引导学生解决问题并获得方法，实现知识的迁移。

从大观念的视角开展单元整体设计和教学工作，对教师提出了更高的要求，也在不知不觉中促进了教师的专业成长，实现教师和学生双赢的目标！

合理饮食，健康生活

——人教版《英语》小学五年级上册第三单元 What would you like？

袁凯丽　吴晶晶*

一、制订基于核心素养的单元目标

本单元是人教版《英语》小学五年级上册第三单元，本单元主题属于“人与自我”范畴，涉及“生活与学习”。在深度解读教材的基础上，围绕对“饮食喜好”这一主题进行探究，通过学习不同国家的饮食差异，描述不同食物及特征，形成对食物喜好的表述方法，培养健康生活、合理饮食的意识。

（一）提炼单元大观念

1. 课程标准分析

《义务教育英语课程标准（2022年版）》中要求五、六年级应达到二级目标。

语言能力：能领悟基本语调表达的意义；能理解常见词语的意思，理解基本句式和常用时态表达的意义；能听懂日常学习和生活中简单的对话和小故事等；能读懂简单语言、主题相关的简短语篇，获取具体信息，理解主要内容；能围绕相关主题，运用所学语言，与他人进行简单的交流，表演小故事，语音、语调基本正确；在书面表达中，能围绕图片内容或模仿范文，写出几句意思连贯的话。

学习能力：对英语学习有较浓厚的兴趣和自信心；能积极参与课堂活动，注意倾听，大胆尝试用英语进行交流；能在学习活动中与他人合作，共同完成学习任务；能在学习过程中认真思考，主动探究，尝试通过多种方式发现并解决语言学习中的问题。

文化意识：对开展跨文化沟通与交流有兴趣；能与他人友好相处；能在教

---

*袁凯丽　吴晶晶，郑州高新区外国语小学

师引导下，了解不同文化背景下人们待人接物的礼仪；能注意到跨文化沟通与交流中彼此的文化差异。

思维品质：能识别、提炼、概括语篇的关键信息、主要内容、主题意义和观点；能就语篇的主题意义和观点做出正确的理解和判断；能根据语篇推断作者的态度和观点。

依据课标，分析本单元：

①语言能力：能够使用核心句型，询问并回答某人想吃什么、喝什么；能够听、说、读、写饮食类的单词，并在语境中正确运用；学生能够掌握字母组合的发音规律，能正确认读符合该发音规律的单词，能在教师的帮助下阅读相关绘本；能根据教材范例，梳理相关语言要素，总结表达方法，描述自己喜爱的食物及其原因，完成主题写作。

②学习能力：能够在情境中进行真实的交际；通过小组合作，能够在积极思考、解决问题的过程中学习语言，提高学习热情与自信；学生能够通过观察对比、分析归纳字母组合的发音规律。

③思维品质：能够在教师帮助下借助思维导图理顺语言信息的逻辑关系，养成良好的思维习惯、阅读习惯；能够运用新旧知识的迁移，从多方面表达自己对食物的喜爱及其原因。

④文化意识：通过学习对话及短文知晓中西饮食文化方面的差异，如餐具差异、餐桌礼仪、主食差异等，培养学生跨文化交际意识。

2. 教材分析

（1）相关教材内容梳理。

相关教材内容梳理如表 1 所示。

表 1　三到五年级相关教材内容梳理

册数	单元标题	相关语言要素
三年级上	Unit 5 Let's eat	食物类的单词；表达想要吃的食物
三年级下	Unit 5 Do you like pears？	水果类的单词；询问他人对水果的喜好并回答，表达对某种食物的好恶
四年级上	Unit 5 Dinner's ready	食物类的单词；征求并表达用餐意愿；提出用餐和餐具使用建议并恰当回应
四年级下	Unit 4 At the farm	询问并回答各种蔬菜或动物名称的表达，描述物品的特点
五年级上	Unit 3 What would you like？	询问并回答最喜欢的食物或饮品及其原因

（2）教材内容整合分析。

本单元以询问并回答“饮食喜好及原因”为话题，分A、B、C三个部分。以A、B部分Let’s talk中以谈论饮食喜好及原因的句型为线索，Let’s learn中的5个食物类单词和5个描述食物的形容词为桥梁，A部分Let‘s spell中的单词和发音教学为辅助，B部分Read and write，Let’s check和Let’s wrap it up及C部分Story time中的任务活动为落实点，贯穿整个单元。

结合教材内容，具体梳理如表2所示。

表2 教材内容整合安排

文本形式	主要内容	主要来源	课时整合
Dialogue 1	Sarah一家用餐时谈论对饮食的喜好	A. Let’s talk	Period 1
Speaking 1	对喜欢的食物进行问答	A. Ask and answer	
Vocabulary 1	在餐桌上询问他人喜欢的食物和饮品	A. Let’s learn	
Writing 1	询问他人想要的食物和饮品，完成菜单	A. Role–play	
Dialogue 2	在餐厅点餐，谈论对饮食喜好及原因	B. Let’s talk	Period 2
Speaking 2	调查班级同学喜爱的食物和饮品	B. Ask and write	
Vocabulary 2	询问朋友喜欢的饮食并说出原因	B. Let’s learn	
Writing 2	写出图片上食物的特征	B. Look，write and say	
Pronunciation 1	根据ow的发音规律拼读单词	A. Let’s spell	Period 3
Reading and writing 1	读便条，写出自己喜爱的饮食及原因	B. Read and write	Period 4
Listening 1	单元内容巩固	B. Let’s check	
Writing 3	总结可数名词变复数的规律	B. Let’s wrap it up	
Dialogue 3	制作沙拉	C. Story time	Period 5

通读并分析整理教材内容，根据主线确定重点学习的语篇和内容。本单元的主题确定为“人与自我”，具体是饮食与生活。将本单元的学习主线确定为“饮食与生活”，描述自己对于饮食的喜爱及原因。

根据以上分析，可以看出整个单元主要按照听、说、读、看、写五大板块，并辅以相应的练习进行编排，每个板块基本上以一种语言技能活动为主，兼顾其他技能的培养。

3. 学情分析

五年级学生具有强烈的好奇心和求知欲，已具有英语学习的积极性与主动性，并具备了一定的英语语言运用能力，喜欢视听结合的学习方式。

学生已在三、四年级学习过描述饮食的单词，积累了一定的听、说、读、写技能。在学习本单元内容前，学生已经能用特殊疑问句提问并回答，并且积累了一些描述食物的形容词。对于自然拼读法已有一定程度的了解，对于 o 和 w 的发音也有过接触，而且学习过一些 ow 在词尾发 /aʊ/ 或 /əu/ 的单词，如 cow，how 等，为本单元的学习奠定了基础。

4. 单元大观念

本单元主题属于“人与自我”范畴中的子主题“健康的生活方式”。围绕对“饮食喜好”这一话题的探究，通过学习对饮食喜好、不同食物特征的表达，知晓不同国家的饮食差异，描述不同的食物及其特征，归纳表达饮食喜好的方法，培养健康生活的意识。

在深度解读教材的基础上，提出本单元大观念：合理饮食，健康生活。

（二）建构单元知识结构

单元知识结构如图 1 所示。

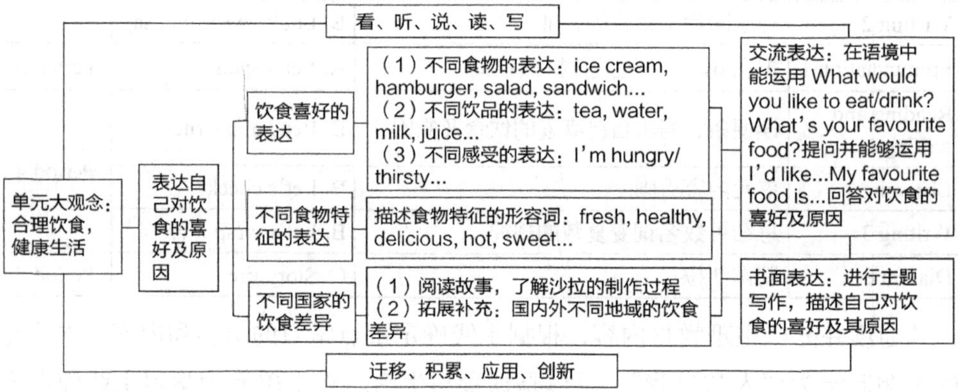

图 1　单元知识结构

（三）表述单元目标

（1）积累食物类的词语和描述食物特征的形容词，使用核心句型描述自己对某种饮食的喜爱及原因。通过故事拓展阅读，知晓中西饮食文化的差异。

（2）通过描述不同的食物及特征，归纳对食物喜爱的表述方法。

①通过对食物名称的梳理，区分食物与饮品。

②通过提取文本中不同食物的特点，梳理相关语言要素，归纳描述食物特点的表达方法。

③通过提取文本中对不同食物喜爱的原因，梳理与健康饮食相关的语言要素，归纳表达喜爱的方法。

（3）在具体的生活情境中，运用表达饮食及其不同特征的方法，描述对饮食的喜爱及其原因，并树立健康生活的意识。

二、创设学习情境和评价任务

（一）学习情境

在“午餐工程”下，我们学校的兰山餐厅为同学们准备了丰盛的食物，你喜欢吃什么呢？你喜欢它的原因是什么呢？在本单元大观念“合理饮食，健康生活”的统领下，围绕核心问题“如何描述自己喜欢的食物及原因”，通过梳理不同食物特点的语言要素，归纳对某种食物喜爱的表达方法，并表达自己最喜爱的原因。在学习本单元之后，年级将举办“My favourite menu”征集活动，为学校餐厅设计健康营养的菜单。请使用本单元所学的食物及描述食物特征的词语和句型，向大家展示你最喜欢的食物并说明原因。

（二）评价任务

评价任务如图 2 所示。

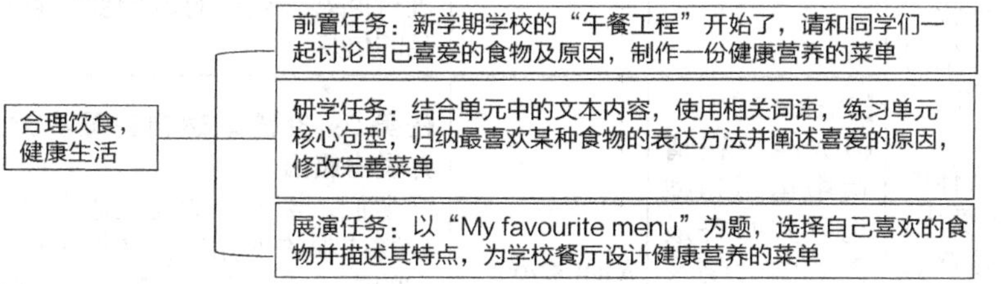

图 2　评价任务

课时总体规划：前置任务课前完成，不占用课时，研学任务 5 课时，展演任务 1 课时，本单元共 6 课时。

三、设计学习活动方案

（一）前置任务

新学期学校的“午餐工程”即将开始，餐厅为大家准备了种类丰富的食物，请和同学们一起交流讨论自己最喜欢的食物及原因，为餐厅制作一份健康营养的菜单。

（二）研学任务

研学任务如表3所示。

表3 研学任务

基本问题：如何描述自己对某种食物的喜爱及原因？			
单元目标	课时目标	学习问题	学习活动
（1）积累食物类的词语和描述食物特征的形容词，使用核心句型描述自己对某种饮食的喜爱及原因。通过故事拓展阅读，知晓中西饮食文化的差异。 （2）通过描述不同的食物及特征，归纳对食物喜爱的表述方法。 （3）在具体的生活情境中，运用表达饮食及其不同特征的方法，描述对饮食的喜爱及其原因，并树立健康生活的意识	【Period 1】 （1）能够在情境中运用句型问答想要的食物。 （2）能够听、说、读、写食物类核心词语，并在语境中正确运用	What would you like to eat/drink？	**任务1：梳理核心语言，交流表达自己想要吃的食物或喝的饮品，学会点餐。** 同学们，餐厅里Sarah一家人在讨论自己想要吃的食物或喝的饮品，你会表达自己想要吃的食物吗？我们一起来学习吧。 （1）小组合作，互相评价制定的餐厅食谱；围绕这个话题展开讨论，记录发现的问题和困惑。 （2）准确朗读文本，梳理文本中核心句型和单词。 （3）小组合作，在情境中运用核心语言进行问答，获取对方想要的食物或者饮品的信息
	【Period 2】 （1）能够在情境中运用句型询问并回答最喜欢的食物及原因。 （2）能够听、说、读、写并在语境中运用描述食物特征的单词	What's your favourite food？Why？	**任务2：交流表达自己最喜欢的食物，并说出原因。** 同学们，学习了如何表达自己想要吃的食物或喝的饮品后，你能表达出喜欢它们的原因吗？我们一起来学习吧。 （1）看有关食物的图片，说出食物的特征。 （2）小组合作，调查组内其他同学饮食的喜好及原因。 （3）根据交流结果，继续完善菜谱

续表

单元目标	课时目标	学习问题	学习活动
（1）积累食物类的词语和描述食物特征的形容词，使用核心句型描述自己对某种饮食的喜爱及原因。通过故事拓展阅读，知晓中西方饮食文化的差异。 （2）通过描述不同的食物及特征，归纳对食物喜爱的表述方法。 （3）在具体的生活情境中，运用表达饮食及其不同特征的方法，描述对饮食的喜爱及其原因，并树立健康生活的意识	【Period 3】 （1）能够读出符合 ow 发音规则的单词。 （2）能够根据发音拼写出符合 ow 发音规则的单词，做到书写规范	What's the sound of the letter group "ow"?	**任务 3：听音模仿，读出含有 ow 字母组合的单词，并总结发音规则。** 同学们，我们分别学习过字母 o 和 w 的发音规则，把它们组合在一起如何发音呢？我们一起学习吧。 （1）听并圈出所听到 ow 发音的单词。 （2）听音并写出含有 ow 单词的句子
	【Period 4】 （1）能够正确朗读便条，理解便条内容。 （2）运用所学句型描述自己饮食的喜好及原因，归纳健康的生活方式	What would you like to eat/drink? What's your favourite food? Why?	**任务 4：读懂便条，总结表达方法，完善习作"My favourite menu"。** 同学们，机器人 Robin 为吴斌斌和他的爷爷烹饪了一盘"鸡腿冰激淋"，你知道是什么原因吗？我们一起来阅读这两个便条吧。 （1）阅读语篇，完成便条写作的示意图或提纲。 （2）根据提纲或示意图，形成写作框架，修改自己的习作"My favourite menu"
	【Period 5】 （1）归纳总结名词单复数的变化规律。 （2）能听懂故事，小组合作表演故事	How to make salad?	**任务 5：阅读故事，了解沙拉的制作过程；总结名词单复数的变化规律。** 同学们，学习了这么多的名词，你们知道它们的复数是怎么表达的吗？有什么变化规律吗？我们的老朋友 Zoom 和 Zip 又发生了哪些故事呢？我们一起去看看吧。 （1）设置农场摘蔬菜的情境，总结制作沙拉的步骤。 （2）跟读故事录音，小组练习并上台表演故事。 （3）完成课本第 30 页 Let's wrap it up，总结名词变复数的规律及其使用方法

（三）展演任务

学校的"午餐工程"为同学们准备了种类丰富的食物，食谱里一定有大家喜欢的食物和饮品，本单元学习结束，年级要举行"合理饮食，健康生活"读写活动比赛。请同学们结合食物的特点，与同学交流讨论自己喜欢的健康营养的食物及其原因，交流展示"My favourite menu"。

四、研制评价量表

根据单元学习目标，本单元共有三组评价任务。第一组是前置任务评价量表，在单元学习前进行，即学生根据旧知完成对食物或饮品的介绍，为餐厅制定营养健康的菜谱，包括口头表达评价和书面表达评价两部分。第二组是研学任务评价量表，在单元学习过程中进行，包括研学活动评价量表和课堂表现评价量表。第三组是展演任务评价量表，在单元学习结束之后进行，即进行“我最喜欢的菜谱”交流展示。评价量表依据评价标准设定为 A、B、C 三个等级。

（一）前置任务评价量表

“My favourite menu”评价量表如表 4 所示。

表 4 “My favourite menu”评价量表

维度	A	B	C
口头表达	积极参与点餐话题的讨论，表述正确无误，表达流利	参与点餐话题的讨论，表述基本正确，表达较流利	不愿表达，或者表述错误较多
书面表达	无语法错误，文本符合逻辑，书写美观，正确无误	有三个以内的语法错误，文本基本符合逻辑，有个别书写错误	有三个以上的语法错误，文本逻辑混乱，书写不整洁，字体不美观

（二）研学任务评价量表

“研学活动”评价量表如表 5 所示。

表 5 “研学活动”评价量表

维度	A	B	C
对话表演	积极参与小组合作，勇于发表自己的见解，耐心倾听同伴的发言，在情境中表演对话；语音、语调优美，语言表达正确流利，肢体语言、表情丰富	参与小组合作与讨论，会发表自己的见解，在情境中表演对话；语言语调基本正确，语言表达较流畅	参与小组合作，可以分角色组内朗读对话

续表

维度	A	B	C
词语运用	正确认读、规范书写食物及食物特征类的单词，并且可以在语句当中正确熟练使用所学词语	基本能正确认读、书写食物及食物特征类的单词，并且可以在语句中使用所学词语	不能很好地认读、书写食物及食物特征类的单词，在语句中不能较正确地使用所学词语
短文阅读	能根据上下文准确理解新词；准确了解语篇大意；根据语篇写出完整的思维导图或提纲，复述故事	在教师或其他同学的提示下，基本理解新词和语篇大意；能简单复述故事内容	不理解语篇，推测不出新词意思；不会复述故事
课文朗读	能用正确的语音朗读，读准句子；按意群停顿，做到通顺流畅；准确读出语调的变化和情境所表达的情感、态度，声情并茂	能用较正确的语音朗读，句子中个别单词发音不够准确；基本能按意群停顿，个别地方不够顺畅；感情较充沛、自然	单词发音不标准；不会按照意群停顿，朗读不流畅

“课堂表现”评价量表如表 6 所示。

表 6　“课堂表现”评价量表

维度	A	B	C
自主探究	学习态度积极端正，能按要求自学饮食相关的语言知识，自学质量高	学习态度端正，能按要求自学饮食相关的语言知识，但只能完成部分学习	学习态度不积极，不能按要求自学相关知识
合作交流	认真倾听、讨论、记录，发言积极，表达准确，参与程度高	比较认真地倾听、讨论、记录，发言欠积极，表达欠准确，参与程度一般	不能认真倾听、讨论、记录，被动发言或不发言，表达不准确，参与程度低
课堂听讲	听讲认真，课堂参与度高，积极和教师互动，主动质疑	比较认真地听讲，与教师互动较少	不能认真听讲，不参与课堂互动
作业完成	按时按要求完成作业，作业质量高	基本按时完成作业，作业有少许错误	不能按时按要求完成作业，独立完成作业有困难

（三）展演任务评价量表

“My favourite menu”展演活动评价量表如表7所示。

表7 “My favourite menu”展演活动评价量表

维度	A	B	C
对话创编	能顺畅流利地表述自己最喜欢的食物及原因，无语法错误，符合逻辑	不太流利地表述自己最喜欢的食物及原因，存在些许语法错误，基本符合逻辑	表述自己最喜欢的食物及原因的句子中存在较多语法错误，逻辑混乱
表现力	在情境中使用丰富的肢体语言合作表演；语音、语调优美，内容达意，语法正确，表达流利	语音、语调基本正确，内容达意，语法基本正确，表达较流利	仅能说出三句以内，或者不愿意参加小组表演
书面表达	准确运用食物和描述食物特征的相关词汇描写食物的特点，说明喜爱原因；逻辑清晰，语篇有两个以内的语法错误，内容完整。有创编性语言	基本能准确运用食物和描述食物特征的相关词语描写食物的特点，说明喜爱原因；逻辑较清晰，内容完整，有三至五个语法错误	不能准确运用食物和描述食物特征的相关词语描写食物的特点及喜爱的原因。逻辑较混乱，内容不完整，有较多语法错误

五、教学设计反思

通过设计本单元教学体例，笔者最大的感受是它的“整体性”，大观念统领的英语单元整体教学打破了传统的以知识为中心的碎片化教学模式，这也是和传统教学设计的最大区别之一。尤其是通过单元知识结构图，既规划了单元学习目标，又明晰了单元发展路径。单元大观念是在深入分析单元中不同部分深层意义的基础上提炼出来的，能帮助学生形成对主题相对完整的认知、价值判断和行为取向。大观念在单元中起到了提纲挈领的作用，各单元不再是一堆碎片化英语知识的叠加，而是工具性与人文性的有机融合。

此外，通过单元大观念逆推出单元目标是本次教学设计的关键点，也是困难点。需要教师们结合课标、单元内容和学情分析，提炼相关知识，围绕大观念层层深入。从“知道什么”，即通过本单元的学习，掌握食物或饮品类名词、描述食物的形容词等；到“能做什么”，即表达自己对食物的喜爱及原因，进行口语交际；再到“应该怎么做”，内化所学转变为实际行为，养成合理饮食、健康生活的好习惯。充分挖掘本单元的育人目标，融入整个单元的学习活动中，使学生在学习与应用过程中，建构连贯的、整合性的知识结构，形成解决问题的方法，达到英语学科的育人目的。

参与文娱活动，发掘个人潜能

——人教版《英语》小学五年级上册第四单元 What can you do?

唐慧君*

一、制订基于核心素养的单元目标

本单元是人教版《英语》小学五年级上册第四单元。本单元主题属于“人与社会”范畴中的“文学、艺术与体育”主题。本单元学习以帮助学生知识建构，明白文娱活动是人们生活必不可少的一部分，培养学生“I can do it! ”的主人公精神。同时形成一定的英语思维，会主动用英语来描述自己能做的事、他人能做的事、询问是否能做某事等。引导学生乐学善思，正视不足，发掘自身潜能，不断进步。

（一）提炼单元大观念

1. 课程标准分析

《义务教育英语课程标准（2022 年版）》中要求五、六年级应达到二级目标。

语言能力：能领悟基本语调表达的意义；能理解常见词语的意思，理解基本句式和常用时态表达的意义；能听懂日常学习和生活中简单的对话和小故事等；能读懂语言简单、主题相关的简短语篇，获取具体信息，理解主要内容；能围绕相关主题，运用所学语言，与他人进行简单的交流，表演小故事，语音、语调基本正确；在书面表达中，能围绕图片内容或模仿范文，写出几句意思连贯的话。

学习能力：对英语学习有较浓厚的兴趣和自信心；能积极参与课堂活动，

*唐慧君，郑州高新区外国语小学

注意倾听，大胆尝试用英语进行交流；能在学习活动中与他人合作，共同完成学习任务；能在学习过程中认真思考，主动探究，尝试通过多种方式发现并解决语言学习中的问题。

文化意识：对开展跨文化沟通与交流有兴趣；能与他人友好相处；能在教师的引导下，了解不同文化背景下人们待人接物的礼仪；能注意到跨文化沟通与交流中彼此的文化差异。

思维品质：能识别、提炼、概括语篇的关键信息、主要内容、主题意义和观点；能就语篇的主题意义和观点做出正确的理解和判断；能根据语篇推断作者的态度和观点。

依据课标，分析本单元：

①语言能力：能够积累运用与日常活动相关的词语及核心句型，正确询问别人能做的文娱活动和是否能做某事，表述自己和他人的能力；能按照正确的语音、语调及意群朗读对话，进行角色扮演并开展对话交流；能够掌握字母组合 oo 的发音规律，能正确认读符合该发音规律的单词；能够在具体的语境中理解短文；在书面表达中，能围绕图片内容或模仿范文，写出几句意思连贯的话来表述自己的能力。

②文化意识：对中外各类文娱活动有兴趣；参与琵琶、武术、乒乓球等有中国特色的文娱活动，主动学习、参与中国特色文娱活动。

③思维品质：能比较对话中文娱活动的相似性和差异性，并做出正确的价值判断；能识别、提炼、概括语篇中关于文娱类活动的关键信息、主题意义和观点。

④学习能力：能积极参与课堂活动，注意倾听，大胆尝试用英语交流自己擅长的文娱活动；乐于参与文娱活动，遇到自己不擅长的活动能主动学习，不怕困难。

2. 教材分析

（1）相关教材内容梳理。

本单元通过句型 What can you do？询问学生能进行的文娱活动。所涉及的文娱活动，都是学生日常生活中经常进行的。在小学阶段的学习中，会有不同的话题涉及相关的语言知识。其中涉及的话题见表 1。

表 1　五、六年级相关教材内容梳理

册数	单元标题	相关语言要素
五年级上	Unit 2　My week	在一般现在时的语境中，描述周末通常进行的活动
六年级上	Unit 2　What are you going to do？	制订周末计划，在一般将来时的语境中，描述周末将进行的活动
六年级上	Unit 4　I have a pen pal	描述自己和笔友的爱好，其中包括喜欢做的文娱活动
六年级下	Unit 2　Last weekend	陈述自己上周末的活动，在一般过去时的语境中描述活动

（2）教材内容整合分析。

本单元以描述不同的文娱活动为话题，分 A、B、C 三个部分。以 A、B 部分 Let’s talk 中表达某人是否会某项文娱活动的句型为线索，Let’s learn 中的 7 个文娱类活动短语为桥梁，A 部分 Let's spell 中的单词和发音教学为辅助，B 部分 Start to read，Let’s check 和 Let’s sing 及 C 部分 Story time 中的任务活动为落实点，贯穿整个单元。

结合教材内容，具体梳理如表 2 所示。

表 2　教材内容整合安排

文本形式	主要内容	主要来源	课时整合
Dialogue 1	学习两个相关的对话情景	Main Scene	Period 1
Dialogue 2	问答自己和同学在英语派对上能进行的活动	A. Let’s talk	Period 1
Vocabulary 1	学习部分文娱活动的英文表达	A. Let’s learn	Period 1
Speaking 1	调查同学们能做的事并制作表格	A. Do a survey	Period 1
Dialogue 3	询问同学是否能练武术及其他活动	B. Let’s talk	Period 2
Vocabulary 2	学习部分文娱活动的英文表达	B. Let’s learn	Period 2
Speaking 2	列出自己能进行的活动和不能进行的活动，书写小语篇并进行汇报	Write and say	Period 2
Pronunciation 1	归纳字母组合 oo 的发音规律	A. Let’s spell	Period 3

续表

文本形式	主要内容	主要来源	课时整合
Reading & writing 1	阅读邮件 Who can be my friend？提取写作方法	B. Read and write	Period 4
Listening 1	单元巩固练习	B. Let's check	
Function 1	总结动词 play 与文体活动名称的搭配规律	B. Let's wrap it up	
Dialogue 4	阅读教材故事 *The snake and the rat*	C. Story time	Period 5

3. 学情分析

本单元的学习对象是小学五年级学生，他们已经具备了一定的英语听、说、读、写能力，学习英语的兴趣较为浓厚；同时通过三、四年级的学习，对于学好英语有一定自信；自我意识开始觉醒，有着很强的交际需求。本单元的学习内容迎合了他们的性格特点，话题贴近学生们的实际生活，学生们乐于积极主动参与。

学生们在三、四年级时，已经学习过简单的 what 引导的特殊疑问句，因此对本单元的句型结构较为熟悉；同时在五年级上册第二单元 My week 的学习中，已经掌握了一些日常活动的动词或动词短语；同时本单元涉及的文娱活动与学生的生活息息相关。

4. 单元大观念

本单元属于“人与社会”范畴，涉及“文学、艺术与体育”主题。通过本单元的学习，学生能在生活中运用语言，积极探讨课程以外的文娱活动，发展学习能力。在深度解读教材的基础上，我们从学科本质视角，围绕对主题意义的探究，提出了本单元的单元大观念：参与文娱活动，发掘个人潜能。

（二）建构单元知识结构

单元知识结构如图 1 所示。

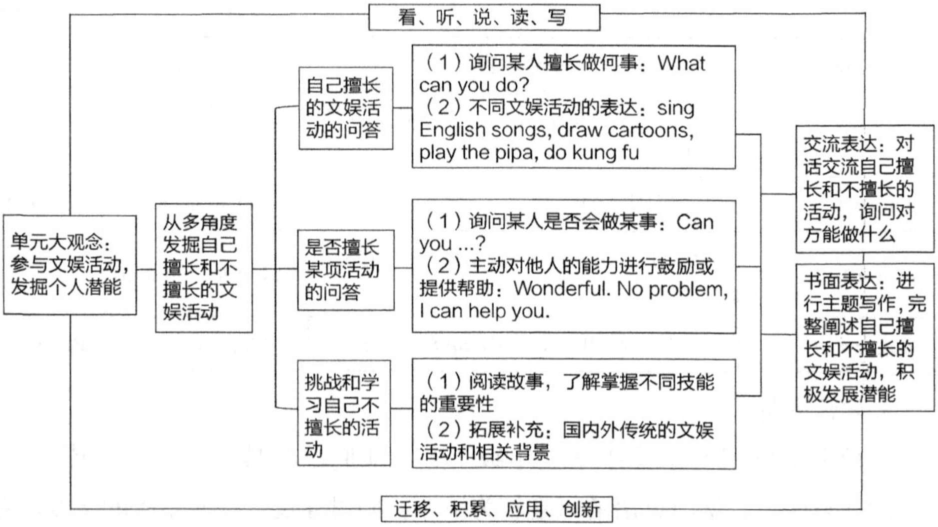

图 1　单元知识结构

（三）表述单元目标

（1）能够积累和运用文娱活动类的动词短语，使用相关句型询问别人能做的事、是否能做某事，表述自己能做和不能做的文娱活动。

（2）通过不同方式问答他人，形成表述自己或他人擅长的文娱活动的方法，激发学生发展潜能的意识。

①通过总结不同文娱活动的表述方式，归纳动词的使用方法。

②通过提取文本擅长和不擅长的文娱活动语言要素，形成表述自身或他人能力的方法。

（3）能够在真实而具体的情境中，运用所学语言，通过对话交流、书写邮件等方式表述自己擅长和不擅长的活动，愿意主动尝试自己不擅长的活动，发展潜能。

二、创设学习情境和评价任务

（一）学习情境

现在越来越多的外国学生来到中国，学习中国传统文化。在本单元大观念

“参与文娱活动，发掘个人潜能”的统领下，围绕核心问题 What can you do? 开展单元知识的学习。通过询问、交流自己能做的文娱活动，找到拥有相同爱好的朋友，达到交际的目的。下周末，学校将开展一系列的中外学生联谊活动，包括英语派对、游学活动等。在联谊活动上，同学们可以尽情展示自己的才能，也可以学习或者教授外国友人我们的传统文娱活动。让我们看一看，在活动过程中谁的交际语言最丰富？并试着书写一封邮件介绍自己，让更多的人认识你！

（二）评价任务

评价任务如图 2 所示。

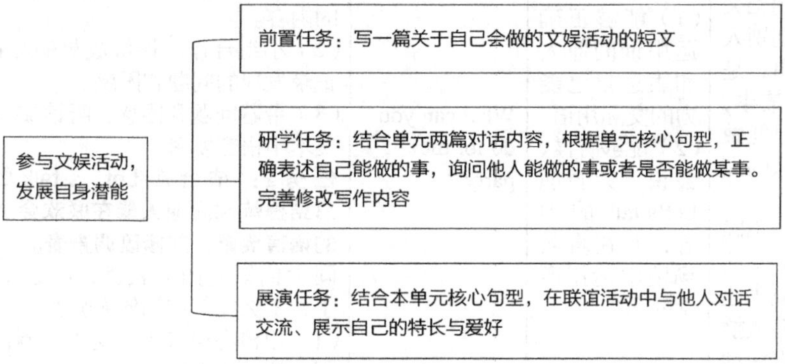

图 2　评价任务

课时总体规划：前置任务课前完成，不占用课时，研学任务 5 课时，展演任务 1 课时，本单元共 6 课时。

三、设计学习活动方案

（一）前置任务

中国文化博大精深，源远流长，传承的同时，要注意发扬和传播，例如乒乓球、传统乐器、中华武术等。目前，越来越多的外国人在学说汉语、学中国文化。这个周末，学校将组织一场中外学生联谊活动。在这场活动中，大家可以积极展示自己的才能，表达自己的能力和爱好，结交朋友，传播文化。请写一份自我介绍，重点表达自己会做的文娱活动。

（二）研学任务

研学任务如表 3 所示。

表 3　研学任务

基本问题：如何表达自己擅长和不擅长的文娱活动？			
单元目标	课时目标	学习问题	学习活动
（1）能够积累和运用文娱活动类的动词短语，使用相关句型询问别人能做的事、是否能做某事，表述自己能做和不能做的文娱活动。 （2）通过不同方式问答他人，形成表述自己或他人擅长的文娱活动的方法，激发学生发展潜能的意识。 （3）能够在真实而具体的情境中，运用所学语言，通过对话交流、书写邮件等方式表述自己擅长和不擅长的活动，愿意主动尝试自己不擅长的活动，发展潜能	【Period 1】 （1）能够正确运用询问他人和表达自己能力的交际用语。 （2）能够听懂、会说、会表演 Let's talk 的内容，并在真实场境中运用所学的语言	What can you do for the party？	**任务 1：小组讨论自己会做的文娱活动，初步感知语言。** 同学们，大家都开始为这个周末的中外学生联谊活动做准备了，梳理出自己能做的事。 （1）两两合作进行对话，交流自己梳理的内容。 （2）小组合作，评价成员的写作内容，记录发现的问题和困惑。 （3）带着问题和困惑，听读文本，梳理文本中语言要素 **任务 2：结合 A. Let’s talk 的文本，总结提炼询问他人能在联欢会上做何事的语言要素，并修改调查表。** 同学们知道如何表达自己会做的事情了，那么如何询问他人呢？ （1）用核心语言进行交流，调查小组内同学能做的事情。 （2）对同学能做的事情进行记录并完成调查表。 （3）修改完善自我介绍
	【Period 2】 （1）能够运用句型询问他人是否能做某事。 （2）能梳理和表达自己能做和不能做的事情	Can you do any kung fu？	**任务 3：结合 B. Let’s talk 的文本，总结提炼询问他人是否会做某事和自己不能做的事情的语言要素，修改自我介绍。** 同学们真是多才多艺。你是否对大家会做的文娱活动感兴趣呢？让我们一起来学习如何询问别人能做的文娱活动并记录一下吧。 （1）匹配文娱活动的单词和图片，总结不同文娱活动的表达。 （2）借助图片，使用核心语言询问小组成员能否做某项文娱活动。 （3）根据活动表达，继续完善自我介绍

续表

单元目标	课时目标	学习问题	学习活动
（1）能够积累和运用文娱活动类的动词短语，使用相关句型询问别人能做的事、是否能做某事，表述自己能做和不能做的文娱活动。 （2）通过不同方式问答他人，形成表述自己或他人擅长的文娱活动的方法，激发学生发展潜能的意识。 （3）能够在真实而具体的情境中，运用所学语言，通过对话交流、书写邮件等方式表述自己擅长和不擅长的活动，愿意主动尝试自己不擅长的活动，发展潜能	【Period 3】 能够掌握字母组合 oo 的发音规则，并能根据读音拼写符合发音规则的单词	What's the sound of the letter group "oo"?	**任务 4：帮助 Zoom 准备联欢节目。** 同学们，Zoom 要在联欢会上表演节目，请欣赏歌谣，找出相似单词，并总结发音规律。 （1）听歌谣，总结字母组合 oo 的发音规则。 （2）找出更多符合 oo 发音规则的单词，并准确读出
	【Period 4】 （1）能够听懂、读懂文本，找出关键信息，完成阅读练习。 （2）能够仿照例子，形成介绍自己的语言框架，写一篇介绍自己能力的作文	What can Robin do?	**任务 5：结合 B. Read and write 的文本，提炼归纳语言框架，在情境中运用句型并完成个性化书写。** Robin 想要交友，他写了一封邮件介绍自己，我们一起来看看。 （1）阅读电子邮件，划出描述 Robin 性格、能力的句子。 （2）提取语言框架，整理表达能力的词语和句型。 （3）根据框架写一封邮件，介绍自己的能力和特长
	【Period 5】 （1）能听懂、读懂 Story time 里面的小故事。 （2）能运用阅读策略，把本单元的单词和句型运用到具体的语境中	What can the little rat do?	**任务 6：结合 C. Story time 的文本，运用所学知识进行对话表演或创编。完善自我介绍。** 学习了这么多的文娱活动的表达，有了这么多的才能，大家知道这些才能可以给我们带来什么帮助吗？让我们通过一个故事，来看看吧。 （1）听读 story time 文本。 （2）模仿对话内容，进行角色扮演，梳理各种能力的优势。 （3）梳理自己最感兴趣但仍不擅长的文娱活动，主动学习。 （4）继续完善自我介绍

（三）展演任务

期待已久的“中外学生联谊大会”即将拉开帷幕，大家可以尽情地表达、展示和交流。请同学们在联谊会上尽情展示自己的特长与爱好，找到更多的好朋友！

四、研制评价量表

根据单元学习目标，本单元共设有三组评价量表。第一组是前置任务评价量表，在单元学习前进行，即学生梳理自己所能做的事情并作自我介绍，包括口头表达和书面表达两部分。第二组是研学任务评价量表，在单元学习过程中进行，包括研学活动评价量表、课堂表现评价量表。第三组是展演任务评价量表，在单元学习结束后进行。评价量表依据评价标准设定为 A、B、C 三个等级。

（一）前置任务评价量表

“自我介绍”评价量表如表 4 所示。

表 4 “自我介绍”评价量表

维度	A	B	C
书面表达 / 口语表达	重点介绍特长，单词拼写正确，表述正确无误，语言流畅	介绍特长，个别单词拼写错误，表述基本正确，语言较流畅	未介绍特长，单词拼写错误较多，表述不流畅

（二）研学任务评价量表

“研学活动”评价量表如表 5 所示。

表 5 “研学活动”评价量表

维度	A	B	C
课文朗读	语音正确，读准句子，按意群停顿，通顺流畅	语音较为正确，个别单词发音不够准确，基本按意群停顿，个别地方不够顺畅	单词读音错误较多，不能按照意群停顿，朗读不够通顺，较为生硬
对话表演	准确模仿故事中蛇或老鼠的语气；脱稿表演；语音、语调优美，肢体语言丰富	尽量模仿故事中蛇或老鼠的语气，但不够形象；脱稿表演；语音、语调优美，肢体语言丰富	可以分角色组内朗读对话，不能脱稿表演；语音、语调正确，无肢体语言

续表

维度	A	B	C
短文阅读	能根据短文说出4条Robin能做的事，语言表述准确；能准确说出邮件的书写方法；能流利准确朗读短文	能根据短文说出3条Robin能做的事，语言表述基本准确；能大致说出邮件的书写方法；能准确朗读短文，但不够流利	能根据短文说出1～2条Robin能做的事，语言表述基本准确；不能发现和总结邮件的书写方法；朗读短文时单词发音有错误，朗读不够流利
语言运用	在交流自己能做的事时，能使用三组以上的问答句；对话包含5个以上的文娱活动	在交流自己能做的事时，能使用至少两组的问答句；对话包含3个以上的文娱活动	在交流自己能做的事时，仅能使用一组的问答句；对话包含1～2个文娱活动
书面表达	书写交友信件时，能写出能做的和不能做的活动；包含8个以上的文娱活动；有拓展	书写交友信件时，能写出能做的和不能做的活动；包含4～6个以上的文娱活动；无拓展	书写交友信件时，能写出能做的或不能做的活动；包含3个以下的文娱活动；无拓展

“课堂表现”评价量表如表6所示。

表6 “课堂表现”评价量表

维度	A	B	C
自主探究	按要求自学，归纳提炼三组和问答能力有关的句子，自学独立，专注度高	按要求自学，归纳提炼两组和问答能力有关的句子，自学独立，较专注	按要求自学，归纳提炼一组和问答能力有关的句子，需要与他人探讨才能完成任务
合作交流	认真倾听、讨论、记录，发言积极	比较认真地倾听、讨论、记录，发言欠积极	不倾听，不参与讨论，不发言，缺乏与人合作的精神
课堂听讲	积极和教师互动，主动质疑	比较积极地听讲，与教师互动较少	不认真听讲，不敢尝试表达自己的想法

（二）展演任务评价量表

“中外学生联谊会”评价量表如表7所示。

表 7 “中外学生联谊会”评价量表

维度	A	B	C
口语交际	在联谊会上使用丰富的语言与他人交流，至少5组以上的话轮；自信介绍自己，表现大方；语言流畅，发音准确	在联谊会上能与他人进行三组以上的话轮交流；主动介绍自己，表现较自信；语言较流畅，发音基本准确	在联谊会上能与他人进行两组以上的话轮交流；可用5句话介绍自己，表现不够自信；语言不够流畅，发音基本准确

五、教学设计反思

根据《义务教育英语课程标准（2022年版）》，分析单元内容，提炼出“参与文娱活动，发展自身潜能”的单元大观念，并设计了能调动学生积极性的大情境——“中外学生联谊会”，同时也是大任务，让学生带着目的去学习，这样目标明确，主线清晰。在前置任务中，学生自主思考，完成了简单的对话和书写自我介绍。在完成研学任务的过程中，突出学生的主体地位，设计了大量的学习活动。学习内容和难度层层递进，以学生能够在联谊会上展示自己的才能，并进行流利的交流为目的，帮助学生在展演任务中完美呈现。大情境下，学生自主交流创作，教师观察反馈，课堂效率大幅提高。课堂活动不再限于单纯的语言操练，而是学生自主的探究、深入的思考、思维的建构。

展演任务环节，学生有了研学任务的体验和知识储备，大胆自信展示和交流。在整个单元学习过程中，学生积极性被充分调动，提升了学习能力，发展了思维品质。新时代，新高度，随着中国在国际上的地位逐渐提升，对外交流的机会也越来越多，学生通过本单元的学习，不仅增强了文化自信，更学会了如何以中国文化为媒介，进行知识的学习和文化的传播，难能可贵。

合理规划学习和生活

——人教版《英语》小学五年级下册第一单元 My day

吴晶晶　马星辰*

一、制订基于核心素养的单元目标

本单元是人教版《英语》小学五年级下册的第一单元，该单元内容属于“人与自我”范畴，涉及“生活与学习”主题中的子主题“学习与生活的自我管理”。本单元围绕日常和周末活动安排这一主题展开探究，使学生在知识建构的过程中，结合相关语言要素，学会表达自己一天的活动，同时形成一定的文化意识，做到热爱学习，热爱生活。

（一）提炼单元大观念

1. 课程标准分析

《义务教育英语课程标准（2022 年版）》中要求五、六年级应达到二级目标。

语言能力：能领悟基本语调表达的意义；能理解常见词语的意思，理解基本句式和常用时态表达的意义；能听懂日常学习和生活中简单的对话和小故事等；能读懂语言简单、主题相关的简短语篇，获取具体信息，理解主要内容；能围绕相关主题，运用所学语言，与他人进行简单的交流，能表演小故事，语音、语调基本正确；在书面表达中，能围绕图片内容或模仿范文，写出几句意思连贯的话。

学习能力：对英语学习有较浓厚的兴趣和自信心；能积极参与课堂活动，注意倾听，大胆尝试用英语进行交流；能在学习活动中与他人合作，共同完成学习任务；能在学习过程中认真思考，主动探究，尝试通过多种方式发现并解决语言学习中的问题。

文化意识：对开展跨文化沟通与交流有兴趣；能与他人友好相处；能在教

* 吴晶晶　马星辰，郑州高新区外国语小学

师引导下，了解不同文化背景下人们待人接物的礼仪；能注意到跨文化沟通与交流中彼此的文化差异。

思维品质：能识别、提炼、概括语篇的关键信息、主要内容、主题意义和观点；能就语篇的主题意义和观点做出正确的理解和判断；能根据语篇推断作者的态度和观点。

依据课标，分析本单元：

①语言能力：能够积累和运用与日常活动相关的词语及核心句型，正确询问并回答关于日常作息和周末安排的问题，描述自己的日常活动与周末安排；能在具体的语境中理解对话大意，回答读后问题；能按照正确的语音、语调及意群朗读对话，进行角色扮演并开展对话交流；能够掌握字母组合的发音规律；能正确认读符合该发音规律的单词；能够在具体的语境中理解短文；在书面表达中，能围绕图片内容或模仿范文，写出几句意思连贯的话。

②文化意识：通过相互了解各自的日常学习及生活情况，了解中外中小学生作息的差异，同时养成良好的作息习惯，热爱学习、热爱生活。

③思维品质：能够借助思维导图理顺语言信息的逻辑关系，养成良好的思维习惯、阅读习惯；能够运用新旧知识的迁移，从多个维度去梳理和概括一天的生活，通过对比，探讨健康的作息安排。

④学习能力：树立正确的英语学习观，保持对英语学习的兴趣，具有明确的学习目标，能够多渠道获取英语学习资源，有效规划学习时间和学习任务，选择恰当的策略与方法，监控、评价、反思和调整自己的学习内容与进程。

2. 教材分析

（1）相关教材内容梳理。

相关教材内容梳理见表 1。

表 1　四到六年级相关教材内容梳理

册数	单元标题	相关语言要素
四年级下	Unit 2 What time is it？	时间及活动安排的表达
五年级上	Unit 2 My week	周末活动的表达
五年级上	Unit 4 What can you do？	擅长的文娱活动的表达
六年级上	Unit 3 What are you going to do？	周末将要做的活动的表达
六年级上	Unit 4 I have a pen pal	自己和笔友爱好的表达
六年级下	Unit 2 Last weekend	上周末所做活动的表达

（2）教材内容整合分析。

本单元以描述日常活动和周末活动的具体安排为话题，分 A、B、C 三个部分。以 A、B 部分 Let's talk 中描述日常活动和周末活动的句型为线索，Let's learn 中的 9 个活动短语为桥梁，A 部分 Let's spell 中的单词和发音教学为辅助，B 部分 Let's check 和 Let's warp it up 及 C 部分 Story time 中的任务活动为落实点，贯穿整个单元。

结合教材内容，具体梳理如表 2 所示。

表 2 教材内容整合安排

文本形式	主要内容	主要来源	课时整合
Listening 1	听音频选出人物所在场合	A. Let's try	Period 1
Dialogue 1	询问上、下课时间	A. Let's talk	
Phrases 1	学生日常活动的表达	A. Let's learn	
Speaking and writing 1	询问对方的时间表并记录	A. Ask and write	
Listening 2	听音频选出人物所在场合	B. Let's try	Period 2
Dialogue 2	周末活动及频率的表达	B. Let's talk	
Phrases 2	日常活动的表达	B. Let's learn	
Speaking and writing 2	调查周末进行的活动的频率	B. Do a survey	
Pronunciation	字母组合 cl/pl 的发音规则	A. Let's spell	Period 3
Reading and writing 1	阅读 Robin 的台词，判断对错；给 Robin 写回信告诉他自己的日常活动	B. Read and write	Period 4
Listening 1	听音频选择活动，并写出自己的周末活动	B. Let's check	
Grammar 1	动词短语分类	B. Let's wrap it up	
Dialogue 3	谈论一周七天的活动	C. Story time	Period 5

根据表 2 分析，可以看出整个单元主要按照听、说、读、看、写五大板块，并辅以相应的练习进行编排，每个板块基本以培养一种语言技能活动为主，兼顾对其他技能的培养。本单元的学习主线确定为“生活与学习”，描述并询问日常活动和周末活动的具体安排及时间。

3. 学情分析

本单元的学习对象是处于小学高段的五年级学生，此阶段学生具有了一定的英语水平，乐于感知并积极尝试用英语对话，善于用英语参与合作表演，也乐于学习更多文化知识。

学生对一般现在时有了一定了解，并在五年级上册中已经学过一些表达活动的动词短语，如 do homework，read books，play football，draw cartoons 等，还学过关于时间的问答，如 It's 6 o'clock，On the weekend，On Saturday 等。本单元学习的知识承接了学生原有的知识和能力，对于学生来说较容易接受。本单元围绕日常活动和周末活动展开，与学生的生活联系紧密，简单易懂。但学习过程中还需要帮助学生突破重难点。

4. 单元大观念

本单元是人教版《英语》小学五年级下册的第一单元，该主题属于“人与自我”范畴，涉及“生活与学习”中的子主题“学习与生活的自我管理”。在深度解读教材的基础上，我们从学科本质视角，围绕对日常和周末活动安排这一主题意义的探究，提出了本单元的大观念：合理规划学习和生活。

（二）建构单元知识结构

单元知识结构如图 1 所示。

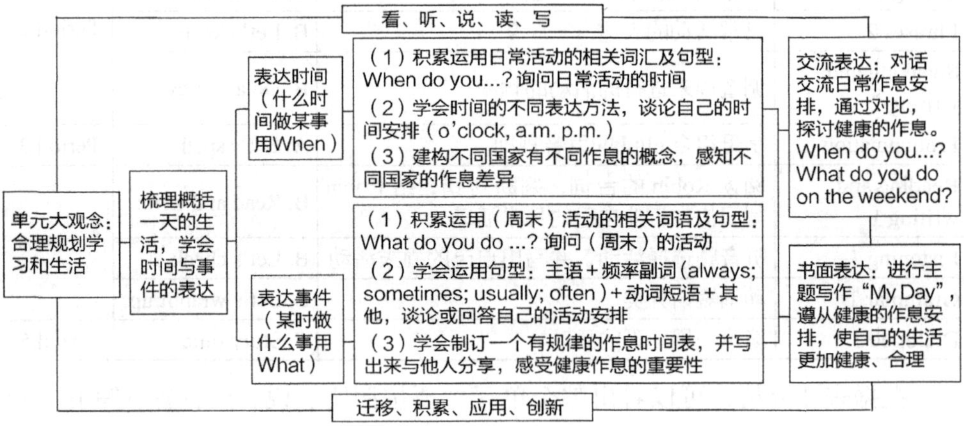

图 1 单元知识结构

（三）表述单元目标

（1）能够积累、运用日常活动的相关词语及句型；了解并建构不同国家有不同的作息概念，感知不同国家的作息差异；掌握字母组合 cl、pl 的发音规则。

（2）通过梳理并概括一天的生活，探讨健康的作息安排；归纳表述日常作息安排的方式方法，形成合理规划生活的意识。

①通过时间和活动表达等旧知的迁移，梳理相关语言要素，归纳表述日常作息安排的方式方法。

②通过提取文本中不同的日常活动和频率副词，梳理与日常活动相关的语言要素；归纳活动的表达方法。

（3）能结合生活实际和自身情况，运用表述日常作息安排的方式方法，描述健康的作息安排，坚持健康作息，合理规划自己的生活。

二、创设学习情境和评价任务

（一）学习情境

时光匆匆，我们迎来了新的一年。在寒假中，我们是如何合理安排自己的时间呢？如何将我们的作息安排用英语表达出来？在本单元大观念“合理规划学习和生活”的统领下，围绕核心问题：怎样描述自己的日常学习生活与周末活动，学生能在对话中熟练运用句型，同时了解一般现在时态和频度副词的意义，学会运用动词短语；在阅读中训练抓住关键信息的能力，并学会正确表达自己的日常学习生活。学习本单元后，年级将举办“自主管理小明星”读写比赛，同学们或将自己的作息安排用讲述的形式演说出来，或将科学的作息安排书写出来，我们会发现合理规划时间能帮助我们的学习和生活更有条理。

（二）评价任务

评价任务如图 2 所示。

合理规划学习和生活
- 前置任务：请以This is my day为题，列出自己周末一天的活动时间表
- 研学任务：结合单元两篇对话内容，练习单元主句型，配合单元大情境，探究日常作息安排的表述方法，修改This is my day，制作科学合理的生活作息和活动安排表
- 展演任务：举行“自主管理小明星”读写比赛，交流展示科学合理的作息规划及周末安排

图 2 评价任务

课时总体规划：前置任务课前完成，不占用课时，研学任务 5 课时，展演任务 1 课时，本单元共 6 课时。

三、设计学习活动方案

（一）前置任务

周末是与家人一起放松身心的美好时光，更是自主安排生活的好机会。每天合理地安排好时间，可以让周末生活更加丰富有趣。请以“This is my day”为题，制作自己的时间表，写出自己一天的主要活动，列举上午、下午和晚上的活动。

（二）研学任务

研学任务如表 3 所示。

表 3　研学任务

基本问题：如何准确描述自己的日常学习生活与周末活动安排？			
单元目标	课时目标	学习问题	学习活动
（1）能够积累、运用日常活动的相关词语及句型；了解并建构不同国家有不同作息的概念，感知不同国家的作息差异；掌握字母组合 cl、pl 的发音规则。 （2）通过梳理并概括一天的生活，探讨健康的作息安排；归纳总结表述日常作息安排的方式方法，形成合理规划生活的意识。 （3）能结合生活实际和自身情况，运用表述日常作息安排的方式方法，描述健康的作息安排，坚持健康作息，合理规划自己的生活	【Period 1】 （1）能够听、说、读、写五个与日常活动相关的动词短语。 （2）能在实际情境和日常生活中运用动词短语和核心句型谈论日常学习、生活作息	When do you... ?	**任务 1：交流“This is my day”时间表，初步提炼单元大观念。** 同学们，相信你们一定度过了一个丰富多彩的周末，你们都做了哪些事情呢？请同学们小组合作探究。 （1）围绕“This is my day”时间表展开讨论，记录发现的问题和困惑。 （2）带着问题和困惑，阅读 Talk 和 Learn 的内容，交流学习收获，初步认识表达日常作息安排的方式方法。 **任务 2：积累询问时间的句型和日常活动的动词短语，提炼表达日常活动时间的方式方法。** 同学们，我们了解了西班牙同学 Padro 的日常作息，你的日常作息又是怎样的呢？请同学们小组合作探究。 （1）利用本课所学句型和动词短语，提炼日常安排中表达时间的方式方法。 （2）根据自己真实情况，初步修改“This is my day”中时间的表达

续表

单元目标	课时目标	学习问题	学习活动
（1）能够积累、运用日常活动的相关词语及句型；了解并建构不同国家有不同作息的概念，感知不同国家的作息差异；掌握字母组合 cl、pl 的发音规则。 （2）通过梳理并概括一天的生活，探讨健康的作息安排；归纳总结表述日常作息安排的方式方法，形成合理规划生活的意识。 （3）能结合生活实际和自身情况，运用表述日常作息安排的方式方法，描述健康的作息安排，坚持健康作息，合理规划自己的生活	【Period 2】 （1）能够听、说、读、写与周末活动相关的四个动词短语。 （2）结合生活实际，运用动词短语和本课句型谈论周末活动安排	What do you do on the weekend？	**任务 3：梳理概括一天的活动，归纳总结表达日常活动的方式方法。** 同学们，我们的生活除了工作日的充实与忙碌，还有丰富多彩的周末，你们的周末活动都有哪些呢？请同学们小组合作探究。 （1）利用本课所学句型和动词短语，根据自己真实情况，归纳总结表达日常活动的方式方法。 （2）根据自己的实际情况，小组合作完善“This is my day”中日常活动的表达
	【Period 3】 （1）掌握字母组合 cl、pl 的发音规则。 （2）能够根据字母组合 cl、pl 的发音规则，拼读并拼写出符合其发音规则的单词	What's the sound of the letter group cl/pl？	**任务 4：总结字母组合 cl、pl 的发音规则，拼读并拼写出符合其发音规则的单词。** 同学们，今天我们来认识字母组合 cl、pl，你知道是它们如何发音的吗？请同学们小组合作探究。 （1）听录音跟读含有 cl 和 pl 字母组合的单词，并总结发音规则。 （2）做游戏，圈出含有 cl 和 pl 字母组合的单词，并选择单词造句
	【Period 4】 （1）阅读信件，准确找出表达日常活动的具体信息；写回信，向他人介绍自己的日常活动。 （2）能通过本文提取相关语言要素，总结归纳日常作息的表达方法	How to make a healthy schedule of a day？	**任务 5：阅读文本，提取相关语言要素，总结归纳日常作息的表达方法。** 同学们，今天我们一起跟着 Robin 去看看 Robinson 在孤岛是如何度过一天的？他的作息安排健康吗？你能试着描述你的一天吗？请同学们小组合作探究。 （1）阅读信件内容，提取相关的语言框架，总结日常活动的表达方法。 （2）根据自身实际情况，模仿上文来信，补全回信

续表

单元目标	课时目标	学习问题	学习活动
（1）能够积累、运用日常活动的相关词语及句型；了解并建构不同国家有不同作息的概念，感知不同国家的作息差异；掌握字母组合 cl、pl 的发音规则。 （2）通过梳理并概括一天的生活，探讨健康的作息安排；归纳总结表述日常作息安排的方式方法，形成合理规划生活的意识。 （3）能结合生活实际和自身情况，运用表述日常作息安排的方式方法，描述健康的作息安排，坚持健康作息，合理规划自己的生活	【Period 5】 （1）能听懂、读懂 Story time 的小故事；在理解故事的前提下，小组合作表演故事。 （2）能结合生活实际，运用表达日常作息安排的方式方法，描述健康的作息安排，培养合理规划自己生活的意识	How to write a healthy schedule of a day？	**任务 6：结合生活实际，运用表达日常作息安排的方式方法，描述健康的作息安排，合理规划自己的生活。** 同学们，一分钟可以做很多的事情，只要充分利用好时间，我们一定能度过有意义的一天。请阅读故事，根据自己的实际情况，交流探讨制订更科学合理的作息规划及周末安排表。 （1）跟读故事录音，小组合作表演故事。 （2）小组内讨论，制订科学合理的生活作息和活动安排表，并准确介绍

（三）展演活动

时间是非常宝贵的，只要充分利用好时间，一定能度过有意义的一天。本周，我们年级将举行“自主管理小明星”读写比赛，请根据自己的实际情况，和同学们交流探讨更科学合理的作息规划及周末安排，请按照时间顺序书写，向同学们展示自己的作息安排。比一比谁是自主管理小明星！

四、研制评价量表

根据单元学习目标，本单元共有三组评价量表。第一组是前置任务评价量表，在单元学习前进行，即学生根据旧知识介绍自己的日常作息，包括口头表达和书面表达两部分。第二组是研学任务评价量表，在单元学习过程中进行，包括研学活动评价量表和课堂表现评价量表。第三组是展演任务评价量表，在单元学习结束之后进行的评价。评价量表依据评价标准设定为 A、B、C 三个等级。

（一）前置任务评价量表

“This is my day”评价量表如表 4 所示。

表 4 “This is my day”评价量表

维度	A	B	C
口头表达	自信展示，声音响亮，发音准确；表达日常活动安排的语言正确无误	敢于展示，发音准确，表达日常活动安排的语言基本正确	发音不准确，表达日常活动安排的语言有多处错误
书面表达	句子无语法错误，能够按照时间顺序描述一天的活动，文章通顺	句子有少许语法错误，基本能够按照一定顺序描述一天的活动，文章较通顺	句子有较多语法错误，没有按照时间顺序描述一天的活动，文章不通顺

（二）研学任务评价量表

“研学活动”评价量表如表 5 所示。

表 5 “研学活动”评价量表

维度	A	B	C
对话表演	语音、语调优美，语言表述正确流利，肢体语言丰富，能够使用所学句型流畅表述自己的日常安排	语音、语调基本正确，能够使用所学句型较流畅地表达自己的日常安排	可以分角色组内朗读对话。不能根据所学句型表达自己的日常安排
词语运用	正确认读、规范书写有关日常活动的单词，并且可以在语句当中正确熟练使用所学的词语	关于日常活动的单词能够正确认读，书写不准确，在语句中能使用所学词语	大多数有关日常活动的单词认读、书写不正确，在语句中不能准确使用所学词语
短文阅读	根据阅读文本，总结归纳日常活动的表达方法；读懂语篇大意，流利地复述故事	在提示下总结归纳日常活动的表达方法；基本能够提炼语篇大意，简单复述故事	不能总结归纳日常活动的表达方法；无法提炼语篇大意；不会复述故事，或者复述故事不完整
课文朗读	读音正确；按意群停顿，做到通顺流畅；能通过语调的变化，准确读出情境的情感、态度，声情并茂	能用较正确的语音朗读，句子中个别单词发音不够准确；基本能按意群停顿，个别地方不够顺畅；大体读出情境中的情感、态度	单词发音不标准；不会按照意群停顿，不能通顺流畅地朗读；表达不出情境中的情感和态度

“课堂表现”评价量表如表 6 所示。

表 6 “课堂表现”评价量表

维度	A	B	C
自主探究	学习积极，按要求自学日常活动类的语言知识，自学质量高	学习态度基本端正，能按要求自学日常活动类的语言知识，但只能完成部分学习	学习态度不积极，不能按要求自学日常活动类的语言知识
合作交流	认真倾听、讨论、记录，发言积极，准确表达自己的作息安排，主动参与	比较认真地倾听、讨论、记录，发言欠积极，表达自己的作息安排较准确，参与度一般	不能认真倾听、讨论、记录，被动发言或不发言，表达自己的作息安排不准确，不愿参加小组合作
课堂听讲	认真听讲，能积极使用日常活动安排的语言要素和教师互动，主动质疑	能比较积极地听讲，较少地使用日常活动安排的语言要素和教师互动	学习态度不端正，不能认真听讲，不能使用日常活动安排的语言要素参与课堂互动
学业成果	能按时按要求完成作业，准确书写有关日常活动的单词及句型，作业质量高	能基本完成作业，较准确书写有关日常活动的单词及句型，作业质量不好	不能按时按要求完成作业，不能准确书写有关日常活动的单词及句型，对待作业敷衍了事

（三）展演任务评价量表

“自主管理小明星”读写比赛评价量表如表 7 所示。

表 7 “自主管理小明星”读写比赛评价量表

维度	A	B	C
对话创编	句子无语法错误，按照时间的顺序描述自己的日常活动安排，自信展示	句子有少许语法错误，按照一定的顺序描述自己的日常活动安排，愿意展示	句子有较多语法错误，不按顺序描述自己的日常活动安排；不愿意发言
表现力	使用丰富的肢体语言合作表演；语音、语调优美，内容紧贴日程安排，语法正确，表达流利	语音、语调基本正确，内容基本符合日常活动安排，语法错误较少，表达比较流利	可以分角色组内朗读课文中日程安排的句子，无法流利表达自己的日常安排
书面表达	准确运用日常活动的相关词汇，按照时间顺序，描述自己的一天，体现写作层次，做到语篇无语法错误且内容完整。自己有创编性语言	比较准确地运用日常活动的相关词语，内容完整但有少量的语法错误	不能准确运用表达日常作息安排的相关词语，内容不完整，逻辑混乱，语法错误较多

五、教学设计反思

本单元是五年级下册第一个单元，学习情境十分贴近学生日常生活，加之学生刚经历了寒假，而寒假前恰好学校也对每个学生提出了要合理规划自己的日常作息生活和学习、实践活动安排的要求。所以本单元设置的单元大观念是：合理规划学习和生活。结合学校的育人目标和德育开展的活动，在前置任务中让学生先对自己的假期作息和学习生活活动做了梳理。之后的学习就在这真实的学习和生活情境中一环一环的开展。我们从表达活动的动词短语的学习开始，到跟读对话学习句型，并根据自己的实际情况，就核心句型和动词短语进行创编对话、采访、辩论等活动。当学生有了句型和动词短语的积累后，由阅读到写作，由输入到输出，完成了本单元内容的学习。从前置任务到展演任务，活动过程中学习积累完善，直到学生学完本单元后，既掌握了相关语言要素，又学会了合理安排生活。

本单元学习内容贴近生活，五年级这个阶段的学生已有极强的自主意识。所以本单元学习中，紧紧围绕教学设计内容从易到难，层层推进，慢慢增加活动的难度，并全程关注学生的参与度与主动性。作为教师，体验到了只有结合真实情境，设置关联学生生活实际的活动，才能让学生把英语这门语言的学习和他们的自身紧密地联系起来，达到让学生掌握语言、激发学习兴趣、最终实现文化育人的目标。

我爱四季之美

——人教版《英语》小学五年级下册第二单元 My favourite season

孙　蕊　吴晶晶 *

一、制订基于核心素养的单元目标

本单元是人教版《英语》小学五年级下册的第二单元，该主题属于“人与自然”范畴，涉及“自然生态”主题。在深度解读教材的基础上，围绕“季节”这一话题进行探究。在主题语境中，通过感受四季天气、景色、颜色、活动等多方面的变化，探究表达自己最喜欢季节的方式方法，从而感知自然之美，培养学生热爱大自然的情感。

（一）提炼单元大观念

1. 课程标准分析

《义务教育英语课程标准（2022 年版）》中要求五年级应达到二级目标。

语言能力：能领悟基本语调表达的意义；能理解常见词语的意思，理解基本句式和常用时态表达的意义；能听懂日常学习和生活中简单的对话和小故事等；能读懂语言简单、主题相关的简短语篇，获取具体信息，理解主要内容；能围绕相关主题，运用所学语言，与他人进行简单的交流，表演小故事，语音、语调基本正确；在书面表达中，能围绕图片内容或模仿范文，写出几句意思连贯的话。

学习能力：对英语学习有较浓厚的兴趣和自信心；能积极参与课堂活动，注意倾听，大胆尝试用英语进行交流；能在学习活动中与他人合作，共同完成学习任务；能在学习过程中认真思考，主动探究，尝试通过多种方式发现并解

* 孙蕊　吴晶晶，郑州高新区外国语小学

决语言学习中的问题。

文化意识：能在教师引导下，通过故事、介绍、对话、动画等获取中外文化的简单信息；具有初步观察、识别、比较中外文化异同的能力；对开展跨文化沟通与交流有兴趣；能注意到跨文化沟通与交流中彼此的文化差异。

思维品质：能识别、提炼、概括语篇的关键信息、主要内容、主题意义和观点；能就语篇的主题意义和观点做出正确的理解和判断；能根据语篇推断作者的态度和观点。

依据课标，分析本单元：

①语言能力：能够积累和运用四季名词、有关季节活动的动词短语，使用询问最喜欢季节的相关句型进行问答，并能说明喜爱的原因；能在图片和教师的帮助下，在具体的语境中理解对话大意，回答读后问题；能按照正确的语音、语调及意群朗读对话，进行角色扮演并开展对话交流；能够掌握字母组合的发音规律，正确认读符合该发音规律的单词；在教师的帮助下拓展阅读相关绘本；能够在具体的语境中理解短文；在书面表达中，能围绕图片内容或模仿范文，写出意思连贯的文本内容。

②学习能力：能够在情境中进行真实的交际；通过小组合作，能够在积极思考、解决问题的过程中学习语言，提高学习热情与自信；能够通过观察对比、分析归纳，掌握字母组合发音规律。

③文化意识：通过对话了解他人喜欢的季节及每个季节的特点，养成热爱大自然，并主动用英语交际的习惯；通过学习了解世界不同地域季节的异同，形成跨文化交际意识。

④思维品质：能够借助思维导图梳理语言信息的逻辑关系，养成良好的思维习惯、阅读习惯；能够运用新旧知识的迁移，从多方面梳理表达四季特点的方式，如颜色、景色、天气、活动等。

2. 教材分析

（1）相关教材内容梳理。

相关教材内容梳理如表 1 所示。

表 1　三到六年级相关教材内容梳理

册数	单元标题	相关语言要素
三年级上	Unit 2　Colors	不同颜色的表达
四年级下	Unit 3　Weather	不同天气的表达
五年级上	Unit 2　My week	不同假期活动的表达
五年级上	Unit 4　What can you do？	不同文娱活动的表达
五年级下	Unit 1　My day	不同日常活动的表达
六年级上	Unit 3　What are you going to do？	将要做的活动的表达
六年级上	Unit 4　I have a pen pal	文娱活动的表达
六年级下	Unit 2　Last weekend	过去活动的表达

（2）教材内容整合分析。

本单元以谈论“喜爱不同季节的原因”为话题，分 A、B、C 三个部分。通过 A 部分 Let’s talk & Let’s learn 初识四季，简单描述喜爱的原因，B 部分 Let’s talk & Let’s learn 以季节活动为切入点，从不同维度深入谈论喜爱季节的原因，再以 A 部分 Let’s spell 中的单词和发音教学为辅助，B 部分 Read and write，Let’s check 和 Let’s wrap it up 及 C 部分 Story time 中的任务活动为落实点，贯穿整个单元。

结合教材内容，具体梳理如表 2 所示。

表 2　教材内容整合安排

文本形式	主要内容	主要来源	课时整合
Dialogue 1	讨论最喜欢的季节	A. Let’s talk	Period 1
Speaking 1	调查同伴最喜欢的季节	A. Ask and answer	
Vocabulary 1	讨论四季	A. Let’s learn	
Reading 1	读四季相关内容并进行连线	A. Read and match	
Dialogue 2	欣赏大家画的四季图画	B. Let’s talk	Period 2
Speaking 2	问答他人喜爱的季节并陈述理由	B. Ask and answer	
Vocabulary 2	讨论最喜欢的季节及典型活动	B. Let’s learn	
Speaking 3	与同伴交流最喜欢的季节及典型活动	B. Ask and answer	

续表

文本形式	主要内容	主要来源	课时整合
Pronunciation 1	归纳 br，gr 的发音规律	A. Let's spell	Period 3
Reading 1	Robin 最喜欢的季节	B. Read and write	Period 4
Listening 1	单元内容巩固练习	B. Let's check	Period 5
Grammar 1	特殊疑问词的用法	B. Let's wrap it up	
Reading 1	澳大利亚考拉来到中国过节的故事	C. Story time	

3. 学情分析

五年级学生有强烈的求知欲和一定的自主学习能力，在整体感知、理解课文内容后，运用多媒体课件，将视听教学结合起来，更便于学生学习。此阶段的学生乐于参与小组学习，能运用已学过的知识自信表达。但在学习过程中，还需要在听、说、读、写方面给予及时评价。

在四年级下册第三单元，学生已学习过谈论“天气”，在此基础上谈论“季节”，把旧知识学以致用，让学生体验知识运用的成就感，并为下一步的谈论“月份”打下基础。同时，在五年级上册第四单元和下册第一单元中，学生还学过文娱活动和日常活动的表达，为学生进行有关喜爱的季节及其原因的对话奠定了一定基础。

4. 单元大观念

本单元主题属于“人与自然”范畴。在深度解读教材的基础上，我们从学科的视角，围绕对“Seasons”这一主题进行深入探究。通过本单元的学习，学生在知识建构的过程中，感知四季在天气、景色、颜色、活动等方面的异同，从而能够运用丰富的语言来表达自己最喜爱的季节。在学习过程中，通过感受四季之美，培养学生热爱大自然的情感。

因此本单元大观念确定为：我爱四季之美。

（二）建构单元知识结构

单元知识结构如图 1 所示。

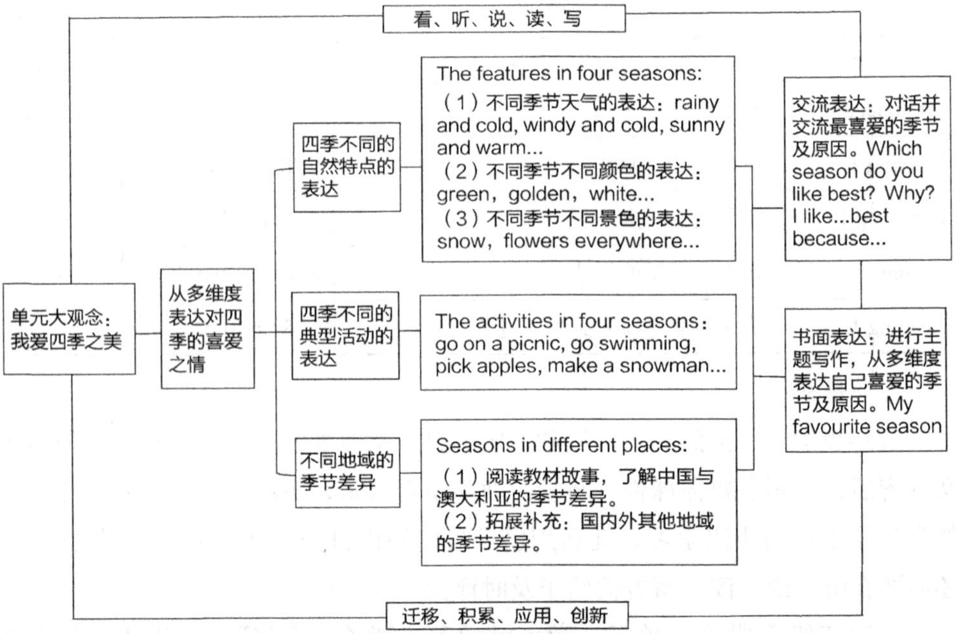

图 1　单元知识结构

（三）表述单元目标

（1）能够积累和运用四季名词、有关季节活动的动词短语，使用询问最喜欢季节的相关句型进行问答，并能说明喜爱的原因。

（2）通过多方面梳理四季的特点，形成表达四季之美的方式，激发热爱大自然的情感。

①通过对描写天气的旧知识的回顾，梳理与天气相关的语言要素，总结表达方法。

②通过提取文本中不同季节的景色特点，梳理与景色相关的语言要素，总结表达方法。

③通过提取文本中不同季节的活动，梳理与季节相关的典型活动的语言要素，总结表达方法。

（3）能够在具体的语境中，通过运用表达四季之美的方法描述你所热爱的季节特点，表达对大自然的喜爱之情。

二、创设学习情境和评价任务

（一）学习情境

一年有四个季节，每个季节都有自己独特的颜色、声音、魅力。你最喜欢的季节是什么呢？为什么喜欢这个季节呢？在单元大观念“我爱四季之美”的统领下，围绕核心问题“如何从多方面来表达四季特点”，梳理描述四季不同特点的语言要素，形成表达自己最喜爱的季节及原因的方法。在学完本单元后，年级将举办“探秘四季之美，表达心之所爱”的读写活动，请同学们从季节特点入手，将自己喜欢的季节用讲述的形式表现出来，或将喜欢的季节书写出来，让我们一展对大自然的热爱之情吧！

（二）评价任务

评价任务如图 2 所示。

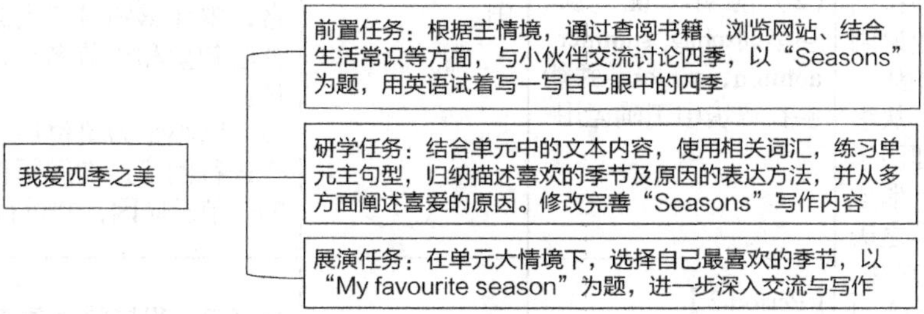

图 2　评价任务

课时总体规划：前置任务课前完成，不占用课时，研学任务 5 课时，展演任务 1 课时，本单元共 6 课时。

三、设计学习活动方案

（一）前置任务

春天生机勃勃，夏天热烈奔放，秋天成熟安详，冬天银装素裹。请结合生活常识，回顾四季之美，以“Seasons”为题，从天气和景色等方面，用英语写一写自己眼中的四季。

（二）研学任务

研学任务如表 3 所示。

表 3　研学任务

基本问题：如何从多方面来表达四季特点？			
单元目标	课时目标	学习问题	学习活动
（1）能够积累和运用四季名词、有关季节活动的动词短语，使用询问最喜欢季节的句型进行问答，并能说明喜爱的原因。 （2）通过从多方面梳理四季的特点，形成表达四季之美的方式方法，激发热爱大自然的情感。 （3）能够在具体的语境中，通过运用表达四季之美的方式方法描述你所热爱的季节特点，表达对大自然的喜爱之情	【Period 1】 （1）能读懂对话大意；能够用正确的语音、语调，按意群朗读对话，并能进行角色表演；能在情境中运用句型 Which season do you like best？询问并回答对季节的喜好。 （2）能听、说、读、写单词spring，summer，autumn，winter，并能够在语境中正确运用	Which season do you like best？ Winter/Spring/Summer/Autumn. 结合旧知识简单表达喜欢季节的原因。	**任务 1：交流自己眼中的四季，初步提炼大观念。** 同学们，大家周末通过查阅资料，观察大自然，结合生活常识，发现了四季不同的美，并以“Seasons”为题进行了初步写作，请同学们小组合作学习。 （1）交流不同季节的特点，评价组员的写作成果，围绕“我最喜欢的季节”话题展开讨论，记录发现的问题和困惑。 （2）带着问题和困惑，听录音，整体感知对话大意，提取核心句型和季节名词，准确朗读。 （3）以小组为单位运用所学语言进行问答，询问同伴最喜欢的季节及原因，并进行记录
	【Period 2】 （1）能理解对话大意；能用正确的语音、语调、按意群朗读对话，并能进行角色表演；能够在语境中运用句型 Why？Because... 询问并回答喜欢某个季节的原因。 （2）能够听、说、读、写四个有关不同季节活动的动词短语：pick apples，go on a picnic，go swimming，make a snowman，并能在语境中正确运用	Which season do you like best？ I like...best. Why？ Because... 结合活动表述喜欢的季节及其原因。	**任务 2：积累描述季节活动等相关语言要素，形成表达喜爱季节的方式方法。** 同学们，怎么表达自己最喜爱的季节，可以从哪些方面来表达呢？请大家一起来探究吧！ （1）观察讨论教材 Let's try 部分的三幅季节图片，听录音，选出张鹏的图画。 （2）听读对话，梳理本课核心句型和描述季节活动的动词短语，运用所学核心语言，创编对话，表达自己最喜欢的季节及原因。 （3）从季节活动方面，完善关于“Seasons”的写作内容

续表

单元目标	课时目标	学习问题	学习活动
（1）能够积累和运用四季名词、有关季节活动的动词短语，使用询问最喜欢季节的句型进行问答，并能说明喜爱的原因。 （2）通过从多方面梳理四季的特点，形成表达四季之美的方式方法，激发热爱大自然的情感。 （3）能够在具体的语境中，通过运用表达四季之美的方式方法描述你所热爱的季节特点，表达对大自然的喜爱之情	【Period 3】 （1）能够总结字母组合 br 和 gr 的发音规则。 （2）能够读出符合 br 和 gr 发音规则的单词，并能根据发音拼写出符合 br 和 gr 发音规则的单词。 （3）能够在单线上完成句子书写的活动，做到书写规范，并能拓展阅读相关绘本	What's the sound of the letter groups of br & gr？	**任务 3：在探究活动中，总结字母组合 br 和 gr 的发音规则，积累相关语音知识。** 通过语音知识的不断积累，同学们可以拼读出不同的单词，那么含有 br 和 gr 字母组合的单词怎么拼读呢？让我们一起来学习探究吧！ （1）阅读绘本 *Brown bear and green bear*，找出本课中含有 br 和 gr 字母组合的单词，准确读出并归纳其发音规律。 （2）进行选择、组合、书写等学习活动，将含有 br 和 gr 的单词归类，完成课本上连词成句的任务。 （3）根据拼读规律找出并拼读更多含有 br 和 gr 组合的单词
	【Period 4】 （1）能读懂对四季的描述及 Robin 对四季喜欢的表达，完成选择题；能够根据教学内容回答对四季喜欢的问题，并完成句子填写。 （2）通过阅读 Robin 喜爱的季节，感受四季在不同方面的美；能够写出自己最喜欢的季节并从多方面写出喜爱的原因	Which season does Robin like best？ Why？	**任务 4：梳理描述季节不同特点的语言要素，表达自己最喜欢的季节。** 同学们，我们能运用所学的语言要素对不同季节进行描述，那么你最喜欢哪个季节呢？请大家通过学习，结合所整理的“Seasons”写作内容，挑选自己最喜爱的季节进行表达吧！ （1）根据阅读任务单，读懂文本大意，以大问题 Which season does Robin like best？ Why？为引导，提取文本关键信息。 （2）根据文本梳理思维导图，复述文本主要内容，形成写作框架。 （3）结合写作框架，挑选最喜欢的季节以“My favourite season”为题进行主题写作

续表

单元目标	课时目标	学习问题	学习活动
（1）能够积累和运用四季名词、有关季节活动的动词短语，使用询问最喜欢季节的句型进行问答，并能说明喜爱的原因。 （2）通过从多方面梳理四季的特点，形成表达四季之美的方式方法，激发热爱大自然的情感。 （3）能够在具体的语境中，通过运用表达四季之美的方式方法描述你所热爱的季节特点，表达对大自然的喜爱之情	【Period 5】 （1）归纳、总结特殊疑问词的使用规则。 （2）能理解故事内容并表演故事；复习与巩固四季的单词及句型。 （3）通过阅读故事，感受中国与澳大利亚的四季差异，了解世界不同地域的季节异同，培养学生跨文化交际意识	What are the differences between Christmas in China and Australia？	**任务5：总结单元内容，拓展季节相关知识，进一步强化对单元大观念的认识。** 同学们，通过本单元的学习你都积累了哪些相关知识？让我们一起来总结探究一下吧！ （1）借助任务单，完成教材中“Let’s wrap it up”版块，总结归纳特殊疑问词的使用方法。 （2）以问题 What are the differences between Christmas in China and Australia？为引领，观察、预测、思考、讨论，梳理文本内容，理解并朗读故事，并通过图片复述故事。 （3）通过查阅资料了解更多与季节相关的知识，结合这些知识进行故事的续写和新故事的创编表演

（三）展演任务

桃红柳绿的春天，花繁叶茂的夏天，枫红菊香的秋天，银装素裹的冬天，迷人的四季给我们带来了丰富多彩的生活。单元学习结束，年级将举行“探秘四季之美，表达心之所爱”读写活动，请同学们结合季节多方面的特点，与同学交流讨论自己最喜欢的季节及原因，完成“My favourite season”主题写作，并向同学展示自己的写作内容。让我们一起享受四季，热爱大自然吧！

四、研制评价量表

根据单元学习目标，本单元共有三组评价量表。第一组是前置任务评价量表，在单元学习前进行，即学生根据旧知识完成对季节的介绍，包括口头表达和书面表达两部分。第二组是研学任务评价量表，在单元学习过程中进行，包括研学活动评价量表和课堂表现评价量表。第三组是展演任务评价量表，在单元学习结束之后进行。评价量表依据评价标准设定为 A、B、C 三个等级。

（一）前置任务评价量表

“Seasons”评价量表如表 4 所示。

表 4 “Seasons”评价量表

维度	A	B	C
口头表达	表达季节的句子无语法错误，表述符合逻辑	表达季节的句子中有少许语法错误，表述基本符合逻辑	表述季节的句子中存在较多语法错误，表述逻辑有误
书面表达	表述季节的句子无语法错误，文本符合逻辑，书写正确无误	表述季节的句子中有少许语法错误，文本基本符合逻辑，书写有个别错误	表述季节的句子语法及书写有多处错误，文本逻辑有误

（二）研学任务评价量表

“研学活动”评价量表如表 5 所示。

表 5　“研学活动”评价量表

维度	A	B	C
对话表演	语音、语调优美，语言表述正确流利，肢体语言丰富	语音、语调基本正确，语言表达较流畅	可以分角色组内朗读对话
词语运用	正确认读、规范书写本单元所有季节相关单词，并在句中正确熟练使用所学词语	能认读、书写部分季节相关单词，可以在语句中使用所学词语，但有个别错误	不能很好地认读、书写季节相关单词，在语句中使用所学词语出现多处错误

续表

维度	A	B	C
短文阅读	根据上下文准确理解新词意思；了解语篇《罗宾热爱四季》和单元故事等文本大意；根据语篇写出完整的思维导图或提纲，并能复述故事	在提示下基本理解文本中的新词和语篇大意；能简单复述语篇《罗宾热爱四季》和单元故事等内容	不能很好地理解《罗宾热爱四季》和单元故事等文本中的新词意思和语篇大意；不会复述故事
课文朗读	语音正确；按意群停顿，做到通顺流畅；准确读出情境所表达的情感、态度，声情并茂	语音较正确，个别单词发音不够准确；基本能按意群停顿，个别地方不够顺畅；大体读出情境中所表达的情感、态度	不能准确朗读，单词读音错误较多；不能按照意群停顿，朗读不通顺

“课堂表现”评价量表如表6所示。

表6 “课堂表现”评价量表

维度	A	B	C
自主探究	能够主动查阅字典或利用网络等多种方式，自主进行季节相关词语和句型等的学习，并查阅积累季节相关知识，自学质量高	基本能按要求，借助网络等资源自主学习季节相关词语和句型，但只能完成部分学习	不能按照自学要求主动进行季节相关词语和句型等的学习
合作交流	认真倾听、讨论、记录，发言积极	比较认真地倾听、讨论、记录，发言欠积极	不能认真倾听，不参与讨论，不发言，不与人合作
课堂听讲	积极和教师互动，主动质疑	比较积极地听讲，与教师互动较少	不认真听讲，不敢尝试表达自己的想法
学业成果	按时按要求完成作业，作业质量高	基本能按时完成作业，作业错误较少	不能按时完成作业

（三）展演任务评价量表

“探秘四季之美，表达心之所爱”评价量表如表 7 所示。

表 7 “探秘四季之美，表达心之所爱”评价量表

维度	A	B	C
对话创编	使用本单元所学季节相关句型创编对话，句子无语法错误，对话、故事符合逻辑；在情境中使用丰富的肢体语言合作表演；语音、语调优美，内容达意，词法句法正确，表达流利	使用本单元所学季节相关句型创编对话，句子有少许语法错误，对话、故事基本符合逻辑；进行对话表演时，语音、语调基本正确，内容达意，词法句法基本正确，表达比较流利	使用本单元所学季节相关句型创编对话，句子有较多语法错误，对话、故事逻辑混乱；在表演对话时，仅能分角色组内朗读创编的对话、故事
书面表达	准确运用本单元所学的描述季节的词语和句型，内容完整，能从季节活动、天气、颜色、景色等多方面进行写作，体现写作层次，语篇无语法错误，有创编性语言	能基本运用所学描述季节的词语和句型，内容较完整，能从季节活动、景色等几个方面进行写作，有少量的语法错误	不能准确运用所学的描述季节的词语和句型，内容不完整，不能从不同方面描写最喜爱的季节，逻辑混乱，语法错误较多

五、教学设计反思

本单元学习过程中，在大观念“我爱四季之美”的引领下，围绕着主要问题“如何从多方面表达四季特点”，深入研读语篇内容，梳理单元各个课时的内容，建构完整的知识体系。每个课时又在小观念的引领下，使整个单元的知识结构更加清晰、完整，具有关联性。根据教材，将单元内容划分为“My favourite season ”“The features of four seasons”“Robin’s favourite season”“Seasons in Australia”“Work show”几个连贯的主题内容。在带领学生谈论四季特点时发现四季之美，培养学生热爱大自然的情感；在学习“Seasons in Australia”的内容时，帮助学生通过故事感受中国与澳大利亚的四季差异，了解世界不同地域的季节气候差异，培养学生跨文化交际意识。本单元的学习活动围绕着大观念开展，活动的设置也是系统化的，在“探秘四季之

美，表达心之所爱”的读写活动中，帮助学生形成更清晰的知识结构。引导学生通过观察四季之图进行描述表达、朗读课文内容、表演对话、阅读故事、创编故事、主题写作等相关活动逐步构建知识体系。通过可视化量表对学生学习活动进行有针对性的评价，使学生能在不同的学习活动中提高学习能力，培养思维品质，同时感受大自然的美，发现四季的不同特点，准确表达自己所喜爱的季节，形成热爱大自然、发现自然美的观念。

大观念下的单元教学，实现让学生通过一系列具有综合性、关联性特点的学习活动，真正提升学生素养。从季节活动、天气、颜色、景色等多方面形成表达季节特点的概念；在了解他人喜欢的季节及每个季节的特点的过程中，感受四季之美，培养热爱大自然的意识和主动用英语交际的习惯；通过学习了解世界不同地域的季节气候，培养了学生跨文化交际意识。

安全出行

——人教版《英语》小学六年级上册第二单元 Ways to go to school

冯　鸽　王利红*

一、制订基于核心素养的单元目标

本单元是人教版《英语》小学六年级上册第二单元，主题语境为“人与社会”。在深度解读教材的基础上，围绕对“交通方式和交通规则”这一主题的探究，学生能在实际生活中和他人交流出行方式及交通规则，进一步提升学生的语言交际能力，感知中西文化的异同，从而养成安全出行的意识。

（一）提炼单元大观念

1. 课程标准分析

《义务教育英语课程标准（2022 年版）》中要求六年级应达到二级目标。

语言能力：能理解常见词语的意思，理解基本句式和常用时态表达的意义；能听懂日常学习和生活中简单的对话和小故事等；能读懂语言简单、主题相关的简短语篇，获取具体信息，理解主要内容；能围绕相关主题，运用所学语言，与他人进行简单的交流，能表演小故事，语音、语调基本正确；在书面表达中，能围绕图片内容或模仿范文，写出几句意思连贯的话。

学习能力：对英语学习有较浓厚的兴趣和自信心；能积极参与课堂活动，注意倾听，大胆尝试用英语进行交流；能在学习活动中与他人合作，共同完成学习任务。

文化意识：能在教师引导下，通过故事、介绍、对话、动画等方式获取中外文化的简单信息；初步具有观察、识别、比较中外文化异同的能力；对开展

* 冯鸽　王利红，郑州中学第二附属小学

跨文化沟通与交流有兴趣；能注意到跨文化沟通与交流中彼此的文化差异。

思维品质：能识别、提炼、概括语篇的关键信息、主要内容、主题意义和观点；能就语篇的主题意义和观点做出正确的理解和判断。

依据课标，分析本单元：

①语言能力：能够积累和运用交通工具类名词、有关乘坐交通工具的动词短语、使用询问对方出行方式的相关句型并进行问答，并能说明应遵守的交通规则；能在图片和教师的帮助下，在具体的语境中理解对话大意，回答读后问题；能按照正确的语音、语调及意群朗读对话，进行角色扮演并开展对话交流；能够在具体的语境中理解短文；在书面表达中，能围绕图片内容或模仿范文，写出意思连贯的文本内容。

②学习能力：能够在情境中进行真实的交际；通过小组合作，能够在积极思考、解决问题的过程中学习语言，提高学习热情与自信。

③文化意识：通过对话了解他人的出行方式，养成遵守交通规则的意识，并能给他人提出合适的安全出行建议；通过学习了解世界不同国家交通规则的异同，形成跨文化交际意识。

④思维品质：能够借助思维导图梳理语言信息的逻辑关系，养成良好的思维习惯、阅读习惯；能够运用新旧知识的迁移，从多方面梳理合理的出行方式选择，以及应遵守的交通规则。

2. 教材分析

（1）相关教材内容梳理。

相关教材内容梳理如表 1 所示。

表 1　相关教材内容梳理

册数	单元标题	相关语言要素
三年级上	Unit 2 Colors	交通信号灯的颜色表达
三年级上	Unit 3 Look at me	脚的表达
三年级下	Unit 4 Where is my car？	相关交通工具的表达

（2）教材内容整合分析。

本单元围绕“Ways to go to school”的话题展开，重点学习如何询问和回答人们日常出行的方式。本单元包含 A，B，C 三部分。主情景图让学生在学习新知识之前，对单元话题有初步认识。A 部分主要包含 Let's try，Let's talk，Let's learn，Write and say 四个环节，主要学习日常出行方式，呈现基础知识。在学习单词过程中自然地将教学重点引到语言运用上来。B 部分主要包含 Let's try，Let's talk，Let's learn，Role–play，Read and write，Let's check，Let's wrap it up 七项小活动，介绍交通规则、交通标志及各地学生上学的方式。C 部分 Story time 综合了前两部分所学知识，以故事的形式复习本单元，同时介绍相关中西方文化差异。教材内容整合如表 2 所示。

表 2 教材内容整合安排

文本形式	主要内容	主要来源	课时整合
Listening 1	听辨对话	A. Let's try	Period 1
Dialogue 1	讨论来到学校的交通方式	A. Let's talk	
Speaking 1	调查同伴及教师来学校的交通方式	A. Do a survey	
Listening 2	听辨对话	B. Let's try	Period 2
Dialogue 2	讨论骑自行车时，中西方的交通规则差异	B. Let's talk	
Speaking 2	认识生活中的交通标识	B. Ask and answer	
Vocabulary 1	讨论乘坐某种交通工具去某地的活动	A. Let's learn	Period 3
Speaking 3	看图连线并问答从 A 地到 B 地的交通方式	A. Write and say	
Vocabulary 2	学习交通信号灯的功能	B. Let's learn	
Speaking 4	与同伴说一说，演一演交通信号灯的规则	B. Role play	
Reading 1	谈论不同的上学方式	B. Read and write	Period 4
Listening 3	单元内容巩固练习	B. Let's check	Period 5
Grammar 1	区分 come/go 的用法	B. Let's wrap it up	
Reading 2	Amy 在中国接待来自英国的 Annie 一家人的故事	C. Story time	

3. 学情分析

六年级学生处于心理过渡期，除了注意事物外表之外，更注重对事物的分析和个人的主观体会，能用批判的思想去看待问题。本单元围绕“Ways to go to school”询问出行方式，这一话题和学生的生活紧密相关。

六年级学生在三年级时已经学过一些关于交通工具的词汇和常见的关于去某地的动词词组的表达，所以本单元对于学生并不难。学生通过听、说、读、看、写等活动，运用本单元主要交际语言 How do you come to school? Usually, I come ... 等进行交流。通过学习，进一步提升语言交际能力，能就交通工具话题进行交流，比较中西方文化的差异。难点在于如何使用所学语言询问并回答乘坐某种交通工具去某地，以及应遵守的交通规则。所以在教学中创设的情境一定要真实，更好地帮助学生内化习得语言。

4. 单元大观念

本单元通过贴近生活实际的话题交流，学会表达、交流出行方式和交通规则，在知识建构过程中明白交通规则的重要性，从而养成安全出行的意识。

故提出本单元的大观念：安全出行。

（二）建构单元知识结构

单元知识结构如图 1 所示。

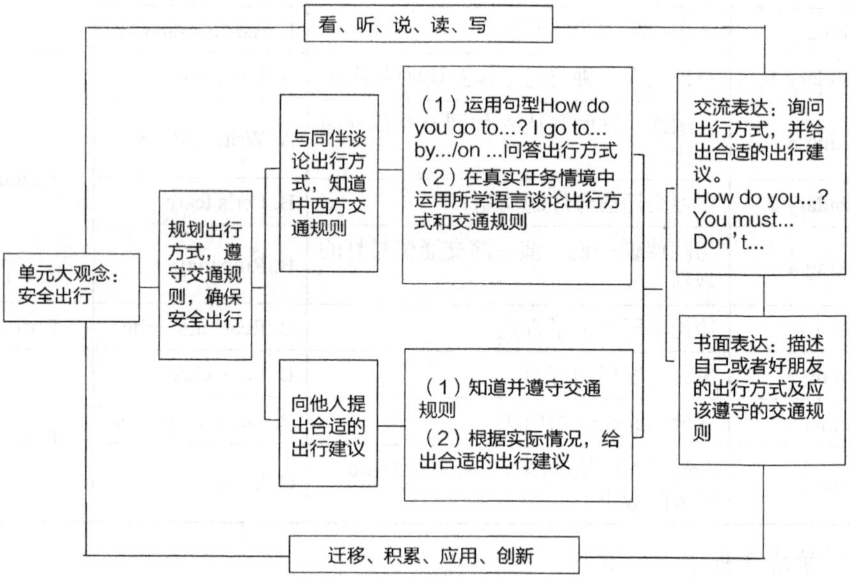

图 1　单元知识结构

（三）表述单元目标

根据单元课程结构，围绕“安全出行”这一大观念，参考《义务教育英语课程标准（2022 年版）》对英语学科核心素养的界定，拟定如下单元学习目标：

（1）能够积累并运用相关出行方式和交通规则的关键词句。

（2）通过交流出行方式和交通规则，梳理相关语言要素，归纳有关出行方式和交通规则的表述方法。

①结合生活实际，提取文本中的关键信息，积累各种交通方式的表达方法。

②通过设置真实任务情境，能够给他人提出合适的出行建议，梳理相关建议的语言表达。

（3）能够在具体的情境中，运用所学知识，正确描述出行方式，并给予合理化的建议。

二、创设学习情境和评价任务

（一）学习情境

学校将举办“文明小达人”争创活动，文明体现在方方面面，文明出行就是其中的一个方面。上学时，有很多交通方式，中国的学生多采取什么方式？在世界其他地区的同学又是怎么去上学的？出行时都应该遵守哪些交通规则呢？请调查小组成员制作调查表，并说一说、写一写应遵守的交通规则。

（二）评价任务

评价任务如图 2 所示。

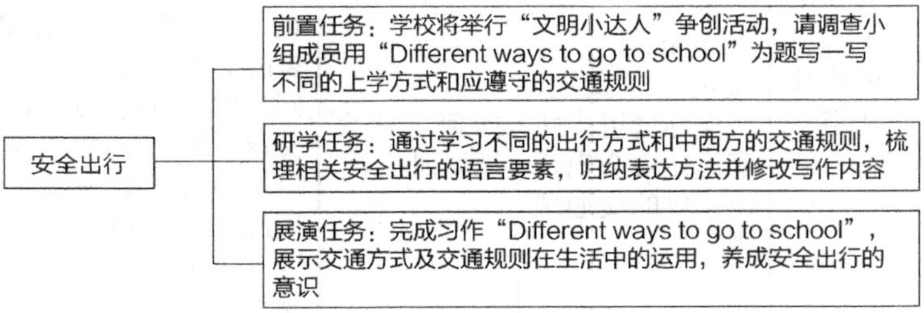

图 2　评价任务

课时总体规划：前置任务课前完成，不占用课时，研学任务5课时，展演任务1课时，本单元共6课时。

三、设计学习活动方案

（一）前置任务

上学的方式有很多种，你自己是怎么去上学的？好朋友是怎么去上学的？上学的路上应该遵守什么交通规则呢？请同学们以“Different ways to go to school”为题写作。

（二）研学任务

研学任务如表3所示。

表3 研学任务

<table>
<tr><td colspan="4">基本问题：如何表达交通方式和交通规则？</td></tr>
<tr><th>单元目标</th><th>课时目标</th><th>学习问题</th><th>学习活动</th></tr>
<tr><td rowspan="2">（1）能够积累运用相关出行方式和交通规则的关键词句。
（2）通过交流出行方式和交通规则，梳理相关语言要素，归纳有关出行方式和交通规则的表述方法。
（3）能够在具体的情境中，运用所学的知识，正确描述出行方式，并给予合理化的建议</td><td>【Period 1】
通过小组交流合作，结合已知句型 How do you go / come to ... ？和他人讨论交通出行方式</td><td>如何问答出行方式？</td><td>任务1：小组合作，围绕交通出行话题进行交流，初步提炼单元大观念。
同学们，你们是怎么来到学校的，在上学的路上遵守了哪些交通规则？请同学们小组合作学习。
（1）讨论、评价同学们的写作，提出问题或修改建议。
（2）带着问题整体阅读单元内容，交流学习收获，初步提炼出“安全出行”的单元大观念</td></tr>
<tr><td>【Period 2】
通过师生交流，在实际情境中能表达出安全出行应遵守的交通规则</td><td>如何表达交通规则？</td><td>任务2：举办“最佳交通指挥员”选拔赛，比一比谁能说出更多的交通规则。
同学们，请观察并归纳生活中的交通规则，小组合作完成。
（1）小组内说一说，归纳生活中应遵守的交通规则。
（2）扮演交通指挥员，说出交通规则</td></tr>
</table>

续表

单元目标	课时目标	学习问题	学习活动
（1）能够积累运用相关出行方式和交通规则的关键词句。 （2）通过交流出行方式和交通规则，梳理相关语言要素，归纳有关出行方式和交通规则的表述方法。 （3）能够在具体的情境中，运用所学的知识，正确描述出行方式，并给予合理化的建议	【Period 3】 能认读有关交通方式的单词、短语和交通规则等，并能和同伴交流出行方式	如何运用所学词语和句型，讨论交通出行方式？	**任务3：通过问答，尝试用核心语言说出上学方式。** 同学们，上学的方式有很多种，你的同学是怎么去上学的？ （1）使用核心语言询问他人的上学方式。 （2）写出小组成员不同的上学方式，并给出合适的安全出行建议，修改写作“Different ways to go to school”
	【Period 4】 能够在任务情境中运用所学语言，交流不同国家不同地区的交通方式和交通规则	怎样描述不同地区不同的上学方式？	**任务4：使用所积累的词语，准确描述不同国家的学生上学的方式。** 同学们，你知道其他国家或地区的学生的上学方式吗？请阅读文本，完成探究任务。 （1）找出并总结文中出现的上学方式。 （2）根据文中的上学方式，尝试提出合适的出行建议。 （3）进一步修改写作“Different ways to go to school”
	【Period 5】 （1）通过学习故事，对比、总结中西方文化差异。 （2）能正确完成书面表达	如何表达中西方交通规则的异同？	**任务5：读故事，完成书面表达。** 同学们，你知道西方国家的交通规则吗？它和我们国家有什么异同？ （1）归纳故事中关于中西方交通规则的不同之处。 （2）修改完善书面表达“Different ways to go to school”

（三）展演任务

为了让学生养成安全出行的意识，学校特举行“文明小达人”争创活动。请在活动中交流展示自己的写作“Different ways to go to school”，介绍上学的多种方式，并倡议大家遵守交通规则，安安全全去上学。

四、研制评价量表

根据单元学习目标，本单元共有三组评价任务。第一组是前置任务评价量表，在单元学习前进行，即学生根据旧知识完成对上学方式的交流与记录，包括口头表达和书面表达两部分。第二组是研学任务评价量表，在单元学习过程中进行，包括研学活动评价量表和课堂表现评价量表。第三组是展演任务评价量表，在单元学习结束之后进行，即根据单元大观念“安全出行”，交流展示书面表达“Different ways to go to school”。

（一）前置任务评价量表

“Different ways to go to school”评价量表如表 4 所示。

表 4 “Different ways to go to school”评价量表

维度	A	B	C
口头表达	围绕出行方式进行问答，无语法错误，表述准确、流利	围绕出行方式进行问答，存在少许语法错误，表述基本符合逻辑	围绕出行方式进行问答，存在较多语法错误，表述不符合逻辑
书面表达	无语法错误，文本符合逻辑，书写正确无误	存在少许语法错误，文本符合逻辑，书写有个别错误	语法及书写有多处错误，逻辑混乱

（二）研学任务评价量表

“研学活动”评价量表如表 5 所示。

表 5 “研学活动”评价量表

维度	A	B	C
词汇运用	能正确认读、规范书写交通工具类单词，在语句当中正确使用	能基本正确认读、书写交通工具类单词，在语句中使用	不能很好地认读、书写交通工具类单词，在语句中不能较正确的使用
对话表演	语音、语调正确，在情境中使用道具或丰富的肢体语言合作表演	语音、语调基本正确，能在情境下表演对话	可以分角色进行组内朗读对话或仅用肢体表演

续表

维度	A	B	C
短文阅读	根据上下文准确猜出生词含义；准确了解语篇大意；根据语篇画出思维导图或提纲，并能复述故事	在提示下基本理解生词；基本了解语篇大意；简单复述故事内容	不理解生词含义；不理解语篇大意；不能复述故事
课文朗读	语音正确，按意群停顿，做到通顺、流畅；准确读出文本所表达的情感、态度，声情并茂	用较正确的语音朗读，句子中个别单词发音不够准确；基本能按意群停顿，能大体读出文本中所表达的情感、态度	多数单词发音不够准确；个别地方不够顺畅，无语调变化

“课堂表现”评价量表如表 6 所示。

表 6 “课堂表现”评价量表

维度	A	B	C
自主探究	独立完成自学任务，正确率达到 95% 以上	基本完成自学任务，正确率达到 80% 以上	自学任务完成率及正确率低于 60%
合作交流	善于与他人合作，能听取他人的意见，认真完成对小组成员上学方式的调查任务	基本能配合他人完成对小组成员上学方式的调查任务，主动性欠佳	不愿意或不服从组内安排，缺乏合作意识
课堂听讲	积极主动参与活动，认真思考，大胆发言，勇于质疑	比较积极地听讲，与教师互动较少	听讲不认真，发言不主动，不能独立思考问题
学业成果	按时按要求完成作业，作业质量高	基本能完成作业，作业有少许错误	不能按时完成作业，错误较多

（三）展演任务评价量表

“Different ways to go to school”展示评价量表如表 7 所示。

表 7 “Different ways to go to school”展示评价量表

维度	A	B	C
书面表达	准确运用所学交通工具相关词语表述上学方式及交通规则；逻辑清晰，内容完整，语篇无语法错误	运用所学交通工具相关词语表述上学方式及交通规则；内容较完整，有少量的语法错误	运用部分交通工具相关词语表述上学方式及应遵守的交通规则；内容不完整，逻辑混乱，语法错误较多

五、教学设计反思

本单元的话题是交通方式和交通规则，重点是学习如何问答日常出行的交通方式，难点是运用所学语言给他人提出合理化的出行建议或遵守的交通规则。在单元教学设计中，通过帮助学生知识迁移、积累、表达，建立有关“安全出行”的大观念，再在大观念引领下逐步深入学习，帮助学生养成相关核心素养。

学习过程中，在大情境大观念的统领下，将学习内容根据学生的思维特点和学习需求进行了整合。在评价任务中将目标语言运用于更多的真实情境之中，给学生提供综合运用语言的机会，以加深学生对核心语言的理解，而以往的教学，往往是碎片式的知识的积累和学习，不能帮助学生建构知识体系。如A. Let’s talk 的教学，就以学生熟悉的话题“How do you come to school”为切入点，设计前置任务，调查小组成员如何上学，都知道哪些交通规则。在询问的过程中完成调查记录。在研学任务中，为学生提供了运用语言的情境，引导学生自主思考、小组内充分交流，提高了学生运用语言的能力。通过一系列的研学任务逐步完善前置任务中的调查记录及出行建议，最终在展演任务环节，学生能建构出本单元的知识体系并熟练运用。这样循序渐进、逐步深入的学习，正是在单元大观念的教学理念下得以有效实施。

发展兴趣，结交好友

——人教版《英语》小学六年级上册第四单元 I have a pen pal

王翠雪*

一、制订基于核心素养的单元目标

本单元是人教版《英语》小学六年级上册第四单元，单元话题是“I have a pen pal”，属于“人与社会”范畴。本单元围绕询问和描述自己或他人的兴趣爱好的话题展开，结合生活真实情境，使学生更好地感知、体验和操练此话题。围绕“爱好和交友”这一话题，学生在交谈兴趣爱好中，形成相关的语言要素，归纳有关兴趣爱好的表达方法，在真实情境中与他人进行交流，并从中找到志趣相投的好友。

（一）提炼单元大观念

1. 课程标准分析

《义务教育英语课程标准（2022 年版）》中要求六年级应达到二级目标。

语言能力：能理解常见词语的意思，理解基本句式和常用时态表达的意义；能听懂日常学习和生活中简单的对话和小故事等；能读懂语言简单、主题相关的简短语篇，获取具体信息，理解主要内容；能围绕相关主题，运用所学的语言，与他人进行简单的交流，表演小故事，语音、语调基本正确；在书面表达中，能围绕图片内容或模仿范文，写出几句意思连贯的话。

学习能力：能积极参与课堂活动，注意倾听，大胆尝试用英语进行交流；对英语学习有较浓厚的兴趣和自信心；能在学习活动中与他人合作，共同完成学习任务；能在学习过程中认真思考，主动探究，尝试通过多种方式发现并解决学习中的问题。

---

* 王翠雪，郑州中学第二附属小学

文化意识：具有初步观察、识别、比较中外文化异同的能力；对开展跨文化沟通与交流有兴趣；能注意到跨文化沟通与交流中彼此的文化差异。

思维品质：能识别、提炼、概括语篇的关键信息、主要内容、主题意义和观点；能就语篇的主题意义和观点做出正确的理解和判断；能根据语篇推断作者的态度和观点。

依据课标，分析本单元：

①语言能力：理解一般现在时所表达的意义，并用所学时态描述自己或他人的日常活动安排；能读懂语言简单、主题相关的简短语篇，获取具体信息，理解主要内容；能根据图片，口头描述其中的人或事物；能关注生活中或媒体上的语言使用；在书面表达中，能围绕图片内容或模仿范文，写出有关兴趣爱好和日常活动安排的小作文。

②文化意识：通过交流了解他人的兴趣爱好及日常活动安排，培养学生根据自身的兴趣爱好，合理安排日常活动的好习惯；通过结识外国笔友，培养学生的跨文化交际意识。

③思维品质：能够在教师帮助下借助思维导图理顺语言信息的逻辑关系，养成良好的思维习惯、阅读习惯；能够运用新旧知识的迁移，了解他人的兴趣爱好并找到志趣相投的好朋友；合理安排自己的日常活动。

④学习能力：能够积极与他人合作，共同完成学习任务；对所学内容能主动复习和归纳，并在积极思考、解决问题的过程中学习语言，提高学习热情与自信；能在教师指导下，初步找到适合自己的英语学习方法，尝试根据学习进展调整学习计划和策略。

2. 教材分析

（1）相关教材内容梳理。

相关教材内容梳理如表 1 所示。

表 1　三至五年级相关教材内容梳理

册数	单元标题	相关语言要素	词汇与句型
三年级下	Unit 5 Do you like pears？	表达喜欢的句型	I like... Do you like...？
四年级下	Unit 2 What time is it？	表达日常活动的动词短语	watch TV，have...class

续表

册数	单元标题	相关语言要素	词汇与句型
五年级上	Unit 4 What can you do？	表达日常活动的动词短语	play the *pipa*，sing and dance，play ping-pong，do kung fu，draw cartoons
五年级下	Unit 1 My day	表达日常活动的动词短语	I often... play sports，clean my room，go shopping

（2）教材内容整合分析。

本单元围绕 I have a pen pal 的话题展开，重点学习如何与他人交流兴趣爱好及日常活动安排。本单元共三个板块：A，B 和 C。A 部分主要包括 Let's try，Let's talk，Let's learn，Do a survey 四个环节。主要通过张鹏和朋友的谈话来学习谈论兴趣爱好的词语和句型。B 部分主要包括 Let's try，Let's talk，Let's learn，Listen, match and say，Read and write，Let's check，Let's wrap it up 七项内容。主要通过吴彬彬和朋友交流笔友的信息继续学习如何与他人谈论兴趣爱好及日常活动安排。C 部分的故事包含了对本单元知识的综合运用，并进行了适当的拓展。教材内容整合如表 2 所示。

表 2 教材内容整合分析

文本形式	主要内容	主要来源	课时整合
Dialogue 1	讨论笔友的基本情况	A. Let's talk	Period 1
Speaking 1	调查同伴的爱好	A. Ask and answer	
Vocabulary 1	讨论四季	A. Let's learn	Period 2
Discussion1	调查同学的爱好	A. Do a survey	
Dialogue 2	讨论笔友的日常活动安排	B. Let's talk	Period 3
Vocabulary 2	讨论日常活动	B. Let's learn	
Speaking 2	连线并编对话	B.Listen, match and say	
Reading 1	四则社团招新公告	B. Read and write	Period 4
Listening 1	单元内容巩固练习	B. Let's check	
Grammar 1	动词第三人称单数的用法	B. Let's wrap it up	
Reading 1	阅读关于松鼠尾巴的故事	C. Story time	

3. 学情分析

六年级的学生求知欲较强，教师可以充分利用多媒体，补充趣味性较强的视听或阅读材料，使学生能够开阔眼界，拓宽视野。让学生在真实的情境中，通过感知、实践、参与、合作，完成任务和目标，体验学有所成、学有所用的喜悦。

六年级学生已具备了一定的英语基础知识，在三年多的英语学习中接触并掌握了大量的句型和词汇。本单元涉及的表示日常活动的动词短语在前六册课文中已经大部分都学习过，之前主要学习了动词的原形，而在本单元根据句型和语法，要求学会使用动词的 -ing 形式和第三人称单数形式。对学生来说，理解新语法要素并不难，难在需要将其记忆、强化及运用。

4. 单元大观念

本单元的话题“爱好和交友”非常贴近学生的日常生活，教师应在真实的情境中引导学生运用所学语言，交流讨论兴趣爱好。通过本单元的学习，旨在使学生在知识建构的过程中，发现自己的爱好、特长并积极发展自己的兴趣，从而找到志趣相投的好朋友。

故本单元的大观念是：发展兴趣，结交好友。

（二）建构单元知识结构

单元知识结构如图 1 所示。

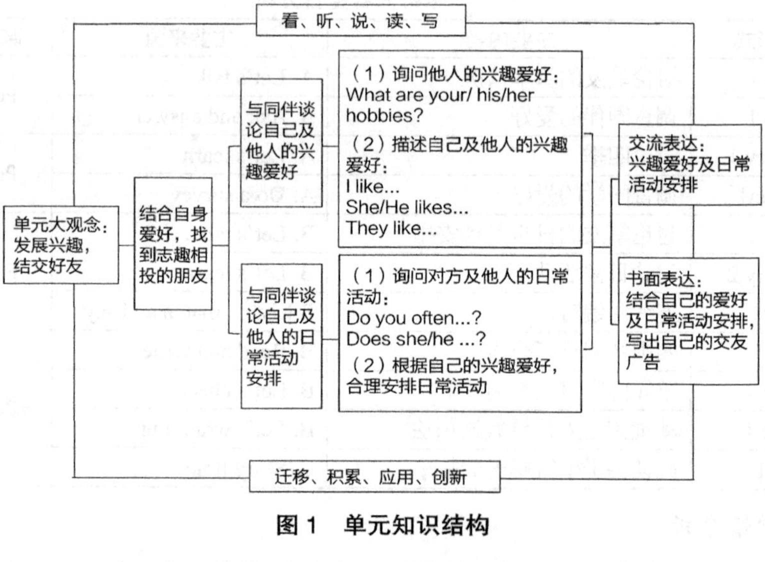

图 1　单元知识结构

（三）表述单元目标

（1）能够积累并运用有关兴趣爱好的词语、短语及句型，与他人交流各自的兴趣爱好。

（2）通过梳理关于兴趣爱好和日常活动安排的语言要素，形成表达爱好和日常活动安排的方式方法。

①通过与他人交流兴趣爱好，梳理相关语言要素，总结表达兴趣爱好的方法。

②通过与他人交流日常活动，梳理相关语言要素，归纳表达日常活动的方法。

（3）能够在真实情境中，表达自己的爱好，并与他人积极交流兴趣爱好和日常活动，找到志趣相投的好友。

二、创设学习情境和评价任务

（一）学习情境

每个人都有自己的兴趣爱好。有人爱好音乐，有人擅长体育，也有人喜欢烹饪。本单元的话题是“谈论兴趣爱好”。通过本单元的学习，你一定能发现自己的兴趣爱好，从而去发展它们。请梳理相关的语言要素，总结出表达兴趣爱好的方式方法。同学们，你的兴趣爱好是什么呢？你们是否想找到志趣相投的好朋友呢？现在动手写出自己的交友广告吧。写清楚自己的爱好和日常活动安排。完成后，我们要举行整个年级的交友广告活动，所有作品都会张贴在六年级走廊里。相信在这里，你一定会找到志趣相投的好友！

（二）评价任务

评价任务如图 2 所示。

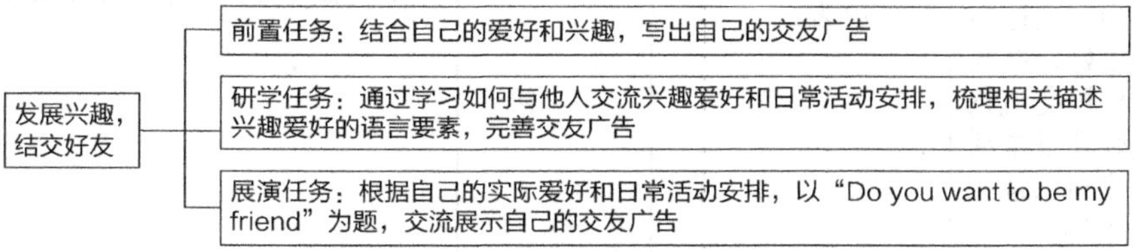

图 2　评价任务

课时总体规划：前置任务课前完成，不占用课时，研学任务 4 课时，展演任务 1 课时，本单元共 5 课时。

三、设计学习活动方案

（一）前置任务

每个人都有与自己爱好和兴趣相同的好朋友，请和同伴相互交流各自的爱好，写出自己的交友广告。

（二）研学任务

研学任务如表 3 所示。

表 3　研学任务

基本问题：如何发展兴趣并根据兴趣结交好友？			
单元目标	课时目标	学习问题	学习活动
（1）能够积累并运用有关爱好和日常活动的词语及句型，与他人交流爱好及日常活动安排。 （2）通过梳理有关兴趣爱好和日常活动的语言要素，形成表达爱好和日常活动安排的方式方法。 （3）能够在真实情境中，表达自己的爱好，并与他人积极交流兴趣爱好和日常活动，找到志趣相投的好友	【Period 1】 （1）能读懂对话大意并能正确朗读。 （2）能运用句型 What are your hobbies？ I like...和他人交流兴趣爱好，并找到志趣相投的好友	如何询问他人的兴趣爱好？	**任务 1：展示各自的交友广告，并与他人就交友话题进行对话交流。** 同学们，通过观察他人的交友广告，我们找一找兴趣相同的好朋友吧。 （1）组内交流自己的交友广告，并了解他人的兴趣爱好。 （2）根据交友广告，找到好朋友

续表

单元目标	课时目标	学习问题	学习活动
（1）能够积累并运用有关爱好和日常活动的词汇及句型，与他人交流爱好及日常活动安排。 （2）通过梳理有关兴趣爱好和日常活动的语言要素，形成表达爱好和日常活动安排的方式方法。 （3）能够在真实情境中，表达自己的爱好，并与他人积极交流兴趣爱好和日常活动，找到志趣相投的好友	【Period 2】 （1）能在图片帮助下，听、说、读、写表示兴趣爱好的单词并在语境中准确运用。能发现并总结动词 -ing 的变化规则。 （2）能在情境中运用句型 What are your hobbies？询问并交流彼此的兴趣爱好	你能总结出动词 -ing 形式的变化规则吗？	**任务 2：调查活动“你的爱好我知道”。** 同学们，要想找到志趣相投的好朋友，我们要知道如何对他人的爱好进行询问。 （1）小组活动，观察讨论，总结动词 -ing 的变化规则。 （2）小组活动，就爱好话题进行相互问答。 （3）展示交流，每组挑选一名组员汇报本组成员的爱好。 （4）从爱好方面完善自己的交友广告
	【Period 3】 （1）能听、说、读、写表示日常活动的单词，并在语境中准确运用。 （2）能在情境中运用句型 Does...？问答他人的日常活动安排	你如何利用日常活动发展自己的兴趣爱好？	**任务 3：调查活动“丰富多彩的日常活动”。** 同学们，你们的日常活动一定是多姿多彩的，我们一起来相互了解一下吧。 （1）小组活动中，观察讨论并总结动词在一般现在时的变化规则。 （2）对话交流，完成调查表。 （3）展示交流，每组挑选一名组员汇报本组成员的日常活动。 （4）从自己的日常活动安排等方面，完善自己的交友广告
	【Period 4】 （1）能在图片的帮助下，读懂四则社团纳新公告，根据自己的爱好选择社团。 （2）归纳有关表述兴趣爱好的方式方法，完成交友广告	根据所学内容和自己的爱好，如何正确书写交友广告？	**任务 4：完成自己的交友广告，并找到志趣相投的好朋友。** 同学们，“英文广告征友”活动正式开启了！我们可以找到更多兴趣相投的好朋友了！ （1）小组合作，互相交流彼此的交友广告，提出建议。 （2）以“Do you want to be my friend”为题，完成自己的交友广告。 （3）相互交流，根据广告找到好友并进行情境对话

（三）展演任务

六年级举行“广告征友”活动，请大家结合自己的兴趣爱好，设计出自己的交友广告。要求：内容丰富，设计精美、图文并茂，所有的作品都将分班、分区域张贴在走廊里。经过为期两天的展示活动，相信大家能通过丰富多彩的征友广告找到志趣相投的好朋友！

四、研制评价量表

根据单元学习目标，本单元共有三组评价任务。第一组是前置任务评价量表，在单元学习前进行，即学生根据旧知表述自己的爱好并写出交友广告。第二组是研学任务评价量表，在单元学习过程中进行，包括研学任务评价量表和课堂表现评价量表。第三组是展演任务评价量表，在单元学习结束之后进行，即交流讨论兴趣爱好及日常活动安排、书写交友广告活动。

（一）前置任务评价量表

“交友广告”评价量表如表 4 所示。

表 4 “交友广告”评价量表

维度	A	B	C
口头表达	能与他人交流双方的爱好，发音标准，用词准确，表达流畅，无任何语法错误	能与他人交流双方的爱好，读音基本准确，表达基本流畅，错误在三处以内	不能流畅地与他人交流双方的爱好，发音不够标准，表达不够流畅，错误较多
书面表达	能根据自己的真实爱好写出简单的征友广告，用词准确，书写优美，逻辑清晰，无任何错误	能根据自己的真实爱好写出简单的征友广告，用词较准确，逻辑较为清晰，错误在三处以内	不能根据自己的真实爱好完整地写出简单的征友广告，用词不够准确，书写错误较多

（二）研学任务评价量表

“研学活动”评价量表如表 5 所示。

表 5 “研学活动”评价量表

维度	A	B	C
词语运用	能正确认读、规范书写本单元所有的单词；可以在口语及书面表达当中正确熟练地使用	能认读、规范书写 80% 的单词；可以在口语及书面表达中简单地使用	能认读、规范书写 60% 的单词，但不能准确地使用所学词语进行交流

续表

维度	A	B	C
对话交流	能在情境中熟练与他人交流兴趣爱好，语音、语调优美，语言表述正确流利，肢体语言丰富	能在情境中与他人交流兴趣爱好，语音、语调基本正确，语言表达较流畅	不能与他人熟练地交流兴趣爱好，但能完成简单的问答
短文阅读	能准确说出四篇社团广告的语篇意思；并根据语篇内容独立完成相关的阅读任务	能说出四篇社团广告的基本大意；并在同伴帮助下完成相关的阅读任务	不能说出四篇社团广告的基本大意；不能完成相关的阅读任务
课文朗读	语音正确；按意群停顿，做到通顺流畅；准确读出情境所表达的情感、态度，声情并茂	语音较正确，句子中个别单词发音不够准确；基本能按意群停顿，个别地方不够顺畅	发音不够准确，朗读不流利，朗读无感情

“课堂表现”评价量表如表 6 所示。

表 6　“课堂表现”评价量表

维度	A	B	C
自主探究	自学任务完成率在 90% 以上	自学任务完成率在 60% 以上	自学任务完成率在 60% 以下
合作交流	能与他人认真讨论、交流，敢于发表自己的看法	在与他人合作过程中，能认真倾听，但发言较少	不能认真倾听，不参与讨论，不发言，不与人合作
学习态度	听讲认真，积极和教师互动，敢于质疑	听讲认真，与教师互动较少	不能认真听讲，不与教师互动
学业成果	按时按要求完成作业，作业准确无误	基本能按要求完成作业，作业错误在三处以内	不能按要求完成作业，且错误较多

（三）展演任务评价量表

“交友广告”展示评价量表如表 7 所示。

表 7　“交友广告”展示评价量表

维度	A	B	C
书面表达	准确运用所学词语及句型创编交友广告；格式准确，语篇完整，逻辑清晰，设计精美	运用所学词语及句型创编交友广告；格式较为准确，逻辑较为清晰，内容完整，有少量的语法错误	词语运用有误；格式不准确，内容不完整，逻辑混乱，语法错误较多

五、教学设计反思

认真研读《义务教育英语课程标准（2022年版）》后，深入思考了本单元的学习内容，从词语、对话、语篇到故事，在主问题“如何发展兴趣并根据兴趣结交好友”的引领下，提出本单元的大观念：“发展兴趣，结交好友”。

在单元教学中，将本单元设置的大任务贯穿于学习过程中，从前置任务、研学任务到展演任务，一脉相承，通过深入学习来培养学生的素养。学生可以依据旧知识初步尝试完成前置任务，然后通过研学任务的不断梳理与归纳，逐步完善自己的交友广告。展演任务环节中，给学生提供展示自己的舞台，学生在真实情境中得以运用与表达本单元所学内容。在整个学习过程中，引导学生在体验、实践和创造性运用语言的过程中发现自己的兴趣点，找到自己的爱好，发展自己的特长，并结交到志趣相投的好友。

和之前的教学设计相比较，大观念下的单元设计要求教师的视野从微观的单课时转向宏观的单元整体教学，立足整个单元的大视角下，把握学习目标、学习内容及学习方法，引导学生在探索中不断地梳理相关的语言要素，归纳方式方法，最终达成本单元的学习目标。

合理安排生活

——人教版《英语》小学六年级下册第二单元 Last weekend

徐 晓*

一、制订基于核心素养的单元目标

（一）提炼单元大观念

本单元主题涉及“人与自我”“人与社会”两大范畴。对照《义务教育英语课程标准（2022 年版）》中提及的“学习与生活的自我管理”“健康、文明的行为习惯与生活方式”和“个人感受与见解”，结合教材内容，深挖单元主题的本质。在贴近生活实际的话题交流中，学会用英语交流日常生活的安排，并在知识建构的过程中引导学生学会合理规划自己的生活。

1. 课程标准分析

《义务教育英语课程标准（2022 年版）》中要求六年级应达到二级目标。

语言能力：能领悟基本语调表达的意义；能理解常见词语的意思，理解基本句式和常用时态表达的意义；能听懂日常学习和生活中简单的对话和小故事等；能读懂语言简单、主题相关的简短语篇，获取具体信息，理解主要内容；能围绕相关主题，运用所学语言，与他人进行简单的交流，能表演小故事，语音、语调基本正确；在书面表达中，能围绕图片内容或模仿范文，写出几句意思连贯的话。

文化意识：能在教师引导下，通过故事、介绍、对话、动画等方式获取中外文化的简单信息；具有初步观察、识别、比较中外文化异同的能力；对开展跨文化沟通与交流有兴趣；能注意到跨文化沟通与交流中彼此的文化差异。

---

* 徐晓，郑州中学第二附属小学

思维品质：能识别、提炼、概括语篇的关键信息、主要内容、主题意义和观点；能就语篇的主题意义和观点做出正确的理解和判断；能根据语篇推断作者的态度和观点。

学习能力：对英语学习有较浓厚的兴趣和自信心；能积极参与课堂活动，注意倾听，大胆尝试用英语进行交流；能在学习活动中与他人合作，共同完成学习任务；能在学习过程中认真思考，主动探究，尝试通过多种方式发现并解决语言学习中的问题。

依据《义务教育英语课程标准（2022 年版）》，分析本单元：

①语言能力：理解一般过去时态表达的意义，并用所学时态描述周末的活动；能读懂与主题相关的简短语篇，获取具体信息，理解主要内容；在书面表达中，能围绕图片内容或模仿范文，写出和单元主题相关的小作文。

②文化意识：感知与体验文化的多样性；能在理解的基础上对不同国家学生的周末安排进行初步的比较，使学生初步具有观察、识别、比较中外文化异同的能力。

③思维品质：复习三至六年级学习的一般现在时相关语法知识，在学习本单元一般过去时的相关知识后，能把一般现在时和一般过去时进行对比、归纳、总结；能识别、提炼、概括本单元语篇的关键信息、主要内容、主题意义和观点，并就语篇的主题意义和观点做出正确的理解和判断；使学生具有问题意识，能初步进行独立思考。

④学习能力：引导学生进行自主学习，主动探究，并在学习活动中与他人合作，共同完成学习任务；在学习过程中认真思考，尝试通过多种方式发现并解决语言学习中的问题，借助多种渠道及资源学习英语，初步找到适合自己的英语学习方法。

2. 教材分析

（1）相关教材内容梳理。

相关教材内容梳理如表 1 所示。

表 1 相关教材内容梳理

册数	单元标题	相关语言要素	词汇与句型
五年级上	Unit 2 My week	星期、周末名词，相关活动词组的表达，询问他人的周末活动	Monday，Tuesday，Wednesday，Thursday，Friday，Saturday，Sunday，weekend，wash my clothes，watch TV，do homework，read books，play football Do you often...on the weekend？ Yes，I do. What do you often do on the weekend？
	Unit 4 What can you do？	日常活动的相关词组	dance，sing English songs，do kung fu，draw cartoons，swim，speak English，cook，play basketball，play ping-pong
五年级下	Unit 1 My day	日常活动的相关词组	do morning exercises，eat breakfast，have... class，play sports，eat dinner，clean my room，go for a walk，go shopping，take a dancing class
六年级上	Unit 3 My weekend plan	日常活动的相关词组，询问他人的周末计划	visit my grandparents，see a film，take a trip，go to the supermarket. What is/are ... going to do...？ He/She is going to.../They're going to...
六年级下	Unit 3 Where did you go？	一般过去时态的表达	Where did you go？ How did you go there？
	Unit 4 Then and now	一般过去时态的表达，一般过去时与一般现在时的对比	There was/were... I didn't... I couldn't... I wasn't...

通过此表的梳理，我们可以清楚地了解学生已有的语言基础，如涉及相关活动，可以在课堂上进行新旧知识滚动复现，增强语言的运用。

（2）教材内容整合分析。

本单元围绕 Last weekend 的话题展开，重点学习如何谈论过去的活动安排。本单元包含主情景图 A、B、C 三部分。主情景图让学生在学习新知识之前，对单元话题有初步认识。A 部分主要包含 Let's try，Let's talk，Let's learn，Do a servery and report 四个环节，与同伴交流上周末活动安排，在单词学习过程中自然地将教学重点引到语言运用上。B 部分主要包含 Let's talk，Let's learn，Ask and answer，Look and talk，Read and write，Let's check，Let's wrap it up 七项活动，主要内容为调查同伴的上周末活动并汇报，讨论 John 和 Amy 的周末活动，讨论各自上周周末的活动并评价时间安排的合理性。C 部分

Story time 综合了前两部分所学知识，以故事的形式复习本单元，同时介绍中西方文化差异。教材内容整合如表 2 所示。

表 2　教材内容整合分析

文本形式	主要内容	主要来源	课时整合
Dialogue 1	讨论 Mike 和爷爷的周末	A. Let's talk	Period 1
Speaking 1	调查同伴的上周周末活动及下周周末活动的安排	A. Ask and answer	
Vocabulary 1	讨论周末	A. Let's learn	
Reading 1	调查同伴上周周末的活动并汇报	A. Do a survery and report	
Dialogue 2	讨论 John 和 Amy 的周末活动	B. Let's talk	Period 2
Speaking 2	同伴讨论各自的上周周末活动及平时的周末活动安排	B. Ask and answer	
Vocabulary 2	讨论过去的活动安排	B. Let's learn	
Speaking 3	与同伴交流 John，Mike，Chen Jie，Amy，Sarah 等人过去的活动安排	B. Look and talk	
Reading 1	对酒店的评价	B. Read and write	Period 3
Listening 1	单元内容巩固练习	B. Let's check	
Grammar 1	动词一般过去时的变化	B. Let's wrap it up	
Reading 1	Zoom 的周末活动安排	C. Story time	

3. 学情分析

六年级学生已有三年的英语学习经验，这个阶段的学生容易被一些新奇刺激的事物所吸引。在记忆力方面，有意识记逐渐占据主导地位，即使是抽象材料也能花工夫努力记住，并能自觉检查记忆的效果。“周末活动”这个话题是学生喜闻乐见的，也是学生日常生活和成长中不可缺少的一部分，学生能结合实际有感而发。

通过前几册的学习，学生已经接触并掌握了一般现在时、现在进行时、一般将来时等时态的基本用法，并学过日常活动的动词短语，为学生学习本单元的教学内容打下了基础。但一般过去时是新知识，学生第一次接触，往往不容易理解，需要通过创设真实的情境，组织有意义的任务和活动来启发学生，帮助学生理解一般过去时的用法。通过本单元的学习，旨在使学生在知识建构的过程中形成合理安排生活的观念，提高交际能力。

4. 单元大观念

在本单元的学习过程中，在贴近生活实际的话题交流中，学生学会用英语交流日常生活的安排，并在知识建构的过程中能明白自己的生活应该科学规划，树立合理安排生活的观念。

故提炼本单元的大观念为：合理安排生活。

（二）建构单元知识结构

单元知识结构如图 1 所示。

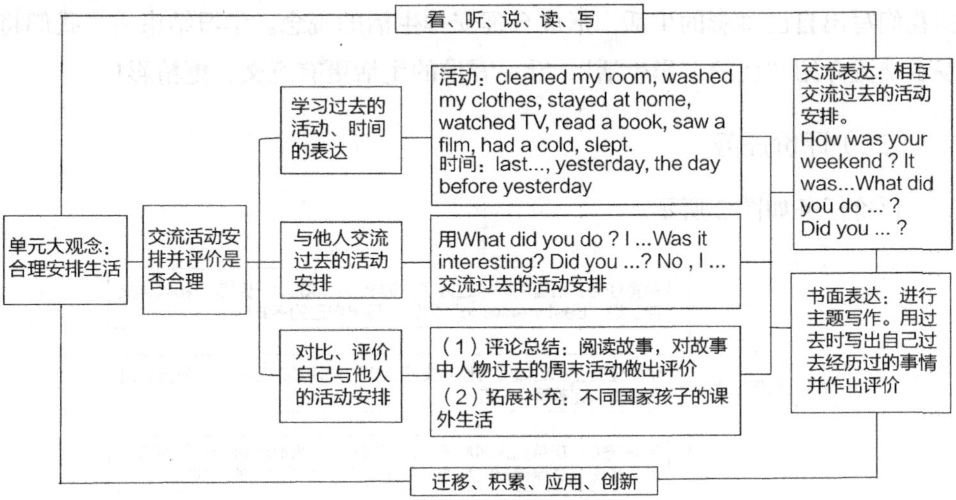

图 1　单元知识结构

（三）表述单元目标

（1）能积累并运用和时间安排相关的关键词句，并用关键词句谈论过去日常活动的安排。

（2）通过多方面梳理和对比自己及他人过去日常活动的安排，形成合理安排生活的观念。

①通过对日常活动旧知识的迁移，梳理语言要素，归纳表达日常活动安排的方法。

②通过对比不同人物的日常活动安排，分析安排的合理性。

（3）能够在具体的语境中，结合生活实际，运用一般过去时写出一篇关于个人经历过的事情的小作文并做出评价。

二、创设学习情境和评价任务

（一）学习情境

我们的生活多姿多彩，我们学校将举办“我的多彩生活”短视频比赛，通过本单元的学习，我们将了解如何用一般过去时与他人交流活动安排，描述我们过去的生活经历，评价自己或他人的生活安排，并给出合理化建议，最终帮助我们写出自己多彩的生活，形成合理安排生活的观念。学习结束后，我们将展示交流介绍“我的多彩生活”，看一看谁的生活更有意义，更精彩！

（二）评价任务

评价任务如图 2 所示。

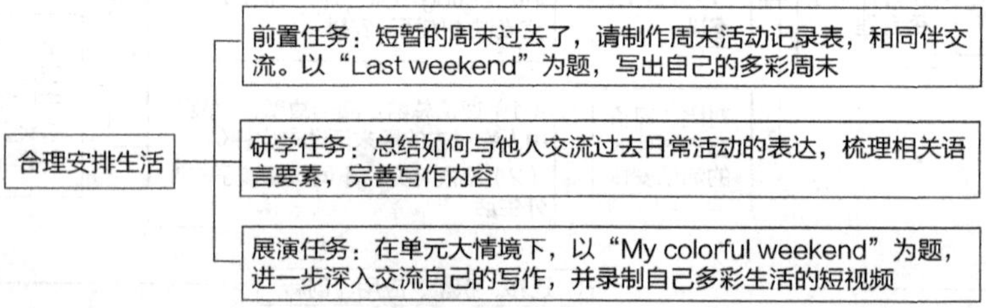

图 2　评价任务

课时总体规划：前置任务课前自学完成，不占用课时，研学任务占 3 课时，展演任务占 1 课时，本单元共占 4 课时。

三、设计学习活动方案

（一）前置任务

短暂的周末过去了，请根据自己的周末活动，制作一张图文并茂的周末活动记录表，并以“Last weekend”为题，描述自己的多彩周末生活。

（二）研学任务

研学任务如表 3 所示。

表 3 研学任务

基本问题：如何谈论过去的经历？			
单元目标	**课时目标**	**学习问题**	**学习活动**
（1）能积累并运用和时间安排相关的关键词句，并用关键词句谈论过去日常活动的安排。 （2）通过多方面梳理和对比自己及他人过去日常活动的安排，形成合理安排时间的观念。 （3）能够在具体的语境中，结合生活实际，运用一般过去时写出一篇关于个人经历过的事情的小作文，并做出评价	【Period 1】 （1）能够听、说、读、写有关日常活动的词组和句型。 （2）能够正确运用词组和句型谈论周末活动并做汇报	如何问答上周末的活动安排？	**任务 1：展示交流周末活动，初步提炼单元大观念。** 同学们，周末你们通常会做些什么，上周末你们都安排了什么活动？请同学们小组合作学习。 （1）小组合作，交流自己的周末活动，互相评价活动安排是否合理。 （2）围绕周末活动安排是否合理展开讨论，总结动词一般过去时的变化规则，并提出问题。 （3）带着问题或困惑，整体阅读单元内容，交流学习收获，初步提炼关于合理安排生活的一般认识
	【Period 2】 （1）能够理解对话大意，并回答与对话相关的问题。能按照正确的语音、语调及意群朗读对话，并能进行角色表演。 （2）能够听、说、读、写并在情境中运用核心句型提问并回答有关周末活动的安排	如何描述过去的活动安排？	**任务 2：结合调查活动，探究一般过去时的用法。** 同学们，上节课我们交流了如何合理安排周末的活动，这节课让我们继续回忆过去的美好时光，小组合作学习。 （1）小组内互相交流发生过的活动安排。 （2）围绕过去活动的安排展开讨论，总结一般过去时的用法。 （3）根据一般过去时态的表达，修改“Last weekend”的写作内容
	【Period 3】 （1）能够听说、认读表示过去时的单词和句型“What did you do ... ?” （2）通过对文本的解读和学习，能正确使用一般过去时描述、评价过去发生的事情	根据所学内容，如何正确写出自己的多彩生活？	**任务 3：展示交流，进一步强化合理安排生活的意识。** （1）组内交流，完善“Last weekend”的写作内容，并给出修改建议。 （2）根据文本梳理核心语言，完成“My colorful weekend”的主题写作。 （3）小组内展示互评

（三）展演任务

我们的生活多姿多彩，短视频作为记录生活的一种方式，可以为多彩生活留下美好的回忆。学校即将举办“我的多彩周末生活”短视频比赛，请以“My colorful weekend”为题写一写、说一说、拍一拍自己的多彩周末生活，和大家交流展示。

四、研制评价量表

根据单元学习目标，本单元共有三组评价任务。第一组是前置任务评价量表，在单元学习前进行，即学生根据旧知识记录自己上个周末的活动。第二组是研学任务评价量表，在单元学习过程中进行，包括研学活动评价量表和课堂表现评价量表。第三组是展演任务评价量表，在单元学习结束之后进行，即能用一般过去时写出自己的多彩生活，并制作“我的多彩周末生活”短视频。

（一）前置任务评价量表

“周末活动介绍”评价量表如表 4 所示。

表 4 “周末活动介绍”评价量表

维度	A	B	C
书面表达	记录表中包含有关活动安排的词句，无语法错误，并有相关内容拓展，表格设计美观	记录表中包含有关活动安排的词句，无相关内容拓展，表格设计较美观	记录表中不包含有关活动安排的词句，设计混乱，词句错误较多

（二）研学任务评价量表

“研学活动”评价量表如表 5 所示。

表 5 “研学活动”评价量表

维度	A	B	C
对话表演	语音、语调优美，语言表述正确流利，肢体语言丰富	语音、语调基本正确，语言表达较流畅	可以分角色组内朗读对话

续表

维度	A	B	C
词语运用	正确认读、规范书写“四会”“三会”单词，可以在口语及书面表达中正确熟练使用所学词语	正确认读、书写“四会”单词，可以在口语及书面表达中正确熟练使用所学词语	能认读“四会”单词，但不能在口语及书面表达中正确熟练使用所学词语
短文阅读	准确猜测出语篇中词语的意思，推测未知信息；完整、连贯地朗读所学语篇；借助语言支架，准确复述短文	较准确猜测出语篇中词语的意思，推测未知信息；完整朗读所学语篇；借助语言支架，能简要复述短文	不能猜测语篇中词语的意思，不能完整朗读所学语篇；不能复述故事
课文朗读	用正确的语音、语调朗读对话或短文，声情并茂	用较正确的语音、语调朗读对话或短文，句子中个别单词发音不准确	不能正确朗读对话或短文，多数单词发音不准确，语调不自然

“课堂表现”评价量表如表6所示。

表6 “课堂表现”评价量表

维度	A	B	C
课堂听讲	认真听讲，不走神，能积极和教师互动，主动质疑	听课较认真，能与教师互动	听课不认真，不与教师互动
课堂发言	积极发言，并有自己的见解	发言较积极，错误较少	很少发言，不表达自己的观点
合作交流	主动与人合作，认真倾听、讨论、记录，发言积极，虚心听取他人意见	愿意与他人合作，比较认真地倾听、讨论、记录，发言欠积极	不愿与他人合作，不接纳他人观点
学业成果	按时完成作业，正确率能达到95%以上	按时完成作业，正确率能达到85%以上	按时完成作业，正确率能达到60%以上

（三）展演任务评价量表

“我的多彩周末生活”评价量表如表7所示。

表7 “我的多彩周末生活”评价量表

维度	A	B	C
书面表达	准确运用所学词语和句型，生动写出自己过去经历的事情；语篇无语法错误且内容完整；有创编性语言	基本准确运用所学词语和句型，写出自己过去经历的事情；内容完整，有少量的语法错误	不能准确运用所学词语和句型写出自己过去经历的事情；逻辑混乱，语法错误较多

续表

维度	A	B	C
视频制作	内容积极向上，健康活泼，语言流畅，对白流利；画面清晰，配音、配乐清晰	内容积极向上，健康活泼，语言较流畅，对白较流利；画面清晰，有配音或配乐	内容积极向上，语言及对白有明显语法错误；画面不清晰，无配音或配乐

五、教学设计反思

本单元教学设计的关键点在于提取单元大观念和建构单元知识结构。单元知识结构从旧知出发，通过一个个的小观念最终达成单元大观念，并应用到实际生活中，指向学生的思维路径。根据单元课程内容结构，围绕单元大观念，制订出实践性目标，接着倒推制订出理解性目标及基础性目标，从而帮助学生真正进行深度学习，达成教—学—评一体化。结构图以大观念为核心，以学生的思维路径为抓手，将大观念分解为一个个小观念，循序渐进地帮助学生深入理解本单元大观念，此教学设计符合学生的认知发展规律。

大观念下的学习过程和传统教学设计的区别主要在于：在单元大观念统领下进行教学设计，能够帮助学生真正进行深度学习。设置前置任务——制作周末活动记录表，贯穿单元学习始终，随着学习内容的不断递进，在相互交流中巩固日常活动的核心语言要素并修改记录表。结合本单元的大情境——“我的多彩周末生活”展演任务，创设轻松愉悦的子任务，通过“最佳周末安排评选”、小组合作创编对话、绘制导图拍摄视频等真实的交际情景，引导学生在语境中理解语言的结构和意义，给学生提供模仿、体验、实践和创造性运用语言的机会。

这样的学习过程，尊重学生的差异，让不同程度的学生都能在课堂上找到自信，激发他们对英语学习的积极性和自信心，使学生真正学有所获。

谈今昔，识变化，展未来

——人教版《英语》小学六年级下册第四单元 Then and now

陈　培　王利红*

一、制订基于核心素养的单元目标

本单元为人教版《英语》小学六年级下册第四单元，标题为“Then and now”。本单元主题突出表现为“人与自我”和“人与社会”。《义务教育英语课程标准（2022年版）》中提及的“自信乐观，悦纳自我，有同理心”和“校园、社区环境保护”与本单元内容高度契合。因此，在谈论事物和人物今昔变化的语境下，对学生相关语言能力、文化意识、思维品质和学习能力的提升将作为单元大观念提炼时关注的重点。通过本单元的学习，学生能总结有关事物不断变化的表达方法，培养其珍惜现在、展望未来的意识。

（一）提炼单元大观念

1. 课程标准分析

《义务教育英语课程标准（2022年版）》中要求六年级应达到二级目标。

语言能力：能领悟基本语调表达的意义；能理解常见词语的意思，理解基本句式和常用时态表达的意义；能听懂日常学习和生活中简单的对话和小故事等；能读懂语言简单、主题相关的简短语篇，获取具体信息，理解主要内容；能围绕相关主题，运用所学语言，与他人进行简单的交流，能表演小故事，语音、语调基本正确；在书面表达中，能围绕图片内容或模仿范文，写出几句意思连贯的话。

文化意识：能在教师引导下，通过故事、介绍、对话、动画等方式获取中

* 陈培　王利红，郑州中学第二附属小学

外文化的简单信息；初步具有观察、识别、比较中外文化异同的能力；对开展跨文化沟通与交流有兴趣；能注意到跨文化沟通与交流中彼此的文化差异。

思维品质：能识别、提炼、概括语篇的关键信息、主要内容、主题意义和观点；能就语篇的主题意义和观点做出正确的理解和判断；能根据语篇推断作者的态度和观点。

学习能力：对英语学习有较浓厚的兴趣和自信心；能积极参与课堂活动，注意倾听，大胆尝试用英语进行交流；能在学习活动中与他人合作，共同完成学习任务；能在学习过程中认真思考，主动探究，尝试通过多种方式发现并解决语言学习中的问题。

依据课标，分析本单元：

①语言能力：理解一般现在时和一般过去时所表达的意义，并用所学时态描述某人或某地的变化；能读懂语言简单、主题相关的简短语篇，获取具体的信息，理解主要的相关内容；在书面表达中，能围绕图片内容或模仿范文，写出和单元主题相关的小作文。

②文化意识：将自己的烦恼讲述给他人，释放内心的压力，保持身心健康；通过对比某一场所、个人的变化，形成把握当下、乐观面对未来的意识。

③思维品质：提炼并概括本单元语篇的关键信息、主要内容和观点，并就语篇的主题意义和观点做出正确的理解和判断；能比较语篇中的人物、行为、事物或观点间的相似性和差异性，并做出正确的价值判断；能从不同角度辩证地看待事物，学会换位思考。

④学习能力：积极参加课堂活动，制订并完成简单的英语学习计划，及时预习和复习所学内容。复习三至六年级学习的一般现在时相关语法知识，在学习过本单元一般过去时的相关知识后，能对一般现在时和一般过去时进行对比、归纳和总结。

2. 教材分析

（1）相关教材内容梳理。

相关教材内容梳理如表 1 所示。

表 1 四至六年级相关教材内容梳理

册数	单元标题	相关语言要素	词汇与句型
四年级上	Unit 3 My friends	朋友外貌的表达	tall, strong, short, thin, long hair, short hair, brown shoes I have a good friend. Who is he/ she ? He/She has...
四年级下	Unit 1 My school	学校各房间的表达	teachers' office, library, second floor, first floor, music room, computer room, art room. Where is the library ? It's on the first floor.
五年级上	Unit 1 What's he like ?	人物外貌及性格特征的表达	old, young, funny, kind, strict, polite, shy, helpful, hard-working, clever. What's he/she like ? He/She is...
	Unit 6 In a nature park	地点的表达	forest, mountain, hill, river, lake, village, house, tree, bridge
六年级下	Unit 1 How tall are you ?	形容词比较级的表达	younger, older, shorter, longer, older, smaller, bigger, thinner, heavier, stronger How tall/heavy are you ? I am...

本单元内容的编排和四年级、五年级的教材安排相互关联。通过相关内容的分析，我们可以清楚了解学生的旧知识，在本单元教学时，可以激活相关语言知识，在课堂上进行新旧知识的滚动复现。

（2）教材内容整合分析。

本单元围绕“Then and now”的话题展开，重点学习某一场所、个人过去和现在不同情况的相关表达。本单元包含主情景图 A、B 、C 三个部分。主情景图帮助学生在学习新知识前，对单元话题有初步认识。A 部分主要包含 Let's try, Let's talk, Let's learn, Write and say 四个环节，学习某一场所的今昔变化，呈现基础知识。B 部分主要包含 Let's try, Let's talk, Let's learn, Role-play, Read and write, Let's check, Let's wrap it up 七项小活动，介绍某人的今昔变化。C 部分 Story time 综合了前两部分所学的知识，以故事的形式实践运用。教材内容整合如表 2 所示。

表 2　教材内容整合分析

文本形式	主要内容	主要来源	课时整合
Dialogue 1	讨论某一地点的今昔变化	A. Let's talk	Period 1
Speaking 1	调查所在学校的今昔变化	A. Draw and talk	
Vocabulary 1	讨论场所变化	A. Let's learn	
Reading 1	观察图片并说出图片中的错误	A. Find the mistakes	
Dialogue 2	讨论个人的今昔变化	B. Let's talk	Period 2
Speaking 2	同伴讨论回答朋友及家人的今昔变化	B. Ask and answer	
Vocabulary 2	讨论个人的今昔变化	B. Let's learn	
Reading 1	阅读关于吴斌斌的梦	B. Read and write	Period 3
Listening 1	单元内容巩固练习	B. Let's check	Period 4
Grammar 1	一般过去时和一般现在时的对比运用	B. Let's wrap it up	
Reading 1	烹饪方式、社会及全球的变化	C. Story time	

3. 学情分析

六年级学生处于心理过渡期，既带有少年的天真，也有青年人的成熟。除了关注人或事的外在形态，也开始注意对事物的分析和主观体会，并愿意主动谈自己的看法。

学生之前接触过 There be 句型一般现在时的用法，以及其他句型过去时态的用法，所以大部分学生可以运用 There was/were 造句，但是对 Before, I was ... Now, I ... 这组对比句型的使用却不甚了解，需要大量的情境对话加以辅助，帮助学生内化课本知识，锻炼语言组织能力和口语表达能力。

4. 单元大观念

在本单元的教学中，教师应在贴近生活实际的话题交流中，引导学生描述生活的变化，通过现在与过去的对比，以及同周围人或事进行比较，了解自己和他人的进步，从而下决心要做得更好。通过本单元的学习，旨在使学生在知识建构的过程中明白变化无处不在，我们要正确看待过去，立足现在，展望未来。基于此，我们提出了本单元的单元大观念：谈今昔，识变化，展未来。

（二）建构单元知识结构

单元知识结构如图 1 所示。

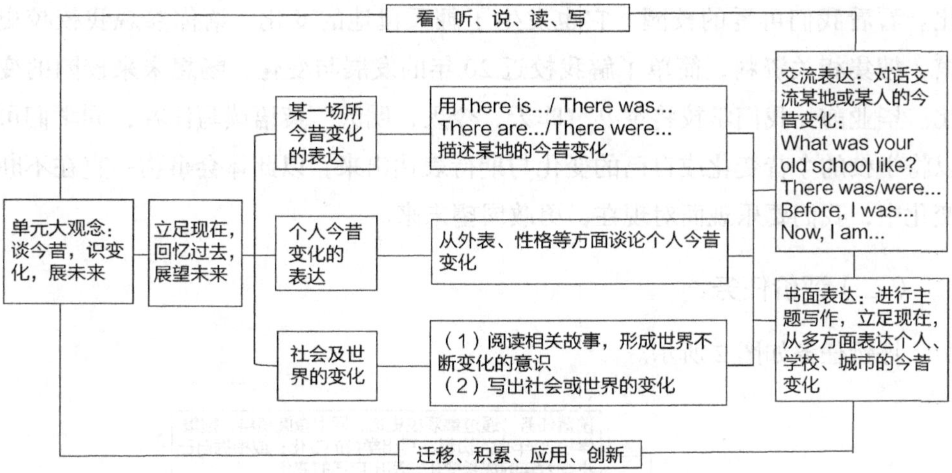

图1 单元知识结构

（三）表述单元目标

根据单元知识结构，围绕“谈今昔，识变化，展未来”这一大观念，参考《义务教育英语课程标准（2022年版）》对英语学科核心素养的界定，拟定如下学习目标：

（1）能够积累场所及个人变化相关的关键词语和句型，表达今昔变化。

（2）通过多方面梳理某一地点、人物或社会今昔变化的特点，总结变化的表达方法，培养珍惜现在、把握未来的意识。

①通过对描述某一场所及个人现在状态的相关旧知，梳理语言要素，归纳一般现在时表达方法。

②通过提取文本中某一场所及个人过去、现在和未来的不同特点，梳理相关语言要素，归纳一般过去时、一般将来时的用法。

（3）能够在具体的语境中，结合生活实际，运用梳理的语言要素和框架，表达个人、学校和城市的今昔变化。

二、创设学习情境和评价任务

（一）学习情境

同学们，世界在不断变化之中。我们自己同六年前相比，发生了很大变化。看看我们可爱的校园，它也发生了翻天覆地的变化。请你参观我校校史馆，搜集相关资料，简单了解我校近 20 年的发展与变化，畅想未来校园的变化。毕业前，我们学校将举办“昨天，今天，明天”英语读写比赛，同学们可以将学校的今昔变化或自己的变化与期待表达出来，以此体会事物一直在不断变化中，我们要乐观面对现在，勇敢展望未来。

（二）评价任务

评价任务如图 2 所示。

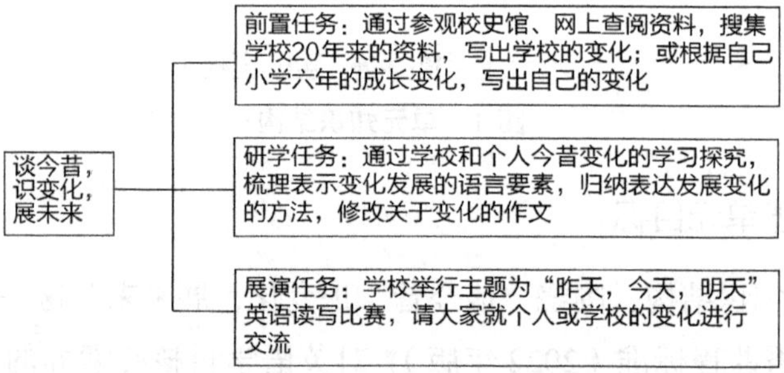

图 2　评价任务

课时总体规划：前置任务课前自学完成，不占用课时，研学任务 4 课时，展演任务 1 课时，本单元共 5 课时。

三、设计学习活动方案

（一）前置任务

世界在不断变化之中。大家发生了很大的变化，学习和生活的校园也与 20 年前有了很大的不同。以小组为单位参观校史馆、查阅资料或采访身边的老教师等，从多方面展开调查，写出学校 20 年前后的变化或自己的变化。

（二）研学任务

研学任务如表 3 所示。

表 3　研学任务

基本问题：如何谈论事物的今昔变化？			
单元目标	课时目标	学习问题	学习活动
（1）能够积累场所及个人变化相关的关键词语和句型，表达今昔变化。 （2）通过多方面梳理某一地点、人物或社会今昔变化的特点，总结变化的表达方法，培养珍惜现在、把握未来的意识。 （3）能够在具体的语境中，结合生活实际，运用梳理的语言要素和框架，表达个人、学校、城市的今昔变化	【Period 1】 （1）能理解对话大意并能正确朗读所学的对话。 （2）能在情境中运用 There be 句型描述某个地方过去与现在的变化。 （3）对比 20 年前的校园和现在的校园，讨论表达事物变化的方法	谈论事物变化的基本要求是什么？	**任务 1：交流学校 20 年前和现在的不同，提炼谈论事物变化的语言要素。** 同学们，我们现在的校园和 20 年前的校园相比，变化巨大。如何谈论事物的今昔变化，我们一起来学习。 （1）小组合作，互评作文“昨天，今天，明天”。 （2）阅读文本，提炼有关事物变化的表达方法。 （3）用核心语言 What was your school like？ There was/were... 进行问答，讨论学校过去的情况，修改“昨天，今天，明天”的写作内容
	【Period 2】 能在情境中用 I/She/He was... before. I/She/He did/didn't... before. Now I/She/He am/is... 描述自己与他人在性格、爱好、行为等方面的变化	如何描述自己与他人在性格、爱好、行为等方面的变化？	**任务 2：总结某一地点、人物今昔变化相关的语言要素。** 同学们，我们可以从哪些方面谈论某一地点或人物的今昔变化呢？请大家合作学习。 （1）准确、流利地朗读对话，并展开各种形式的朗读比赛。 （2）听读对话，学习本课核心语言，小组创编对话并表演。 （3）小组内讨论并总结如何表达某一地点或人物的今昔变化。 （4）灵活选用积累的句型和词汇，完善自己的作文“昨天，今天，明天”

续表

单元目标	课时目标	学习问题	学习活动
（1）能够积累场所及个人变化相关的关键词语和句型，表达今昔变化。 （2）通过多方面梳理某一地点、人物或社会今昔变化的特点，总结变化的表达方法，培养珍惜现在、把握未来的意识。 （3）能够在具体的语境中，结合生活实际，运用梳理的语言要素和框架，表达个人、学校、城市的今昔变化	【Period 3】 能用所学的语言和同伴或教师描述自己所经历的一件事或做过的梦，总结一般过去时的用法	如何描述并写出自己做过的一场梦？	**任务3：阅读短文 *What a dream*，尝试写出自己做过的梦或经历的一件事。** 同学们，我们已经学习过如何谈论某一地点、人物今昔变化的表达方法，让我们尝试把自己所做过的梦或所经历的一件事写出来！ （1）和同伴讨论，描述自己所经历的一件事或做过的梦，重点谈你的感受或收获。 （2）自己画出写作思维导图，小组内分享。 （3）小组内讨论并总结如何写出自己所做过的梦或所经历的一件事的方法
	【Period 4】 能读懂关于变化的文章，探究并归纳总结表达事物变化的方法	如何表达今昔变化？	**任务4：结合单元内容完善表达事物今昔变化的方法，从昨天、今天、明天的不同方面看待变化，强化对单元大观念的认识。** 同学们，世界在不断变化着，请你用本单元的学习内容尝试写出作文“昨天，今天，明天”。 （1）借助图片，深入理解故事大意并尝试复述故事。 （2）小组合作，围绕如何写出“昨天，今天，明天”的变化展开讨论，总结写作思路，画出写作思维导图。 （3）小组合作，修改完善作文

（三）展演任务

下一个学习旅途即将开始，回望自己的小学生活，即将迈入初中的你想必感触颇深吧！在毕业之际，学校将举行主题为“昨天，今天，明天”英语写作比赛，请大家就个人或学校的变化，选择任一主题，和大家展示交流自己的作品。

四、研制评价量表

根据单元学习目标，本单元共设置三组评价量表。第一组是前置任务评价量表，在单元学习前进行，即学生根据旧知完成对学校变化或个人变化的介绍。第二组是研学任务评价量表，在单元学习过程中进行，包括研学活动评价量表和课堂表现评价量表。第三组是展演任务评价量表，在单元学习结束后进行，即展示交流主题写作。

（一）前置任务评价量表

“学校的变化”或“我的变化”评价量表如表4所示。

表4　“学校的变化”或“我的变化”评价量表

维度	A	B	C
口头表达	语音正确，语调自然、流畅，逻辑清晰；能正确说出五句关于今昔变化的句子	语音基本正确，语调基本流畅，逻辑较为清晰；能正确说出三句关于今昔变化的句子	语音不够准确，语调不够流畅，逻辑不清晰；能正确说出一至两句关于今昔变化的句子
书面表达	正确使用大小写字母和标点符号；单词拼写正确；能准确写出五句关于今昔变化的句子	文本中的大小写字母和标点符号基本正确；单词拼写有个别错误；能准确写出三句关于今昔变化的句子	文本中的大小写字母和标点符号有个别错误；单词拼写错误较多；能准确写出一至两句关于今昔变化的句子

（二）研学任务评价量表

“研学活动”评价量表如表5所示。

表5　“研学活动”评价量表

维度	A	B	C
对话表演	小组合作，在情境中表演关于今昔变化的对话，语音、语调优美，语言表述正确流利，肢体语言丰富	小组合作，在情境中能基本表演关于今昔变化的对话，语音、语调基本正确，语言表达较流畅	小组合作，可以分角色组内朗读关于今昔变化的对话
词语运用	能正确认读、规范书写单词，可以熟练、准确用所学词语描述某一场所或个人的变化	能基本认读、书写单词；基本能运用所学词语描述某一场所或个人的变化	单词认读和书写错误较多，不能准确描述某一场所或个人的变化

续表

维度	A	B	C
短文阅读	能准确猜测语篇中 90% 以上词语的意思，推测出未知信息；能完整、连贯地朗读所学语篇，借助语言支架，准确复述语篇	能基本准确猜测语篇中 70% 词语的意思；能完整朗读所学语篇，借助语言支架，能简单复述故事内容	能准确猜测语篇中 50% 词语的意思，不能完整朗读所学语篇；不能复述故事
课文朗读	能用正确的语音朗读和今昔变化相关的对话或短文；按意群停顿，做到通顺流畅；准确读出表达的情感，语调自然、流畅	能基本用正确的语音朗读和今昔变化相关的对话或短文；句子中个别单词发音不够准确；基本能按意群停顿，个别地方不够流畅	不能用正确的语音朗读和今昔变化相关的对话或短文，发音不够准确，朗读不流利

“课堂表现”评价量表如表 6 所示。

表 6 “课堂表现”评价量表

维度	A	B	C
自主探究	能借助字典、网络查阅并学习本单元和变化相关的单词及句型，能按照要求进行预习；主动复习和归纳一般过去时和现在进行时的用法；自学任务完成率达到 90% 以上	能基本借助字典、网络查阅并学习本单元和变化相关的单词及句型；能较主动复习和归纳一般过去时和现在进行时的用法；自学任务完成率达到 70% 以上	不能借助字典、网络查阅并学习本单元和变化相关的单词及句型；不能主动复习和归纳一般过去时和现在进行时的用法；自学任务完成率在 70% 以下
合作交流	善于听取小组其他成员的意见，积极评价同伴的思维导图及习作，并给出建议	能基本听取小组其他成员的意见，较积极评价同伴的思维导图及习作，但主动性欠佳	不愿意与他人进行小组合作，缺乏合作意识
学习态度	学习兴趣高，能积极主动地参与课内外活动，在课堂上能大胆提出自己的见解并勇于质疑	学习兴趣较高，听讲较积极，与教师和同伴的互动较少，在课堂上能提出自己的见解	学习兴趣低，听讲不认真，发言不主动，不能独立思考学习中遇到的问题
学业成果	能按时按要求完成作文，语法错误不超过三处	能基本完成作文，语法错误不超过五处	不能按时完成小作文，语法错误超过五处

（三）展演任务评价量表

“昨天，今天，明天”读写比赛评价量表如表7所示。

表7 “昨天，今天，明天”读写比赛 评价量表

维度	A	B	C
表现力	语音、语调正确，使用道具或丰富的肢体语言合作表演，无语法错误	语音、语调基本正确，内容达意，语法基本正确，表达比较流利	表达错误较多，或不愿分享交流
书面表达	语法无误，语篇内容完整，逻辑清晰；能写出八句以上有关变化的句子，有自己创造性的表达	内容完整，逻辑较为清晰；能写出五句以上有关变化的句子，有少量的语法错误	内容不完整，逻辑混乱；能写出两至三句有关变化的句子，语法错误较多

五、教学设计反思

学生在六年级下册第二单元 Last weekend 中已经初步了解了一般过去时。本单元主要涉及用一般过去时描述过去，用一般现在时描述现在，用一般将来时展望未来。和以往的传统教学设计不同，在本次单元教学中，通过尝试解决前置任务中的问题，用研学任务引导学生从多方面梳理某一地点或个人的今昔变化的特点，总结表达有关事物变化的方法。在最后的展演任务中，学生能就个人、学校的变化，选择任一主题写一篇作文，并乐于同其他同学展示交流。整个单元教学设计环环相扣。

本单元学习的过程就是学生不断形成“谈今昔，识变化，展未来”意识的过程。在整个单元学习中，学生在探索中不断完善有关变化的表达方法，最终达成本单元的学习目标。每节课中学生的思考过程、实践过程、感知过程都不尽相同，所以课堂上需要教师根据学情提前预设、及时调整，确定“教什么”“怎么教”。“预设”—“生成”有时会不一致，我们要能“察言观色”，发现问题并解决问题。在单元整体教学的设计中，教师要学会转身，能绕到教材的背后深入挖掘，帮助学生建构单元知识结构，由碎片化知识学习转为单元结构化知识学习。此外，在今后的英语教学中，我们要创设真实情境，设计丰富有效的英语学习活动，由主导变为引导，促进学生实现知识和能力的内化。

很多物质能溶解于水，但溶解情况不同

——大象版《科学》小学三年级上册第三单元“溶解的秘密”

周　丹　王　伟*

一、制订基于核心素养的单元目标

本单元是关于溶解的内容，对于刚进入三年级的学生来说，学生不仅需要描述物质在水中的溶解情况，还要知道影响物质溶解快慢的常见因素，不同物质的溶解情况有所不同，从而聚焦对溶解度、溶解快慢等一系列问题的探究。本单元的学习从生活经验出发，应用到实际情境中，诱发学生学习科学的内动力，激发学生探究“溶解”奥秘的兴趣，形成善于质疑的科学态度。

（一）提炼单元大观念

1. 课例分析

基于《义务教育科学课程标准（2022 年版）》进行分析。

核心概念：物质的变化与化学反应。

内容要求：物质的溶解和溶液。

三、四年级：描述一定量的不同物质在一定量的水中的溶解情况。知道是否搅拌和温度高低是影响物质在水中溶解快慢的常见因素。

学业要求：认识物质在一定量的水中的溶解程度；能说明影响物质溶解快慢的常见因素；初步建立直观模型解释物质在一定量的水中的溶解程度。能设计对比实验探究物质在水中溶解快慢的影响因素；能用简单的文字和图画描述观察到的现象，能对影响因素进行大胆推测；愿意分享自己的想法，乐于倾听他人的观点，并完善和改进探究活动。

* 周丹　王伟，郑州高新区外国语小学

《义务教育科学课程标准（2022年版）》重点突出认识生活中常见物体的某些特征和常见材料的某些性能。学生通过对具体现象与事物的观察和比较，提出可探究的科学问题，基于现象和事件发生的条件、过程、原因等提出假设，使学生在真实可感知的多个探究活动中深度学习，提升思维能力。最终，从生活经验到科学认知，再到生活应用，体现教—学—评一致性的理念。基于对《义务教育科学课程标准（2022年版）》的分析，在整个单元教学中可以运用分析与归纳等基本的思维方法，围绕溶解的秘密，即“溶解的特征”“物质在水中溶解的多少”“物质在水中溶解的快慢”来设计和实施教学活动，提升学生的科学素养。

2. 教材分析

（1）相关教材内容梳理。

《不一样的溶解》：观察高锰酸钾在水中的溶解过程并描述现象。对比不同物质在水中溶解过程的相同点与不同点。

《溶解与搅拌》：观察并思考搅拌对物质溶解快慢的影响，并做出合理猜测。制订探究搅拌能否影响溶解速度的实验计划，并完成实验，得出结论。

《溶解与加热》：观察并思考加热对物质溶解快慢的影响，做出合理假设。制订探究加热能否影响溶解速度的实验计划，并完成实验，得出结论。

《溶解的多与少》：结合生活经验，思考一定量的水能不能溶解任意多的物质，做出合理假设。制订实验计划，并完成实验，得出结论。

（2）教材内容整合分析。

本单元教材内容呈现较强的科学学习的逻辑性，具体分析如下：

通过对《不一样的溶解》的学习，唤醒学生关于溶解的旧知，通过观察高锰酸钾、糖、盐等不同物质在水中溶解的前后变化，归纳它们在水中溶解的相同点和不同点，发现溶解的物质最终都均匀分布在水中，但溶解有快有慢，建立关于溶解的一般认识。

通过对《溶解与搅拌》《溶解与加热》《溶解的多与少》的连续学习，学生经历探究溶解奥秘的过程，运用对比实验的方法制订实验计划，发现影响溶解快慢的因素。知道物质在一定量的水中溶解的量有限，且不同物质溶解的量不同。

本单元由简单的溶解现象到科学本质，再到生活应用，呈现出学生科学思维的螺旋上升。学生从最初的“有些物质在水中消失了就是溶解”到“溶解的物质最终都均匀分布在水中”，知道物质在水中溶解的快慢和多少不同，并能运用溶解知识解决生活中的问题，真正体会到科学知识与生活紧密相关。

3. 学情分析

三年级学生年龄大都在 9 岁左右，他们对待科学的好奇心非常浓厚，思维较活跃，却不善于自主获取知识并在生活中灵活运用。他们对于科学的认知大多处于具象认知阶段，对于科学的观察活动局限于事物的表面，对事物内在联系和本质关注甚少，活动中“想当然”比较多，思维活动更多依赖于经验和直观现象的支持。

关于溶解，学生在一年级“水与溶解”单元已有所了解，学生知道有些物质能够溶解在一定量的水里，如食盐和白糖等；有些物质很难溶解在水里，如沙和油等，但他们对溶解的本质特征不清楚，对影响物质溶解快慢的因素知之甚少。在能力方面，学生能提出相关问题，但是问题的科学性及可探究性不足，不能基于已有经验、所学知识从现象发生的条件做出假设。他们具备一定的制订计划能力，但对于如何设置对比实验比较陌生。

4. 单元大观念

本单元是关于“溶解”的综合探究单元，让学生从物质变化的视角认识溶解现象，通过设计对比实验，帮助学生了解物质在水中溶解的不同情况及背后的原理是关键。

通过对课标、教材及学情的分析，本单元的大观念确定为：很多物质能溶解于水，但溶解情况不同。

（二）建构单元知识结构

单元知识结构如图 1 所示。

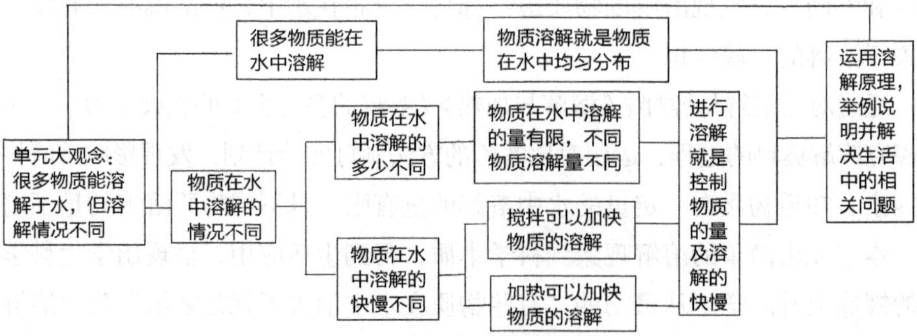

图 1　单元知识结构

（三）表述单元目标

（1）通过观察物质的溶解，比较不同物质在水中的溶解过程，说出溶解的特征。

（2）通过对溶解现象的观察及分析，能初步建立直观模型解释物质在一定量的水中的溶解程度及影响因素。

①通过实验，能用简单的文字和图画描述物质在一定量的水中的溶解程度。

②通过设计对比实验，归纳出物质在水中溶解快慢的影响因素。

（3）能举例说明溶解与日常生活、工农业生产息息相关，在具体生活情境中能够准确控制物质在水中的量和溶解快慢。

二、创设学习情境和评价任务

（一）学习情境

同学们，溶解在生活中十分常见，妈妈洗衣服时，将洗衣粉溶解在水里；我们感冒了，爸爸妈妈就会冲感冒药……糖、洗衣粉、盐等很多物质都能溶解在水中，它们在水中溶解前后有什么变化？溶解的快慢一样吗？这个单元我们就要走进溶解的世界，一起发现影响物质溶解的因素，探索溶解背后的秘密。本单元结束后，我们将举行“小小魔法师”溶解大赛，看谁能运用本单元所学的知识，用最短的时间制作最精彩的“魔力水”，一展我们小魔法师的风采吧！

（二）评价任务

评价任务如图 2 所示。

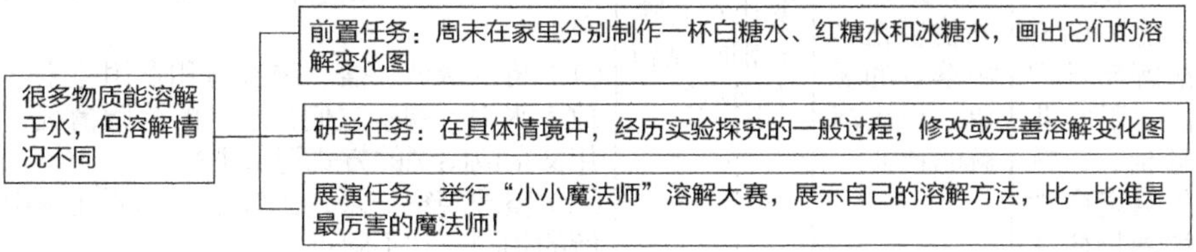

图 2　评价任务

课时总体规划：前置任务课前完成，研学任务 5 课时，展演任务 1 课时，本单元共 6 课时。

三、设计学习活动方案

（一）前置任务

一年一度的“小小魔法师”溶解大赛就要开始了。为了大赛前的准备，本周末，请同学们分别制作一杯白糖水、红糖水和冰糖水，仔细观察糖在水中溶解前后的变化，比较三种糖在水中溶解的相同点和不同点，用图文结合的形式进行描述。

（二）研学任务

研学任务如表 1 所示。

表 1　研学任务

基本问题：物质在水中的溶解情况有何不同？			
单元目标	**课时目标**	**学习问题**	**学习活动**
（1）通过观察物质的溶解，比较不同物质在水中的溶解过程，说出溶解的特征。 （2）通过对溶解现象的观察及分析，能初步建立直观模型解释物质在一定量的水中的溶解程度及影响因素。 （3）能举例说明溶解与日常生活、工农业息息相关，在具体情境中尝试控制物质在水中的量和溶解的快慢	第 1 课时： （1）通过对各种糖在水中的前后变化进行交流，建立关于溶解的一般认识。 （2）通过实验，描述不同物质在水中溶解的现象，说出溶解的特征	（1）观察白糖、红糖和冰糖的溶解过程，你有什么发现？ （2）盐、洗衣粉等物质在水中怎样变化？有哪些相同点和不同点？	**任务 1：交流糖的溶解变化图，初步提炼单元大观念。** 同学们在周末制作白糖水、红糖水和冰糖水的过程中，都依据自己的发现画出了糖的溶解变化图，请小组合作学习。 （1）交流糖的溶解变化图，围绕自己的发现展开讨论，提出问题或困惑。 （2）带着问题或困惑，整体阅读单元内容，交流学习收获，初步提炼关于溶解的一般认识。 **任务 2：观察不同物质在水中的溶解过程，归纳溶解的特征。** 同学们，除了糖，还有很多物质能在水中溶解，它们在水中是怎样变化的？小组实验探究。 （1）将少量糖、盐、洗衣粉和食用色素分别放入水中，观察它们在水中的溶解情况，并用文字或图画的方式记录下来。 （2）整理观察记录，比较不同物质在水中溶解的相同点和不同点。 （3）全班交流，总结溶解的特征。 （4）修改并完善自己的“溶解变化图”

续表

单元目标	课时目标	学习问题	学习活动
（1）通过观察物质的溶解，比较不同物质在水中的溶解过程，说出溶解的特征。 （2）通过对溶解现象的观察及分析，能初步建立直观模型解释物质在一定量的水中的溶解程度及影响因素。 （3）能举例说明溶解与日常生活、工农业息息相关，在具体情境中尝试控制物质在水中的量和溶解的快慢	第 2 课时：能通过控制变量设计对比实验，说明搅拌能加快物质的溶解	冲糖水时我们为什么都习惯搅拌一下呢？	**任务 3：设计实验，探究搅拌对溶解速度的影响。** 同学们，我们在生活中都有过冲糖水或者冲感冒冲剂的经历，为什么大家都会搅拌一下呢？请小组实验探究。 （1）结合生活经验，说出自己的假设和理由。 （2）根据假设，控制变量制订“搅拌对溶解速度的影响”实验计划。 （3）按计划完成对比实验，观察并记录现象，说明搅拌能加快物质的溶解
	第 3 课时：能设计实验，说出升高温度能加快物质在水中的溶解	除了搅拌，还有什么方法能够加快溶解？	**任务 4：设计实验，探究水温对溶解速度的影响。** 在上节课的学习中，有的同学尽管用了搅拌的方法，但是物质在水中溶解的还是很慢，还有哪些办法能进一步加快溶解？请小组实验探究。 （1）根据假设制订“水温对溶解速度的影响”实验计划。 （2）按计划进行实验，观察并记录物质在冷水和热水中溶解的时间，说明升高温度能加快物质在水中的溶解。 （3）修改并完善自己的“溶解变化图”
	第 4 课时：通过观察、分析，描述物质在水中溶解的量是有限的，且不同物质溶解的量不同	一杯水能不能溶解任意多的白糖？	**任务 5：设计实验，探究物质在水中溶解的多与少。** 同学们，如果我们一直往水里加白糖，糖水会发生怎样的变化？糖水会不会一直变得更甜呢？请小组实验探究。 （1）制订“100 毫升水能溶解多少物质”实验计划。 （2）在 100 毫升水中分别加入食盐、白糖、味精等物质，记录它们完全溶解在水中的量，比较分析，得出结论

续表

单元目标	课时目标	学习问题	学习活动
（1）通过观察物质的溶解，比较不同物质在水中的溶解过程，说出溶解的特征。 （2）通过对溶解现象的观察及分析，能初步建立直观模型解释物质在一定量的水中的溶解程度及影响因素。 （3）能举例说明溶解与日常生活、工农业息息相关，在具体情境中尝试控制物质在水中的量和溶解的快慢	第5课时： 通过已掌握的知识，进一步建立有关溶解的认识。 能举例说明溶解与日常生活、工农业生产息息相关	在日常生活和工农业生产中，溶解为我们带来了哪些便利？	**任务6：运用所学知识完善糖的“溶解变化图”，举例说明溶解与日常生活、工农业生产等息息相关，进一步强化对单元大观念的认识。** （1）本单元我们学习了溶解的相关知识，一定让你受益匪浅，快用这些知识完善一下你的“溶解变化图”吧！小组内进行展示交流，每小组推选出优秀成果进行班级分享，相互学习。 （2）洗衣服、输液、炒菜时都离不开溶解……你是否留意过这些现象？其实，在生活及工农业生产中很多地方都用到了溶解，溶解为我们带来了很大便利，请运用所学知识，结合生活经验说说关于溶解的例子

（三）展演任务

同学们，今天我们将举行“小小魔法师”溶解大赛活动，看谁能运用本单元知识，既能控制好物质在水中的加入量，又能加快溶解速度，用最短的时间制作出最精彩的“魔力水”，比一比谁是最厉害的小魔法师吧！

四、研制评价量表

根据单元学习目标，本单元共有三组评价量表，分为A、B、C三个等级。第一组量表是前置任务评价量表；第二组是研学活动评价量表和课堂表现评价量表；第三组是展演任务评价量表。前置任务及研学任务评价量表，由学生依据评价标准自评、互评。展演任务评价量表，由学生自组评委，依据评价标准进行评价。

（一）前置任务评价量表

“糖的溶解变化图”评价量表如表2所示。

表2 “糖的溶解变化图”评价量表

维度	A	B	C
观察记录	能图文结合呈现出糖在水中溶解量的变化及溶解的快慢	能用图画或文字记录糖在水中溶解的量及溶解的快慢	能用语言描述所观察到的现象，基本观察到糖的溶解
作品表现	溶解变化图整洁、清晰	溶解变化图比较整洁、清晰	溶解变化图有些模糊

（二）研学任务评价量表

“研学任务”评价量表如表3所示。

表3 “研学任务”评价量表

维度	A	B	C
不一样的溶解实验	能准确叙述出白糖、红糖等溶解的过程，科学连贯。用自己的话说出溶解的特征	能完整叙述出白糖、红糖等溶解的过程，但个别地方不够准确	能基本叙述出白糖、红糖等溶解的基本过程，但用语不科学，有遗漏或有错误
溶解与搅拌实验	能准确地记录白糖、食盐全部溶解需要的时间，描述现象	能准确地记录白糖、食盐全部溶解需要的时间，描述现象，但个别地方不准确	能大致记录白糖、食盐全部溶解需要的时间，描述现象，但个别地方不准确
溶解与加热实验	能够清晰准确地描述出白糖、味精、高锰酸钾在冷水和热水中的溶解过程与最后状态，并能说出不同之处	能够描述出白糖、味精、高锰酸钾在冷水和热水中的溶解过程与不同之处，但个别地方不准确	能大致描述出白糖、味精、高锰酸钾在冷水和热水中的溶解过程与不同，但有多处遗漏或不准确
溶解的多少实验	按实验步骤操作，用文字、图片全面描述水能溶解多少食盐、白糖等物质，得出正确的结论	能基本按步骤操作，用文字描述水能溶解多少食盐、白糖等物质，基本得出正确的实验结论	能在教师或同学的帮助下完成实验操作。大致描述实验现象，得出实验结论

“课堂表现”评价量表如表 4 所示。

表 4 “课堂表现”评价量表

维度	A	B	C
材料准备	能按要求准确进行糖、盐等实验材料的准备	能基本按照要求进行糖、盐等实验材料的准备	能在教师提醒下进行部分实验材料的准备
交流习惯	能结合生活经验合理猜想，说出理由，积极讨论，敢于发言	能大概说出自己的猜想和理由，与同伴积极交流，倾听他人意见	能在教师或同学提醒下说出猜想，倾听他人意见
动手能力	能按照实验计划进行实验，操作规范	能基本按照实验计划进行实验，操作较规范	能在同学帮助下进行实验，操作不够规范
实验分析	能通过画图、文字全面描述实验现象，得出正确的实验结论	能通过画图或文字基本描述实验现象，基本得出正确结论	能在同学提醒下大致描述实验现象，得出实验结论

（三）展演任务评价量表

“小小魔法师”溶解大赛评价量表如表 5 所示。

表 5 “小小魔法师”溶解大赛评价量表

维度	A	B	C
计划制订	能自主全面制订出正确的溶解实验计划	能自主制订出较为正确的溶解实验计划	能在教师指导下制订出简要的溶解实验计划
实验操作	能独立完成，通过控制物质加入量，运用搅拌和加热等多种方法进行物质溶解	能和他人合作完成，通过控制物质加入量，或者搅拌、加热等其中一种方法进行物质溶解	能在教师指导下完成，仅能运用搅拌、加热的方法进行物质溶解
体态语言	声音洪亮，大胆自信	声音较洪亮，语言较流畅	能在教师指导下进行展示，语言有停顿

五、教学设计反思

本教学设计是在反复通读、体会《溶解的秘密》的基础上，进行了整体的设计和建构。区别于传统的割裂式课时教学设计，本设计从单元整体视角出发，以“小小魔法师”溶解大赛为大情境，围绕“物质在水中的溶解情况有何不同”这个单元基本问题，通过一系列关于溶解的前置任务、研学任务，师生反复追问、猜想、实验，建立有关溶解的大观念，知道影响溶解快慢的因素。通过展演任务，归于真实的生活情境，引导学生运用所学知识解决生活中的溶解问题，达成目标、知识和应用的统一，真正引领学生思维不断进阶。

《义务教育科学课程标准（2022 年版）》中明确指出核心素养导向，提出推进综合学习，探索大单元教学，整合课程内容。在设计时，笔者一直在思考如何以核心概念为统领，设计聚焦思维能力培养的大单元教学设计。笔者认为单元大观念的提取与制订是非常关键的，就如本单元，首先应该分解课标、驾驭教材、读懂学情，从关注“溶解”的现象、零散知识，走向“溶解”表象背后的结构、联系和规律，找到贯穿本单元的大观念：很多物质能溶解于水，但溶解情况不同。接着，“单元目标的叙写”“知识结构的建构”“学习活动的设计”“评价量规的制订”等内容便犹如按图索骥，最终促进学生迁移应用，落实科学核心素养。教师深入其中，也得到了专业上的全面发展。

电流产生能量且可以控制

——大象版《科学》小学三年级下册第二单元“电与我们的生活”

王　伟　周　丹*

一、制订基于核心素养的单元目标

本单元是关于电的内容，核心价值是学生建立三层关系：电与生活的关系、电流与闭合回路的关系及电流与能量的关系。以此推理，以学生自主设计电灯通电线路图，并随着探究实验逐步完善线路图为主轴，层层强化对“关系”的认识，指向生活中安全用电，提升科学素养。

（一）提炼单元大观念

1. 课程标准分析

基于《义务教育科学课程标准（2022 年版）》进行分析。

核心概念：物质的运动与相互作用。

内容要求：电磁的相互作用。

三、四年级：知道电源、导线、用电器和开关是构成电路的必要元件，说明形成电路的条件，切断闭合回路是控制电流的一种方法。知道有些材料是导体，容易导电；有些材料是绝缘体，不容易导电。列举电的重要用途，知道雷电、高压电、家庭电路中的交流电会对人体产生伤害，知道安全用电的常识。

核心概念：能的转化与能量守恒。

内容要求：能的形式、转移与转化。

3、4 年级：了解生活中各种能的形式。

---

* 王伟　周丹，郑州高新区外国语小学

据此分析，本单元涉及“物质的运动与相互作用”和“能的转化与能量守恒”两个核心概念，其中以“物质的运动与相互作用”为主，此核心概念突出整体与宏观思维，指向物质的相互转化，与课程内容更吻合。《义务教育科学课程标准（2022 年版）》突出科学思维，具体要求是在教师的引导下，通过对具体现象与事物的观察和比较，提出可探究的科学问题，并基于已有的经验和所学知识、现象和事件发生的条件、过程、原因等提出假设，制订简单的探究计划，从注重学科逻辑到生活逻辑、应用逻辑。

为此，在整个主题的教学中可以运用观察与分析等基本的科学方法，围绕“电与我们的生活”即“电路的闭合与切断”“材料的导电性”“电的用途与安全”设计和实施教与学活动，进一步培养学生的科学探究能力。

2.教材分析

（1）相关教材内容梳理。

《生活离不开电》：知道电是日常生活中不可或缺的一种能源，能举例说出电的重要用途，提出相关问题。

《点亮小灯泡》：在教师引导下，能制订简单的实验计划，独立探索让小灯泡亮起来的简单电路，制作闭合回路。

《控制电路》：在教师引导下，能制订实验计划，设计一个带开关的简单电路，发现开关的作用和控制闭合回路的基本方法。

《导体与绝缘体》：设计简单实验，探究如何区分导体和绝缘体。

《安全用电》：制订安全用电宣传计划，了解安全用电的相关知识，能够在生活中安全用电。

（2）教材内容整合分析。

第 1 课时：学生课前调查家用电器，设计电灯通电线路图，发散思维、了解学情，课堂上交流并质疑，通晓整个单元的学习内容，重点探究《生活离不开电》相关内容，建立对电流与能量的一般认识。

第 2 课时至第 4 课时：《点亮小灯泡》《控制电路》《导体与绝缘体》均要求学生能进行简单的实验设计，制订简单的探究计划，从而制作和控制闭合回路，形成电流，产生能量，了解物体的导电性不同，是对电的本质认识。

第 5 课时：《安全用电》，学生能根据前面的学习从闭合回路的组成及材料导电性的角度了解安全用电常识，强化对电流与能量的认识。

第 6 课时：总结单元学习，展示评价电灯通电线路图的设计，用科学的语言、合理的方法提出安全用电的倡议，并落实到实际生活中去。

3. 学情分析

三年级学生正处于低年级向高年级的过渡时期，这个时期学生的心理和生理都有一定变化，开始从被动学习向主动学习转变，虽然开始有了一些自己的想法，但是对事物、现象的认识和理解不够深入、客观。他们具体形象思维能力已经成熟，但对于“电”这种抽象事物却很难理解，需要注重抽象思维能力的培养。

关于“电”，学生在一、二年级并没有学习过，只是根据生活经验，知道家里有各种电器，仅是看到了现象，知道断电后电器不能工作，并不能更深层次地认识到是电流产生了能量才能使电器工作。同时，学生对于电路的连接不清楚，虽然经常接受教师对安全用电的提醒，但并没有经历过电路的操作，可能会因为好奇而导致安全隐患的发生。为此，本单元应抓住学生对电的好奇心与已有经验，引导学生由生活到实验再到生活，形成安全用电的方法和意识。

4. 单元大观念

根据上述分析，学生要经历电能的产生、电路的连接和控制、物体导电性研究及安全常识的学习，由生活经验到科学探究，由科学探究指导安全生活，指向“电流与能量的关系及电流的控制”的核心价值。

因此，确定单元大观念：电流产生能量且可以控制。

（二）建构单元知识结构

单元知识结构如图 1 所示。

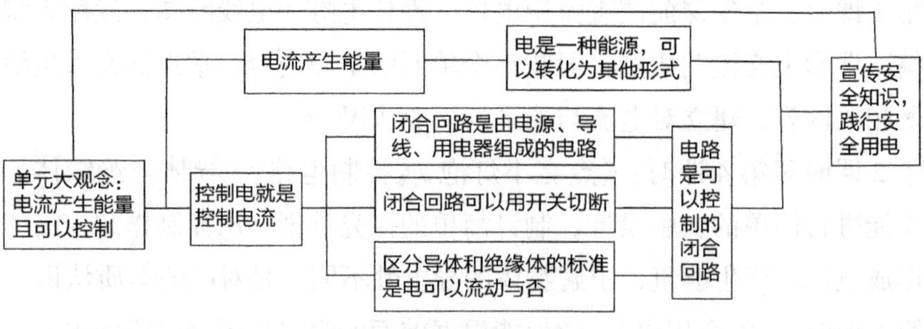

图 1　单元知识结构

（三）表述单元目标

（1）能复述构成电路的必要元件，辨认有些材料是导体，有些材料是绝缘体。

（2）通过对构成电路必要元件的观察与分析，发现必要元件间的关系，建立电流产生能量且可以控制的一般认识。

①通过验证模型电路，发现电流产生能量，找到形成闭合回路的方法。

②通过分析所建立的电路，归纳出切断闭合回路是控制电路的一种方法。

（3）在具体情境中尝试建立和控制闭合回路，列举电在生活中的重要用途和安全用电的措施。

二、创设学习情境和评价任务

（一）学习情境

同学们，很久以前，人们就开始了对电的探索。1879 年爱迪生点亮了世界上第一盏电灯，各种不同用途的电器从此陆续出现，为我们的生活、学习和工作带来极大方便。我们即将走进电的神秘世界，学习线路连接的方法，揭开闭合回路的秘密，树立安全用电和节约用电的意识，感知科学技术给社会生活带来的影响。本单元结束后我们班将举办“我是小小安全员”用电科普宣传活动，让更多的人了解安全用电知识，增强生活安全意识。

（二）评价任务

评价任务如图 2 所示。

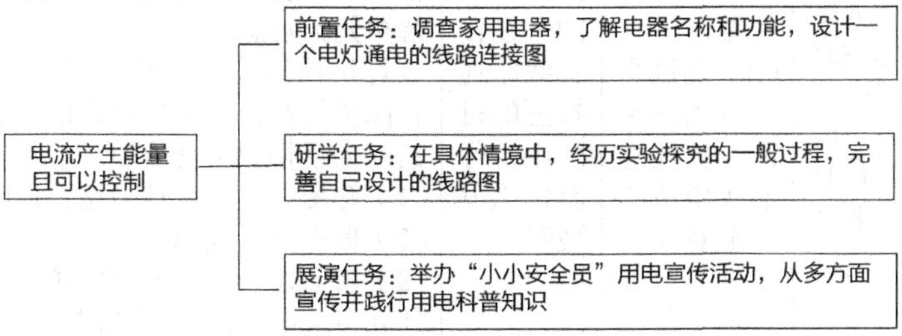

图 2　评价任务

课时总体规划：前置任务课前完成，研学任务占 5 课时，展演任务占 1 课时，本单元共占 6 课时。

三、设计学习活动方案

（一）前置任务

同学们，家用电器给我们的生活带来很多便利，增添不少乐趣。你的家里有哪些家用电器？你知道它们的名称和具体功能吗？你还有什么新的发现或疑问？本周末，请大家调查家用电器，写出你家电器的名称和功能，并查阅资料，设计一个电灯通电线路图。相信大家都是生活小能手，快快参与进来吧！

（二）研学任务

研学任务如表 1 所示。

表 1　研学任务

基本问题：如何控制小灯泡的亮与灭？			
单元目标	课时目标	学习问题	学习活动
（1）能复述构成电路的必要元件，辨认有些材料是导体，有些材料是绝缘体。 （2）通过对构成电路必要元件的观察与分析，发现必要元件间的关系，建立电流产生能量且可以控制的一般认识	第 1 课时： （1）能阐述电的相关知识，说出电的流动产生能量。 （2）通过交流线路连接图，能建立有关电流的一般认识	（1）电给人类的生活带来了怎样的变化？ （2）在设计线路连接图的过程中，你有什么发现吗？	**任务 1：调查家用电器，发现电能。** 同学们，我们家家户户都有各种家用电器，通过你们的调查，有什么发现？请小组合作，一起来交流一下吧！ （1）电器的名称与功能。 （2）电给我们的生活带来怎样的变化？ （3）电的能量是怎样产生的？ **任务 2：展示、交流电灯线路图，初步提炼单元大观念。** 电灯是我们最常见的家用电器，你们通过查阅资料都设计了自己的电灯通电线路图，请同桌互相展示交流。 （1）介绍自己的设计思路，说明连接方法。 （2）提出问题或困惑。 （3）带着困惑，整体阅读单元内容，初步建立有关电流的一般认识。 （4）完善电灯通电线路图

续表

<table>
<tr><th>单元目标</th><th>课时目标</th><th>学习问题</th><th>学习活动</th></tr>
<tr><td rowspan="3">（1）能复述构成电路的必要元件，辨认有些材料是导体，有些材料是绝缘体。
（2）通过对构成电路必要元件的观察与分析，发现必要元件间的关系，建立电流产生能量且可以控制的一般认识。
（3）在具体情境中尝试建立和控制闭合回路，列举电在生活中的重要用途和安全用电的措施</td><td>第 2 课时：
通过实验，发现电流可以产生能量，找到形成闭合回路的方法</td><td>怎样连接才能让小灯泡亮起来？</td><td>任务 3：设计实验“点亮小灯泡”。
同学们，你们对电的了解可真不少，也充满了无限的想象和期待。今天，我们就要将线路图的设计付诸现实，让小灯泡亮起来。请同学们以小组为单位合作完成实验。
（1）观察小灯泡、电池、导线的结构，结合自己的线路图，制订“点亮小灯泡”的实验计划。
（2）根据自己制订的实验计划进行实验，并尝试更多的连接方法，看看是否还有其他的方法能让小灯泡亮起来。
（3）分析实验，总结点亮小灯泡的连接方法，解释电路的原理。
（4）完善电灯通电线路图</td></tr>
<tr><td>第 3 课时：
通过分析所建立的电路，归纳出切断闭合回路是控制电路的一种方法</td><td>如何控制小灯泡的亮与灭？</td><td>任务 4：设计实验，控制小灯泡的亮与灭。
在现实生活中，我们需要随时控制电灯的亮和灭，做到节约用电。请小组合作实验：
（1）制订“控制小灯泡亮与灭”的实验方案。
（2）进行实验，控制小灯泡的亮与灭，观察并解释开关是怎样控制电流流动的，梳理控制电路的方法。
（3）完善电灯通电线路图</td></tr>
<tr><td>第 4 课时：
通过设计实验，能正确区分导体和绝缘体</td><td>如何区分导体和绝缘体？</td><td>任务 5：设计实验，测试物体导电性。
同学们，生活中我们使用家用电器都要将插头插在电源上。那么，插插头时，手只能接触它的塑料外壳，塑料真的不导电吗？那其他物体呢？请小组合作实验。
（1）设计物体导电性测试实验方案来检测它们的导电性。
（2）根据实验方案，测试所选材料的导电性，记录实验结果。
（3）总结哪些物体是导体，容易导电；哪些物体是绝缘体，不易导电</td></tr>
</table>

续表

单元目标	课时目标	学习问题	学习活动
（1）能复述构成电路的必要元件，辨认有些材料是导体，有些材料是绝缘体。 （2）通过对构成电路必要元件的观察与分析，发现必要元件间的关系，建立电流产生能量且可以控制的一般认识。 （3）在具体情境中尝试建立和控制闭合回路，列举电在生活中的重要用途和安全用电的措施	第5课时：通过查阅资料等方法，说出安全用电的常识，并结合本单元所学知识，在具体情境中尝试建立和控制闭合回路	（1）你了解哪些用电安全知识？ （2）如何建立和控制闭合回路？	**任务6：查阅资料，梳理安全用电知识。** 同学们，世界上每天都会出现各种安全事故，电给我们带来方便的同时也给人类造成了伤害，请同学们阅读教材、查阅资料，自主梳理安全用电常识，制订《安全用电宣传计划》。 **任务7：运用所学知识建立和控制闭合回路。** 在生活中我们一定见过红绿灯，那你知道红绿灯是怎样控制的吗？现在请你运用所学的电路知识完成教材中的活动“制作红绿灯”，自主尝试建立和控制闭合回路。 小组展示交流

（三）展演任务

同学们，今天我们班将举行“我是小小安全员”用电科普宣传活动，让更多的人了解安全用电知识，增强生活安全意识。

展示、交流电灯通电线路图。先小组内交流，评选优秀作品全班展示。

从闭合回路、材料的导电性等方面进行设计，用自己喜欢的形式宣传并践行安全用电常识，可以是手抄报、视频、倡议书等。

综合以上活动表现，对应评价标准评选出“小小安全员”。

四、研制评价量表

根据单元学习目标，本单元共设置三组评价量表，各组评价任务分为A、B、C三个等级。第一组评价量表是对前置任务的评价；第二组评价量表是对研学任务的评价，包括“研学活动”评价量表和“课堂表现”评价量表；第三组评价量表是对展演任务的评价。前置任务及研学任务的评价，由学生依据评价标准自评、互评。展演任务的评价，由学生自组评委会，依据评价标准进行评价。

（一）前置任务评价量表

“前置任务”评价量表如表 2 所示。

表 2 “前置任务”评价量表

维度	A	B	C
家用电器	能准确、完整列举至少 5 种家用电器的名称和功能	能准确列举至少 3 种家用电器的名称和功能	能列举至少 1 种家用电器的名称和功能
电灯通电线路图	设计正确，有开关，电灯能够点亮	设计正确，未体现开关，电灯能够点亮	设计有失误，电灯无法点亮

（二）研学任务评价量表

“有关电的”评价量表如表 3 所示。

表 3 “有关电的”评价量表

维度	A	B	C
点亮小灯泡实验	能用多种方法点亮一个小灯泡	能用两种方法点亮一个小灯泡	能用一种方法点亮一个小灯泡
设计控制电路实验	能设计出两种带开关的电路，点亮一个小灯泡	能设计出一种带开关的电路，点亮一个小灯泡	能在教师指导下设计出一种带开关的电路，点亮一个小灯泡
物体导电性实验	能用实验检测出多种不同材质物体的导电性	能用实验检测出一到两种不同材质物体的导电性	能在教师指导下用实验检测出一到两种不同材质物体的导电性
安全用电计划	结合自身实际，能够准确用电流产生能量的知识制订出完整的安全用电计划	结合自身实际，能够准确用电流产生能量的知识制订出简要的安全用电计划	仅能制订出单一的安全用电计划，未能与学习和自身结合起来
建立和控制闭合回路	根据实验材料，能准确制作可控制的红绿灯	根据实验材料，能准确连接线路，但不可控制红绿灯	无法准确连接线路，未能达到控制红绿灯

“课堂表现”评价量表如表4所示。

表4 “课堂表现”评价量表

维度	A	B	C
交流分享	能针对科学问题进行合理猜想，明确说出理由，积极发言	能针对科学问题进行猜想，能大概说出理由，发言较积极	能在教师或同伴的提醒下进行猜想，发言欠积极
动手操作	能按照实验要求进行实验，操作规范	能基本按照实验要求进行实验，操作较规范	能在教师或同伴的帮助下进行实验，操作欠规范
实验分析	能正确分析实验现象，得出完整结论	能基本分析实验现象，得出部分结论	能在教师或同伴的帮助下分析实验现象，得出结论

（三）展演任务评价量表

“我是小小安全员”评价量表如表5所示。

表5 “我是小小安全员”评价量表

维度	A	B	C
电灯通电线路图	（1）设计正确、清晰，有开关，电灯能够点亮。 （2）能用科学的语言完整、正确地解释设计思路	（1）设计正确，未体现开关，电灯能够点亮。 （2）能正确解释设计思路	（1）设计有失误，电灯无法点亮。 （2）解释的设计思路较为模糊
宣传与践行安全知识	（1）围绕本单元多方面的知识，联系生活实际，内容合理，可实施。 （2）采用的表现形式适合，图文并茂，感染力强。 （3）展示时声音洪亮，语言流畅，态度大方	（1）围绕本单元部分知识，联系生活实际，内容较合理。 （2）采用的表现形式较为适合，图文并茂。 （3）展示时声音清晰，语言较流畅	（1）围绕本单元个别知识，内容准确。 （2）采用的表现形式较为单一，效果一般。 （3）展示时声音较小，有间歇停顿

五、教学设计反思

作为科学学科的专职教师，我们渴望在专业教学上深入研究、有所发展，在探索单元教学的进程中，我们有幸参与，收获颇多。

第一，大观念与基本问题统领单元教学，指向学科本质。科学学科尤其关注自主参与的动脑动手，体验与生成相辅相成。我们通过全方位的分析，厘清课标的要求、教材的内涵、学生的情况、单元的核心，提炼出“电流产生能量且可以控制”的大观念，建构知识结构，明确基本问题“怎样控制小灯泡的亮与灭”。在此统领下，学生自主尝试画“电灯通电线路图”，随着实验的深入，学生不断完善线路图，从“不会亮”到“亮起来”，从不能控制到可以用开关控制，并把握物体的导电性，整个过程电流与能量的关系暗含其中，大观念自然生成。科学不再单单是过去热热闹闹的“好玩儿”，而是能说出“好玩儿”背后的道理。

第二，学习是为了更好的生活。学习活动的设计从了解家用电器引入，以应用科学知识在生活中安全用电结尾，过程中的每一项任务也都围绕真实生活中的实际问题展开，可谓时时有问题、处处显生活。科学不再是乏味的教师讲述与贯彻概念，而是学生大胆猜想、自主探究、科学实验、验证事实或得出结论，更是为了指导生活、创造生活。

运动的物体具有能量

——大象版《科学》小学四年级上册第一单元“运动”

丁　平　徐苗琪*

一、制订基于核心素养的单元目标

本单元的主题是“运动”，对于四年级的学生来说，学生不仅需要知道物体运动的特点，还需要知道运动的物体需要能量。根据《义务教育科学课程标准（2022 年版）》的要求，结合教材及学情的分析，本单元的核心价值定位在明确运动与能量的关系，对物体的运动状态可以被改变这一科学事实进行本质思考。由此推理，从学生实际运动中的安全注意事项出发，首先引导学生初步认识运动的方式和形式，接着通过测量比较运动的快慢，最后明确运动物体具有的能量表现形式，各环节层层递进，指向学生的思维路径。

（一）提炼单元大观念

1. 课程标准分析

基于《义务教育科学课程标准（2022 年版）》进行分析。

核心概念：物质的运动与相互作用。

内容要求：力是改变物体运动状态的原因。

3、4 年级：知道可以用相对于另一个物体的方向和距离来描述运动物体在某个时刻的位置；知道测量距离和时间的常用方法；知道用速度的大小来描述物体运动的快慢，知道自行车、火车、飞机等常用交通工具的大致速度；描述生活中常见物体的直线运动、曲线运动等运动方式，比较不同的运动，举例说明各种运动的形式和特征。

* 丁平　徐苗琪，郑州中学第二附属小学

学业要求：能用科学词汇、图示符号等表述物体运动的方式；会用简单工具测量距离、时间等。能在探究过程中描述现象并如实记录。

本单元是四年级上册教材的第一个综合探究单元，本单元的学习要求以“探究物体运动”为主线，学生将了解如何用科学的方法描述物体的位置、位置的变化，以及如何比较运动的快慢，这对学生理解“世界是物质的，物质是运动的”这一观点有着重要的意义。

2. 教材分析

（1）相关教材内容梳理。

《物体的运动》：本单元的起始课，从生活实例展开，引导学生说清楚“谁”在“什么物体”的“什么方向”大概“多少距离”。然后结合运动的具体情境，学会借助图示、词汇整理信息，了解不同运动物体的运动轨迹也可能不同。

《运动的快慢》：在认识“什么是运动”的基础上，对运动的“速度”展开探究。经历数据读取、数据分析、计算排序，以及统计比较的信息处理过程，明白速度可以表示物体运动的快慢，并且能够运用公式计算得出物体运动的速度，完成概念从抽象到形成的全过程。

《速度的测量》：进一步指导学生测量速度，将这一内容细化并延伸至实际操作层面。详细了解测量路程和时间所用到的工具及具体的使用方法。再通过速度的计算公式来具体计算并比较运动物体速度的快慢。

《运动的形式》：将运动的主体由人拓展到更多运动的事物，使学生进一步理解“科学家把所有运动的事物包括人都称为运动的‘物体’”，并引导学生用各种办法让物体运动起来，认识到运动形式的不同，打破对“运动”的固有思维。

《运动与能量》：本单元的最后一课。从快慢形式等角度讲述运动的特征后，以运动物体的作用效果作为导入，将运动与能量联系起来，引导学生通过肉眼可见的变化，感受能量的存在，并通过设计实验进行验证，从而进一步感知能量的存在。

（2）教材内容整合分析。

本单元的学习内容主要包括观察认识“什么是运动”，比较发现“运动的快慢”；学会通过测量收集数据，计算“速度”，进而构建“运动”这一科学概念；认识到虽然物体的运动有不同的形式，但运动的物体都具有能量。为了更好地融通学生认知规律，建构知识结构，将本单元教材中第一课《物体的运动》和第四课《运动的形式》整合在一起进行学习，从而更有利于学生整体把握运动的方式或形式的区别与联系，强化对运动与能量关系的认识。

3. 学情分析

四年级学生处于儿童发展的后期阶段，这一阶段学生的学习能力和情感能力均会得到快速发展，面对困难具备一定的意志力，对于事物的认知也逐渐产生自己的想法，主观判断力不断增强。基于此，本单元设计一些富有挑战性的任务，不仅能提升学生的学习能力，也能激发学生对科学学习的兴趣。

学生对于运动的启蒙从一年级“我在哪里”开始，学会辨认方向，往往将“运动”理解为肢体上的“动作”或者“活动”，能够对运动形式进行简单的描述，如转圈、前进、摆动等，也能够观察出生活中的复合运动，但是无法合理表达；三年级的学习中知道电是一种能量、电能可以转化为其他形式的能量，对于生活中的能量有意识，能够感受到能量带来的变化，但对于“能量”的了解处于模糊认识的状态。鉴于此，本单元将运动与能量建立关联，明确概念、深化应用则是重中之重。

4. 单元大观念

经过上述分析，本单元在明确“运动”这一科学概念的基础上，以“建立运动与能量的关系”为核心追求，打破对“运动”的固有思维，最终确定单元大观念：运动的物体具有能量。

（二）建构单元知识结构

单元知识结构如图 1 所示。

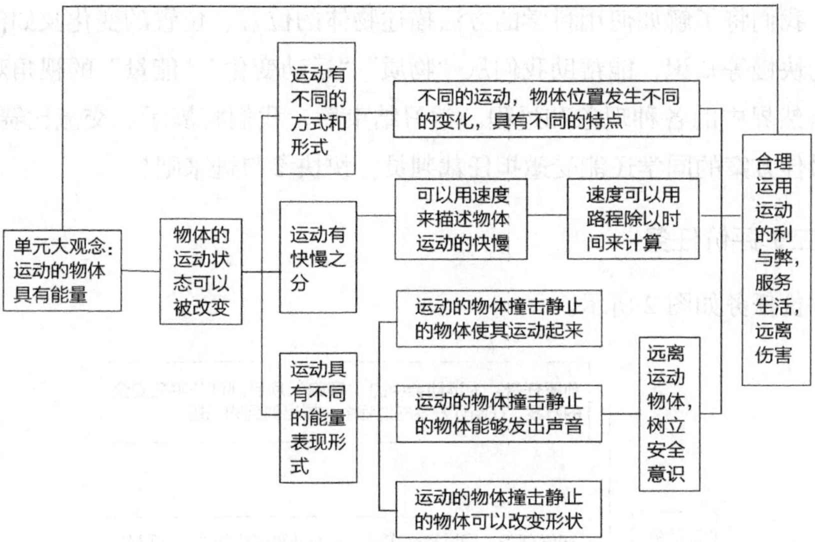

图 1 单元知识结构

（三）表述单元目标

（1）通过观察、测量等活动，能够说出常见物体的运动方式和形式，说出速度大小可以描述物体运动的快慢，归纳出运动的概念。

（2）通过探究活动，描述物体运动的快慢，建立“运动的物体具有能量”的意识，总结出测量速度的方法。

①通过实验探究，建立“运动的物体具有能量”的意识。

②通过分析比较，归纳出运动物体具有不同的能量表现形式。

③使用测量距离、计量时间的常用工具正确计算运动物体的速度。

（3）在现实生活中，合理运用运动的利与弊，服务生活，远离伤害。

二、创设学习情境和评价任务

（一）学习情境

同学们，我们班将承办秋季运动会“赛跑”这个比赛项目，发挥你的聪明才智为赛跑项目制订公平又安全的方案吧。为了完成此次任务，通过本单元的学习，我们将了解如何用科学的方法描述物体的位置、位置的变化及如何比较运动的快慢等知识，能帮助我们从“物质”“运动变化”“能量”的视角观察并解释自然界中的各种现象和过程。学习结束后，我们将展示、交流比赛方案，获得最佳方案的同学还能受邀担任裁判员，快快参与进来吧！

（二）评价任务

评价任务如图 2 所示。

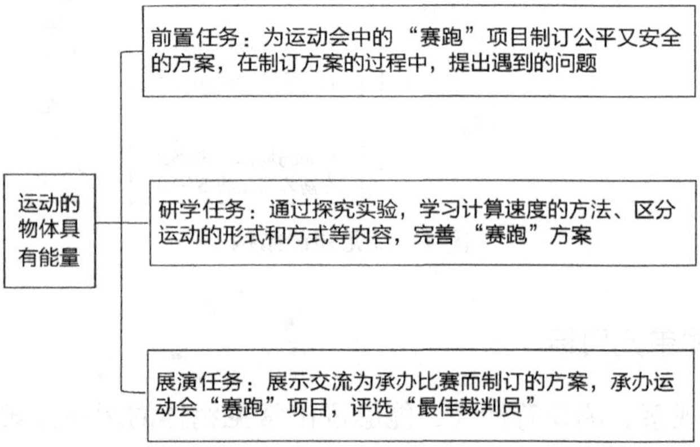

图 2 评价任务

课时总体规划：前置任务在课前完成，研学任务占 4 课时，展演任务占 1 课时，本单元共占 5 课时。

三、设计学习活动方案

（一）前置任务

学校秋季运动会就要开始了，我们班将承办运动会“赛跑”这个项目。你了解关于运动会的比赛项目及相关规则吗？你知道怎样比较运动员跑步的快慢吗？你知道我们为什么要远离正在比赛的运动员吗？请结合你对“赛跑”项目的了解，制订出公平又安全的方案，在制订的过程中，将你遇到的问题及时记录下来吧。

（二）研学任务

研学任务如表 1 所示。

表 1　研学任务

基本问题：如何判断运动的物体具有能量？			
单元目标	**课时目标**	**学习问题**	**学习活动**
（1）通过观察、测量等活动，能够说出常见物体的运动方式和形式，说出速度大小，可以描述物体运动的快慢，归纳出运动的概念。 （2）通过探究活动，描述物体运动的快慢，建立运动的物体具有能量的意识，总结出测量速度的方法。 （3）在现实生活中，合理运用运动的利与弊，服务生活，远离伤害	第 1 课时： （1）能够科学、准确地说出物体在某一时刻的位置，并结合位置是否变化判断物体是否运动。 （2）联系实际，能在生活中找出运动的物体并能说出运动的方式和形式	（1）怎样判断物体是否运动？ （2）运动方式和形式分别有哪些？	**任务 1：展示交流运动会赛跑项目比赛方案。** 同学们，在前期制订运动会赛跑项目比赛方案的过程中，根据查阅资料等方法制订出了各自的比赛方案，也提出了自己的问题或困惑，请小组合作学习。 （1）小组内展示交流比赛方案。 （2）同伴相互解答问题或困惑，将小组内无法解决的问题梳理出来，形成“问题集”。 **任务 2：观察运动员的运动对比图，描述位置变化，归纳生活中常见的运动方式和形式。** 同学们，为了更好地制订方案，解决我们自主探究中梳理的问题，我们需要了解运动的特征，请同学们观察教材中运动员的运动对比图。 （1）描述运动会上运动员的位置变化。 （2）画一画运动轨迹，比一比这些轨迹的不同，总结常见的运动方式和形式。 （3）解决“问题集”中的相关问题
	第 2 课时： （1）通过比赛数据的比较、分析，说出用速度的大小来描述物体运动快慢的方法。 （2）说出常见交通工具的速度范围	你能比较出运动员赛跑的快慢吗？	**任务 3：学习比较不同运动物体的快慢。** 同学们，我们要想制订出完善的方案，需要在方案中明确评价规则。那么，如何评定运动员的名次？请同学们对比分析两组赛跑成绩。 （1）从相同距离及不同距离的赛跑成绩中，确定谁跑得更快。 （2）教师引导、小组讨论，总结出计算速度的方法，并用速度来比较不同运动员跑步的快慢。比较日常交通工具速度的大小。 （3）修改并完善比赛方案

续表

单元目标	课时目标	学习问题	学习活动
（1）通过观察、测量等活动，能够说出常见物体的运动方式和形式，说出速度大小，可以描述物体运动的快慢，归纳出运动的概念。 （2）通过探究活动，描述物体运动的快慢，建立运动的物体具有能量的意识，总结出测量速度的方法。 （3）在现实生活中，合理运用运动的利与弊，服务生活，远离伤害	第 3 课时： 使用测量距离、计量时间的常用工具正确计算运动物体的速度	如何测量并计算速度？	**任务 4：掌握测量速度的具体方法。** 同学们，我们已经知道了速度的计算方法，你知道测量的工具和方法吗？怎样通过测量和计算得出速度呢？用什么样的方式能够更加直观地显示比赛结果呢？同学们一定有一些了解，我们一起到操场上开展实验探究，小组合作学习。 （1）自主阅读教材和学习任务单。 （2）小组分工合作，持测量工具实地测量并记录。 （3）归纳测量工具的使用方法并进行计算。 （4）用统计图表呈现数据，对比分析，总结收获。 （5）修改并完善比赛方案
	第 4 课时： （1）通过实验探究，建立“运动的物体具有能量”的意识。 （2）通过分析比较，归纳出运动物体具有不同的能量表现形式	如何判断运动的物体具有能量？	**任务 5：进行弹珠实验，验证运动的物体具有能量，提炼单元大观念。** 同学们，我们在设计比赛方案时，除了要制订相关的项目及规则，还需要设计安全注意事项。 （1）猜想观赛同学远离比赛场地的原因。用弹珠来设计实验，验证运动的物体具有能量。 （2）观察生活中有关物体运动的现象，说一说这些运动的物体具有能量的表现形式。 （3）联系生活实际，说一说运动给人类带来的利与弊。 （4）从安全的角度继续完善比赛方案

（三）展演任务

通过本单元的学习，同学们积极探究关于运动的知识、测量速度的方法等，为“赛跑”项目制订了公平又安全的比赛方案，期待每位同学都能在展演交流大会上一展风采！评选出的优秀方案将成为学校秋季运动会“赛跑”项目的最终比赛方案，同时还会邀请优秀方案获得者在比赛中担任裁判员，比一比，谁是最佳裁判员！

四、研制评价量表

根据单元学习目标，本单元共设置三组评价量表。第一组评价量表在学习之前进行，即前置任务评价量表；第二组评价量表在学习过程中进行，即研学任务评价量表，包括“研学活动”评价量表和“课堂表现”评价量表；第三组评价量表在学习之后进行，即展演任务评价量表。第一组评价量表由学生自组评委会依据评价标准进行评价；第二组、第三组评价量表由学生依据评价标准自评、互评。

（一）前置任务评价量表

“赛跑项目方案”评价量表如表 2 所示。

表 2　“赛跑项目方案”评价量表

维度	A	B	C
赛跑项目与规则	能列举出至少 5 种赛跑项目，每一种都匹配比赛规则	能列举出至少 3 种赛跑项目，每一种都匹配比赛规则	能列举出至少 2 种赛跑项目，匹配比赛规则
有效问题	提出至少 3 个与主题匹配、可研究的科学问题	提出至少 2 个与主题匹配、可研究的科学问题	提出至少 1 个与主题匹配、可研究的科学问题

（二）研学任务评价量表

“研学活动”评价量表如表 3 所示。

表 3　“研学活动”评价量表

维度	A	B	C
运动的不同方式和形式	能运用示意图等多种形式记录、整理信息；描述物体运动的特征，分别归纳出至少 5 种以上常见的运动方式和形式	能简单描述物体运动的特征，分别归纳出至少 3 种常见的运动方式和形式	能简单描述物体运动的特征，分别归纳出至少 2 种常见的运动方式和形式
运动的快慢	测量工具使用方法正确，测量数据精确，计算结果正确，结论分析准确	测量工具使用方法正确，测量数据相对准确，计算方法正确，结果可能存在偏差，结论分析相对合理	测量工具使用方法相对正确，测量数据存在偏差，计算方法正确，结果存在偏差，结论分析有误
运动的不同能量表现形式	能准确全面地说出 3 种运动的能量表现形式	能准确说出 2 种运动的能量表现形式	能准确说出 1 种运动的能量表现形式

“课堂表现”评价量表如表4所示。

表4 “课堂表现”评价量表

维度	A	B	C
解答问题	能积极和教师互动，主动质疑，准确解答相关问题	能比较积极地听讲，准确解答简单问题	能在教师或同伴的帮助下解答简单问题
实验操作	能按要求进行实验操作且完成质量高	能按要求进行实验操作，但只能完成部分实验操作任务	能够在教师或同伴的帮助下进行简单的实验操作
自主探究	全面、正确完成自主探究任务	正确完成部分自主探究任务	在教师或同伴的帮助下完成部分自主探究任务
小组合作	能认真倾听、积极讨论，准确全面记录	能比较认真地倾听与讨论，准确记录	能在同伴的提醒下参与倾听与讨论，有记录

（三）展演任务评价量表

“最佳裁判员”评价量表如表5所示。

表5 “最佳裁判员”评价量表

维度	A	B	C
比赛方案	（1）方案完整，内容全面，表述清晰。 （2）比赛项目符合规范的运动会标准，可行性强。 （3）规则明确、公平、合理。 （4）安全保障措施具体可行。 （5）体现创新思维	（1）方案比较完整，内容比较全面，表述相对清晰。 （2）比赛项目符合运动会标准，具有可行性。 （3）规则明确、公平。 （4）安全保障措施可行	（1）方案有待完善。 （2）比赛项目可行。 （3）规则相对明确、公平。 （4）有安全保障措施

五、教学设计反思

“运动”这一单元在以往的教学设计中注重单节课知识点的学习，每节课之间连贯性较弱，教师备课中缺乏系统性，学生学习难以实现结构化。如今我们探索并实施单元教学，从整体出发，深入解读《义务教育科学课程标准（2022年版）》，根据学生年龄特点、知识经验等方面的分析，通过梳理学科知识结构，对教材内容进行有逻辑、成体系的统整，将一个个知识点串联起来，打破传统教学模式。本单元以“设计运动会赛跑方案”为贯穿始终的大任务，分前置、研学、展演三个过程逐步引领学生“走入”“深入”“应用”，符合学生认知规律，指向科学核心素养。课中学习以“研学任务”为主，将大任务分解为 5 个小任务，按照由简单到复杂、由具体到抽象的逻辑，科学设计学习进程，帮助学生从认识运动、掌握运动的特征，到树立“运动的物体具有能量”这一大观念，构建系统性的知识集合。

振动不同产生的声音不同

——大象版《科学》小学六年级上册第三单元“大家动手做乐器”

徐苗琪　丁　平*

一、制订基于核心素养的单元目标

本单元的主题为“声音”，学生需要知道声音由物体的振动产生，声音有高低、强弱之分，还要明确影响声音高低、强弱的有关因素等。本单元的核心价值确定为分析振动与声音的关系，归纳出改变声音大小与高低的方法，通过设计、制作、展示乐器，学以致用，提升科学素养。

（一）提炼单元大观念

基于《义务教育科学课程标准（2022年版）》进行分析。

1.课程标准分析

核心概念：物质的运动与相互作用。

内容要求：声音与光的传播。

学业要求：能解释声音产生与物体振动的关系，以及声音高低、强弱的改变与振动变化的关系，能说明声音可以在不同物质中传播，了解生产、生活中的噪声现象和防噪方法。能解释物体振动与声音产生及其变化之间的关系。能在教师的指导下设计实验，探究声音与物体振动的关系。能在探究过程中描述现象并如实记录。

本单元选自大象版《科学》小学六年级上册第三个综合探究单元。基于《义务教育科学课程标准（2022年版）》进行解读，课程从科学观念、科学思维、探究实践和态度责任四个维度对学生进行了素养的相关要求，本单元的学

*徐苗琪　丁平，郑州中学第二附属小学

习以“物体振动与声音产生及其变化之间的关系”为主线，学生将了解声音是如何产生的、如何改变声音的大小和高低及噪声的防治等内容。

2. 教材分析

（1）相关教材内容梳理。

教材设计了“奇思妙想——设计篇”“心灵手巧——制作篇”“精彩纷呈——展示篇”三个主题活动。以活动为载体，以探究为核心是本单元教材的突出特色。

“奇思妙想——设计篇”：首先根据观察提出关于声音产生的猜想；其次寻找证据加以验证，证明声音是通过振动产生的；最后利用探究的结论分小组设计出制作乐器的方案。

“心灵手巧——制作篇”：根据设计的制作方案开展探究活动。首先探究怎样使乐器发出比较好听的声音，其次通过猜想后的验证进一步探究改变声音的高低和大小的方法，最后比较不同的乐器改变声音高低与大小的方法。

“精彩纷呈——展示篇”：通过举行自制乐器观摩会，学习与反思本组的制作方案，改进本组的乐器制作。通过演奏乐器，根据发出的声音好听与否引入噪声的概念，并进一步讨论噪声的危害与控制方法。

（2）教材内容整合分析。

本单元的三个主题较好地达成了整个单元的目标，但每一课又相对独立，为了能够更好地达成单元目标，提升学生的科学素养，让学生利用真实情境，从生活中取材，通过动手操作来探索、发现科学规律，自主构建科学知识体系。本单元在原有课时的基础上，围绕一个单元大情境，设置一个单元大任务，利用三个课时进阶式地解决实际问题。让学生主动认知、动手实践，促进学生的创新意识和实践能力。

3. 学情分析

六年级学生已经进入青春期的早期阶段，这一时期的学生自主意识逐渐增强，喜欢用批判的眼光看待事物，同时抽象思维、逻辑思维能力增强。此时的学生已经具备基于已有知识经验进行科学探究的能力，需要继续培养学生采用不同的表述方式呈现探究的过程，对探究活动进行过程性反思与总结性评价。

关于声音，六年级学生已经有了较为全面的认识，也有相关的生活经验，知道发出声音是物体的现象，能够从现象中分析声音是由物体振动而产生的，同时知道声音有高低、强弱之分。另外，大多数学生认识一些常见的乐器，会演奏乐器，能够说出乐器的发声方法。但是，对于如何改变声音的大小和高低，以及声音的改变和振动的关系还没有建立明晰的认识。

4. 单元大观念

本单元是关于“声音”的综合探究单元，通过设计对比实验，帮助学生了解影响声音大小和高低的因素等科学知识，帮助学生更好地明确声音与振动的关系。通过对《义务教育科学课程标准（2022 年版）》、教材及学情的分析，本单元的大观念确定为：振动不同产生的声音不同。

（二）建构单元知识结构

单元知识结构如图 1 所示。

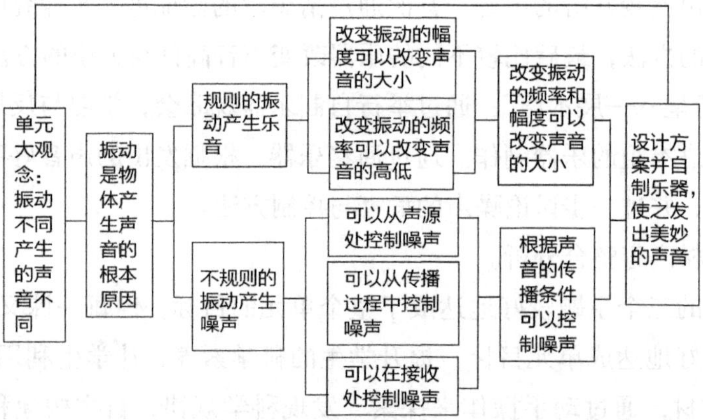

图 1　单元知识结构

（三）表述单元目标

（1）通过实验探究及现象分析，能够说出声音是由物体的振动产生的，能区分乐音和噪声，概述声音的传播途径。

（2）通过查阅资料和自制乐器等活动，分析振动与声音的关系，归纳出改变声音大小与高低的方法。

①建立振动不同产生的声音不同的一般认识。

②用振动的幅度和频率来解释声音的大小与高低。

③通过探究，归纳改变声音大小和高低的方法。

（3）通过“自制乐器”交流活动，了解并运用噪声的防治方法解决实际问题。

二、创设学习情境和评价任务

（一）学习情境

同学们，我们年级一年一度的“自制乐器”音乐会就要开始了，现在需要同学们自制乐器并成为小小演奏家。为了更好地完成此次活动，本单元我们将了解“声音是如何产生的”“区分并改变声音的大小与高低”“噪声的防治”等声音的相关知识。学习结束后，我们将举办“自制乐器”交流活动，展示并完善你的自制乐器。评选出的优秀自制乐器将参加“自制乐器”音乐会。期待你在音乐会上的精彩表现！

（二）评价任务

评价任务如图 2 所示。

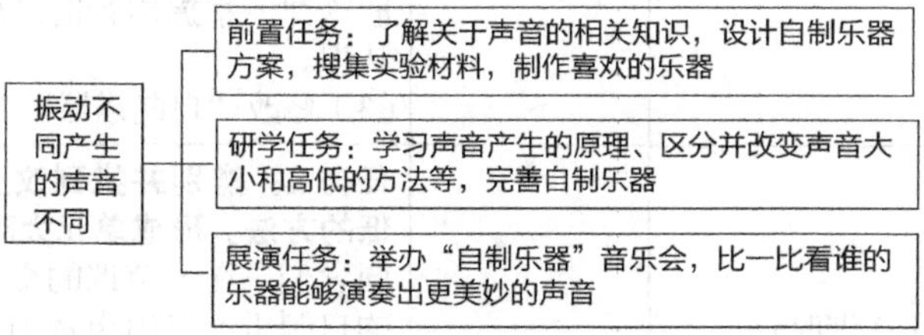

图 2　评价任务

课时总体规划：前置任务在课前完成，研学任务 3 课时，展演任务 1 课时，本单元共 4 课时。

三、设计学习活动方案

（一）前置任务

你参加过音乐会吗？你尝试过自己制作乐器并演奏乐曲吗？年级一年一度的“自制乐器”音乐会就要开始了，现在需要大家自制乐器，招募小小演奏家。请同学们提前了解关于声音的相关知识，设计自制乐器方案，尝试制作自己喜欢的乐器。可以模仿已有的乐器，也可以改进已有的乐器，还可以自己发明一种乐器。

（二）研学任务

研学任务如表 1 所示。

表 1　研学任务

基本问题：如何通过改变振动来发出不同的声音？			
单元目标	**课时目标**	**学习问题**	**学习活动**
（1）通过实验探究及现象分析，能够说出声音是由物体的振动产生的，能区分乐音和噪声，概述声音的传播途径。 （2）通过查阅资料和自制乐器等活动，分析振动与声音的关系，归纳出改变声音大小与高低的方法。 （3）通过“自制乐器”交流活动，了解并运用噪声的防治方法解决实际问题	第 1 课时： 通过实验，能够说出声音是由物体振动产生的	声音是怎样产生的？	**任务 1：交流“自制乐器”，尝试找到发声规律，初步建立单元大观念。** 同学们，我们已经尝试制作了自己喜欢的乐器，请同学们： （1）小组合作学习，展示、交流自己设计的“自制乐器”方案和制作的乐器。初步整理设计和制作过程中遇到的问题或困难。 （2）动手实验，用不同的方法让不同的物体发出声音，归纳总结发声物体的一般规律，掌握声音的产生与振动有关的认识。 （3）修改“自制乐器”方案
	第 2 课时： （1）能区分声音的大小与高低。 （2）用振动的幅度和频率正确解释声音大小、高低的不同。 （3）找到调节声音大小、高低的方法	（1）如何用振动来解释声音的大小与高低？ （2）如何改变声音的大小和高低？	**任务 2：辨别并找到改变声音大小和高低的方法。形成单元大观念。** 同学们，在上节课的交流中，有些同学的自制乐器发出声音的大小和高低没有明显变化，有的具有明显变化，哪种乐器能演奏出美妙的乐曲呢？为什么？请同学们： （1）在教师的引导下，听不同的声音，判断声音的大小与高低。 （2）以橡皮筋和鼓为例，通过探究实验，分析声音的大小、高低与振动的关系，找到改变乐器声音大小、高低的方法。提炼出“振动不同产生的声音不同”的认识。 （3）修改“自制乐器”方案，完善乐器制作

续表

单元目标	课时目标	学习问题	学习活动
（1）通过实验探究及现象分析，能够说出声音是由物体的振动产生的，能区分乐音和噪声，概述声音的传播途径。 （2）通过查阅资料和自制乐器等活动，分析振动与声音的关系，归纳出改变声音大小与高低的方法。 （3）通过“自制乐器”交流活动，了解并运用噪声的防治方法解决实际问题	第3课时： （1）学习声音通过物质传播到人的耳朵。 （2）区分乐音和噪声，阐述噪声的危害和控制方法	（1）声音的传播需要哪些条件？ （2）怎样控制噪声？	**任务3：继续开展“自制乐器”交流活动，学习噪声的控制方法，完善作品。** 同学们，上节课我们已经完善了自己制作的乐器，为了保证我们的音乐会能更好地举办，我们要避免噪声的产生。请同学们小组合作学习。 （1）阅读教材，了解声音传播的基本途径。 （2）结合生活实际，说出噪声的危害及控制方法。 （3）展示“自制乐器”，小组初评推选、全班整体评价，评选出优秀乐器，推荐参加音乐会

（三）展演任务

在本单元的学习过程中，同学们积极探究关于声音的相关知识、改变声音大小和高低的方法等，随后设计方案、搜集材料，制作出了属于自己的乐器。接下来，我们将在年级举办“自制乐器”音乐会，比一比谁的乐器能演奏出更美妙的声音。音乐会结束后，将评选出“最佳小小音乐家”。

四、研制评价量表

根据单元学习目标，本单元共设置三组评价量表。第一组评价量表在学习之前进行，即前置任务评价量表；第二组评价量表在学习过程中进行，即研学任务评价量表，包括“研学活动”评价量表和“课堂表现”评价量表；第三组评价量表在学习之后进行，即展演任务评价量表。第一组、第二组评价量表由学生依据评价标准自评、互评，第三组评价量表由学生自组评委依据评价标准进行评价。

（一）前置任务评价量表

“初制乐器”评价量表如表2所示。

表2 “初制乐器”评价量表

维度	A	B	C
设计方案	（1）具有设计原理，且原理科学、准确。 （2）设计步骤清晰明了。 （3）用图文结合的表现形式	（1）具有设计原理，且原理基本正确。 （2）设计步骤清晰明了。 （3）用图片或文字的方式呈现	（1）未体现设计原理或不正确。 （2）有设计步骤，但缺乏逻辑。 （3）用图片或文字的方式呈现，但描述模糊
制作乐器	（1）能发出有规律的声音。 （2）声音有大小高低之分。 （3）外形美观	（1）能发出相对有规律的声音。 （2）声音有大小或高低之分。 （3）外形简单	（1）能发出声音。 （2）声音单一，无大小或高低之分。 （3）外形较为简陋

（二）研学任务评价量表

“研学活动”评价量表如表3所示。

表3 “研学活动”评价量表

维度	A	B	C
音高与音调	（1）能对比生活中常见的5种声音的大小和高低。 （2）能准确调节乐器声音的大小和高低	（1）能对比生活中常见的3种声音的大小和高低。 （2）能调节乐器声音的大小和高低	（1）能对比生活中常见的2种声音的大小和高低。 （2）能调节乐器声音的大小和高低
乐音和噪声	（1）能准确区分乐音和噪声。 （2）说出5种以上噪声的危害和3种以上噪声的控制方法	（1）能准确区分乐音和噪声。 （2）说出3种以上噪声的危害和2种以上噪声的控制方法	（1）能区分乐音和噪声。 （2）说出2种以上噪声的危害和1种以上噪声的控制方法

“课堂表现”评价量表如表 4 所示。

表 4 “课堂表现”评价量表

维度	A	B	C
表达想法	积极参与交流，主动大胆表达想法	主动参与交流并表达自己的想法	参与交流并表达想法
完成实验（制作）	（1）积极、认真完成实验（制作）。 （2）记录及时、全面	（1）能按要求完成实验（制作）。 （2）记录及时	（1）在教师或同伴的帮助下完成实验（制作）。 （2）有记录
听讲情况	（1）能积极和教师互动。 （2）主动质疑	（1）能比较积极的听讲。 （2）发言较主动	（1）听讲情况一般。 （2）发言欠主动

（三）展演任务评价量表

“展演任务”评价量表如表 5 所示。

表 5 “展演任务”评价量表

维度	A	B	C
乐器美观程度	非常美观	较美观	外观未经修饰
乐器牢固程度	非常牢固	较牢固	容易散架
演奏乐曲的美妙程度	完整演奏出一首音调准确、响度适中的乐曲	间断性演奏出一首乐曲，音调较准确、响度较适中	能演奏一首乐曲的部分片段，音调不准确

五、教学设计反思

本设计与传统教学设计不同，以举办“自制乐器”音乐会为真实情境，通过前置任务、研学任务和展演任务，以任务驱动教学，引领学生从事物的表象展开研究，从充分的学习体验开始。在设计方案、制作乐器的过程中，通过充分的探究实验，了解声音的产生原理，明确影响声音大小和高低的因素，掌握改变声音大小和高低的方法，进而明确振动与声音的关系。本设计注重单元的整体结构和知识脉络，强调单元教学的一致性和连贯性，能够帮助学生更加系统地理解知识并发现知识之间的关联，不再是学习割裂的知识点，能够更好地将所学应用于实际生活当中，改变生活、创造生活。

本单元的关键点在于提取单元大观念和建构单元知识结构图。在提取时，笔者充分分析了《义务教育科学课程标准（2022 年版）》的要求，结合教材及学情，深挖单元主题的本质，确定单元大观念。结构图以单元大观念为核心，以学生的思维路径为抓手，将大观念分解为一个个小观念，循序渐进地帮助学生深入理解科学大观念。此教学设计符合学生的认知发展规律，帮助学生真正进行深度学习，达成“教—学—评”一体化的目标。

跳得远需要跳跃技能和下肢爆发力的有机结合
——人教版《体育与健康》小学三年级水平二“跳远”单元

林鸣歌　潘　永*

一、制订基于核心素养的单元目标

本单元的核心是解决跳得更远的技能与体能问题，并在现实竞技比赛中跳出一定的距离。据此从“比赛”“应用”的角度逆向分析学生的认知规律和发展路径，聚焦关键环节，建构知识架构，提炼单元大观念，达成素养的目标。

（一）提炼单元大观念

基于《义务教育体育与健康课程标准（2022 年版）》进行分析。

1. 课程标准分析

学段目标：通过课程的学习，学生积极参与体能练习，能够认识体能和运动技能发展的重要性，掌握跳跃运动的基础知识和基本原理，提高创新意识和实践能力，形成积极的体育态度。积极参与体育活动，形成良好的体育品德。学生在参与体育训练和比赛或展示中，表现出自信、勇敢、不畏困难、刻苦训练、超越自我的体育精神，能够将体育运动中形成的良好体育品德迁移到日常学习和生活中。

内容要求：学习和体验立定跳远的基本动作和简单组合动作，知道跳跃运动的基础知识，在跳跃游戏中运用各种跳跃技能。知道跳远项目需要的体能简单训练方法，乐于参加体能游戏，并敢于在比赛或游戏中展示跳跃技能。知道跳远游戏的基本规则和要求，尝试判定跳远的有效成绩。

学业要求：掌握并描述所学运动项目的基本动作技术要领、练习方法

* 林鸣歌　潘永，郑州高新区外国语小学

和比赛规则，并运用在游戏和比赛中，说出立定跳远的动作名称和练习方法。主动与同伴交流合作，训练有一定难度的动作时能保持情绪稳定，初步树立安全意识。在田径类运动项目游戏和比赛中积极进取，不怕困难，勇敢顽强。

学业质量标准：能做出立定跳远的基本技术动作和简单组合技术动作，并参与简化规则、降低要求的跳跃比赛。能在教师指导下参与体能练习，体能达到相应年级《国家学生体质健康标准（2014 年修订）》的合格水平。参与跳跃运动训练和比赛时，表现出稳定的情绪，并适应游戏和比赛环境的变化。能列举跳跃训练中的一些安全注意事项，有安全意识。

本单元属于水平二体育专项运动技能“田径类运动”，通过《义务教育体育与健康课程标准（2022 年版）》解读，我们认为本单元的核心价值是将跳远技能、跳远体能与“跳得远”紧密联系、相辅相成。核心标准有三点：掌握跳跃运动的基础知识与技能，提高运动能力，知道发展体能的多种练习方法，提升下肢的速度与力量；按照规则和要求参与体育活动，在比赛中敢于展示跳跃技能；训练与比赛中表现出勇敢顽强、克服困难的意志品质。

2. 教材分析

（1）相关教材内容梳理。

本单元内容包括：根据学生的特点，通过讲解、示范等多种形式，建立立定跳远的动作表象；运用不同训练方法，提高学生的协调能力；结合水平一，运用游戏方式进行训练，增加趣味性，通过模仿练习来体会发力的部位与感觉；通过增加不同高度和远度的障碍物，提高学生跳远的距离；进行分层次教学，对有能力的同学增加难度，体会空中展体和落地前小腿前伸的动作要领。

本单元教材提供了易犯错误与纠正方法，便于教师有针对性地指导练习。专项练习设计为单双脚跳、猜拳跨步跳和跳台阶。

（2）教材内容整合与分析。

本单元首先让学生整体体会跳远的完整动作，然后分预摆、起跳、腾空、落地四个环节技术要领进行学练，自主纠错、反复练习。单独设计专项体能训练与技能训练相结合，最后整体融合各技术要领进行练习和展示，建立跳得远需要跳跃技术和下肢爆发力有机结合的认识。具体安排如下：

第1课时：交流前置任务，围绕自己跳得远的方法进行小组分享，然后自己体验立定跳远的发力顺序，分小组探讨交流，初步形成对跳远的整体认识。

第2课时：学习立定跳远的摆臂和起跳，找出摆臂和起跳的正确方法，掌握正确摆臂、起跳的技能。

第3课时：学习立定跳远的腾空和落地，找出腾空的技术要领和落地后身体不稳的原因，掌握正确腾空、落地的技能。在进行整体练习中，建立跳得远需要技能和下肢爆发力有机结合的认识。

第4课时：进行跳远专项体能训练，增强相关体能。

第5课时：对学生已掌握的技能进行班级跳远展示与评价，发展运动兴趣。

3. 学情分析

三年级学生正处在从低年级向高年级的过渡时期，是培养学习能力、意志品质和学习习惯的最佳时期。该年龄段学生活泼好动、模仿力强，勇于竞争、自我表现欲强，学习上逐步由被动学习向主动学习转变，但自我约束能力还需要外力的作用。体育素质方面，学生个体间存在身体条件、运动能力等方面的差异，身体的灵活性、协调性、力量等还处于基础发展时期。

三年级学生在立定跳远的技能掌握上，处于较低水平。在水平一的学习中，学生对跳跃的动作技能有所了解，对跳跃类竞赛项目也有一定经验，但对“跳得远”的方法没有经过系统思考与规范训练，相匹配的体能也存在相对不足，爆发力还不够。

4. 单元大观念

鉴于以上分析，本单元的主要内容是学生对跳远预摆、起跳、腾空、落地四个环节技能的训练和纠错，形成对完整动作的整体认识。核心价值是明确“跳得远”的方法。为此，确定单元大观念：跳得远需要跳跃技能和下肢爆发力的有机结合。

（二）建构单元知识结构

单元知识结构如图1所示。

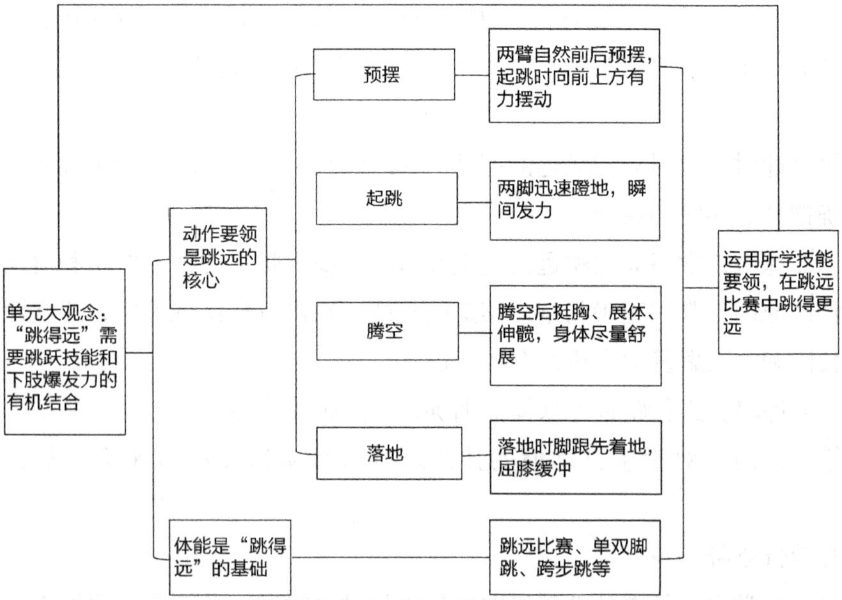

图 1　单元知识结构

（三）表述单元目标

（1）通过研讨"跳得远"的方法，能说出技能要领和相关体能在立定跳远中的作用。

（2）通过训练立定跳远的技能动作，建立"跳得远"需要跳跃技能和下肢爆发力有机结合的认识，做出跳远的规范动作，提高下肢爆发力。

①通过体验立定跳远的发力顺序，能做出立定跳远的完整连贯动作。

②通过分解动作练习，总结预摆、起跳的技能要领，做出规范的预摆、起跳动作。

③通过分解动作练习，总结腾空与落地的技能要领，做出规范的腾空与落地动作，说出"跳得远"与跳跃技能和下肢爆发力之间的关系。

④通过专项练习，提高相关体能。

（3）在具体的情境中，能运用四环节技能要领进行立定跳远并达到一定距离，形成克服困难、坚持练习，客观认识自身条件、正视成败的体育品德。

二、创设学习情境和评价任务

（一）学习情境

同学们，还记得《小蝌蚪找妈妈》的故事吗？如今啊，小蝌蚪都已经成长为能干的小青蛙了，它们在荷叶上蹦蹦跳跳的嬉戏玩耍，好开心啊！大家也来玩一玩“小青蛙跳荷叶”的游戏吧，看谁跳得远，看谁的跳远方法最有用。单元结束，我们还要举行立定跳远比赛，展示最优秀的跳远方法，看谁能够成为我们班的“跳远小明星”。

（二）评价任务

评价任务如图2所示。

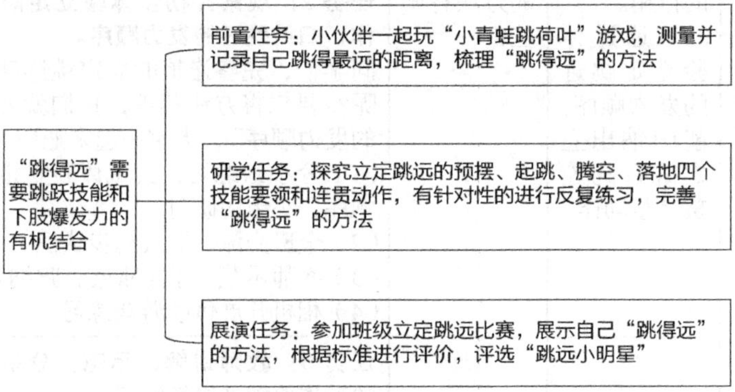

图2　评价任务

课时总体规划：前置任务课前完成，研学任务4课时，展演任务1课时，本单元共5课时。

三、设计学习活动方案

（一）前置任务

课下体育活动时间，请同学们和小伙伴一起玩“小青蛙跳荷叶”的游戏，尝试多次跳远，把自己跳得最远的一次距离记录下来，并梳理出自己“跳得远”的好方法。

（二）研学任务

研学任务如表1所示。

表1　研学任务

基本问题：怎样才能跳得更远？			
单元目标	**课时目标**	**学习问题**	**学习活动**
（1）通过研讨“跳得远”的方法，能说出技能要领和相关体能在立定跳远中的作用。 （2）通过学练立定跳远的技能动作，建立“跳得远”需要跳跃技能和下肢爆发力有机结合的认识，做出跳远的规范动作。提高下肢爆发力。 （3）在具体的情境中，能运用四环节技能要领进行立定跳远并达到一定距离，形成克服困难、坚持练习，客观认识自身条件，正视成败的体育品德	课时1： （1）能说出“跳得远”的技能要领和相关体能在提高跳远中的作用。 （2）通过体验立定跳远的发力顺序，能归纳出立定跳远的连贯完整动作	“跳得远”的方法有哪些？	**任务1：交流自己的观点，初步梳理“跳得远”的方法。** 课下时间，大家参与了有趣的“小青蛙跳荷叶”游戏，我们一起来交流收获。 （1）就自己“跳得远”的方法进行小组研讨。 （2）进行试跳练习。 （3）小组总结“跳得远”的有用方法，教师总结，明确“跳得远”需要技能要领和相关体能。 **任务2：观察并初步体验立定跳远的连贯动作，归纳跳远的发力顺序。** 同学们，完整连贯的立定跳远动作是怎样的呢？要想将方法落地，我们就要研究“跳远的发力顺序”，大家一起来吧！ （1）分小组练习，尝试体验立定跳远的发力顺序，小组内研讨。 （2）全班交流，形成初步认识。 （3）教师示范、学生观察，归纳发力顺序。 （4）相机开展体能游戏练习
	课时2： 通过分解动作练习，总结预摆、起跳的技能要领，做出规范的预摆、起跳动作	预摆和起跳的技能要领是什么？	**任务3：教师讲解、示范，分析预摆和起跳的动作要领并进行练习。** 同学们，“跳得远”的方法需要每一个环节的动作规范，这些技能非常关键，我们一起来分解学习。 （1）教师示范立定跳远的预摆动作，分解动作要领。 （2）学生分组模仿练习，教师巡视指导并纠错。 （3）教师示范立定跳远的起跳动作，分解动作要领。 （4）学生分组模仿练习，教师巡视指导并纠错。 （5）优秀学生代表展示，进行整体纠错，总结预摆、起跳的技能要领。 （6）开展单双脚跳游戏比赛，增强体能

续表

单元目标	课时目标	学习问题	学习活动
（1）通过研讨“跳得远”的方法，能说出技能要领和相关体能在立定跳远中的作用。 （2）通过学练立定跳远的技能动作，建立“跳得远”需要跳跃技能和下肢爆发力有机结合的认识，做出跳远的规范动作。提高下肢爆发力。 （3）在具体的情境中，能运用四环节技能要领进行立定跳远并达到一定距离，形成克服困难、坚持练习，客观认识自身条件，正视成败的体育品德	课时3： 通过分解动作练习，总结腾空与落地的技能要领，做出规范的腾空与落地动作，说出“跳得远”与跳跃技能和下肢爆发力之间的关系	（1）怎样跳才能落的稳。 （2）“跳得远”的有用方法有哪些？	**任务4：教师讲解、示范，分析腾空和落地的动作要领并进行练习。** 同学们，在前面的学习中，有同学提出跳跳远中，空中身体没有舒展，落地时容易东倒西歪、前倾后仰，当然，这是影响“跳得远”的因素，到底怎样规避这些问题呢？我们继续来分解立定跳远的规范动作。 （1）小组研讨，跳到空中时身体的动作和怎样跳才能落地稳？ （2）全班交流分享并指派代表进行示范，教师指导总结。 （3）教师示范，学生观摩，全班归纳规范的腾空与落地动作。 （4）学生分小组练习，教师巡视指导并纠错。 （5）通过台阶跳游戏，发展学生的爆发力。 （6）小组完善“跳得远”的有用方法，按照完整的动作流程进行集中练习，教师总结
	课时4： 通过专项练习，提高相关体能	跳得远需要哪些专项体能？	**任务5：总结梳理“跳得远”需要的专项体能，进行爆发力体能的整体练习。** 同学们，大家在练习立定跳远过程中，一定发现跳得越远越需要腿部的爆发力，怎样训练腿部的爆发力呢？我们一起来探究并练习吧！ （1）进行跳远练习，总结跳得更远需要哪些相关的体能，班级内分享。 （2）分组进行单双脚跳、猜拳跨步跳、跳台阶等专项练习

（三）展演任务

同学们，大家在“小青蛙跳荷叶”游戏中展示了自己的跳远技能，在单元学习活动中体验了有效的跳远方法。今天，展示自我水平的机会来了，我们要举行立定跳远比赛，看谁是我们班的“跳远小明星”！请大家先同伴互助练习，之后进行比赛，相信大家一定是很棒的！

四、研制评价量表

根据单元学习目标，本单元共设置三组评价量表。第一组为前置任务评价量表，在单元学习之前进行，由学生根据标准自评；第二组为研学任务评价量表，由小组互评、教师评、学生自评相结合进行；第三组为展演任务评价量表，针对立定跳远比赛进行，由班级自组评委集中评价。

（一）前置任务评价量表

“小青蛙跳荷叶”评价量表如表 2 所示。

表 2 “小青蛙跳荷叶”评价量表

维度	A	B	C
自学练习情况	积极参加游戏活动，能梳理出 2 条“跳得远”的方法	参加游戏活动，能梳理出 1 条“跳得远”的方法	参加游戏活动，未能梳理出“跳得远”的方法

（二）研学任务评价量表

“研学任务”评价量表如表 3 所示。

表 3 “研学任务”评价量表

维度	A	B	C
预摆	两臂自然前后预摆，两脚随着协调弹性屈伸	两臂自然前后预摆，两脚未能做到协调弹性屈伸	两臂没有预摆，两脚未能做到协调弹性屈伸
起跳	两脚迅速蹬地，充分蹬地并伸髋、膝、踝关节向前上方起跳	两脚较为迅速蹬地，有蹬伸髋、膝、踝关节的动作，向前上方起跳	两脚慢速蹬地，没有蹬伸髋、膝、踝关节的动作
腾空	腾空后挺胸、展体，伸髋动作幅度大	有明显的腾空后挺胸、展体、伸髋动作	没有明显的腾空后挺胸、展体、伸髋动作
落地	落地后迅速屈膝缓冲，动作标准，保持身体平衡	落地后屈膝较为迅速缓冲，身体较为平衡	落地后屈膝较慢，身体前倾或者后仰
体育品德	积极主动参与练习，完成全部练习要求，能主动克服烦躁情绪	积极参与练习，完成大部分练习要求，能克服烦躁情绪	练习积极性有待提高，完成少量练习要求，克服烦躁情绪，能力有待提高

（三）展演任务评价量表

“小青蛙跳荷叶”评价量表如表 4 所示。

表 4　“小青蛙跳荷叶”评价量表

项目	等级	A	B	C
立定跳远/米	得分	90 ~ 100	75 ~ 87	60 ~ 72
	男	1.70 ~ 1.78	1.53 ~ 1.68	1.29 ~ 1.50
	女	1.60 ~ 1.67	1.41 ~ 1.58	1.19 ~ 1.38
竞赛精神		熟知并积极遵守竞赛规则，尊重记录员	知晓并遵守竞赛规则，尊重记录员	在教师提醒下知晓并能遵守竞赛规则，尊重记录员

五、教学设计反思

传统体育教学内容和形式都比较单一，内容上只是侧重动作技能，常常会忽略体能的训练；形式上则仅仅是动作要领的示范、练习与纠错，常常忽略情境的创设，缺乏系统的建构及创造性的应用，与学生实际需求容易存在分离，故难以发展学生的体育兴趣。单元教学以“怎样跳得更远”为基本问题，将“跳得远”与技能和下肢爆发力有机结合起来，让学生形成深刻的认识，为此创设真实任务情境，让学生在初步体验中“梳理方法”、系统研究与实践中“完善方法”，再到具体比赛中“展示方法”，以“方法”为主线、以游戏为载体层层推进、步步深入，有“研”有“学”、有“玩”有“练”、有“练”有“评”，符合学生的学习规律，有利于发展学生的核心素养。单元教学更是促进了我们教师的专业发展，对于笔者而言是意义非凡的，不仅对《义务教育体育与健康课程标准（2022 年版）》有了更加全面深刻的领悟，更新了教育理念，也优化了个人的教育教学方法，提升了体育教学的科学性、专业性、生成性与发展性。

掷得更远需要投掷技术和体能

——人教版《体育与健康》小学四年级水平二“投掷”单元

侯瑜龙　刘银艳*

一、制订基于核心素养的单元目标

本单元通过对《义务教育体育与健康课程标准（2022 年版）》的详细解读，结合教材、学情分析，确定核心内容为学练投掷的动作技术要领，在比赛中展示自己的技能并发展体能。根据核心内容，思考达到目标的关键为总结具体的投掷方法，让学生在蹬地、收腹、挥臂三项技能上进行学练，形成“掷得远”的技术动作，同时发展肌肉力量和爆发力，并将所学技能运用到实践中去。从学习者思维出发梳理指向学生思维路径的知识结构并提炼出本单元的大观念。

（一）提炼单元大观念

基于《义务教育体育与健康课程标准（2022 年版）》进行分析。

1. 课程标准分析

学段目标：积极参与多种运动项目感受运动乐趣；学练体能和多种运动项目的知识与技能，进行体育展示或比赛，了解体育锻炼对健康的重要性，积极参与校内外体育活动；了解个人运动伤病、安全避险等健康知识，并将其运用于日常生活中；关注自己情绪的变化，积极与他人沟通；在有一定难度的体育活动中表现出勇敢顽强、克服困难的意志品质；按照规则和要求参与体育活动，在体育活动中表现出文明礼貌、乐于助人的行为。

内容要求：在简化规则的田径类游戏中学习和体验投掷实心球的基本动作

* 侯瑜龙　刘银艳，郑州中学第二附属小学

和简单的组合动作，知道投掷运动的基础知识，能在展示或比赛中运用所学的投掷技能，并知道投掷项目需要的体能的简单学练方法，在比赛中敢于展示自我。知道田径类运动项目的规则和要求，尝试判定该运动项目的有效成绩。

学业要求：在降低规则要求的情境下做出所学田径类运动项目的基本动作和简单组合动作，并运用于投掷游戏和比赛中；体能水平有所提高；说出发展投掷能力的动作名称和练习方法；主动与同伴交流合作，学练有一定难度的动作时能保持情绪稳定，初步树立安全意识。在田径类运动项目游戏和比赛中积极进取，不怕困难，勇敢顽强。

学业质量标准：能做出所学田径类运动项目的基本动作和简单组合动作，并参与简化规则、降低要求的投掷游戏和比赛，能说出发展投掷能力的动作名称和练习方法；能在教师指导下参与体能练习，体能达到相应年级《国家学生体质健康标准（2014年修订）》的合格水平；参与所学田径类运动项目学练和比赛时，表现出稳定的情绪，能与同伴交流交往，适应游戏和比赛环境的变化；能列举投掷学练的一些安全事项，有安全意识；能按照要求参加所学田径类运动项目的学练和比赛，克服学练和比赛时的恐惧心理，表现出不惧困难的意志品质。

本单元属于水平二专项运动技能田径类，通过《义务教育体育与健康课程标准（2022年版）》的解读，我们认为本单元的核心标准是：在降低规则要求的情境下做出所学田径类运动项目的基本动作和简单组合动作，并运用于投掷游戏和比赛中；体能水平有所提高；主动与同伴交流合作，学练有一定难度的动作时能保持情绪稳定，初步树立安全意识。在田径类运动项目游戏和比赛中积极进取，不怕困难。

2. 教材分析

（1）相关教材内容梳理。

本单元主要进行水平二投掷单元“双手前掷实心球”的动作方法学习，其中屈肘后仰、向后引伸、蹬地收腹、快速挥臂是教学的重点。教师要根据学生掌握动作的特点，提高动作质量和练习密度，注重加强动作的配合协调；通过讲解、示范等多种形式，让学生建立双手前掷实心球的动作表象；采取多种模仿练习，体会动作的发力顺序；将学生分组进行练习，并加强安全教育；设置一些练习条件，让学生体会出手角度；通过多种练习方法和比赛，提高学生练习的积极性。根据教材中的易犯错误与纠正方法，让学生进行纠错练习。

专项体能练习设计为蛙跳比赛、平板支撑的动作。

（2）教材内容整合分析。

本单元让学生对于投掷动作有一个初步的掌握，然后分蹬地、收腹、挥臂三个环节进行学练，最后整体融合技术要领进行练习和比赛，在贯穿整个单元的学习中穿插体能训练，培养学生健康行为和体育品德。具体安排如下：

第1课时：学生交流前置任务，理解“掷得远”不仅需要规范的技术动作，还需要相关体能。接着学练投掷的发力顺序，初步完成投掷的完整动作。

第2课时和第3课时：分别学习蹬地、收腹和挥臂的技术动作，学练结合，让学生正确掌握蹬地、收腹、挥臂的技术动作。

第4课时：进行投掷专项体能训练，增强相关体能。

第5课时：为展演评价课，学生综合运用已掌握的技术动作进行投掷展示并参加比赛，同时进行数据测量，根据标准进行评价。

3. 学情分析

四年级学生活泼好动，爱自我表现，竞争意识、模仿能力和好奇心均较强，但他们自控力差，注意力不容易长时间集中，对于说得多、讲得多和教学内容较复杂的动作难以系统练习。根据学生的这些特点，可以设计投掷比赛，给学生充分展示自我的舞台，满足学生的表现欲。在学习中增加教师示范和小组互学，让学生在模仿和比赛中发展能力。采用情境、游戏等多种教学方法吸引学生的注意力，少讲解多练习，激发学生的学习动机。

四年级的学生已经初步具备了双手投掷的动作经验，初步体会到双手投掷与单手投掷的一些区别。但是由于练习次数少，学生在蹬地和收腹的发力顺序、出手角度等方面的把握上还有所欠缺，需要大量的练习。可以采用模仿、分组、纠错和比赛等多种的练习方式，增加练习量。

4. 单元大观念

结合《义务教育体育与健康课程标准（2022年版）》、教材及学情分析，本单元重要内容是让学生认识到投掷更远需要投掷技能和体能的结合，核心价值是通过对投掷技术的练习和纠错，结合相关体能的训练提高投掷水平。为此，确定单元大观念：掷得更远需要投掷技术和体能。

（二）建构单元知识结构

单元知识结构如图 1 所示。

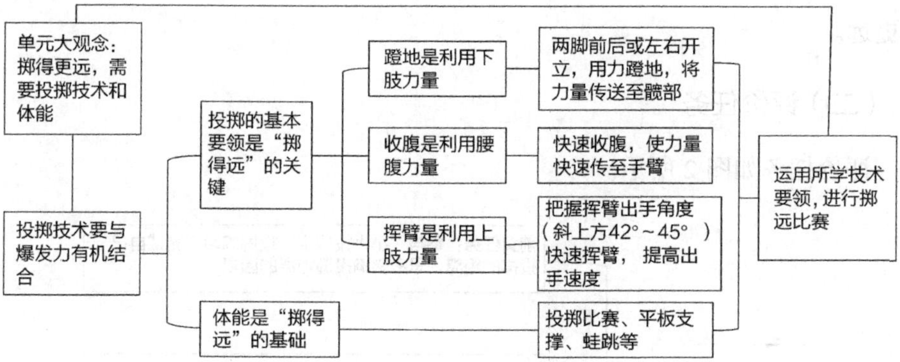

图 1 单元知识结构

（三）表述单元目标

（1）通过研讨影响掷远的因素，能说出技术要领和相关体能在投掷中的作用，建立对影响“掷得远”的关键因素的认识。

（2）通过学练技术动作，能总结投掷的发力顺序、技术要领，完成技术动作并提高体能。

①通过学练结合，总结发力顺序，能初步完成投掷的整个动作。

②通过观看示范、纠错，能总结动作规范的蹬地、收腹的技术要领并规范做好动作。

③通过观看示范、纠错，能总结挥臂的技术要领并规范做好动作。

④通过投掷专项体能练习，提高肌肉力量和爆发力。

（3）在具体的情境中，能运用三环节技术要领投掷达到一定远度，并能客观认识自身条件，正视失败，形成克服困难的意志品质。

二、创设学习情境和评价任务

（一）学习情境

在远古时代，我们的祖先就使用投掷长矛来捕猎。抗战时期，革命先烈通过投掷练习，将手榴弹又远又准地投到敌人的战壕中。怎么样才能投掷得更远呢？本单元我们要研讨投掷实心球的技术动作，并进行体能训练，将实心球掷得更远。单元学习结束，我们会组织班级“小小投掷手”比赛，比一比看谁掷得更远。

（二）评价任务

评价任务如图 2 所示。

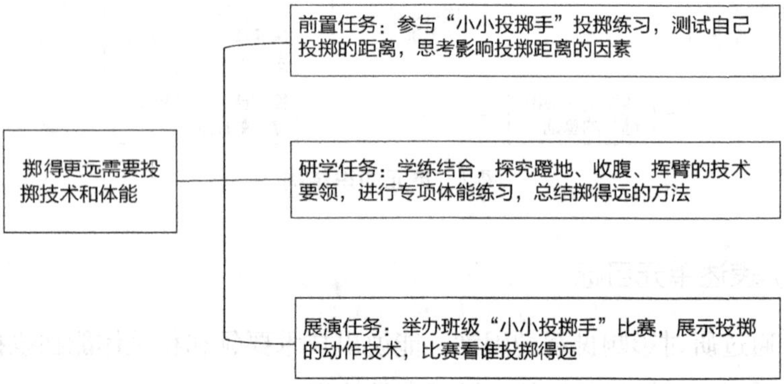

图 2　评价任务

课时总体规划：前置任务课前完成，研学任务 3 课时，展演任务 1 课时，本单元共 4 课时。

三、设计学习活动方案

（一）前置任务

近期，我们会组织班级“小小投掷手”比赛，请同学们利用课余时间一起进行自由投掷游戏，测试一下自己投掷的距离。在投掷过程中，你一定发现自己每次投的距离都不一样，请同学们认真分析，根据自己在练习中的发现，总结影响投掷距离的因素，总结投得更远的方法。

（二）研学任务

研学任务如表 1 所示。

表 1 研学任务

主问题：怎样才能掷得更远？			
单元目标	**课时目标**	**基本问题**	**学习活动**
（1）通过研讨影响掷远的因素，能说出技术要领和相关体能在投掷中的作用，建立对影响“掷得远”的关键因素的认识。 （2）通过学练技术动作，能总结投掷的发力顺序、技术要领，完成技术动作并提高体能。 （3）在具体的情境中，能运用三环节技术要领投掷达到一定距离，并能客观认识自身条件，正视失败，形成克服困难的意志品质	第 1 课时： （1）通过研讨影响投掷的因素，认识到技术要领和相关体能在提高投掷距离中的作用。 （2）通过学练结合，总结发力顺序，能初步完成投掷的整个动作	（1）影响投掷距离的因素有哪些？ （2）投掷的发力顺序是什么？	**任务 1：交流前置活动，初步提炼单元大观念。** 同学们在课前的“小小投掷手”比赛中，测试了自己投掷的距离，思考了影响掷远的因素，我们一起来探究吧！ （1）围绕“影响投掷距离的因素有哪些？”自己总结方法，并进行小组交流。 （2）带着问题或困惑，尝试用本组总结的方法，分小组进行投掷测试，测试中进一步梳理“掷得远”的方法。 （3）全班交流、教师总结，学生初步建立“掷得远”不仅需要技术，还需要体能的一般认识。 **任务 2：总结投掷动作的发力顺序，初步完成投掷的连贯动作。** 请同学们观看教师示范，系统学习投掷的整个动作。 （1）分组练习，围绕“投掷的发力顺序是什么”进行小组交流。 （2）教师总结投掷的发力顺序，示范屈肘后仰、向后引伸、蹬地收腹、快速挥臂动作。 （3）分小组进行“看谁最丝滑”投掷游戏，初步完成投掷的发力顺序动作。 （4）班级内展示投掷的整个动作
	第 2 课时： 通过观看示范、教师纠错，能总结出规范的蹬地、收腹的规范动作技术要领并规范做好动作	怎样做到蹬地有力？收腹后如何将力最大化传送至上肢？	**任务 3：观察教师示范、纠错练习，做好蹬地、收腹的技术动作。** 同学们，我们上节课了解到，投掷不仅需要手臂的力量，还需要全身的力量整体协调发力，那么怎么利用下肢和腰腹的力量助力我们投掷呢？我们一起来探究学习。 （1）小组练习蹬地和收腹，围绕“怎样做到蹬地有力？收腹后如何将力最大化传送至上肢”的方法进行讨论。 （2）学生班级分享、教师总结，示范并讲解蹬地和收腹的要领

续表

单元目标	课时目标	基本问题	学习活动
（1）通过研讨影响掷远的因素，能说出技术要领和相关体能在投掷中的作用，建立对影响“掷得远”的关键因素的认识。 （2）通过学练技术动作，能总结投掷的发力顺序、技术要领，完成技术动作并提高体能。 （3）在具体的情境中，能运用三环节技术要领投掷达到一定远度，并能客观认识自身条件，正视失败，形成克服困难的意志品质	第2课时： 通过观看示范、教师纠错，能总结出规范的蹬地、收腹的规范动作技术要领并规范做好动作	怎样做到蹬地有力？收腹后如何将力最大化传送至上肢？	（3）学生分小组练习。提踵练习：体会下肢蹬地的感觉，两人一组，一人扶对方肩膀，一人做蹬地练习；腰腹发力练习：跪在垫子上，双手持球向后，练习腰部用力及力的传递，进行用腰腹发力和挥臂将球掷出的练习。 （4）小组内对同伴提出纠错建议，相互展示规范的蹬地收腹的动作技术。 （5）小组间进行蹬地、收腹“规范动作对抗赛”
	第3课时： （1）通过观看示范、纠错，能总结规范挥臂的技术要领并规范做好动作。 （2）通过投掷专项体能练习，提高肌肉力量和爆发力	（1）怎样挥臂才能达到最佳的出手角度？ （2）投掷需要哪些相关体能？	**任务4：观察教师示范、纠错练习，正确掌握挥臂出手的技术动作。** 同学们在练习投掷时，经常出现掷得太近、太高或太低，就是掷不远，那么到底投掷什么角度才能掷得更远呢，我们一起来探究学习。 （1）围绕“怎样挥臂达到最佳出手角度”进行挥臂动作练习，分析原因，组内分享。 （2）教师讲解并示范出手角度（斜上方42°～45°）及出手速度的方法。 （3）学生进行前掷实心球练习，向同伴展示规范的挥臂动作技术，组内相互纠错练习。 （4）小组间进行规范的挥臂“最佳角度对抗赛”。 **任务5：总结梳理投掷需要的专项体能，进行体能练习。** 同学们，大家在单元起始课已经知道掷得远需要力量支撑，但是掷得远到底需要哪些相关的体能呢？我们一起来探讨吧。 （1）分组进行投掷练习，体会发力点，围绕“投掷需要哪些相关体能”进行讨论。 （2）小组代表分享掷得远需要的相关体能，其他小组质疑辩论，教师示范并总结。 （3）观看教师示范，练习蛙跳比赛、平板支撑的动作。 （4）分组进行起蛙跳比赛、平板支撑专项强化练习。 （5）小组梳理并完善“掷得远”的方法

（三）展演任务

在本单元的学习过程中，同学们通过蹬地、收腹、挥臂的技术动作练习，学习了完整的投掷动作，同时也在专项体能练习中发展了自身的肌肉力量、爆发力、协调性，请同学们分小组进行完整的投掷实心球练习。

接下来我们将进行“小小投掷手”比赛，请同学们展示自己的投掷技术，比一比看谁掷得远。记录员做好记录，投掷结束后查看自己投掷的成绩，主动向优秀的同学请教，探讨掷得更远的“独家秘籍”！

四、研制评价量表

根据单元学习目标，本单元共设置三组任务评价量表。第一组为前置任务评价量表，在单元学习之前进行评价；第二组为研学任务评价量表，在学习中对学生单元技能掌握进行评价；第三组为展演任务评价量表，针对投掷比赛进行评价。评价分为 A、B、C、D 四个等级，前两项不设 D 等级。

（一）前置任务评价量表

“小小投掷手”练习评价量表如表 2 所示。

表 2　“小小投掷手”练习评价量表

维度	A	B	C
自学练习情况	积极参加自由投掷游戏，能总结出 3 点以上影响投掷远近的关键点	比较积极地参加自由投掷游戏	没有进行自由投掷活动

（二）研学任务评价量表

“研学任务”评价量表如表 3 所示。

表 3　“研学任务”评价量表

维度	A	B	C
蹬地	蹬地快速、有力	蹬地较有力、速度较快	有蹬地动作，速度较慢
收腹	收腹速度较快，带动手臂连贯	收腹速度较快，有带动手臂的动作	收腹速度较慢，带动手臂脱节
挥臂	挥臂速度快，出手角度在斜上方 42° ~ 45°，出手速度快	挥臂速度较快，出手角度在斜上方 30 ~ 60°，出手速度较快	挥臂速度慢，出手角度过大或者过小，出手速度慢

续表

维度	A	B	C
竞赛精神	遵守竞赛规则，尊重裁判，不出现烦躁情绪。能够态度积极地坚持完成所有练习	遵守竞赛规则，听从裁判，能克服烦躁情绪。能够完成部分练习	未能遵守竞赛规则，出现情绪烦躁、焦虑等，练习间断进行

（三）展演任务评价量表

“小小投掷手”比赛评价量表如表 4 所示。

表 4 “小小投掷手”比赛评价量表

项目	等级	A						B				
掷实心球/米	得分	100	98	96	94	92	90	87	84	81	78	75
	男	9.5	9.2	8.7	8.3	7.6	7.0	6.9	6.7	6.5	6.3	6.0
	女	8.2	7.8	7.3	6.7	6.0	5.2	5.0	4.8	4.6	4.2	3.9
项目	等级	C						D				
掷实心球/米	得分	72	69	66	63	60		50	40	30	20	10
	男	5.9	5.7	5.5	5.3	5.0		4.6	4.1	3.5	2.8	2.0
	女	3.8	3.5	3.2	2.9	2.5		2.4	2.2	2.0	1.7	1.5

五、教学设计反思

本单元的核心内容是学练投掷的动作技术要领，要将所学技能运用到实践之中，促使投掷得更远。整体设计从以下三个方面着手：第一，设计前置任务——将“怎样才能投掷得远”这一主要问题贯穿单元教学始终，随着学生不断反复练习，最终形成单元大观念，即“掷得远不但需要投掷技术还需要相关体能”；第二，结合本单元的学习过程——让学生先体验投掷的发力顺序及动作要领，再体悟只有掌握蹬地、收腹、挥臂三个环节的有效衔接，才能很好地完成投掷动作。在掷到一定距离后，明白投掷不仅需要技术，还需要体能，良好的体能是掷得远的基础；第三，通过班级“小小投掷手”比赛活动，总结投掷方法，激发学生练习兴趣和竞争意识，培养学生不畏困难、勇敢果断的体育精神。整个学习过程设计有兴趣、有技能、有体能、有比赛，充分发挥学生的积极性。

大观念统领下的投掷单元，让学生清晰认识到投掷更远的关键，并影响到学生今后的相关技能学习；系列研学活动的设计让学生不单单学习了投掷实心球，更重要的是形成观念，便于所有投掷类的体育运动的学习，以素养为本，为学生的知识迁移提供了路径。在整个设计提炼环节，一次次打破原有认知，反复咀嚼，形成新的认知，这一过程实属难能可贵。

跑步需体能，提速靠技能

——人教版《体育与健康》小学六年级水平三“快速跑”单元

王 聪 李 丹*

一、制订基于核心素养的单元目标

本单元的核心是学生能够运用有效的跑步技能与体能协同发力，促使学生跑得更快。通过学练与纠错结合的方式让学生掌握具体的跑步方法，提高体质体能与技能技巧，融入专项体能训练，指向在现实的综合性应用中准确把握规则，公平竞争，发展体育兴趣与体育精神，养成运动的良好习惯。

（一）提炼单元大观念

基于《义务教育体育与健康课程标准（2022年版）》进行分析。

1. 课程标准分析

学段目标：掌握运动项目的基本知识，学练运动项目的技能与战术，并能在体育展示或比赛中运用；理解体育锻炼对健康的重要性，主动参与校内外体育活动；遭受挫折和失败时保持情绪稳定。在有挑战性的体育活动中能迎难而上，表现出自信和抗挫折能力；遵守各种规范和规则，尊重裁判，尊重对手，表现出公平竞争的意识，能接受比赛结果。

内容要求：学练小步跑（步频）、大步跑（步幅）、起跑等主要的基本技术动作，高抬腿跑后加速跑、加速跑后途中跑等主要的组合技术动作，以及100米跑的完整技术动作；在游戏或比赛中运用100米跑主要的基本技术动作和组合技术动作。

学业要求：掌握所学田径类运动项目主要的基本技术动作、组合技术动作

---

* 王聪　李丹，郑州中学第二附属小学

和完整的技术动作，并运用于多种游戏和比赛中；能描述所学田径类运动项目的技术动作要领、练习方法和比赛基本规则；体现出学练田径类运动项目的信心，适应教学比赛环境，情绪稳定，与同伴交流合作。

学业质量标准：掌握所学跑步运动项目主要的基本技术动作和组合技术动作，并在学练和比赛中运用；能描述参与跑步运动的体验，以及发展奔跑能力的基本方法；了解 100 米运动项目的比赛规则并加以运用。能独立参与体能练习，体能达到相应年级《国家学生体质健康标准（2014 年修订）》的合格水平。对学练田径类运动有信心，积极与同伴交往，具有合作精神。能描述跑学练和比赛中的安全注意事项，表现出预防安全隐患的行为，知道处理运动损伤的简单方法。能按照规则参与田径类运动项目的比赛，表现出积极进取、勇敢顽强的精神，能接受比赛的结果。

本单元属于水平三体育专项运动技能“田径类运动”，核心标准是：掌握跑步运动的基本知识，学练跑步的基本技术动作、组合技术动作和完整技术动作，探索“跑得快”的方法，学会提高体能的训练方式，明确战术和规则，并运用于多种游戏和比赛中，提高运动能力，发展兴趣爱好和体育精神。核心价值是要明确“跑得快”取决于技能和体能这两项关键因素，缺一不可。

2. 教材分析

（1）相关教材内容梳理。

本单元聚焦“跑得快”的技能，即起跑、加速跑、途中跑、终点跑四个重要环节的技术要领及环节间的连贯性，协同进行体能训练。具体是：了解 100 米跑的重要性，提高快速跑的能力；运用多种方法提高途中跑的技术，形成竞争意识；不用过多关注技术细节，应以发展体能和奔跑能力为主，教学过程中在发展力量的同时应注意学生上下肢全面的锻炼和发展；采用多种练习方法，提高学生学练的兴趣和身体素质；及时发现学生在练习中的错误动作，并指导纠正，提高动作的正确性；选择适当的教学方法，做到因材施教，尽量让每一位学生体验成功的快乐。

（2）教材内容整合分析。

本单元以起跑、加速跑、途中跑、终点跑四个环节为核心技能，以任务驱动贯穿相关体能训练，内容整合设计如下：

第 1 课时：“跑得快”大胆想。让学生交流前置任务，自由归纳“跑得快”

的方法，对跑步运动有初步的认识。然后了解百米跑的发力顺序，分小组模仿百米跑的发力顺序，对百米跑的连贯动作形成整体感知。

第 2 课时："跑得快"具体学。重点是围绕起跑动作的要点和加速跑时加速的方法进行小组讨论，正确掌握起跑、加速跑的动作技术。

第 3 课时："跑得快"系统做。重点是围绕途中跑上体的动作要领和终点冲刺时的动作要领进行小组学练，并系统完成整体动作的练习，总结完善"跑得快"的方法。

第 4 课时："跑得快"强体能。进行跑步专项体能训练，增强相关体能。

第 5 课时："跑得快"赛一赛。此为单元总结性评价课，重点是通过百米跑比赛进行评价，同时学会数据测量、记录与分析，进一步完善"跑得快"的方法。

3. 学情分析

六年级学生处于人体发育的少年时期，身体发育处于增长的高峰阶段，体能发展的需求逐步增加，运动的爆发力也随之增强，愈发喜欢竞技类的体育运动项目。该年龄段学生的心理发展进入青春期，逐步建立自我意识和集体意识，渴望得到外界的客观评价，个人优势逐步彰显并希望得到教师、同伴的认同，随着学业方面的关注度增加，心理上的焦虑感也会随之增大，运动的兴趣随之降低。那么，有效的田径类体育运动不仅能够释放心理压力，也能增强体育兴趣。

学生已经历水平二的学习，知道短跑运动的基础知识，体验和学习了 100 米跑的基本动作和简单组合动作，学会了在不同信号和姿势下的起跑、30 米迎面接力赛、50 米追逐跑或间歇跑等游戏和比赛中的运用各种技能。在体能训练方面，学生知道短跑项目需要的体能简单学练方法，能用多种简单有趣的方式进行体能训练。在比赛与评价方面，学生了解一些基本规则和要求，观看运动会的经历较为丰富，明白体育竞技精神，具有集体荣誉感。鉴于学生经验，教学中应赋予学生学习的主动权，敢于放手、乐于挑战。

4. 单元大观念

通过对课标、教材及学情的分析，本单元应紧紧围绕"如何跑得快"主旨问题，建立技能、体能与"跑得快"的关联，形成一般认识，在基本技能的进阶与系统学练中发展素养。为此，确定单元大观念：跑步需体能，提速靠方法。

（二）建构单元知识结构

单元知识结构如图 1 所示。

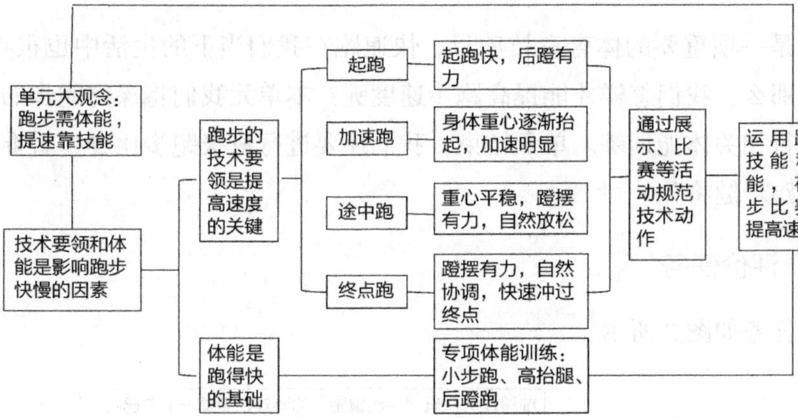

图 1　单元知识结构

（三）表述单元目标

（1）通过探究与完善“跑得快”的方法，建立对跑步与技能、体能关系的一般认识。

（2）通过学练结合，总结跑步的发力顺序、技术要领，能做好规范动作，提高相关体能，形成勇于克服困难的品质。

①通过观察模仿，总结发力顺序，说出百米跑的连贯动作要领。

②通过示范、学练、纠错，总结动作规范的起跑、加速跑技术要领，能做出规范的动作。

③通过示范、学练、纠错，总结动作规范的途中跑、终点跑的技术要领，归纳完整的发力顺序，能完整做出规范的动作。

④通过跑步专项体能练习，增强相关体能，形成勇于克服困难的意志品质。

（3）在具体的情境中，能运用四环节技术要领，跑步达到一定速度，形成不畏困难，正视评价结果的体育品德。

二、创设学习情境和评价任务

（一）学习情境

跑步是一项重要的体育竞技项目，快速跑在我们当下的生活中也很寻常、很实用。那么，我们怎样才能提高跑步速度呢？本单元我们将探究跑步的技术动作及进行相关体能训练。单元结束，我们还要进行班级跑步比赛，看谁是我们班的“跑步健将”。

（二）评价任务

评价任务如图 2 所示。

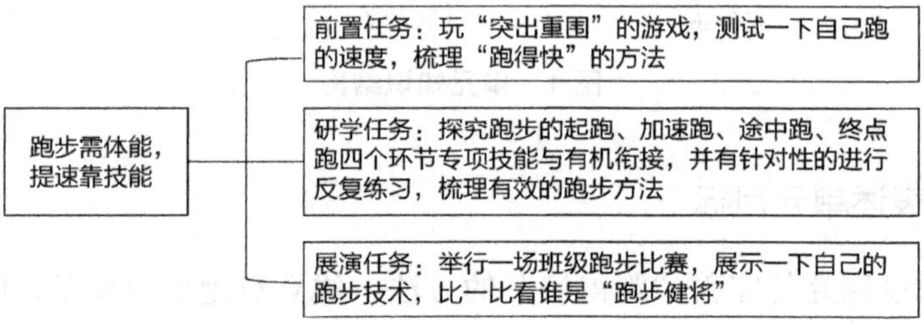

图 2　评价任务

课时总体规划：前置任务课前完成，研学任务 4 课时，展演任务 1 课时，本单元共 5 课时。

三、设计学习活动方案

（一）前置任务

同学们，周末就要到了，请大家在社区里和小伙伴一起玩“突出重围”的游戏，线路为 100 米，测试一下自己的跑步速度和小伙伴的速度，对比分析，梳理出“跑得快”的方法。

（二）研学任务

研学任务如表 1 所示。

表 1 研学任务

基本问题：跑得快的方法是什么？			
单元目标	课时目标	学习问题	学习活动
（1）通过探究与完善“跑得快”的方法，建立对跑步与技能、体能关系的一般认识。 （2）通过学练结合，总结跑步的发力顺序、技术要领，能做好规范动作，提高相关体能，形成勇于克服困难的品质。 （3）在具体的情境中，能运用四环节技术要领，跑步达到一定速度，形成不畏困难、正视评价结果的体育品德	第1课时： （1）通过探讨方法，建立对跑步与技能、体能关系的初步认识。 （2）通过观察模仿，总结发力顺序，了解百米跑的连贯动作	（1）怎样才能跑得快？ （2）跑步的完整动作有哪些？	**任务1：交流前置任务，建立起对跑步的初步认识。** 同学们，“突出重围”的游戏一定很有意思，今天我们就一起来交流一下吧！通过小组合作学习。 （1）谈一谈对游戏的感受和收获。 （2）说一说自己梳理的“跑得快”的方法。 （3）小组研讨，总结出有效的方法。建立起对跑步与技能、体能关系的一般认识。 **任务2：观摩百米跑步的完整动作要领，模仿连贯动作。** 同学们，“跑得快”需要技能和体能，你们知道跑步的完整技能动作吗？我们一起来探讨。 （1）教师讲解示范，做出慢动作；学生观察记录。 （2）学生自主讲一讲各个动作的要领，相互补充完善。 （3）学生自主模仿连贯的慢动作，同伴相互点评
	第2课时： 通过示范、学练、纠错，总结规范的起跑、加速跑的技术要领，能做出规范的动作	（1）起跑的动作要点是什么？ （2）怎么让加速跑时加速明显？	**任务3：观看教师示范，正确做出起跑、加速跑的技术动作。** 同学们，我们在练习起跑和起跑后的加速时，容易出现踩线、抢跑或加速不明显的情况，导致我们在一开始就落后于他人，怎样做更加规范、有力呢？我们一起来探究，与小组学习相结合，学生练习时教师纠错。 （1）围绕“起跑的动作要点和加速跑时明显加速的方法”进行小组讨论，组内分享，教师总结。 （2）讨论身体重心逐渐抬起的方法，练习前支撑腿来控制身体。 （3）小组集体起跑，以不同的时间间隔鸣枪或发信号，练习“各就位”的动作。 （4）练习原地或行进间的高抬腿跑，体会频率和爆发力，分小组进行后蹬跑练习

续表

单元目标	课时目标	学习问题	学习活动
（1）通过探究与完善“跑得快”的方法，建立对跑步与技能、体能关系的一般认识。 （2）通过学练结合，总结跑步的发力顺序、技术要领，能做好规范动作，提高相关体能，形成勇于克服困难的品质。 （3）在具体的情境中，能运用四环节技术要领，跑步达到一定速度，形成不畏困难、正视评价结果的体育品德	第3课时：通过示范、学练、纠错，总结规范的途中跑、终点跑的技术要领，归纳完整的发力顺序，能完整做出规范的动作	（1）途中跑上体的动作要领是什么？ （2）终点冲刺时的要领是什么？	**任务4：观看教师示范，正确做出途中跑、终点跑的技术动作。** 同学们，大家在梳理“跑得快”的方法时，也都提出了途中和终点冲刺跑的关键作用，那么，平时跑步活动中途中跑和终点冲刺时，有的同学会出现仰头、上体晃动、终点冲刺减速的情况，怎样解决这些问题继而提高跑步速度呢？我们一起来探究，与小组学习相结合，学生练习时教师纠错。 （1）围绕“途中跑上体的动作要领是什么和终点冲刺时的要领是什么”进行小组讨论，组内分享，教师总结。 （2）分组进行40—60米中速跑练习，上体正直，眼平视前方。 （3）小组研讨前后摆臂动作的正确方向和幅度变化对速度的影响，分组进行摆臂动作练习。 （4）在终点后五米设置标志物，分组进行终点冲刺跑练习，做到过终点后跑过标志物再减速。 **任务5：整体练习，“四环节”动作有效衔接。** 同学们，我们对“快速跑”的重要动作进行了专项学习，接下来我们就来系统练习，运用完整技能实现“跑得快”。小组游戏。 （1）个别学生在全班展示完整动作，教师指导。 （2）分小组尝试100米快速跑，教师巡视指导。 （3）学生自主完善“跑得快”的方法
	第4课时：通过跑步专项体能练习，增强相关体能，形成勇于克服困难的意志品质	跑步需要哪些相关体能？	**任务6：总结梳理百米跑需要的专项体能，进行体能练习。** 同学们，大家都明白，想要“跑得快”，体能也要跟得上。那么，跑步需要哪些相关体能呢？我们一起来训练。 （1）全班交流跑步相关体能，集体总结梳理。 （2）观看教师示范，练习小步跑、后蹬跑、高抬腿的动作。 （3）分组开展游戏活动，进行专项练习

（三）展演任务

为庆祝国庆节，我们班要举办“突出重围”百米赛跑，主题是“强身健体、立志报国”。比赛通过层层推选的方式进行，最后决出我们班的前三名为跑步健将，颁发荣誉证书。请每个小组分工合作，确定裁判员、测量员、记录员和监督员，完成小组比赛，推选一名优秀选手参加班级比赛。期待大家的出色表现！

四、研制评价量表

根据单元学习目标，围绕前置任务、研学任务和展演任务设计了三组相应评价量表，评价量表依据评价标准设定为A、B、C三个等级。其中，前置任务由学生互评，研学任务评价量表由学生自评与师生互评，展演任务评价量表由裁判组评价。

（一）前置任务评价量表

“突出重围”游戏活动评价量表如表2所示。

表2 “突出重围”游戏活动评价量表

维度	A	B	C
自由百米跑	梳理出至少3条“跑得快”的有效方法	梳理出至少2条“跑得快”的有效方法	梳理出至少1条“跑得快”的有效方法

（二）研学任务评价量表

“研学任务”评价量表如表3所示。

表3 “研学任务”评价量表

维度	A	B	C
起跑	起跑动作正确，速度快	起跑动作正确，速度较快	起跑动作基本正确，速度较慢
加速跑	加速明显，加速跑动作规范	加速较明显，有加速跑动作	加速不明显，加速跑动作不规范

续表

维度	A	B	C
途中跑	途中跑重心平稳，直线性好，蹬摆有力，自然协调	途中跑重心较平稳，直线性较好，蹬摆比较有力，自然协调	途中跑重心不稳，动作不协调，不能跑直线，蹬摆动作不明显
终点跑	有明显冲刺撞线动作	有冲刺撞线动作	没有冲刺撞线动作
体育品德	思想专注，积极坚持并完成所有练习，主动克服困难，始终保持乐观的情绪	思想较为专注，能够完成大部分练习，能克服困难和不良情绪	思想容易分散，能够完成个别练习，遇到困难退缩，存在不良情绪

（三）展演任务评价量表

“强身健体、立志报国”百米赛跑评价量表如表 4 所示。

表 4 “强身健体、立志报国”百米赛跑评价量表

内容	等级	A	B	C
跑步 / 秒	得分	100—90	89—75	74—0
	男	15.00—15.60	15.66—16.56	16.56 以后
	女	16.80—17.40	17.46—18.36	18.36 以后
竞赛精神		遵守竞赛规则，尊重记录员，乐观接受比赛结果，主动学习他人长处	遵守竞赛规则，尊重记录员，能够接受比赛结果，在教师提醒下学习他人长处	遵守竞赛规则，尊重记录员，对比赛结果存在不良情绪，在教师指导下学习他人长处

五、教学设计反思

通过进行单元教学设计，笔者最大的感触是实现了三个转变。第一个转变是教学思想，由“教什么？怎么教？”转变为站在学生的角度思考“学什么？怎么学？学得怎么样？生活中怎么用？”由此使我们教师的育人观发生质的变化，真正落实自主学习、系统建构与乐于创造。第二个转变是教学内容，由教动作到学技能、学方法、学兴趣，由此我们建构知识结构，聚焦大观念提出基本问题，围绕基本问题的解决探索学生体育技能与体能发展的思维路径，将学生浅表认知、初步体验逐渐引向深入，在主体充分的参与中领悟学科本质，发展核心素养。第三个转变是教学评价，由“学了”到“学会了”，评价和学习任务齐驱并行，时刻把握“学会”的情况，落实“教—学—评”一致性，确保教学的高效率。

不同的体育项目是不同的单元，不同的单元能用相同的教学方法进行教学吗？单元教学能用一套范式全部套用吗？笔者想应该是不能的，那就让我们继续探索吧！

跳跃需体能，跳高有方法

——人教版《体育与健康》小学五年级水平三“跨越式跳高”单元

潘　永　林鸣歌*

一、制订基于核心素养的单元目标

本单元重在让学生掌握跨越式跳高的完整技术动作要领及进行相应的体能锻炼，将所掌握的技术运用到跨越式跳高比赛当中，据此梳理出指向学生思维路径的知识结构并提炼出本单元的大观念。在分析课标、教材、学情的基础上制订单元目标，研学活动中让学生分析影响跨越式跳高的因素，理解技术要领和相关体能在跨越式跳高中的作用。通过学练结合，自主总结跨越式跳高的发力顺序、技术要领，并积极进行纠错，同时设计跳高专项体能练习，在贯穿整个单元的练习中培养学生在体育活动中能迎难而上，客观认识自身条件，正视失败的体育品德。

（一）提炼单元大观念

1. 课程标准分析

基于《义务教育体育与健康课程标准（2022 年版）》进行分析。

学段目标：积极参与运动项目学练，提高运动兴趣，体能水平显著提高。掌握运动项目的基本知识，并能在体育展示或比赛中运用。在有挑战性的体育活动中能迎难而上，表现出自信和抗挫折能力。遵守各种规范和规则，尊重裁判，尊重对手，表现出公平竞争的意识。

内容要求：学习并练习助跑与起跳、起跳与过杆等主要的组合技术动作，

* 潘永　林鸣歌，郑州高新区外国语小学

以及跨越式跳高的完整技术动作；描述跨越式跳高的技术动作和练习方法；在游戏或比赛中正确运用跨越式跳高的技术动作展示自己，在跳高项目中加强体能练习；了解跨越式跳高的规则、裁判方法和常见的运动损伤的处理方法。

学业要求：掌握并描述所学运动项目的基本技术动作要领、练习方法和比赛规则，并运用在游戏和比赛中；在参与所学运动项目活动时，能简单处理运动轻度损伤。

学业质量标准：掌握所学田径类运动项目主要的基本技术动作和组合技术动作，并在跳跃学练和比赛中运用比赛规则并加以运用，能描述跳跃学练体验和比赛中的安全注意事项，以及发展跳跃能力的基本方法；能独立参与体能练习，对所学练田径类运动有信心，积极与同伴交往，具有合作精神。知道处理运动损伤的简单方法。能按照规则参与比赛，表现出积极进取、勇敢顽强的精神，能接受比赛的结果。

通过对《义务教育体育与健康课程标准（2022 年版）》的解读，本单元属于水平三体育专项运动技能“田径类运动”，核心内容是：掌握跨越式跳高项目的基本知识与技能，提升下肢的速度与力量，明确体能与方法是跳高的关键。指向在竞技比赛中提高运动能力，发展兴趣爱好和健康的身体素质，形成抗挫折、有自信、敢拼搏的良好体育品德。

2. 教材分析

（1）相关教材内容梳理。

本单元进行水平三的助跑、起跳、过杆、落地四个环节的动作要领学习，涉及跨越式跳高模仿练习、跨越式跳高的动作顺序及要领。分解练习注重四个环节动作的衔接与改进，同时进行跳跃专项体能练习，实现方法与体能同时发展。

教学建议内容为：教学前充分了解学生对本单元知识的掌握情况，教学时不要过分强调动作技术细节，可以采取多种形式的练习发展学生的协调性和弹跳能力，让学生有信心找到适合自己的起跳点和助跑的节奏，引导学生在面临失败时积极调整自己的心态，树立敢于挑战高度的勇气和信心。选择一些有针对性的练习，让学生在学练中掌握动作重点，突破动作难点，采取多种比赛形式激发学生学练兴趣和竞争意识，学会预防和处理运动损伤。

专项练习设计为：

助跑起跳摸高：6 ~ 8 步直线或弧线助跑，以有力脚为支撑腿起跳，用异侧手臂或头触悬挂在空中的物体，来发展学生的爆发力。

助跑跳过栏架：4 ~ 6 步直线助跑，用单腿连续跳过纵行排列的一组栏架，可左右腿交替进行。

助跑跳皮筋：4 ~ 6 步直线助跑. 用单腿连续跳过纵行排列的一组皮筋，可左右腿交替进行。

易犯错误与纠正方法：需要教师强化相关技能的讲解与示范。

（2）教材内容整合分析。

本单元围绕“体能、方法与跳高的关系”进行整体设计，体能训练作为关键点贯穿始终，方法中落实助跑、起跳、过杆、落地四个环节技术要领的学练与综合应用，整体安排如下：

前置任务（不占课时）：基于学生经历过的运动会，以选拔运动员为真实情境，自主探究“跳得高”的方法。

第 1 课时：建立认识、整体感知。围绕自己“跳得高”的方法小组交流，进行试跳练习，初步建立“跳得高”和方法、体能密切相关的认识。接着学习跨越式跳高的发力顺序，形成对跨越式跳高连续动作的整体感知。

第 2、3 课时：掌握技术、发展体能。引导学生找到适合自己的起跳点，总结冲落横杆的原因，正确做出助跑、起跳的动作；师生互动与小组合作练习相结合，学习过杆和落地，找出腾空过杆时坐杆或过杆后髋碰杆的原因，正确做出过杆、落地的动作。在技术学习过程中渗透体能训练。

第 4 课时：专项训练、增强体能。重点是进行跳高专项体能训练。

第 5 课时：展示动作、全面评价。此为综合运用课，创设现实运动会情境，引导学生综合运用所学技能进行跳高比赛。

3. 学情分析

小学五年级学生身体骨骼、肌肉、韧带、关节处在快速生长时期，这一阶段学生具有思维敏捷、模仿能力强、体能恢复快等特点，加之争强好胜，好奇心强，求知欲望高，正是开展体育锻炼的黄金阶段。但由于个体差异大，很多学生身体素质、运动能力、情绪调节能力相对偏弱，虽有体育兴趣但缺乏持之以恒、克服困难、拼搏争先的体育精神。

关于“跳跃”，学生在中年级通过水平二的学习，经历了助跑、起跳、腾空、落地等游戏，体验了各种跳跃技能，知道了跳跃运动的基础知识和练习方法。但对于跨越式跳高并没有系统性的学习，只是通过运动会等活动有所了解，能够模仿做出相应的单一动作。为此，应侧重对关键动作技能的专项学习，动作间衔接性的综合学习，强化针对性的纠错练习，过程中发展必要的体能。

4. 单元大观念

鉴于此，本单元的主旨是学生认识跳得更高需要技能和体能的相结合，通过对跳高技能的练习和纠错，结合相关体能的增强，指向提升跳高水平。为此，确定单元大观念：跳跃需体能，跳高有方法。

（二）建构单元知识结构

单元知识结构如图 1 所示。

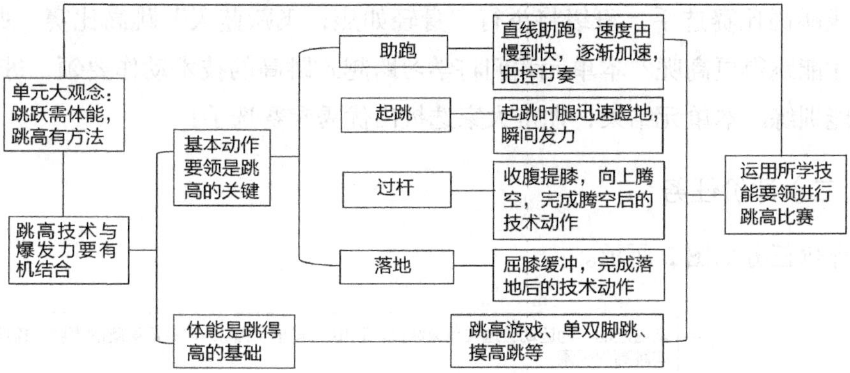

图 1　单元知识结构

（三）表述单元目标

（1）通过研讨影响跨越式跳高的因素，交流方法，建立跳跃需体能、跳高有方法的一般认识。

（2）通过学练跨越式跳高的技术动作，能够总结发力顺序、技术要领和注意事项，做好跳高规范动作，形成勇于克服困难的意志品质。

①通过观察模仿，总结发力顺序，建立跨越式跳高的整体认知。

②通过观看示范、练习、纠错，总结助跑、起跳的技术要领，能做出规范动作。

③通过观看示范、练习、纠错，总结过杆、落地的技术要领，能做好规范动作。

④通过跳高专项体能练习，提高相关体能。

（3）在具体比赛中，能正确运用四环节技术要领，跳出一定高度，客观认识自身条件，形成正视失败的体育品德。

二、创设学习情境和评价任务

（一）学习情境

同学们，你们一定对奥运会上跳高运动员的出色表现惊叹不已！赛场上跳高运动员一跃而起，腰身在空中划过一道完美的弧线，集力量与美学于一体，我们不由得为之敬佩！近期，学校要举办运动会，跳高是其中的一个项目，为了选拔跳高比赛选手，班级将举行“身轻如燕，飞跃蓝天”跳高比赛。那么，怎样才能跳得更高呢？本单元我们将学习跨越式跳高的技术动作要领，进行相关体能训练。本单元结束，期待大家选拔出优秀参赛选手！

（二）评价任务

评价任务如图 2 所示。

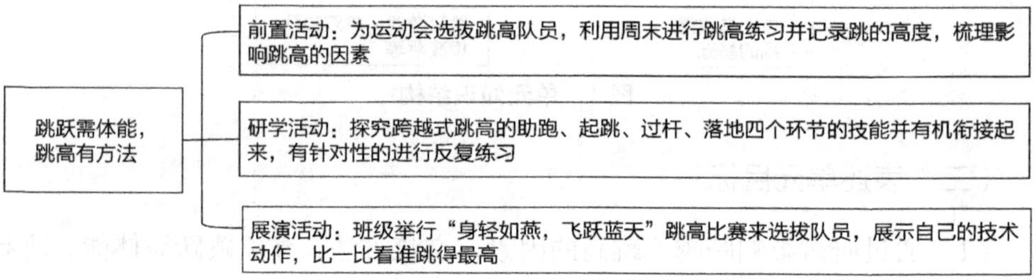

图 2　评价任务

课时总体规划：前置任务课前完成，研学任务 4 课时，展演任务 1 课时，本单元共 5 课时。

三、设计学习活动方案

（一）前置任务

近期，班级将进行运动会选拔赛。周末，请同学们一起进行自由跳高练习，测试一下自己能跳的高度，在跳的过程中思考影响自己跳得更高的因素，根据自己在试跳中发现的问题，总结跳得更高的方法。

（二）研学任务

研学任务如表1所示。

表1　研学任务

<table>
<tr><th colspan="4">主问题：怎么样才能跳得更高？</th></tr>
<tr><th>单元目标</th><th>课时目标</th><th>学习问题</th><th>学习活动</th></tr>
<tr><td rowspan="2">（1）通过研讨影响跨越式跳高的因素，交流方法，建立跳跃需体能、跳高有方法的一般认识。
（2）通过学练跨越式跳高的技术动作，能够总结发力顺序、技术要领和注意事项，做好跳高规范动作，形成勇于克服困难的意志品质。
（3）在具体比赛中，能正确运用四环节技术要领，跳出一定高度，客观认识自身条件，形成正视失败的体育品德</td><td>课时1：
（1）通过研讨影响跳高的因素，认识到技术要领和相关体能在跳高中的作用。
（2）通过观察模仿，总结发力顺序，建立跨越式跳高的整体认知</td><td>（1）影响跨越式跳高的因素有哪些？
（2）跨越式跳高的发力顺序是什么？</td><td>任务1：交流前置任务，初步提炼单元大观念。
同学们，为了选拔跳高运动员，你们在周末都进行了跳高练习，各有所获，我们一起来分享一下吧！小组合作学习。
（1）研讨影响跳得更高的因素。
（2）交流自己跳得更高的方法。
（3）根据小组梳理的方法进行试跳练习。
（4）总结出跳得更高不仅需要规范的技术动作，还需要相关体能。
任务2：了解跨越式跳高的发力顺序，建立对跳高的整体认识。
同学们，你们一定迫不及待想要了解完整的跳高动作，争取自己在选拔中脱颖而出。接下来，我们就一起来探究跳高的完整发力顺序。小组合作学习。
（1）观看奥运会跳高比赛的精彩图片和相关示意图，小组内梳理发力顺序。
（2）学生分小组模仿跨越式跳高的发力顺序。
（3）教师总结整体发力顺序，学生全面感知</td></tr>
<tr><td>课时2：
通过观看示范、练习、纠错，总结助跑、起跳的技术要领，能做出规范动作</td><td>助跑、起跳的技术要领是什么？</td><td>任务3：通过教师示范、纠错练习，正确掌握助跑与起跳的动作技术。
同学们，跳高中的每一个动作都非常重要，只有动作规范才能跳得更高！今天，我们一起来探究前两个动作技术，一边学方法一边练体能，看谁最厉害！小组合作学习。
（1）教师讲解示范，学生认真观察。
（2）围绕“适合自己的起跳点的位置怎么确定？起跳后冲落横杆的原因是什么？”进行小组讨论，全班交流，归纳方法。
（3）第一组练习，通过调整自己助跑节奏和距离及速度，找到适合自己的起跳点</td></tr>
</table>

续表

单元目标	课时目标	学习问题	学习活动
（1）通过研讨影响跨越式跳高的因素，交流方法，建立跳跃需体能、跳高有方法的一般认识。 （2）通过学练跨越式跳高的技术动作，能够总结发力顺序、技术要领和注意事项，做好跳高规范动作，形成勇于克服困难的意志品质。 （3）在具体比赛中，能正确运用四环节技术要领，跳出一定高度，客观认识自身条件，形成正视失败的体育品德	课时2： 通过观看示范、练习、纠错，总结助跑、起跳的技术要领，能做出规范动作	助跑、起跳的技术要领是什么？	（4）第二组练习，分小组反复练习起跳的技术动作，教师巡视指导纠错。 （5）向同伴展示规范的助跑与起跳的动作技术。 （6）小组单脚跳游戏，锻炼体能
	课时3： 通过观看示范、练习、纠错，总结过杆、落地的技术要领，能做好规范动作	过杆、落地的技术要领是什么？	**任务4：通过教师示范、纠错练习，正确掌握过杆与落地的动作技术。** 同学们，接着上节课的学习，我们继续探究跳高的后两个技术环节。小组合作学习。 （1）教师讲解示范，学生认真观察。 （2）小组练习过杆和落地，研讨“怎样做到腾空过杆时不坐杆或过杆后髋部不碰杆”？全班交流，归纳方法。 （3）小组反复练习难点，即过杆后脚尖内旋下压，上体转向横杆，完成落地后的完整动作。教师巡视指导纠错。 （4）向同伴展示规范的过杆与落地的动作技术。 （5）小组摸高跳游戏，锻炼体能
	课时4： 通过跳高专项体能练习，提高相关体能	跳高需要哪些相关体能？	**任务5：总结梳理跳得更高需要的专项体能，进行体能训练。** 同学们，大家在练习跨越式跳高过程中，你一定发现跳得越高越累，那么，我们一起来进行体能训练。自主探究与小组合作学习相结合。 （1）自主探究“跳高需要哪些相关体能”？全班交流总结。 （2）举行擂台赛，分组进行起跳摸高、跳皮筋专项练习

（三）展演任务

同学们，为了选拔运动会参赛队员，我们班级要举行“身轻如燕，飞跃蓝天”跳高比赛，那么谁能成为我们班跳得最高的同学，为集体争取荣誉呢？请同学们运用本单元所学知识，先小组练习跨越式跳高的完整技术动作，再展示评比，小组记录员做好记录，最终评选出我们班的参赛队员。

四、研制评价量表

根据单元学习目标，本单元共设置三个任务评价量表。第一组为前置任务评价量表，在单元学习之前进行评价，由学生互评；第二组为研学任务评价量表，由教师和学生评价；第三组为展演任务评价量表，针对班级跳高比赛进行评价，由记录员进行评价。评价量表依据评价标准设定为A、B、C三个等级。

（一）前置任务评价量表

“自由跳高”评价量表如表2所示。

表2　“自由跳高”评价量表

维度	A	B	C
自学练习情况	积极参加，记录真实，能梳理出至少3条影响跳高的因素	积极参加，记录比较真实，能梳理出至少2条影响跳高的因素	能够参加，未体现真实的记录，能梳理出至少1条影响跳高的因素

（二）研学任务评价量表

“研学任务”评价量表如表3所示。

表3　“研学任务”评价量表

维度	A	B	C
助跑	助跑有力、快速、有节奏	助跑较有力，有一定的节奏，速度较快	助跑没有节奏，助跑和起跳结合不连贯
起跳	起跳点合适，和助跑结合紧密、连贯、自然，起跳达到相应的高度	起跳点合适，助跑与起跳结合较紧密、连贯、自然，起跳基本达到相应的高度	起跳点不合适，助跑和起跳结合不连贯，起跳达不到相应的高度
过杆	摆动腿内旋下压，身体扭转，整体动作协调连贯，不触碰横杆	摆动腿没有内旋下压，整体动作协调连贯，不触碰横杆	摆动腿没有内旋下压，整体动作不连贯，触碰横杆
落地	落地后迅速屈膝缓冲，很好完成落地后的技术动作	落地后能做到屈膝缓冲，基本上完成落地后的技术动作	落地后没有屈膝缓冲
体育品德	积极坚持并完成所有练习，主动克服困难，始终保持乐观的情绪	能够完成大部分练习，能克服困难和不良情绪	能够完成个别练习，遇到困难退缩，存在不良情绪

（三）展演任务评价量表

“身轻如燕，飞跃蓝天”班级跳高比赛评价量表如表 4 所示。

表 4 “身轻如燕，飞跃蓝天”班级跳高比赛评价量表

项目	等级	A	B	C
跳高/米	得分	90 ~ 100	75 ~ 89	60 ~ 74
	男	1.08 ~ 1.13	0.98 ~ 1.06	0.88 ~ 0.96
	女	1.02 ~ 1.10	0.94 ~ 1.02	0.83 ~ 0.91
竞赛精神		遵守竞赛规则，尊重记录员，乐观接受比赛结果，主动学习他人长处	遵守竞赛规则，尊重记录员，能够接受比赛结果，在教师提醒下学习他人长处	遵守竞赛规则，尊重记录员，对比赛结果存在不良情绪，在教师指导下学习他人长处

五、教学设计反思

单元教学是落实《义务教育体育与健康课程标准（2022 年版）》的有力抓手，是实现“双减”落地的有形载体，笔者在参与单元教学设计的过程中最大的收获是：大观念统领，聚焦学科本质，发展学生素养。本单元设计在大观念统领下，以体育兴趣、终身运动、增强体质、品德素养为育人导向，立足体质体能的时代问题，将体育技能教学与体能训练相结合，使体能训练贯穿始终。为此，在单元学习之前，设计了选拔运动员的前置任务，让学生“自由跳、跳出属于自己的高度”并自主探索“跳得高的方法”，接着在研学任务中指导学生整体感知跳高的发力顺序，从而在单元伊始就建立起对大观念的初步认识。其次才是后续的探究活动与全面展示、竞技比赛，认识不断深化、观念逐步形成。这样设计的亮点之一是整体统领局部，学习与训练体现进阶性，能够促使素养落地；亮点之二体现在单元伊始的设计和“三大任务”的设计，学生能够在开始时就做到心中有数、方向明确，获得学习的主动权；亮点之三是每项学习任务的设计都围绕探究问题展开，学生不光是模仿教师，更是深层次的研究与反复练习，这个过程中学生在技能的学习中发展了思维同时，在技能和体能的学练中引导学生在面临失败时积极调整心态，树立敢于挑战“高度”的勇气和信心，养成勇敢果断、顽强拼搏的意志品质，享受流汗、会笑、会做、会用的体育学习过程。

音乐语言不同，体态律动不同

——人音版《音乐》小学二年级上册第六单元“跳起舞”

周 果 毕丽霞 赵 静*

一、制订基于核心素养的单元目标

音乐语言是音乐特有的表现手段，它包含了速度、力度、音色等要素，将音乐语言要素进行融合就会呈现出丰富多彩的表现力，掌握了音乐语言，为我们深刻地欣赏、理解音乐作品提供了一把钥匙。本单元在演唱和欣赏学习活动中，发现音乐语言的变化与体态律动的关系。为此本单元的核心价值应定位在识别音乐语言，并用体态律动展现音乐语言的变化，从而发展学生的艺术核心素养。

（一）提炼单元大观念

1. 课程标准分析

基于《义务教育艺术课程标准（2022 年版）》进行分析。

《义务教育艺术课程标准（2022 年版）》中对音乐语言学习的重要性贯穿始终，不同的学习任务均对音乐语言提出相关要求。其中“趣味唱游”“聆听音乐”“情景表演”的要求如表 1 所示。

基于《义务教育艺术课程标准（2022 年版）》，本单元重在培养学生对音乐语言及其表现作用的理解和判断能力。由此，应该把音乐语言的学习融入唱游、聆听、情景表演等活动中，让学生逐步感知音乐中的基本要素，识别音乐语言，用体态律动展示音乐语言的变化。

---

* 周果 毕丽霞 赵静，郑州中学第二附属小学

表 1　学习任务要求

要求	学习任务		
	趣味唱游	聆听音乐	情景表演
内容要求	伴随着音乐用简单的身体动作、声势、律动或舞蹈进行表演，根据歌曲内容进行音乐游戏、歌曲表演、角色扮演等	体验音乐的基本情绪，感知音乐中的旋律、节奏、力度、速度变化，体验二拍子、三拍子音乐特点，了解所听音乐的表现形式，感受它们的不同风格	低年级学生的情境表演活动应体现生活化、趣味性等特点，能根据音乐特点进行动作创编或即兴表演，与同伴一起体验表现造型、扮演角色的乐趣，表达自己的情绪和情感
学业要求	能按要求随着音乐进行动作模仿、音乐游戏、角色扮演和舞蹈表演等，用身体律动表现音乐的基本要素。能用正确的姿势、自然的声音，有感情地独唱或齐唱，能在演唱中加入适当的动作进行表演	在聆听或表现音乐的过程中，能根据音乐的情绪自然流露出相应的表情或做出体态律动，说出音乐情绪的相同与不同，简要描述音乐的内容。能跟随音乐的节拍拍手或走步，并对二拍子、三拍子音乐做出体态律动	能根据音乐特点进行动作创编或即兴表演，与同伴一起体验表现造型、扮演角色的乐趣，表达自己的乐趣、情绪和情感。能选择合适的表现形式，根据一定的情景、主题或表演要求进行创编和表演
学业质量描述	跟随录音或和同伴一起演唱，姿势正确，声音自然，词曲基本完整、正确，音色、音量、速度、表情初步做到与歌曲情感相符。唱游活动中能配合音乐进行简单的声势、律动、舞蹈或歌唱表演等，能根据音乐及自己的想法变化动作	聆听音乐，对音乐情绪的反应及对音乐的联想符合音乐基本特征并体现个性化，能基本正确地对部分音乐要素及简单的音乐体裁和形式做出适当的反应；能用自己的话简单描述不同音乐的特色	能选用 2 ~ 3 种不同的形式进行情境表演，基本表现出情境表演的主题和内容，动作符合音乐特点和角色特征，能体现自己的想法

2. 教材分析

（1）相关教材内容梳理。

本单元是《音乐》小学二年级上册的第六单元，侧重于引导学生在聆听和学唱的过程中区分不同的音乐语言，并运用不同的体态律动展现音乐语言。教材设计了两首欣赏乐曲《四小天鹅舞曲》《糖果仙子舞曲》，两首歌曲《洋娃娃和小熊跳舞》《小红帽》。

《四小天鹅舞曲》采用不太平稳的节奏，表现得十分有趣，乐曲在两个强音上结束。曲子描写得精巧、别致，很有意境感。

《糖果仙子舞曲》为 G 大调，2/4 拍，由弦乐拨奏，钢片琴伴奏下，低音单簧管用快速的下行音引出低沉的持续音与之相呼应，并形成对比。中提琴演奏一串同音反复的三连音作为过渡之后，由单簧管、大管、圆号呈现下一个主题，比较抒情。随后，钢片琴演奏一段华彩，A 段再现。钢片琴比原来提高了八度音来演奏，音色显得更加明亮。最后接尾声，轻轻地结束全曲。

《小红帽》为 C 大调，2/4 拍。每个乐句都用级进式旋律开始，给人以深刻的印象。歌曲旋律以音阶式和弦式进行穿插，使曲调流畅、活泼。

《洋娃娃和小熊跳舞》为大调式，2/4 拍。歌曲以明快舒畅的旋律，活泼跳跃的节奏，生动地表现了洋娃娃和小熊跳舞时憨厚、可爱的神情。"× ×"节奏贯穿全曲，节奏明快，舞蹈性强，适合于边表演边歌唱。

（2）教材内容整合分析。

管弦乐《四小天鹅舞曲》《糖果仙子舞曲》都是俄罗斯作曲家柴可夫斯基创作的经典芭蕾舞剧的音乐，两首乐曲的旋律优美，节奏明朗，乐曲中四只小天鹅和糖果仙子活泼天真，优雅浪漫。尤其是《四小天鹅舞曲》旋律耳熟能详，学生都比较熟悉。两首乐曲的背景知识有很多相通之处，也适合低年级学生用舞蹈、律动等体态来表现音乐语言的变化，故两首乐曲放在一起对比学习，学生对力度、节奏等音乐语言的变化可以更加清晰地认识和应用。

3. 学情分析

一、二年级学生好奇心强，活泼好动，善于模仿，身心极具可塑性。他们喜欢表演展示，一听到熟悉的音乐就会跟着哼唱，还喜欢随着音乐做出体态律动，在人前也不拘束。

通过一年级的学习，学生已经认识音的强弱、长短、快慢和高低，能简单区分乐曲的情绪，简要描述音乐的内容，能按一定的节奏朗读儿歌、童谣或诗词，经历过较多的律动练习。但是，学生的体态律动还不够丰富，对音乐情绪的把握也不够精准，于是，为本单元的学习明确了方向，也为中学段听辨音乐力度、速度变化，认识不同的节奏型，并用多种形式做出恰当的反应奠定基础。

4. 单元大观念

结合《义务教育艺术课程标准（2022 年版）》、教材及学情分析，明确本单元的核心价值是：发现音乐中的音乐语言，识别音乐语言的变化，用体态律动表现音乐语言的变化。因此，本单元的大观念确定为：音乐语言不同，体态律动不同。

（二）建构单元知识结构

单元知识结构如图 1 所示。

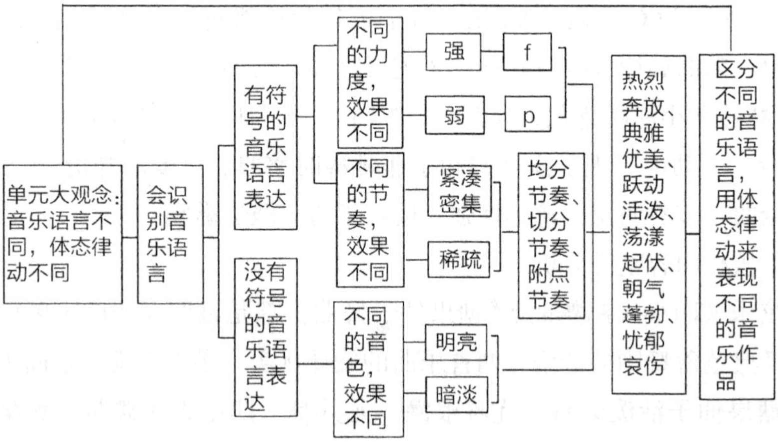

图 1　单元知识结构

（三）表述单元目标

（1）能够辨别音乐中的力度、节奏及音色等音乐语言，描述不同的音乐语言表达的内容。

（2）通过演唱和欣赏音乐作品，分析音乐语言的变化及其表现效果，能进行律动表演。

①通过聆听音乐，能够形成音乐语言与体态律动之间关系的一般认识。

②通过听辨旋律，形成用体态律动表示乐曲力度与音色变化的方法。

③通过对比聆听，能用不同的音色演唱歌曲。

④通过分析节奏，能用正确的节奏变化演唱歌曲，并用肢体动作表现节奏变化。

（3）在现实情境中，能结合力度、节奏及音色等音乐语言的不同变化，用体态律动表现不同的歌曲。

二、创设学习情境和评价任务

（一）学习情境

音乐的背后有许多神秘的音乐语言，让我们一起走进音乐天地，去感受、探究其中的奥秘吧！怎样识别不同的音乐语言？根据音乐语言又能做出哪些适当的体态律动？让音乐语言与我们的身体和心灵关联起来，那将是一种怎样的感受？学习结束后，我们将开展“和美音乐节”活动，用体态律动准确表现出乐曲的力度、节奏、音色等不同的音乐语言，一起来吧！

（二）评价任务

评价任务如图 2 所示。

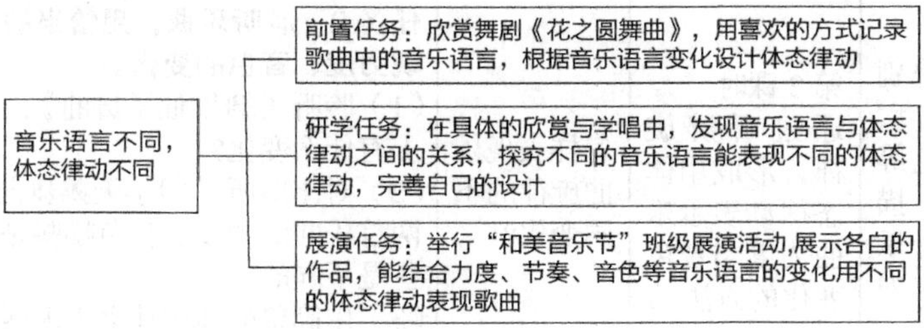

图 2　评价任务

课时总体规划：前置任务课前完成，研学任务 4 课时，展演任务 1 课时，本单元共 5 课时。

三、设计学习活动方案

（一）前置任务

同学们，舒适的周末如果有音乐的陪伴将会多么美好！这个周末，请你和家人共同欣赏经典舞剧《花之圆舞曲》，在反复欣赏中收集并记录音乐语言要素，思考这些音乐语言有什么样的变化？根据变化你会做出哪些体态律动？尝试设计一下并做一做，相信大家一定会有不同的收获。

（二）研学任务

研学任务如表 2 所示。

表 2　研学任务

基本问题：音乐语言的变化能使人产生怎样的体态律动？			
单元目标	**课时目标**	**学习问题**	**学习活动**
（1）能够辨别音乐中的力度、节奏及音色等音乐语言，描述不同的音乐语言表达的内容。 （2）通过演唱和欣赏音乐作品，分析音乐语言的变化及其表现效果，能进行律动表演	第 1 课时 通过聆听音乐，能够形成音乐语言与体态律动之间关系的一般认识	在辨别音乐语言与体态律动的变化时，你发现了什么？	**任务 1：欣赏歌曲并讨论，初步提炼单元大观念。** （1）欣赏经典舞剧《花之圆舞曲》，小组交流课前的“自学单——音乐语言的变化，自己的体态律动设计”，同时提出自己的疑惑。 （2）带着疑惑，再次聆听乐曲，班级汇报小组讨论的结果，举例说出音乐语言的变化与体态律动的变化
	第 2 课时 通过听辨旋律，形成用体态律动表示乐曲力度与音色变化的方法	怎样表现乐曲旋律的不同变化？	**任务 2：聆听乐曲，用恰当的体态律动展现力度、音色的变化。** （1）聆听《糖果仙子舞曲》，说一说力度上有什么变化？ （2）对比聆听《四小天鹅舞曲》，说一说两首乐曲的力度、音色哪些是相同的，哪些是不同的？ （3）用简单的体态律动表现两首乐曲音乐语言的变化
	第 3 课时 通过对比聆听，能用不同的音色演唱歌曲	怎样唱出不同的音色变化？	**任务 3：借助肢体动作表现乐曲音色的变化并演唱歌曲。** （1）学习不同音色变化的肢体动作，并进行拍打。 （2）小组讨论如何运用恰当的音色演唱歌曲《小红帽》。 （3）小组内交流互学，分组展示
	第 4 课时 通过分析节奏，能用正确的节奏变化演唱歌曲，并用肢体动作表现节奏变化	怎样表现节奏变化？	**任务 4：借助体态律动，展现歌曲中的音乐节奏变化。** （1）小组讨论：在歌唱《洋娃娃和小熊跳舞》中如何运用正确的演唱表现节奏的变化？ （2）集体学习：找出歌谱中的节奏型，运用肢体动作表现出节奏的变化。 （3）完善自己的设计，用体态律动再次展示《花之圆舞曲》

（三）展演任务

举行“和美音乐节”展演活动。同学们，通过本单元的学习，大家能够用体态律动来表现不同的音乐语言，我们发现很多曲子都具有较强的舞蹈性，适合于边表演边歌唱。那么，你一定有自己拿手的曲子，能用优美的体态律动准确表现出乐曲的力度、节奏、音色等音乐语言。那就在音乐节上一展风采吧！请大家先分组展示评选，再推选优秀代表参加音乐节。

四、研制评价量表

根据单元学习目标，围绕前置任务、研学任务（研学活动、课堂表现）和展演任务，设置相应的评价量表。评价量表依据评价标准设定为 A、B、C 三个等级。各任务依据评价量表采取教师评价、学生互评、评委评价等方式进行。

（一）前置任务评价量表

欣赏《花之圆舞曲》任务评价量表如表 3 所示。

表 3 欣赏《花之圆舞曲》任务评价量表

维度	A	B	C
聆听音乐	能找出乐曲中力度、节奏、音色等音乐语言的变化	能找出乐曲中力度、节奏音乐语言的变化	能找出乐曲中音乐语言力度的变化
律动设计	能随着音乐的力度、节奏变化，用体态律动展示歌曲	能随着音乐的力度变化，用体态律动展示歌曲	能随着音乐做简单的动作

（二）研学任务评价量表

“研学活动”评价量表如表 4 所示。

表 4 “研学活动”评价量表

维度	A	B	C
力度的变化	能准确运用体态律动展示乐曲力度的变化	能基本运用体态律动展示乐曲力度的变化	能简单运用体态律动展示乐曲力度的变化
节奏的变化	能准确区分节奏型的变化并用恰当的体态律动表现音乐	能简单区分节奏型的变化，用体态律动简单展示音乐	能用体态律动展现个别的节奏型变化

续表

维度	A	B	C
音色的变化	能准确区分音色的变化并用恰当的体态律动表现音乐	能区分音色的部分变化，用体态律动简单展示音乐	只能区分个别音色的变化，用体态律动展示

“课堂表现”评价量表如表 5 所示。

表 5 “课堂表现”评价量表

维度	A	B	C
自主探究	有积极的学习态度，能 100% 的自主完成学习任务，进行有效反思	有良好的学习态度，能 80% 的自主完成学习任务，进行有效反思	学习态度端正，能 60% 的自主完成学习任务，未能进行反思
合作学习	能认真倾听、主动分享展示，组内发言特别积极	能比较认真的倾听、在别人分配任务后才能进行分享，组内发言比较积极	能倾听部分内容，参与小组讨论

（二）展演任务评价量表

“和美音乐节”展演任务评价量表如表 6 所示。

表 6 “和美音乐节”展演任务评价量表

维度	A	B	C
演唱	自主演唱，声音自然，旋律流畅，能全面准确地表现出音乐语言的变化	自主演唱，声音自然，能表现出部分音乐语言的变化	自主演唱，能表现出个别音乐语言的变化
表演	表演过程中，编创的体态律动能随着音乐的力度、节奏、音色等音乐语言的变化而变化，能完整、真实地反映乐曲的内涵，表达自己真实的情绪、情感	表演过程中，编创的体态律动能随着音乐的力度、节奏等音乐语言的变化而变化，能真实地反映乐曲的内涵	表演过程中，编创的体态律动只能表现部分音乐片段的力度等音乐语言的变化

五、教学设计反思

本单元以“跳起舞”为主题，选择两首世界名曲《四小天鹅舞曲》《糖果仙子舞曲》，这两首曲子非常适合低年级学生用舞蹈和律动等方式参与聆听。《洋娃娃和小熊跳舞》《小红帽》是两首经久不衰、深受儿童喜爱的歌曲，在传统的教学中会让学生先学习歌唱然后创编律动进行表演。本案例在单元教学理念指导下，指向学科本质，通过音乐语言与体态律动的关系这一核心点将四首乐曲联结为一个整体，主题明确，任务清晰。单元大观念统领下前置任务预设自主探究活动，强调“以学定教”；研学任务从乐曲的音乐语言出发，到音乐语言与律动的结合，最后到自己编创，“听、唱、演”“学、研、用”相结合。最后实施“和美音乐节”展演任务，识别乐曲音乐语言并编创律动，每个学生根据自身实际选择乐曲，乐曲不同编创的律动也是不拘一格、各放异彩，在这样一场“音乐节”中充分交流本单元所学的内容，增强了音乐欣赏与展示的系统性、丰富性与专业性，也促进了相互学习，指向了单元大观念的形成。

音乐要素的不同变化，能产生不同的表现力

——人音版《音乐》小学三年级上册第六单元“四季的歌”

路　雪　刘　晓*

一、制订基于核心素养的单元目标

音乐基本要素是构成音乐的各种元素，包括旋律、节奏、节拍、力度、速度等。一个音乐作品的思想内容和艺术美感要通过多种要素才能表现出来，所以我们需要引领学生分析音乐要素的变化及其表现力，从而更加深入地感受音乐的美感。从学习者思维出发，本单元要解决音乐要素的变化与表现力的关系问题。为此，在聆听、演唱、展示等活动中，围绕“变化关系”逐步引导学生深度学习，发展学生的艺术核心素养。

（一）提炼单元大观念

1. 课程标准分析

基于《义务教育艺术课程标准（2022 年版）》进行分析。

《义务教育艺术课程标准（2022 年版）》中对音乐要素学习的重要性贯穿始终，不同的学习任务均有对音乐要素提出的相关要求。其中“听赏与评述”“独唱与合作演唱”的要求如表 1 所示。

* 路雪　刘晓，郑州高新区外国语小学

表 1 学习任务的要求

要求	学习任务	
	听赏与评述	独唱与合作演唱
内容要求	体验音乐的情绪与情感变化，探究其变化原因。增进对常见节拍音乐特点的感知与体验。感知、体验、了解其他常见音乐表现要素的特点，感知音乐主题与基本段落	在独唱与合作演唱实践中，学习歌唱的基本方法。结合演唱认识音名、唱名、音符和常见音乐记号，了解常见音乐术语及其作用，认读简单乐谱
学业要求	能听辨音乐中的情绪和情感变化，并判断是哪些音乐要素引起音乐情绪、情感的变化。在感知音乐的过程中能初步辨别节拍的不同，能对常见音乐节拍做出相应的体态反应。能听辨音乐力度、速度的变化，感知、辨别常见旋律的进行方式，认识不同的节奏型，并用动作、图示等做出恰当的反应；能用语言简单描述这些要素的特点	乐于参与各种演唱活动，能用正确的姿势和方法、自然的声音，自信、有感情地独唱。认识常用的拍号、表情记号和力度、速度记号，知道它们的名称和用途；演唱时能根据音乐术语或记号，适切地表达歌曲的情感
学业质量描述	聆听音乐，对音乐表现要素及其表现作用，以及音乐的体裁、形式、风格等的感知、理解和判断基本正确	初步掌握演唱、演奏等艺术表现的基础知识和基本技能，演唱演奏做到声音自然，在情感表达、准确性、流畅性、完整性等方面基本符合作品要求。在表达作品的情绪、情感及表现音乐意境和音乐形象等方面能体现出自己的想法

从表中可见，对音乐要素的学习有一定的要求，重在培养学生对音乐表现要素及其表现作用的理解和判断能力，使学生能在音乐实践中正确运用。由此，应该把音乐要素的学习融入每一课中，让学生逐步感知音乐中的基本要素，辨别音乐要素的变化，描述音乐的表现力。

2. 教材分析

（1）相关教材内容梳理。

《捉迷藏》：歌曲把四季的变化看成四个调皮的娃娃在玩捉迷藏。歌曲是 3/4 拍，F 宫调式。旋律欢快活泼，采用了模仿的手法，生动描述了四季娃娃玩耍游戏的情景。节奏轻松，第一乐句与第二乐句的向下八度跳进使旋律起伏较大。

《四季童趣》：歌曲欢快活泼，4/4 拍，五声微调式。歌曲中旋律的重复变化及运用不同的切分节奏，使曲调富有跳跃感。音区的移动，使旋律上下起伏，抒情而又欢乐。节奏的突然紧缩，小节内的曲调重复，形成了相互呼应，增添了玩耍的欢乐情绪。

《樱花》：歌曲为4/4拍，旋律以级进为主，具有独特的民族特点。节奏平稳，速度从容不迫，为民歌增添色彩。器乐曲《樱花》在电子弦乐音色和铜铃类音色下引出主题，E调，由长笛独奏。经过两次转调，主题加上变奏、复调和改变音区的手法，配合长笛柔和的音色，让音乐主题丰满不单调。

《雪花飞舞》：钢琴独奏，乐曲开始，在“si do re mi”四个音的上行序列，左右手交替弹奏十六分音符音型，好像是在表现雪花纷纷扬扬、越下越密的情境。

（2）教材内容整合分析。

《四季童趣》《捉迷藏》两首歌曲，节拍不同，但表现的都是孩子们童年的欢乐。《四季童趣》运用力度的变化，表现出四季不同的乐趣。准确运用力度记号学唱歌曲是掌握歌曲的基础，能用轻快、活泼的声音有感情地演唱歌曲是本课的最终目标。《捉迷藏》运用三拍子的律动感，表现孩子们做游戏时东躲西藏的情景。需通过模唱旋律、柯尔文手势帮助学生建立音高关系，并加入律动感，表现歌曲的情趣。

《雪花飞舞》《樱花》是聆听曲目，通过旋律的变化，使人产生不同的音乐联想。《雪花飞舞》运用密集音型在快速中的流动和不断重复及其游离、模进，加之多变的音色惟妙惟肖地模仿漫天飞雪的景象，感受音的高低变化和速度、力度、音色等音乐要素的作用，培养学生的想象力。《樱花》旋律以级进为主，平稳进行。学生通过感受音乐所表现出的不同效果，想象樱花盛开时的浪漫唯美。两首欣赏课的旋律都在发生着变化，表现出了不一样的音乐效果。因此，在教学中把两首乐曲放在一起聆听、分辨，让学生发现在音乐不同的旋律变化中会产生不同的表现力。

3. 学情分析

三年级学生由低学段向中学段过渡，心理和行为变化较大，从心理层面开始对外界事物充满好奇心，能通过各种形式简单表达内心情感。开始喜欢集体活动，能够在集体中获得个体的价值认同，学习逐步从被动向主动转变。因此，音乐的学习要充分调动学生的各种感官，强化主体参与意识。

在一、二年级的音乐学习中，已接触到了音的高低、速度、力度等音乐要素，学生能对部分音乐要素及简单的音乐形式做出适当的反应，也能用自己的话简单描述不同音乐的特色。在演唱时，能配合音乐进行简单的声势、律动，做到身体动作与音乐情绪、节奏基本吻合。本单元学生首次接触到在同首歌曲出现不同的力度记号，那么，该音乐要素的学习，以及节拍、旋律等要素的综合应用则显得尤为重要。同时，为高学段能够用语言正确描述不同要素的特点，运用所学音乐要素，准确、流畅、完整地表现音乐作品奠定基础。

4. 单元大观念

结合课标、教材及学情分析，明确本单元的核心价值是音乐要素与表现力的关系，在欣赏、演唱、创编中发现音乐的基本要素，辨别音乐要素的变化，描述音乐的表现力。因此，本单元的大观念确定为：音乐要素的不同变化，能产生不同的表现力。

（二）建构单元知识结构

单元知识结构如图 1 所示。

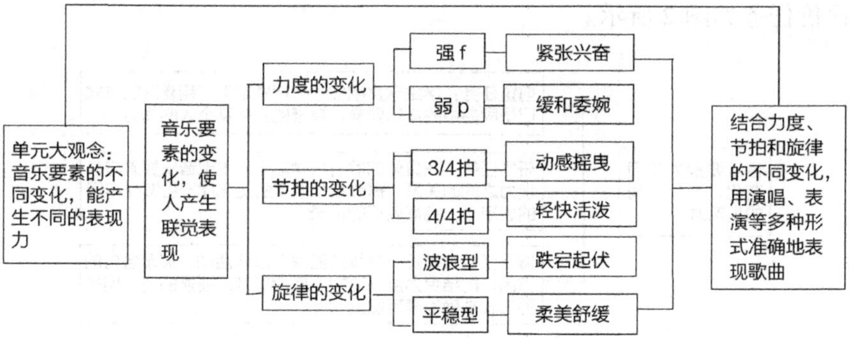

图 1　单元知识结构

（三）表述单元目标

（1）能够辨别音乐中的节拍、力度记号，说出旋律平稳和起伏的变化。

（2）通过学习音乐作品，分析音乐要素的变化及其表现力，能进行音乐表演。

①通过听辨音乐，能够形成对音乐要素与表现力关系的一般认识。

②通过听辨旋律，了解用图形谱表示乐曲旋律起伏与平稳的方法。

③通过拍打 3/4 拍，能用三拍子的律动准确演唱歌曲。

④通过肢体动作表现力度变化，能用正确的力度变化演唱歌曲。

（3）在“热闹的四季”班级展演活动中，能结合力度、节拍和旋律的不同变化，用多种形式准确地表现歌曲。

二、创设学习情境和评价任务

（一）学习情境

音乐的存在为世界增添了许多美好。音乐中的要素构成了音乐的最基本部分，组成了音乐重要的表现语言。不同的音乐要素会产生不同的表现力，让我们一起打开音乐之门，去探究、挖掘音乐要素的变化产生的不同表现。那么，音乐要素有哪些？它们的变化能带来怎样的音乐表现力？学习结束后，我们将举办“热闹的四季”展演活动，在展演中看看谁能准确运用音乐要素的变化展示各自的歌曲作品，届时会评选出“最佳小歌手”。

（二）评价任务

评价任务如图 2 所示。

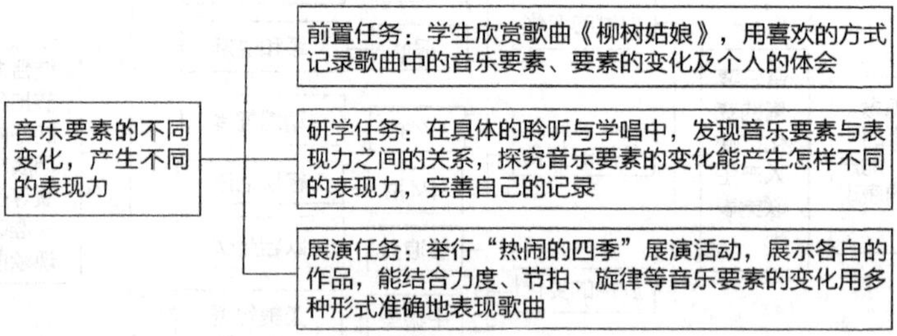

图 2　评价任务

课时总体规划：前置任务课前完成，研学任务 4 课时，展演任务 1 课时，本单元共 5 课时。

三、设计学习活动方案

（一）前置任务

同学们，音乐带给大家一个五彩缤纷的世界，生活中你也有很多喜欢的歌曲，相信一定有自己的演唱方法和丰富多彩的表现形式，那么请你欣赏歌曲《柳树姑娘》。用自己喜欢的方式记录歌曲中都出现了哪些音乐要素？这些音乐要素发生了怎样的变化？从这些变化中你体会到了什么？

（二）研学任务

研学任务如表 2 所示。

表 2　研学任务

<table>
<tr><td colspan="4">基本问题：音乐要素的不同变化能使人产生怎样的联觉表现？</td></tr>
<tr><th>单元目标</th><th>课时目标</th><th>学习问题</th><th>学习活动</th></tr>
<tr><td rowspan="4">（1）能够辨别音乐中的节拍、力度音乐记号，说出旋律平稳和起伏的变化。
（2）通过学习音乐作品，分析音乐要素的变化及其表现力，能进行音乐表演</td><td>第 1 课时：
通过听辨音乐，能够形成对音乐要素与表现力关系的一般认识</td><td>在探讨音乐要素的变化及其表现力时，你有什么发现？</td><td>任务 1：欣赏歌曲并讨论，初步提炼单元大观念。
（1）欣赏歌曲《柳树姑娘》，小组交流前置任务的学习成果，提出自己的疑惑。
（2）带着疑惑，整体观察曲谱，聆听范唱，全班交流，说出音乐要素的变化及其表现力</td></tr>
<tr><td>第 2 课时：
通过听辨旋律，了解用图形谱表示乐曲旋律起伏与平稳的方法</td><td>怎样表现乐曲旋律的起伏与平稳？</td><td>任务 2：聆听乐曲，练习用图形谱表示乐曲旋律的变化。
（1）聆听《雪花飞舞》，说一说你体验到的乐曲旋律是怎样变化的？
（2）对比聆听《樱花》，想一想这首乐曲的旋律与《雪花飞舞》有什么不同？
（3）再次聆听两首乐曲，请你随音乐旋律的起伏与平稳画出图形谱</td></tr>
<tr><td>第 3 课时：
通过拍打 3/4 拍，能用三拍子的律动准确演唱歌曲</td><td>如何唱出三拍子的律动感？</td><td>任务 3：小组合作进行拍打，掌握 3/4 拍的规律并进行演唱。
（1）学习三拍子的强弱规律，并进行拍打；
（2）小组讨论如何运用三拍子的律动感演唱歌曲《捉迷藏》。
（3）分组展示</td></tr>
<tr><td>第 4 课时：
通过肢体动作表现力度变化，能用正确的力度变化演唱歌曲</td><td>怎样运用力度记号的变化演唱歌曲？</td><td>任务 4：借助肢体动作，表现力度的变化，并能进行演唱。
（1）讨论在歌唱《四季童趣》中如何运用力度记号的变化完整演唱，完善自己在前置任务中的记录。
（2）找出歌谱中的力度记号，运用肢体动作展现出力度记号的变化</td></tr>
</table>

（三）展演任务

我们将举办“热闹的四季”展演活动。同学们，大家已经学习了很多有关四季的歌曲，请你们用创新的思维、自然的声音、优美的体态，结合力度、节拍、旋律等音乐要素的变化，用自己喜欢的方式来表现一首四季的歌曲吧！先小组内展演，再推选代表全班展示，相信你们都能成为“最佳小歌手”！

四、研制评价量表

根据单元学习目标，围绕前置任务、研学任务（研学活动、课堂表现）和展演任务，设置相应的评价量表。评价量表依据评价标准设定为 A、B、C 三个等级。三项活动依据评价量表采取教师评价、学生互评等方式进行。

（一）前置任务评价量表

“欣赏《柳树姑娘》”评价量表如表 3 所示。

表 3 “欣赏《柳树姑娘》”评价量表

维度	A	B	C
要素表述	能找到 3 种音乐要素，采用恰当的方式描述音乐要素变化的特征及个人体会	能找到 2 种音乐要素，正确描述音乐要素变化的特征及个人体会	能找到 1 种音乐要素，简要描述音乐要素变化的特征及个人体会

（二）研学任务评价量表

“音乐要素”评价量表如表 4 所示。

表 4 “音乐要素”评价量表

维度	A	B	C
旋律的变化	能全面准确地表达旋律的起伏与平稳	能准确地表达部分旋律的起伏与平稳	能基本表达个别旋律的起伏与平稳
力度的变化	能自如地运用力度变化，完整演唱歌曲	能准确地运用力度变化，完整演唱歌曲	能基本运用力度变化演唱歌曲
节拍的变化	能独自正确拍打出三拍子的律动感，完整演唱歌曲	能在集体中正确拍打出三拍子的律动感，完整演唱歌曲	能在他人帮助下拍打出三拍子的律动感，基本演唱歌曲

“课堂表现”评价量表如表 5 所示。

表 5　“课堂表现”评价量表

维度	A	B	C
自主探究	有积极的学习态度，能自主完成 100% 的学习任务，进行有效反思	有良好的学习态度，能自主完成 80% 的学习任务，进行有效反思	学习态度端正，能自主完成 60% 的学习任务
合作学习	能认真倾听，主动讨论探究并分享展示，组内发言特别积极	能比较认真的倾听，在他人分配任务后才能进行讨论、展示，组内发言积极	能倾听部分内容，参与小组讨论

（三）展演任务评价量表

“热闹的四季”班级展演评价量表如表 6 所示。

表 6　“热闹的四季”班级展演评价量表

维度	A	B	C
演唱	自主演唱，声音自然，旋律流畅，能全面准确表现出音乐要素的变化	自主演唱，声音自然，能表现出部分音乐要素的变化	自主演唱，能表现出个别音乐要素的变化
表演	熟练结合力度、节拍等音乐要素的变化，用创新的思维、自然的声音、优美的体态等形式进行表演	准确结合力度、节拍等音乐要素的变化，用自然的声音、优美的体态等形式进行表演	结合力度、节拍等音乐要素的变化，用单一的形式进行表演

五、教学设计反思

本单元从内容上主要是让学生感受和体验四季的不同风格，分为两首唱歌课《四季童趣》《捉迷藏》，两首欣赏课《雪花飞舞》《樱花》。在传统教学中，一般关注的是书本上已有的知识，按照正常顺序依次进行唱歌课和欣赏课的学习。而这篇案例设计，从整个单元来考虑教学，对教学设计有了新的认识，宏观地把握了教材内容，绕到教材背后挖掘本单元到底要让学生带走的是什么，在本单元学习后孩子们的生长点在哪儿？也清楚地知道了知识之间的内在关系。四首作品中都用到了不同的音乐要素，最后表达的作品效果也各不相同。通过不同的音乐要素能产生不同的表现力这一核心点将四首作品串联起来。在前置任务时，我们让学生欣赏了一首乐曲《柳树姑娘》，自己找曲子中的要素，记录它的变化和个人体会，用这些任务让学生试错。研学任务中通过讨论、质疑、碰撞、展示，获取学生的困难点，对症下药，真正做到了“学生会的不教，学生不会的才聚焦”，锻炼了学生的自学能力，又提高了课堂的学习效率。最后通过“热闹的四季”展演活动让学生运用力度、节拍等音乐要素的变化，用喜欢的方式来表现一首四季的歌曲，激发学生对音乐学习的持久兴趣，评价中反馈学情，达成目标。

本单元学习，我们引导学生通过对《雪花飞舞》《樱花》《四季童趣》《捉迷藏》进行的聆听、分析与展示，让学生主动参与、乐于探究、勤于实践，培养学生分析问题和解决问题的能力。在学生的思维碰撞中，创造出更多的艺术价值，发展更为深远的艺术素养。

旋律和节奏的变化能表达音乐作品不同的意境

——人音版《音乐》小学三年级下册第四单元“春天的歌”

刘晓 路雪*

一、制订基于核心素养的单元目标

旋律和节奏都是音乐中的基本要素。旋律是基础，是音乐形象的本质，能使我们感受到音乐的情绪。节奏是音乐作品的骨骼，是音乐在时间上的组织。音乐作品的艺术效果需要通过旋律、节奏等要素相互配合才能表现出来。为此，本单元要对旋律和节奏进行认知，并在此基础上进一步分析旋律、节奏的变化，促使学生更深入地进行学习，能表达出作品不同的意境。在聆听、演唱、展演等一系列实践活动中，发展学生的艺术核心素养。

（一）提炼单元大观念

1. 课程标准分析

基于《义务教育艺术课程标准（2022 年版）》进行分析。

《义务教育艺术课程标准（2022 年版）》中提出：音乐学科分学段设置不同的学习任务，并将学习内容嵌入学习任务中。其中第二学段 3 ~ 5 年级共设置六项学习任务，结合本单元的学习内容，从“听赏与评述”“独唱与合作演唱”两项学习任务中摘引部分要求，如表 1 所示。

* 刘晓 路雪，郑州高新区外国语小学

表 1　学习任务要求

要求	学习任务	
	听赏与评述	独唱与合作演唱
内容要求	体验音乐的情绪与情感变化，探究其变化原因。感知、体验、了解其他常见音乐表现要素的特点，感知音乐主题与基本段落	在独唱与合作演唱实践中，学习歌唱的基本方法。结合演唱认识音名、唱名、音符和常见音乐记号，了解常见的音乐术语及其作用，认读简单乐谱
学业要求	能听辨音乐中的情绪和情感变化，并判断是哪些音乐要素引起音乐情绪、情感的变化。能听辨音乐力度、速度的变化，感知、辨别常见旋律的进行方式，认识不同的节奏型，并用动作、图示等做出恰当的反应；能用语言简单描述这些要素的特点	乐于参与各种演唱活动，能用正确的姿势和方法、自然的声音，自信、有感情地独唱或与同伴合作进行齐唱、轮唱、固定音型伴唱，以及其他形式较为简单的合唱。能正确识读或拍击简单节奏谱，跟随着音乐模唱或用唱名视唱简单旋律

从表中可见，《义务教育艺术课程标准（2022 年版）》中对音乐表现要素的学习贯穿始终，不同学习任务中均有对音乐要素提出的相关要求。其中对旋律、节奏的学习有一定的要求，重在培养学生对音乐表现要素及其表现作用的理解和判断能力，使学生能在音乐实践中正确运用。由此，应该把音乐要素的学习融入每节课中，让学生逐步感知音乐中的基本要素，辨别音乐要素的变化，描述音乐表达的意境。

2. 教材分析

（1）相关教材内容梳理。

民乐合奏《杨柳青》是根据江苏民歌《杨柳青》改编的器乐曲。乐曲旋律活泼、节奏简短跳跃，热情洋溢又不乏幽默风趣。全曲运用不同的主奏乐器进行演奏，主题旋律经过发展与加花等方法的演绎，使其与歌唱版有着不同的韵味，展现了江南柳色青青的春景。

欣赏曲《春》是作曲家维瓦尔第小提琴协奏曲《四季》中的第一乐章，乐曲是回旋曲形式，其中表现“春天”的主题旋律在四个插部的前后反复出现，轻松愉悦的旋律，使人顿时联想到春天的葱绿和生机。作曲家在旋律或伴奏背景中模拟淙淙泉水、啾啾鸟鸣等音响更能使聆听者身临其境。

歌曲《嘀哩嘀哩》曲调欢快活泼，它以天真的语气歌唱美丽的春天。乐句中出现的十六分音符及休止符形成顿挫感很强的节奏，让歌曲更显活泼、富有特点，表现了孩童们通过观察大自然的变化，寻找春天的情景。

《春天举行音乐会》是一首曲调欢快的儿童歌曲。歌曲中多处巧妙地运用了休止符，使节奏活泼、跳跃，旋律富有流动性。描绘了一幅充满生机的春色图景，生动形象的象声词奏响了一曲优美动听的“春天交响曲”。

（2）教材内容整合分析。

《杨柳青》《春》两首都是用民族乐器演奏的乐曲，让学生听辨乐器的音色特点，知道不同乐器的演奏让人联想到不同的主题。哼唱音乐主题，感知旋律的发展、变化，联想并表达音乐的意境。因此，将这两首乐曲安排在一节欣赏课中进行对比聆听，使学生能更清楚地对旋律的变化进行感知与分析。

《嘀哩嘀哩》《春天举行音乐会》两首歌曲情绪都是轻快活泼的，但歌曲的旋律和节奏有所不同，学生需分别认识并掌握十六分音符和八分休止符节奏，处理歌曲的声音情绪，并表达出作品的意境。

3. 学情分析

三年级已进入小学中段，但学生年龄还小，整体处于好动、好玩、好奇心强、注意力集中的时间也不够长的阶段。所以在音乐学习中，要采取趣味性的教学来保证学生的学习兴趣和效果，培养学生主动思考的学习习惯。这个年龄也是音乐审美态度正式形成与发展的时期，随着个性的发展，他们开始对音乐作品表现出独特的审美态度，在学习的过程中要培养学生正确的审美观。

在一、二年级的音乐学习中，已经在唱游中学会听辨旋律、节奏等音乐基本要素。三年级学生，在学习中应该在旋律、节奏的变化中判断音乐要素引起的音乐情绪、情感的变化。所以在本单元学习中，学生应对音乐中出现的旋律、节奏形式正确的认识和判断，能描述与分析它们的变化特征，并描述或表现音乐作品不同的意境。同时，为高段辨别旋律的进行方式，认识不同的节奏型，用语言、动作、图示等来对音乐作品进行意境表达奠定了基础。

4. 单元大观念

结合课标、教材及学情分析，明确本单元的核心价值，指向发现音乐中的基本要素，辨别旋律、节奏的变化，描述音乐作品的意境。因此，本单元的大观念确定为：旋律和节奏的变化能表达音乐作品不同的意境。

（二）建构单元知识结构

单元知识结构如图 1 所示。

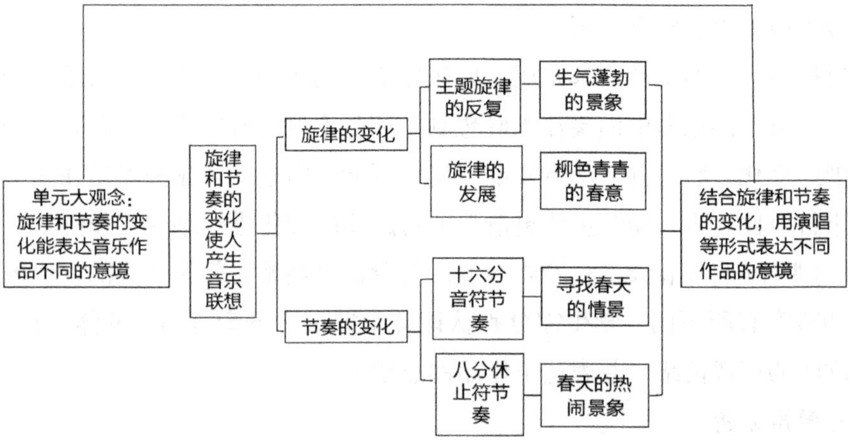

图 1　单元知识结构

（三）表述单元目标

（1）能够辨别主题旋律的重复、发展，说出音乐中的节奏变化。

（2）通过对音乐的学习，分析旋律、节奏的变化，描述不同音乐作品的意境，并能进行音乐表演。

①通过听辨音乐，形成对旋律、节奏的变化与意境之间关系的一般认识。

②聆听与分析乐曲，能有肢体动作、绘画图谱等方式形象地表示旋律的重复与发展。

③通过声势练习，能运用十六分音符节奏准确演唱歌曲，并表达出歌曲意境。

④在真实的演唱情境中，能正确运用八分休止符节奏特点及歌曲的旋律变化演唱歌曲，并表达作品意境。

（3）在“春之声”班级展演活动中，能运用节奏和旋律的变化准确流畅地演唱不同的歌曲，并能表达出作品的意境。

二、创设学习情境和评价任务

（一）学习情境

古往今来多少诗人、文学家用妙笔描绘春天，音乐家们也常常用动听的音乐表现春天、歌唱春天。在聆听与歌唱中，我们能领略春天的景象，听到春天呼唤的声音。那么就让我们一起走进春天，去探寻音乐的本质。音乐作品中的旋律、节奏有哪些变化？它们的变化能表达作品怎样的意境？学习结束后，班级将举办“春之声”展演活动，看看谁能准确运用旋律、节奏的变化，把自己所选歌曲的意境展示出来，届时会评选出“小歌唱家”哦！

（二）评价任务

评价任务如图 2 所示。

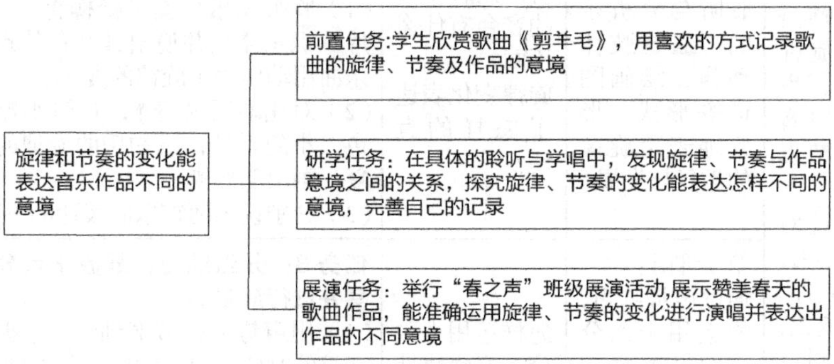

图 2　评价任务

课时总体规划：前置任务课前完成，研学任务 4 课时，展演任务 1 课时，本单元共 5 课时。

三、设计学习活动方案

（一）前置任务

同学们，听！春天的脚步近了，在春天的原野上撒落着雪白的羊群，像花、像云。那么请你欣赏歌曲《剪羊毛》，用自己喜欢的方式记录歌曲中都出现了哪些旋律和节奏？这些旋律和节奏的变化能使你产生怎样的意境呢？

（二）研学任务

研学任务如表 2 所示。

表 2 研学任务

基本问题：旋律和节奏的变化怎样表达音乐作品不同的意境？			
单元目标	**课时目标**	**学习问题**	**学习活动**
（1）能够辨别主题旋律的重复、发展，说出音乐中的节奏变化。 （2）通过对音乐的学习，分析旋律、节奏的变化，描述不同音乐作品的意境，并能进行音乐表演	第 1 课时： 通过听辨音乐，形成对旋律、节奏的变化与意境之间关系的一般认识	旋律、节奏的变化与意境有什么关系呢？	**任务 1：欣赏歌曲并讨论，初步提炼单元大观念。** （1）课上欣赏歌曲《剪羊毛》，讨论旋律、节奏的变化，提出自己在前置学习任务中的疑惑。 （2）带着疑惑，整体观察曲谱，进行聆听与学唱，说出作品的意境。初步提出对旋律、节奏的变化与意境之间关系的认识
	第 2 课时： 聆听与分析乐曲，通过肢体动作、绘画图谱等形式，形象地表示旋律的重复与发展	听辨两种乐器的音色有什么不同？ 旋律变化表达了怎样的意境？	**任务 2：对比聆听，练习用动作、图形谱直观地表示乐曲旋律的变化。** （1）聆听民乐合奏《杨柳青》，结合图片认识乐器笙并说出其音色特点。随着乐曲用动作表示旋律的变化。 （2）对比聆听《春》，听辨小提琴的音色。小组讨论，感知乐曲旋律的主题重复，画出图形谱。 （3）分别说出两首乐曲表达的不同意境
	第 3 课时： 通过声势练习，能运用十六分音符节奏准确演唱歌曲，并表达出歌曲意境	怎样运用十六分节奏欢快地演唱歌曲？	**任务 3：分组练习，掌握十六分音符节奏并进行演唱。** （1）用声势进行节奏训练，掌握十六分音符的时值及前十六后八节奏型。 （2）结合十六分音符节奏特点进行歌曲《嘀哩嘀哩》的演唱，并说一说作品表达的意境
	第 4 课时： 在真实的演唱情境中，能正确运用八分休止符节奏特点及歌曲的旋律变化演唱歌曲，并表达作品意境	怎样运用旋律、节奏的变化进行演唱并能表达出作品的意境？	**任务 4：通过律动游戏，综合运用所学的演唱歌曲，表达意境。** （1）自主学习歌曲《春天举行音乐会》，在律动中认识八分休止符节奏并能正确拍奏。 （2）同桌研讨，怎样运用歌曲旋律、节奏变化演唱歌曲并表达作品的意境？完善自己在前置任务中的记录。 （3）分小组演唱展示，并选出优秀的小组进行总结

（三）展演任务

同学们，大家期待已久的“春之声”展演活动正式开始啦！请你选择自己熟悉的歌曲，用自然的声音，结合旋律、节奏的变化表达作品不同的意境，来唱一唱美丽的春天吧！我们来商议评价标准，展演活动后要评选出“小歌唱家”。

四、研制评价量表

根据单元学习目标，设置相应的评价量表。每个评价量表依据评价标准设定为 A、B、C 三个等级。三项任务依据评价标准采取教师评价、小组评价以及学生互评等方式进行。

（一）前置任务评价量表

“欣赏《剪羊毛》任务”评价量表如表 3 所示。

表 3　“欣赏《剪羊毛》任务”评价量表

维 度	A	B	C
欣赏歌曲	能找出乐曲中旋律、节奏的变化并正确描述出作品的意境	能找出乐曲中旋律、节奏的变化并简要描述出作品的意境	能找出乐曲中旋律、节奏的变化，意境描述不够明确

（二）研学任务评价量表

“学习过程”评价量表如表 4 所示。

表 4　“学习过程”评价量表

维 度	A	B	C
旋 律	能全面准确地表达旋律的起伏与平稳	能准确地表达部分旋律的起伏与平稳	能基本表达个别旋律的起伏与平稳
节 奏	能准确地区分节奏型的变化，并用恰当的体态律动表现音乐情境	能简单区分节奏型的变化，用体态律动简单展示音乐情境	能用体态律动展现个别的节奏型变化，区分较为模糊

“课堂表现”评价量表如表 5 所示。

表 5 “课堂表现”评价量表

维度	A	B	C
自主探究	有积极的学习态度，能 100% 地自主完成学习任务，进行有效反思	有良好的学习态度，能 80% 地自主完成学习任务，进行有效反思	学习态度端正，能 60% 地自主完成学习任务，未能进行反思
小组合作	能认真倾听、主动讨论探究并分享展示，组内发言特别积极	能比较认真地倾听，在别人分配任务后才能进行讨论、展示，组内发言积极	能倾听部分内容，参与小组讨论

（三）展演任务评价量表

“春之声”班级展演评价量表如表 6 所示。

表 6 “春之声”班级展演评价量表

维度	A	B	C
演唱	自主演唱，声音自然，节奏准确，旋律流畅，能准确表达出整个音乐作品的意境	自主演唱，声音自然，能准确表达出部分音乐作品的意境	自主演唱，未能准确表达出音乐作品的意境

五、教学设计反思

本单元由两首歌曲《嘀哩嘀哩》《春天举行音乐会》及两首乐曲《春》《杨柳青》组成。在以往的传统教学中，唱歌课上教师重点关注的是让学生怎样把歌声唱得更优美、动听，而较少考虑学生学习的思维和行为方式，因此减少了学生主动学习的乐趣；欣赏课上教师过多讲解的是作品的背景、风格、曲式结构等，而很少关注音乐基本要素之间的相互作用，也较少涉及要素的学习及分析，这样学生就会失去对音乐的探究兴趣，从而远离深度学习。因此在本单元的教学设计中，关注学生学习的思维路径，先通过前置任务让学生自己实践探索着去欣赏歌曲，引起他们的思考和疑惑，然后在研学任务中逐步引导学生对音乐中的旋律、节奏等音乐要素进行认知，辨别旋律、节奏的不同变化，描述音乐的意境；最后通过展演任务让学生运用旋律、节奏等音乐要素的变化，自信地表达出作品的意境。

通过单元教学设计，我们认识到要围绕主题，寻找音乐作品间的内在联系或共性特征，将作品整合起来，然后逐步进行单元大观念的确立、单元知识结构的建立等一系列策略的设计，走向重关联、重整体、重递进、重运用的教学。这种整体教学使教师能在人文主题下把握教学内容和重点，将发展学生音乐核心素养与具体学习内容之间建立起联系，把核心素养落实到具体的每一单元之中，也落实到了具体的每一节课中，从而促进学生审美和人文素养的提升。

地域文化不同，音乐风格不同
——人音版《音乐》小学四年级上册第二单元“家乡美”

赵　静　毕丽霞　周　果*

一、制订基于核心素养的单元目标

音乐风格是指在音乐范畴中各种音乐要素富有个性的结合方式，这些要素的特殊结合方式能产生一种独特的音乐风格。就音乐风格而言，南方音乐总体清新优雅、细致活泼，富有一种温婉流畅的曲折意味；北方音乐刚劲有力、憨直幽默，有一种雄浑酣畅的宽广格局。地域文化是滋生音乐风格的土壤，本单元聚焦不同地域文化与音乐风格的关系这一核心，在聆听、演唱、比赛等活动中，从方言、唱腔、旋律等分析歌曲，感悟文化，发展学生的艺术素养。

（一）提炼单元大观念

1. 课程标准分析

基于《义务教育艺术课程标准（2022 年版）》进行分析。

《义务教育艺术课程标准（2022 年版）》中地域民族音乐文化的重要性贯穿始终，不同的学习任务均对地域音乐文化提出相关要求。其中“听赏与评述”“独唱与合作演唱”的要求如表 1 所示。

从表中可见，在地域音乐文化学习中对民族音乐的学习有一定的要求，重在培养学生对地域音乐文化及其表现作用的理解和判断能力，使学生能在音乐实践中，正确认识地域文化的不同所展示出的音乐文化也不同。由此，应该把音乐的学习融入听赏与评述、独唱与合作演唱等活动中，让学生逐步能够辨析音乐风格，确定地域文化。

---

*赵静　毕丽霞　周果，郑州中学第二附属小学

表 1 学习任务要求

要求	学习任务	
	听赏与评述	独唱与合作演唱
内容要求	听赏与评述是重要的音乐学习任务，是培育学生审美感知和文化理解素养的有效途径。听赏具有鲜明形象和主题思想、情感表现丰富的歌曲、戏曲音乐等，体验音乐的情绪与情感变化，感受不同地区、民族和国家的音乐风格、韵味	演唱是音乐课程的重要内容，也是学生易于接受并乐于参与的学习形式，学唱富有中华优秀传统文化特色的民歌、戏曲唱段，以及其他主题鲜明、思想性和艺术性较高、在独唱与合作演唱实践中，学习唱歌的基本方法
学业要求	能听辨音乐中的情绪和情感的变化，并判断是哪些音乐要素引起音乐情绪、情感的变化。感知体验我国有代表性的地区和民族音乐的风格，能做出恰当判断或反映，具有一定的中国民歌、民族器乐曲和戏曲的听觉经验，能模唱短小的民歌或戏曲片段，了解其他基本的中国传统音乐知识	乐于参与各种演唱活动，能用正确的姿势和方法、自然的声音，自信、有感情地独唱或与同伴合作进行齐唱、轮唱、固定音型伴唱，以及其他形式较为简单的合唱
学业质量描述	聆听音乐，对音乐表现要素及其表现作用，以及音乐的体裁、形式、风格等感知、理解和判断基本正确，描述与分析中能较清楚地表明它们的特征	初步掌握演唱、演奏等艺术表现的基础知识和基本技能，演唱、演奏做到声音自然，在情感表达、准确性、流畅性、完整性等方面基本符合作品要求，在表达作品的情绪、情感及表现音乐意境和音乐形象等方面能体现出自己的想法

2. 教材分析

（1）相关教材内容梳理。

《杨柳青》是江苏民歌，情绪欢快活泼，因歌曲中反复出现衬词“杨呀杨柳青”而得名。扬州方言风格的衬词在歌曲中占有十分重要的地位，不仅是扩充乐句的重要手段，而且显现出浓郁的地方特色。营造了一种诙谐的情趣，增强了江苏民歌的风格。

《大雁湖》是鄂温克族民歌。歌曲中切分节奏的运用，使音乐富有动感，衬词“啊哈啃”的运用更增添了浓郁的地方风格，表达了人们对家乡发自内心的赞美之情。第三乐句采用换头重尾的创作手法，音区上下八度大跳把蒙古族人民粗犷豪放的性格刻画得栩栩如生，抒发了人们对家乡无比的热爱之情。

《故乡是北京》的旋律吸取了京剧和京韵大鼓的音乐素材，赋予歌曲浓郁鲜明的民族地域特色。

《牧歌》是由沙汉昆根据蒙古族民歌改编而来的小提琴器乐独奏曲，乐曲分为三段，基本以民歌《牧歌》旋律为主题，稍做变化，从弱拍起，拉宽了乐曲的节奏，使旋律更加舒展低回婉转，把草原蓝蓝的天空和洁白的羊群这幅美好的画卷，徐徐展现在人们的面前。

（2）教材内容整合分析。

江苏民歌《杨柳青》，旋律平稳，歌曲中加入了扬州方言的衬词，使得歌曲地域特色韵味更浓，具有典型的南方音乐特征。《大雁湖》是一首鄂温克族民歌，《故乡是北京》为结合京剧唱腔、京韵大鼓而创作的一首戏歌，《牧歌》是根据蒙古族民歌改编而来的器乐曲，这三首乐曲的创作都源自北方，具有相同的特点：音程跨度大，歌词稀疏，乐曲风格粗犷豪放。为此，从南方、北方地域文化的不同对教材进行整合，更有利于辨析音乐风格，提升音乐鉴赏与表现能力。

3. 学情分析

四年级学生正处在培养学习能力、意志能力、学习习惯的最佳时期，开始从被动学习向主动学习转变，于是，对地域文化与音乐风格的关系具备一定的研究兴趣，但分析歌曲文化的能力还略显不足。

学生在一至三年级已经学习过很多地方民歌，如一年级上册哈尼族民歌《其多列》、彝族民歌《彝家娃娃真幸福》《乃呦乃》《快乐的啰唆》、蒙古族歌曲《我是草原小牧民》等；还有一些地区的民歌，如江苏民歌《牧童》、北京儿歌《打花巴掌》、中国台湾地区民歌《蜗牛与黄鹂鸟》等。对民歌有较为丰富的体验，但是缺乏辨析式的学习，还不具备根据地域差异正确判断与表现不同音乐风格的能力。

4. 单元大观念

结合课标、教材及学情分析，明确本单元的核心价值是“从不同的地域文化中辨析所表现的不同音乐风格并加以应用”。因此，本单元提炼出的大观念是：地域文化不同，音乐风格不同。

（二）建构单元知识结构

单元知识结构如图 1 所示。

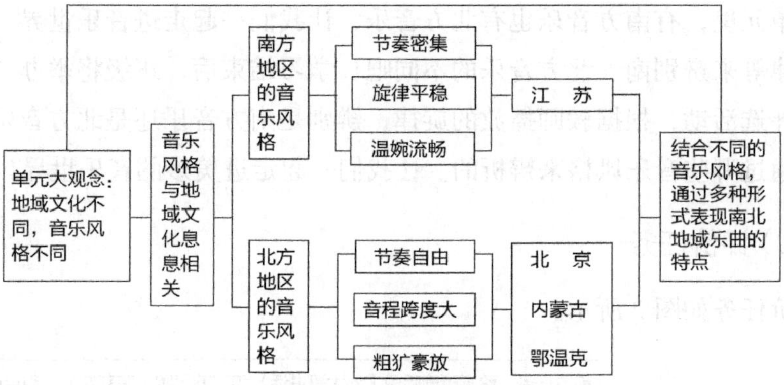

图 1　单元知识结构

（三）表述单元目标

（1）通过聆听音乐，能根据音乐听辨节奏、唱腔、音程跨度等，说出音乐的风格。

（2）通过演唱、欣赏音乐，分析不同的音乐风格，能区分南、北方地域音乐。

①聆听乐曲，形成对南、北方地域与音乐风格关系的一般认识。

②学唱歌曲，通过辨别歌曲的节奏、旋律等，能识别南方地域音乐风格。

③聆听音乐，通过京剧唱腔、京韵大鼓等音乐风格的认识，能识别北方京韵戏歌。

④学唱和聆听音乐，通过辨别乐曲的节奏、音程跨度等，能识别北方地域音乐风格。

（3）在实际的聆听情境中，能辨别南、北方音乐，并用多种形式准确展示其音乐风格。

二、创设学习情境和评价任务

（一）学习情境

南、北方音乐风格自古便各有千秋，有人说，南方音乐婉约、柔美，北方音乐遒劲、洒脱。那么是什么导致南、北方音乐有如此的不同呢？在我们即将学习的单元里，有南方音乐也有北方音乐，让我们一起走进音乐世界，通过节奏、旋律等来辨别南、北方音乐的不同吧！学习结束后，班级将举办“聆听小达人”评选活动，根据教师播放的旋律，辨别是南方音乐还是北方音乐，并说出你是通过哪些音乐风格来辨析的。让我们一起走进美妙的音乐世界！

（二）评价任务

评价任务如图 2 所示。

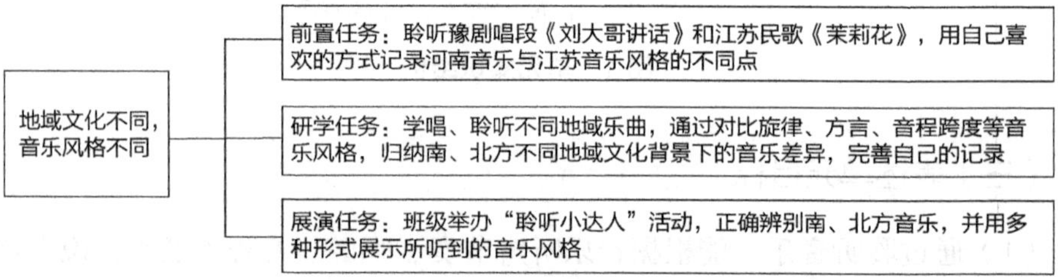

图 2　评价任务

课时总体规划：前置任务课前完成，研学任务 4 课时，展演任务 1 课时，本单元共 5 课时。

三、设计学习活动方案

（一）前置任务

同学们，听说大家都喜欢旅游，我们祖国地大物博、文化深厚，我们都为之自豪。那么，你们知道吗？不同的地域除了自然环境不同、生活习俗不同，长期以来也形成了不同的音乐风格。请同学们认真聆听《刘大哥讲话》《茉莉花》这两首曲子，记录下来它们分别呈现了什么样的音乐风格？又代表哪些区域？在听辨中感悟祖国的艺术魅力。

（二）研学任务

研学任务如表 2 所示。

表 2　研学任务

基本问题：怎样辨别不同地域的音乐文化？			
单元目标	**课时目标**	**学习问题**	**学习任务**
（1）通过聆听音乐，能根据音乐听辨节奏、唱腔、音程跨度等，说出音乐的风格。 （2）通过演唱、欣赏音乐，分析不同的音乐风格，能区分南、北方地域音乐	第 1 课时： 通过聆听，形成对南、北方地域与音乐风格关系的一般认识	南、北方地域的音乐风格有哪些特点呢？	**任务 1：自主展示歌曲并讨论，初步提炼单元大观念。** （1）聆听歌曲《刘大哥讲话》《茉莉花》，小组交流前置任务的学习成果，提出自己的疑惑。 （2）带着疑惑，整体观察，聆听范唱，全班交流，梳理出南、北方地域的不同音乐风格
	第 2 课时： 学唱歌曲，通过辨别歌曲的节奏、旋律等，能识别南方地域音乐风格	怎样辨别南方地域的音乐风格？	**任务 2：通过演唱歌曲《杨柳青》，辨别南方的音乐风格。** （1）在师生、生生互动中演唱并分析歌曲，找出表现地域特点的音乐要素。 （2）对比辨析，总结出南方地域的歌曲方言、衬词等特点
	第 3 课时： 聆听音乐，通过对京剧唱腔、京韵大鼓等音乐风格的认识，能识别北方京韵戏歌	怎样辨别北方地域的京韵戏歌？	**任务 3：通过聆听，辨别北方京韵戏歌的音乐风格。** （1）聆听歌曲《故乡是北京》，说一说歌曲汲取了中国哪个戏曲的元素？ （2）对比辨析，总结出北方地域京韵戏歌的特点
	第 4 课时： 学唱和聆听音乐，通过辨别乐曲的节奏、音程跨度等，能识别北方地域的音乐风格	怎样辨别北方地域的音乐风格？	**任务 4：通过演唱，辨别鄂温克族的音乐风格。** （1）演唱歌曲《大雁湖》，说一说这首歌曲的节奏、音区带给你什么样感觉，再次总结北方音乐风格的特点。 （2）聆听乐曲《牧歌》，小组合作学习，用以上所总结出来的音乐风格，辨别《牧歌》是南方音乐还是北方音乐，记录在学习单上，并说明理由。 （3）小组代表在班级内汇报展示。 （4）共学梳理南方、北方音乐风格与不同地域文化的关系，完善自己在前置任务中的记录

（三）展演任务

班级举办“聆听小达人”比赛活动。同学们，我们学习了一些南方、北方的歌曲，知道了南、北方音乐的不同风格，请你们竖起小耳朵听一听这些旋律是南方音乐还是北方音乐？音乐风格有什么不同？在规定时间内抢答并用自己喜欢的方式展示出来，正确次数最多的同学将获得“聆听小达人”称号。

四、研制评价量表

根据单元学习目标，围绕前置任务、研学任务（研学活动、课堂表现）和展演任务，设置相应的评价量表。评价量表依据评价标准设定为 A、B、C 三个等级。三项活动依据评价量表采取教师评价、学生互评等方式进行。

（一）前置任务评价量表

“辨析乐曲”评价量表如表 3 所示。

表 3 “辨析乐曲”评价量表

维度	A	B	C
风格表述	能准确全面地记录两首乐曲的不同音乐风格	能简要记录两首乐曲的不同音乐风格	能简要记录一首乐曲的音乐风格

（二）研学任务评价量表

“研学活动”评价量表如表 4 所示。

表 4 “研学活动”评价量表

维度	A	B	C
节奏对比	能准确地辨别并说出南、北方音乐节奏的类型，语言表述出完整内容	能准确地辨别南、北方音乐节奏的类型，语言表述出部分内容	能基本辨别南、北方音乐节奏的类型，语言表述出个别内容
旋律对比	能准确地辨别并说出南、北方音乐的旋律不同，语言表述完整	能准确地辨别南、北方音乐旋律的不同，语言表述基本完整	能基本辨别南、北方音乐旋律的不同，语言表述简单
风格对比	能准确地辨别并说出南、北方音乐的风格特点，语言表述全面	能准确地辨别南、北方音乐的风格特点，语言表述出部分内容	能基本辨别南、北方音乐的风格特点，语言表述单一

“课堂表现”评价量表如表 5 所示。

表 5 “课堂表现”评价量表

维度	A	B	C
自主探究	有积极的学习态度，100% 自主完成学习任务，有效反思	有良好的学习态度，80% 自主完成学习任务，有效反思	学习态度端正，60% 自主完成学习任务
听讲情况	能积极有效地与教师互动，主动提出自己的质疑，自主想办法正确解决问题	能积极与教师互动，在他人帮助下提出自己的质疑并解决问题	能在他人提醒下与教师互动，在他人帮助下提出自己的质疑并解决问题
小组合作	能认真倾听、讨论，按照共同讨论的结果，找出音乐的不同风格。发言积极，与小组成员配合默契，个人或小组展示效果突出	能认真倾听、讨论，按照小组共同讨论的结果，在组内成员帮助下发现音乐的不同风格。能够与小组成员上台展示	能倾听部分内容，参与个别小组讨论。在组内成员帮助下发现部分音乐风格

（三）展演任务评价量表

“聆听小达人”活动评价量表如表 6 所示。

表 6 “聆听小达人”活动评价量表

维度	A	B	C
演唱歌曲	演唱姿势、表情到位。演唱发音、节奏 100% 准确	演唱姿势、表情到位。演唱发音、节奏 80% 准确	演唱姿势、表情欠佳。演唱发音、节奏 60% 准确
活动展示	举手抢答，准确说出符合乐曲地域特点的全面要素	举手抢答，准确说出符合乐曲地域特点的大致要素	举手抢答，说出符合乐曲地域特点的个别要素

五、教学设计反思

“家乡美”单元包括学唱歌曲江苏民歌《杨柳青》和鄂温克族民歌《大雁湖》，欣赏戏歌《故乡是北京》和蒙古族风格乐曲《牧歌》。这些乐曲以不同的表现形式体现了不同的音乐风格。

在传统的教学中，演唱课侧重用自然的声音有感情地演唱歌曲，欣赏课过多关注的是作品的风格及作曲家背景等，而较少涉及音乐要素的学习及分析。而本案例中，大观念统领下的单元教学，将四首乐曲连成一个整体，打通演唱课与欣赏课的壁垒，紧紧围绕“地域文化不同音乐风格不同”，南方音乐与北方音乐风格探究的背后，挖掘地域文化的内涵，学生从中更加明确真正要学的是什么，从课堂中真正要带走的又是什么，不单单是会正确演唱，更深层次的是解读音乐文化，由文化的理解再到艺术表达。通过前置任务预设音乐风格辨析，研学任务从乐曲的音乐风格出发，到地域与音乐风格的结合，并能自己根据旋律辨别不同地域的音乐。为检测学习目标是否达成，最后举办了一场班级“聆听小达人”活动，学生根据所播放的音乐，辨别并展示不同的音乐风格，学习与应用、应用与发展相辅相成。这样的设计始终以音乐风格为明线，以地域文化为暗线，“一明一暗”、彼此呼应，实现了深度学习，满足了学生核心素养发展的需求。

好画要有趣，有趣需联想

——湘美版《美术》小学一年级上册

陈永贵　伍欣婷　杨笑冰*

一、制订基于核心素养的单元目标

本单元的主要任务是画一幅有趣的画，要解决画面有趣的问题关键是要掌握利用联想表现画面的方法，而具体的表现方法是通过研学活动进行总结，据此梳理出指向学生思维路径的知识结构并提炼出本单元的大观念。研学活动中让学生相互研讨前置活动的作品和分享创作想法，建立创作有趣的画的一般认识，然后通过课堂探究活动，归纳利用联想表现有趣画面的方法，再综合运用联想的方法进行美术创作，表现自己的所想所感，形成综合探索与学习迁移的能力，达到相应学段应具有的艺术素养。

（一）提炼单元大观念

1. 课程标准分析

基于《义务教育艺术课程标准（2022 年版）》进行分析。

学段目标：能使用不同的工具、材料和媒介，按照自己的想法，以平面、立体或动态等表现形式表达所见所闻、所感所想。能积极参与班级或小组开展的各种游戏活动，初步形成综合探索与学习迁移的能力。

学业要求：对美术创作具有好奇心和想象力。能在教师的指导下养成安全使用不同工具、材料和媒介的习惯。在活动结束时，能收拾、整理工具和材料，保持课桌和教室的整洁。

学业质量标准：能根据教师提出的主题或根据自己的所见所闻、所感所想，

* 陈永贵　伍欣婷　杨笑冰，郑州高新区外国语小学

使用美术工具、材料和媒介创作 1 ～ 2 件富有创意的平面、立体或动态的美术作品。能积极参与小组或班级组织的各种造型游戏活动，并结合各种活动创作 1 ～ 2 件作品。在造型游戏活动中，能与同学交流合作，并尊重、理解他人的看法。

本单元属于美术“造型・表现”领域，主要指向艺术表现、文化理解两项核心素养。作为小学起始阶段，通过对《义务教育艺术课程标准（2022 年版）》的解读，我们认为本单元的核心标准是：积极参与美术创作活动，围绕主题采用多种方法创作不同特点的美术作品，表达自己的思想和情感；在学习活动中，积极和同学分享、交流，评述作品时尊重、理解他人的看法。

2. 教材分析

（1）相关教材内容梳理。

《绕绕涂涂》通过“尽情涂”“开心绕”等小游戏激发学生学习兴趣，学生作品中给出的范例图片，能激发学生创作的欲望。菠萝的实物和涂绕对比分析，可以让学生对于复杂部分的涂绕有直观的印象。通过涂绕活动，把学生空间动作与平面的描绘结合起来，使学生感受线和形的关系。教材提供的学生作品非常有趣，可以启发学生表现出更丰富的内容。本课为开放式作业，让学生用线涂绕出一两个自己喜欢的形象，旨在锻炼他们的联想绘画能力与创造性思维。

《我的太阳》中绘画 T 恤衫上的图案可以激发学生的学习兴趣，提供的学生作品范图，缩短了学生对物象感受方面的心理距离，特别是作品下方配的文字，简明扼要，从侧面为学生创作提供了一条思维途径。作品中的太阳有着像人一样的五官及各种装饰，通过让学生观察、讨论，总结出在圆形的基础上进行添画的方法，让学生融入主观情感，采用拟人的手法进行绘画表现。教材中的作业要求非常宽泛，给学生的创造表现提供了灵动的环境。

《我跟月亮做朋友》中几名儿童在云朵中玩耍的绘画作品，激发学生无尽的想象。月亮不同的变化图便于让学生理解同一种景物可以联想不同的形象。教材出示的多种人物发饰、衣服、鞋子、帽子等，降低了学生想象的难度，让学生将重点放到情节的联想中去。学生在情境中，大胆想象自己和月亮之间的故事，并运用情节联想大胆地进行叙事性绘画创作。学生天马行空的创编故事是创作的基础，将想法进行绘画表现是乐趣所在。

（2）教材内容整合分析。

《绕绕涂涂》《我的太阳》《我跟月亮做朋友》三课基于“利用联想进行艺

术表现”这一共同要素，我们将联想方法作为表现有趣画面的核心，将本册教材中的三课整合为一个单元，具体安排如下：

课前设计前置任务，让学生自由创作一幅有趣的画，并梳理出画得有趣的方法。

第1课时，首先引导学生对前置任务总结的方法进行交流，建立对有趣的画的一般认识，然后学习《绕绕涂涂》，重点是学习涂绕的联想方法，并运用此方法创作有趣的画。

第2课时《我的太阳》，重点是学习拟人的联想方法，并运用此方法创作有趣的画。

第3课时《我跟月亮做朋友》，重点是学习情节的联想方法，并运用此方法创作有趣的画。

第4课时为艺术创作课，学生综合运用联想的表现方法进行美术创作，围绕各自不同的主题表达“有趣”。

利用课余时间进行展演评价，引导学生通过交流分享，学习他人的绘画技巧和创新思路，在评价中明确方向，增强自信心、求知欲和表现力。

3. 学情分析

小学一年级的学生天真活泼、思维活跃，造型表现充满童趣，世间万物在学生的脑海中留下的是亲切、美好的形象，在他们充满童真的梦境里想象着太阳、月亮的样子，幻想着能和世间万物做朋友。本单元的内容很适合学生的年龄特点和生活经验，能激发学生很高的创作热情，作品往往充满童趣、质朴可爱。

小学一年级学生在图像识读方面，对于图片中关于内容信息的提取还不够精准。美术表现方面，学生才刚刚接触“造型·表现”领域的学习，能初步尝试用线条、形状和色彩进行绘画表现活动，对于物体的特征认知较为单一，对于物体外形的认识往往显得简单，并呈模式化。学生如何不使用概念化的图示表现本单元的题材，运用不同的联想画法来丰富造型表现及画得“有趣”是关键，同时教师要加强学生创作意识的引导。

4. 单元大观念

结合课标、教材及学情分析，本单元的核心价值是要建立有趣的画与联想之间的关系。通过欣赏、探究、分析等活动归纳联想的不同表现方法，并进行艺术创作是重要内容。为此，确定单元大观念：好画要有趣，有趣需联想。

（二）建构单元知识结构

单元知识结构如图 1 所示。

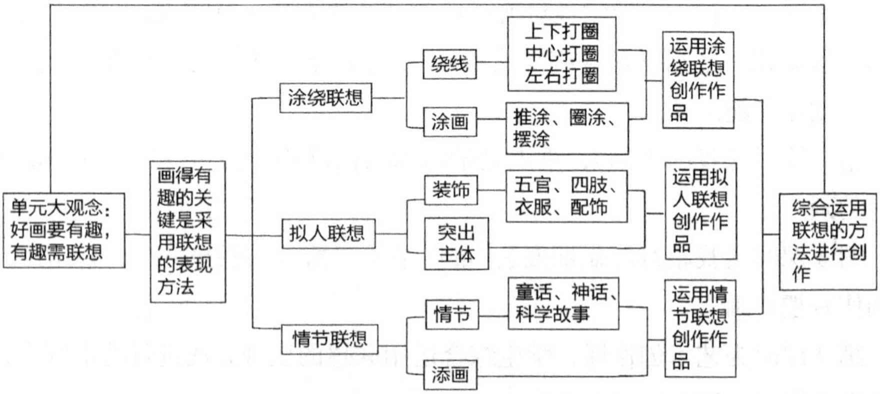

图 1　单元知识结构

（三）表述单元目标

（1）通过相互研讨作品和分享创作想法，能说出联想在表现有趣的画中的作用，建立创作有趣的画的一般认识。

（2）通过课堂探究活动，能归纳利用联想表现有趣画面的方法，创作美术作品。

①通过游戏活动，能总结涂绕联想的方法并创作作品。

②对比分析范图，能总结拟人联想的方法并创作作品。

③通过故事练习，能总结情节联想的方法并创作作品。

（3）结合自身的经历，综合运用联想的方法进行美术创作，表现自己的所想所感，形成综合探索与学习迁移的能力。

二、创设学习情境和评价任务

（一）学习情境

同学们，你们一定看过许多绘本吧，你一定被绘本中的插图深深吸引，绘本中的每一幅插图都是优秀的绘画作品，这些描绘的内容小到蚂蚁、细菌，大到宇宙星辰，天马行空，特别有趣！怎样才能画出有趣的画面呢？那就需要掌握具体的绘画表现方法。本单元我们将围绕画一幅有趣的画来进行探究学习，并整理自己研学过程中的作品，完成《一幅有趣的画》作品集。单元结束后，我们将举办作品集展览，还要分享自己的创作想法，期待大家精彩的表现！

（二）评价任务

评价任务如图 2 所示。

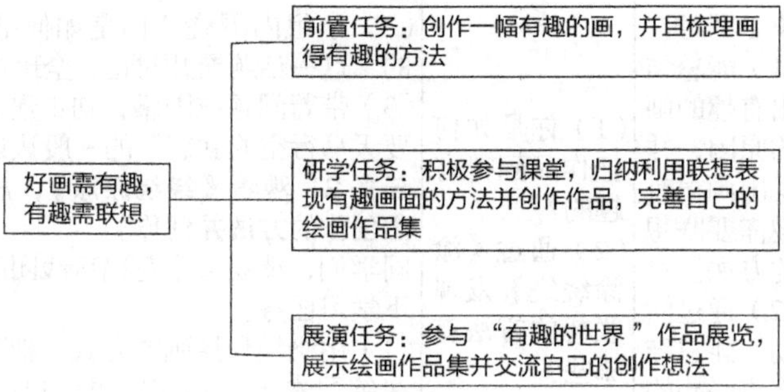

图 2　评价任务

课时总体规划：前置任务课前完成，研学任务 4 课时，展演任务课余时间进行，本单元共 4 课时。

三、设计学习活动方案

（一）前置任务

同学们，你们和爸爸妈妈郊游的时候会不会偶尔望向天空呢？天空中奇形怪状的云朵往往引起我们的注意，它们有的看起来像大象、有的像绵羊、有的像小马、有的像爱心，引发我们许多遐想，那就请同学们回忆天空中云朵的形状，创作一幅有趣的画吧！同时，请同学们思考你如何把它画得有趣？上课时和同学分享自己的想法。

（二）研学任务

研学任务如表1所示。

表1　研学任务

<table>
<tr><td colspan="4">基本问题：怎样进行联想才能画出有趣的作品？</td></tr>
<tr><th>单元目标</th><th>课时目标</th><th>学习问题</th><th>学习活动</th></tr>
<tr><td rowspan="2">（1）通过相互研讨作品和分享创作想法，能说出联想在表现有趣的画中的作用，建立创作有趣的画的一般认识。
（2）通过课堂探究活动，能归纳利用联想表现有趣画面的方法，创作美术作品。
（3）结合自身的经历，综合运用联想的方法进行美术创作，表现自己的所想所感，形成综合探索与学习迁移的能力</td><td>第1课时：
（1）能总结出有趣的画的原因，并说出画得有趣需要联想的方法。
（2）通过活动，能总结涂绕联想的方法并创作作品</td><td>（1）你是如何把作品画得有趣的？
（2）通过《涂涂绕绕》发现联想的方法有哪些？</td><td>任务1：交流作品，初步提炼单元大观念。
同学们，上周我们创作了一幅有趣的作品，现在请大家小组交流，完成以下任务：
（1）小组内相互说一说自己对他人作品的看法。
（2）小组内围绕“你是如何把作品画得有趣的”这一话题展开讨论，全班进行交流。
（3）带着问题或困惑，初步建立“画的有趣需要天马行空的联想”的一般认识。
任务2：观看《绕绕涂涂》，总结涂绕进行联想创作的方法并创作。
同学们，请观看小花猫玩线团的视频，完成以下学习任务。
（1）用绕线和涂画的方式，把图片中的物品画在练习本上，画完后思考自己都用了哪些方法。
（2）小组交流自己的方法，然后班级分享，师生梳理。
（3）选择喜欢的涂绕方法，创作一幅有趣的画。作品完成后，同桌相互分享自己的想法并评价对方的作品。完成后将自己的作品放入作品集</td></tr>
<tr><td>第2课时：
对比分析范图，能总结拟人联想的方法并创作作品</td><td>用什么画法使对象看起来像人物？</td><td>任务3：对比分析《我的太阳》中的范例图片，进行课堂练习，总结拟人联想表现的方法。
同学们，看教师呈现的有趣的小动物形象，小组讨论是什么让它们看起来像人物呢？然后完成以下学习任务。
（1）小组合作，交流自己的发现。围绕“使用什么方法使对象看起来像人物”这一话题，梳理总结不同的方法，班级内分享，师生总结。
（2）进行小练笔，把同一种对象画成两幅不一样的拟人形象。
（3）用拟人联想的方法，创作一幅有趣的画。作品完成后，同桌相互分享自己的想法并评价对方的作品。完成后将自己的作品放入作品集中</td></tr>
</table>

续表

<table>
<tr><th>单元目标</th><th>课时目标</th><th>学习问题</th><th>学习活动</th></tr>
<tr><td rowspan="2">（1）通过相互研讨作品和分享创作想法，能说出联想在表现有趣的画中的作用，建立创作有趣的画的一般认识。
（2）通过课堂探究活动，能归纳利用联想表现有趣画面的方法，创作美术作品。
（3）结合自身的经历，综合运用联想的方法进行美术创作，表现自己的所想所感，形成综合探索与学习迁移的能力</td><td>第3课时：通过故事练习，能总结情节联想的方法并创作作品</td><td>情节联想有哪些方法？</td><td>任务4：
分析《我跟月亮做朋友》中的范图，进行“脑洞大开”活动，总结情节联想的方法。
同学们，我们将进行“脑洞大开”大比拼活动，看！教师课件上的主人公，他在奇妙的晚会上经历了哪些事情呢？请你结合童话、神话及寓言故事展开想象，创编一个有关这个主人公的故事吧！看谁创想得最有趣。
（1）小组交流联想的故事，并对他人的故事情节提出改进建议。
（2）小组讨论，围绕“你发现了情节联想的哪些方法”这一话题，梳理总结不同的方法，班级内分享自己总结的方法。
（3）用情节联想的方法，创作一幅有趣的画。作品完成后，同桌相互分享自己的想法并评价对方的作品。完成后将自己的作品放入作品集中</td></tr>
<tr><td>第4课时：综合运用联想的方法进行美术创作</td><td colspan="2">任务5：美术创作
同学们，你和自己的小朋友可能有过很多奇妙的经历，那么，如果你和太阳、月亮在一起，又会发生怎样的奇妙之旅呢？请同学们展开想象，用涂绕、拟人、情节联想三种方法相结合，创作一幅有趣的作品吧</td></tr>
</table>

（三）展演任务

“有趣的世界”作品集展览。在本单元的学习过程中，同学们主动探索画得有趣的方法，用一个个故事、一系列的作品，创作出了自己的作品集。在本次“有趣的世界”作品集展览中，请同学们展示自己的优秀成果并分享自己的创作想法，同时参观展览时简短记录下喜欢的理由，评选出你最喜爱的作品集，期待大家精彩的表现。

四、研制评价量表

根据单元学习目标，围绕前置任务、研学任务（研学活动、课堂表现）和展演任务设计了三组相应的评价量表，依据评价标准设定为 A、B、C 三个等级。前置任务及研学任务由学生依据评价标准自评、互评，展演任务依据评价标准由学生进行互评。

（一）前置任务评价量表

“画一幅有趣的画”评价量表如表 2 所示。

表 2 “画一幅有趣的画”评价量表

维度	A	B	C
画面	（1）画面完成度高，形象生动，线条流畅，色彩丰富。 （2）有使用联想的方法，作品故事性强、趣味性强	（1）画面完成度比较高，线条流畅，色彩丰富。 （2）有使用联想的方法，富含趣味性	（1）画面基本完成，线条流畅。 （2）未体现出趣味性
方法	能罗列出至少 3 种使画面有趣的方法	能罗列出至少 2 种使画面有趣的方法	能罗列出至少 1 种使画面有趣的方法

（二）研学任务评价量表

“研学活动”评价量表如表 3 所示。

表 3 “研学活动”评价量表

维度	A	B	C
涂绕联想	运用推涂、圈涂、摆涂等多种方法表现，采用不同的搭配，组合新形象，线条流畅，色彩丰富	运用推涂、圈涂、摆涂等多种方法表现，有简单的搭配、组合，形象与色彩较为丰富，线条较为流畅	作品能以单一的方法表现，未能体现搭配、组合，形象与色彩单一，线条不够流畅
拟人联想	从五官、衣服、四肢、配饰等多方面进行拟人表现，能对同一种物象画出两幅不一样的拟人形象，线条流畅	从五官、衣服、四肢、配饰等多方面进行拟人表现，能对一种物象画出拟人形象，线条较为流畅	从五官、衣服、四肢、配饰等单一的方面进行拟人表现，能对一种物象画出拟人形象，线条不够流畅

续表

维度	A	B	C
情节联想	画面能表达故事情节，情节联想合理，画面内容丰富，线条流畅	画面能表达故事情节，情节联想较为合理，画面内容较为丰富，线条较为流畅	能完成作品，画面缺乏故事情节，画面内容空泛，线条不够流畅

“课堂表现”评价量表如表 4 所示。

表 4 “课堂表现”评价量表

维度	A	B	C
合作交流	自信分享与交流自己的作品，全面正确分析、评价同学的作品	能分享与交流自己的作品，正确分析、评价同学的作品	能分享自己的作品，简要评价同学的作品
自主探究	积极和教师、同学互动，主动参与探究活动，能全程注意力集中	能回应教师、同学的提问，参与探究活动，能 80% 的时间注意力集中	在他人提醒下参与探究活动，能 60% 的时间注意力集中
安全卫生	明确不同工具、材料和媒介的安全使用规则，活动结束时能有序收拾、整理工具和材料，保持课桌和教室的整洁	基本明确不同工具、材料和媒介的安全使用规则，活动结束时能收拾、整理工具和材料，课桌和教室的整洁度能达到 80%	不同工具、材料和媒介的安全使用规则不够明确，活动结束时收拾、整理工具和材料行动缓慢无序，课桌和教室的整洁度达到 60%

（三）展演任务评价量表

“有趣的世界”作品展评价量表如表 5 所示。

表 5 “有趣的世界”作品展评价量表

维度	A	B	C
作品集	作品集制作精美，有封面和封底。系列过程性作品完整，综合性作品运用涂绕、拟人、情节联想等至少三种方法表现有趣画面，线条流畅	作品集制作较为精美，无封面、封底。系列过程性作品完整，综合性作品运用涂绕、拟人、情节联想等至少两种方法表现有趣画面，线条较为流畅	完成作品集。阶段性作品不够完整，综合性作品运用涂绕、拟人、情节联想等至少一种方法表现有趣画面，线条不够流畅
分享表现	声音洪亮、语言流畅，中心明确、条理清晰，仪态大方	声音较洪亮，有中心有条理，仪态较大方，有一两处停顿的地方	声音低沉，说话断断续续，表达不自然，中心不明确

五、教学设计反思

本单元设计整合了原本零散的美术要素，从艺术素养出发整合课时。单元目标采用“逆向设计”的思路，设计真实情境的深度学习，在思考如何开展有效的教与学活动之前，先思考学习的目标到底是什么，以及哪些证据表明是否达成了目标，即从目标、评价切入，方向性更为直观明确、可行可测。接着设计配套的学习活动，把建构的知识迁移到真实的生活情境中，明确大观念引导下为确保学习效果而进行设计的过程。单元设计以学生为本，在引导学生进行自主研学的过程中总结涂绕、拟人、情节联想等表现有趣画面的方法。学生运用总结出的画法，在艺术表现时融入主观情感，进行大胆想象，把对世间万物的观察、体悟表现出来，同时进行总结性创作与评价，对单元学习进行全面展示与交流，体现学科属性与跨学科探索，发展学生艺术素养与学习能力。在本单元设计中，团队成员对《义务教育艺术课程标准（2022 年版）》进行详细、反复的解读，无论是学段目标、学业要求和学业质量标准的分析，还是从大单元视角进行每个课时的设计，对学科本质有了更为深刻的认识，教学中更加关注核心观念、关键问题，更加注重对于关系的联结、知识结构的构建及生活中的迁移应用。这些都是对过去传统课时教学颠覆性的改革与创新，是“双减”政策下提升教学品质的有力举措。但是，基于当前教材现有课时进行的单元整合，其科学性依然有待进一步探索实践。

丰富的画面由点线面组合而成

——湘美版《美术》小学二年级上册

阎嘉颖　刘仲敏 *

一、制订基于核心素养的单元目标

本单元的核心内容是解决画面形式丰富性的问题，通过欣赏、探究、分析等活动归纳点线面组合画面的不同表现方法，进行艺术创作。据此梳理指向学生思维路径的知识结构，提炼出本单元的大观念，明确目标，指向素养。

（一）提炼单元大观念

1. 课程标准分析

基于《义务教育艺术课程标准（2022 年版）》进行分析。

学段目标：能使用不同的工具、材料和媒介，按照自己的想法，以平面、立体或动态等表现形式表达所见所闻、所感所想。能积极参与班级或小组开展的各种游戏活动，初步形成综合探索与学习迁移的能力。

学业要求：对美术创作具有好奇心和想象力。能在教师的指导下养成安全使用不同工具、材料和媒介的习惯。在活动结束时，能收拾、整理工具和材料，保持课桌和教室的整洁。

学业质量标准：能根据教师提出的主题或根据自己的所见所闻、所感所想，使用美术工具、材料和媒介创作 1 ~ 2 件富有创意的平面、立体或动态的美术作品。能积极参与小组或班级组织的各种造型游戏活动，并结合各种活动创作 1 ~ 2 件作品。能从线条、形状、色彩、肌理等方面欣赏、评述周边各种自然物与人造物，学会发现、感受、欣赏其中的美。在造型游戏活动中，能与

* 阎嘉颖　刘仲敏，郑州中学第二附属小学

同学交流合作，并尊重、理解他人的看法。

本单元属于美术“造型·表现”领域，指向艺术表现、文化理解两项核心素养。解读《义务教育艺术课程标准（2022年版）》，我们明确本单元教学内容的核心是：围绕主题探索多种方法绘制画面丰富的画，表达自己的思想情感。指向帮助学生养成良好的工具使用与卫生习惯，培养探究、合作、交流、创作、评述等美术学科的学习能力，激发学生的想象力与创造力。

2. 教材分析

（1）相关教材内容梳理。

《点点聚会》选取儿歌来引出“点”就是生活中物体的联系，如日月星辰、蔬菜水果、花草鱼虫等。教材呈现了齐白石的中国画《青莲有鱼》，以小小的鱼和大片的荷叶对比，便于学生理解点有大小、疏密变化。中国画《春至》和《枝头繁雀》展示了点的方向变化和排列的秩序美感。学生作品中小画家运用疏密变化来表现点的排列重组，引发共鸣。教材设置小练笔“豆苗的不同排列方式”，减少了部分学生的畏难情绪，激发了创作兴趣。

《条纹乖乖》出示了水彩笔、油画棒等不同美术工具组合描绘出的几组“线”，引导学生发现线条有粗细、方向等排列重组的变化。大师作品展示了黄胄的速写《新疆舞蹈》，学生作品展示了几幅穿着条纹服装的小朋友形象，儿歌《条纹服装件件俏》，将线条学习和服装元素相结合。学习活动“服装设计师”的小训练为学生个性化进行线条的表现提供参考。教材中的儿歌设置与学生的生活紧密联系，使本课的美术技能学习更富有情趣和内涵，激发学生的创作热情。

《形形色色的背景》展示了《抱着猫的女孩》儿童画，便于学生观察、讨论，体会背景的重要性。教材设置小练笔来帮助学生进行发散思维，经过想象、讨论、练习，将知识学习置于真实的生活情境中，降低了学习难度。其他三幅学生范作分别展示了学生运用“面”装饰背景后，用不同的形状、颜色的“面”让画面背景变得丰富多彩的效果，使学生从“面”的组合获得启发，感受不同的画面节奏。

（2）教材内容整合分析。

《点点聚会》《条纹乖乖》《形形色色的背景》有着共同的表现要素，那就是“点线面的组合使画面更丰富”，符合单元教学设计的核心思想，于是，我们可以将这三课进行统整，进行整体教学，更有助于学生对美术技能的学习，有效落实使画面丰富的方法，综合提升艺术表现力。

第 1 课时，建立认识。课前安排前置任务，让学生利用周末自由创作一幅画，思考使画面丰富的方法并罗列出来。单元起始课上，先引导学生对前置任务进行交流，相互分享自己的方法，建立对画面丰富的画的一般认识；接着学习《点点聚会》，探索“点”这种绘画元素的变化并创作作品。

第 2 课时，《条纹乖乖》。走进“线”的世界，探究不同粗细、方向的“线”排列组合的方法，然后加以应用创作作品。

第 3 课时，《形形色色的背景》。从观察生活中不同形状、颜色的“面”，到运用这些形形色色的“面”进行创作，探究该方法使画面丰富的具体思路。

第 4 课时，展演评价课。安排周末活动，运用所学知识鼓励学生创作一幅能体现丰富画面的画。单元总结课上，以小组为单位学生相互评述他人的作品，交流展示优秀作品。

3. 学情分析

二年级学生好动、爱玩儿，有较强的求知欲和好奇心，想象力非常丰富。对身边的新鲜事物总想尝试和了解，喜欢问“为什么”，渴望探个究竟。尤其对空间感强的事物和色彩鲜明的图案较为感兴趣。

经过一年级的美术学习，学生以个人或小组合作的方式参与了多种美术活动，对不同材料和工具的使用有了一定掌握，浅显地学习了美术欣赏和评述的方法，能够简单表达自己的情感和想法，对美术学习有着浓厚的兴趣。但是在绘画中还是会出现画面单调、内容空洞、结构松散等问题。

4. 单元大观念

基于上述分析，本单元的核心价值是要将丰富的画面与点线面的组合之间建立关联，通过欣赏、探究、游戏等活动归纳点线面组合的不同表现方法是有效载体，综合性的艺术创作则是生成与发展的最终指向。为此，确定单元大观念：丰富的画面由点线面组合而成。

（二）建构单元知识结构

单元知识结构如图 1 所示。

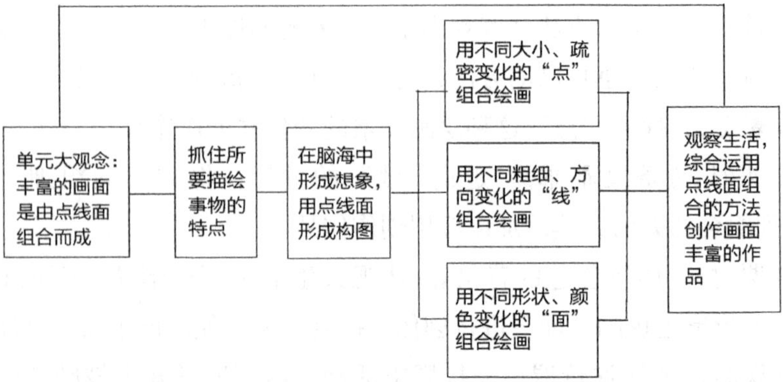

图 1　单元知识结构

（三）表述单元目标

（1）通过分析作品，研讨创作思路，能说出点、线、面组合在绘画作品中的作用，建立丰富的画面由点、线、面组合而成的一般认识。

（2）通过课堂探究活动，总结出用点、线、面组合来丰富画面的方法，创作美术作品。

①通过自主探究活动，总结出“点”的组合方法并创作作品。

②通过观赏自然图片，总结出“线”的组合方法并创作作品。

③通过背景创意添画，总结出“面”的组合方法并创作作品。

（3）结合真实的自然景观，综合运用点、线、面的组合方法进行绘画创作，表现大自然的美丽景色与丰富多彩。

二、创设学习情境和评价任务

（一）学习情境

同学们，我们一起来欣赏凡·高的油画《星空》，这幅作品中天际用黄色、蓝色的曲线描绘，柏树用黑色、笔直的线条描绘，山坡用深色、大小不等的面描绘，村庄用黑色、大小不同的点描绘。凡·高在这幅作品中的点、线、面运用很有讲究，相互交织的弯曲长线和短线构成整个画面，好像天空真的在画中翻滚流动，动感十足，给人带来强烈的视觉冲击和无限的遐想。到底是什么原因使得画面看起来充满丰富的变化呢？本单元我们将围绕如何让画面丰富进行探索学习，单元结束后，我们将举办“最美的风景”主题画展，期待大家精彩的表现！

（二）评价任务

评价任务如图 2 所示。

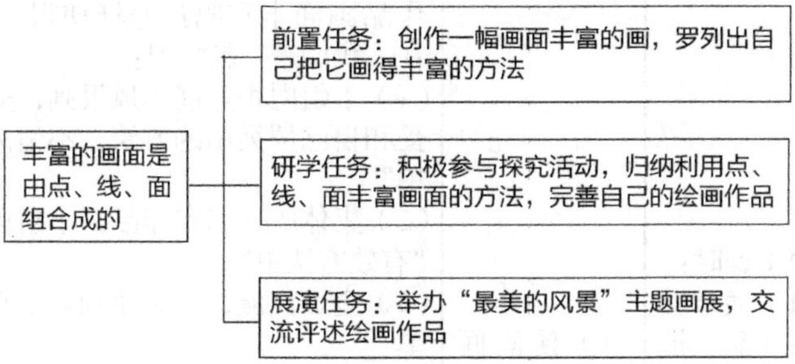

图 2　评价任务

总体规划：前置任务课前完成，研学任务 3 课时，展演任务 1 课时，本单元共 4 课时。

三、设计学习活动方案

（一）前置任务

我们可能都有过这样的经历或感受：寂静的夜晚，躺在草地上仰望星空，一轮灿烂的新月与点点星光交相辉映，我们努力地找寻最亮的星星，将星星连接成不同的图案，像小船、像战士、像花朵。周末，请你回忆让你印象深刻的风景并进行描绘或者进行想象添画，完成一幅画面丰富的风景画，思考使画面丰富的方法都有哪些，并罗列出来。

（二）研学任务

研学任务如表 1 所示。

表 1　研学任务

基本问题：如何运用点、线、面组合创作丰富的画面？			
单元目标	课时目标	学习问题	学习活动
（1）通过分析作品、研讨创作思路，能说出点、线、面组合在绘画作品中的作用，建立丰富的画面由点、线、面组合而成的一般认识。 （2）通过课堂探究活动，总结出用点、线、面组合来丰富画面的方法，创作美术作品。 （3）结合真实的自然景观，综合运用点、线、面的组合方法进行绘画创作，表现大自然的美丽景色与丰富多彩	第 1 课时： （1）通过交流作品，梳理使画面丰富的方法。 （2）通过自主探究活动，总结出“点”的组合方法并创作作品	（1）使画面丰富的方法有哪些？ （2）怎样用“点”创作画面丰富的作品？	**任务 1：展示交流绘画作品，初步建立使画面丰富的画的一般认识。** 同学们，周末大家进行了美术创作，你创作的作品画面丰富吗？怎样使得画面丰富呢？现在，我们来一起学习： （1）小组内相互展示风景画，交流对作品的感受和自己罗列出的方法，小组形成“有效方法单”。 （2）集体欣赏名家作品，小组再次研讨，完善“有效方法单”。 （3）全班交流，归纳使画面丰富的“有效方法单”。 **任务 2：结合《点点聚会》课本范画，观察生活场景，完善提炼“点”的排列重组的方法并进行绘画创作。** 同学们，有了这么多好方法，相信大家一定能够将画面表现得更丰富、更美观。“小点点，变呀变，变成小鱼和小虾”，听了这首儿歌，大家一定迫不及待想要走进奇妙的创作天地！我们自主探究学习： （1）自主阅读教材相关内容，分析教材中大师的作品，找出生活中与绘画中的相似形。 （2）小点点真神奇，还能怎样来变幻？根据儿歌提示，分析书中绘画作品，归纳点的疏密、大小等不同排列组合的方法。 （3）小练笔：“小豆苗的排列”，尝试用一组或者几组点进行绘画创作。 （4）优秀作品自主展示，介绍自己是如何使用“点”来进行创作的，其他同学进行评述

续表

单元目标	课时目标	学习问题	学习活动
（1）通过分析作品、研讨创作思路，能说出点、线、面组合在绘画作品中的作用，建立丰富的画面由点、线、面组合而成的一般认识。 （2）通过课堂探究活动，总结出用点、线、面组合来丰富画面的方法，创作美术作品。 （3）结合真实的自然景观，综合运用点、线、面的组合方法进行绘画创作，表现大自然的美丽景色与丰富多彩	第2课时： 通过观赏自然图片，总结出“线”的组合方法并创作作品	怎样用“线”创作画面丰富的作品？	**任务3：欣赏大自然中的线条，感知线条变化的美感，结合《条纹乖乖》课本范画，探究线条的排列重组方法，进行绘画创作。** 同学们，大自然真是鬼斧神工，用自然的线条给我们创造了许多美好的画卷，让我们一起来感受一下吧！自主探究与小组合作学习相结合。 （1）欣赏图片，发现斑马、鱼、梯田等大自然中的线条，说一说其形式的美感，联想如何运用线条美化生活物品。 （2）读一读教材中的儿歌，观察大师作品和学生范作，小组交流、完善并归纳线条丰富画面的方法。 （3）各小组选派代表上台画一组排列变化丰富的线条，比一比，说一说，哪个组的线条运用得最丰富。 （4）完成作品“我是服装设计师”，运用线条排列重组的方法绘制一件服装。 （5）小练笔：展示“服装秀”，同学之间互评作品
	第3课时： （1）通过背景创意添画，总结出“面”的组合的方法并创作作品。 （2）能综合应用所学知识，根据主题创作一幅画面丰富的画	（1）怎样用“面”创作画面丰富的作品？ （2）怎样综合运用点、线、面组合创作画面丰富的作品？	**任务4：观察、分析《形形色色的背景》教材范画，深入探究“面”有大小、方向等排列方法并完成小练笔。** 同学们，我们在第一课就总结了各种使画面丰富的绘画方法，那么，“面”的变化能给我们带来什么样的美感？小组合作学习。 （1）观察作品《抱着猫咪的女孩》，交流有、无背景分别带来的感受。 （2）观察教材中的范画，对比平涂背景的作业，探讨不同大小、颜色的“面”让画面产生了哪些变化。 （3）探讨“面”的组合方式，组内画一画，比一比各自的创意。 （4）小练笔：用“面”的不同排列或重组方法为书中人物添加背景，使画面丰富起来。完成后小组评选优秀作品，全班展示，集体评述。 **任务5：安排周末综合性创作活动。** 运用所学知识鼓励学生创作一幅能体现丰富画面的画，主题为《最美的风景》

（三）展演任务

“最美的风景”画展：

同学们，通过本单元的学习，我们知道了丰富的画面由点、线、面组合而成，通过一系列小练笔活动，同学们打破了以往单一的绘画形式，懂得了让画面更丰富的绘画方法。周末，大家综合应用所学知识创作了独具匠心的作品。为了展示大家优异的学习成果，我们在班级举办“最美的风景”主题画展。请大家以小组为单位相互评价他人的作品，对照评价量表推选出优秀作品，全班展示，优秀作者给大家讲一讲创作思路，相互学习。

四、研制评价量表

根据单元学习目标设计三组相应评价量表，评价量表依据评价标准设定为 A、B、C 三个等级。前置任务及研学任务（研学活动、课堂表现）的评价，由学生依据评价标准自评、互评。展演任务的评价，依据评价标准由学生组建评委进行集中评述。

（一）前置任务评价量表

“画面丰富的风景画”评价量表如表 2 所示。

表 2 “画面丰富的风景画”评价量表

维度	A	B	C
画面	画面完成度高，内容丰富	画面完成度一般，内容单一	画面基本完成，内容空泛
方法	列举出至少 2 种使画面丰富的方法	列举出至少 1 种使画面丰富的方法	没有列举出正确的方法

（二）研学任务评价量表

“研学活动”评价量表如表 3 所示。

表 3 “研学活动”评价量表

维度	A	B	C
点的组合方法	能用至少 3 种不同的组合方法创作作品，画面丰富	能用至少 2 种不同的组合方法创作作品，画面简单	能用至少 1 种组合方法创作作品，画面欠佳

续表

维度	A	B	C
线的组合方法	能用至少3种不同的组合方法创作作品，画面丰富	能用至少2种不同的组合方法创作作品，画面简单	能用至少1种组合方法创作作品，画面欠佳
面的组合方法	能用至少3种不同的组合方法创作作品，画面丰富	能用至少2种不同的组合方法创作作品，画面简单	能用至少1种组合方法创作作品，画面欠佳

“课堂表现”评价量表如表4所示。

表4 “课堂表现”评价量表

维度	A	B	C
自主探究	教师讲授和自主学习均做到全程专注，能100%准确全面回答问题	教师讲授和自主学习80%能做到专注，能80%准确回答问题	教师讲授和自主学习60%能做到专注，能60%准确回答问题
合作学习	认真倾听他人分享，主动正确地说出自己的想法和评价建议	认真倾听他人分享，在他人提醒下正确说出自己的想法和评价建议	参与倾听他人分享，未能说出自己的想法和评价建议
安全卫生	能安全、正确、合理地使用工具及材料，活动结束时能有序收拾、整理工具及材料，保持课桌和教室的整洁	能安全、正确地使用工具及材料，活动结束时能基本有序地收拾、整理工具及材料，课桌和教室的整洁度达到80%	能安全、正确地使用工具及材料，活动结束时收拾、整理工具及材料较为混乱，课桌和教室的整洁度达到60%

（三）展演任务评价量表

“最美的风景”展演任务评价量表如表5所示。

表5 “最美的风景”展演任务评价量表

维度	A	B	C
作品完成度	画面丰富，点、线、面综合运用，组合多样，体现创新性	画面较为丰富，点、线、面只运用两种，组合单一	画面简单，点、线、面只运用1种，未体现组合
展示表现	创作思路新颖，用准确全面的美术语言表达，体态自信大方	创作思路清晰，用准确简单的美术语言表达，体态较为大方	创作思路模糊，用自己的语言简要表达，体态扭捏

五、教学设计反思

单元教学更有利于学生实现系统知识建构和深度学习，更有助于核心素养的发展。基于美术学科，笔者和团队在运用教材开展常规教学时，容易在“造型·表现”与“设计·应用”等各个领域内部与外部出现割裂的情况。为此，常常会遇到学生忘记带学习工具，或者对某一领域的学习不够系统深入，尤其是各领域经过散点的教学，会造成学生美术技能与素养发展不连贯，认知浅表，作品表现则单一空泛，缺乏创新。于是，立足学生艺术素养的发展，基于团队的探索实践，美术学科深度实施单元教学，我们把教材目录中打乱的四个学习领域重新排序，根据学习领域中的主题、工具材料、技巧方法、核心素养来重新组合成一个个单元，进行整体教学设计并实施，打破了原有教学的弊端，更加符合儿童的认知规律，指向全面育人。

分析本册教材，我们可以将色彩知识、人物构图、点线面分别整合为不同的单元进行教学。其中，从美术学科的本质来看，本单元将有着共同方法与素养要素的点、线、面整合在一起设计，建立起必要的关联，在美术技能的学习上能够做到循序渐进，在美术表现上能够实现融会贯通，在现实生活中则能够达成学以致用，最终促使学生形成一种观念上的认识，在今后的学科学习与跨学科学习中具有深远意义。

好画需灵动，灵动有方法
——湘美版《美术》小学四年级上册

齐思薇　蒋　励　崔　楚*

一、制订基于核心素养的单元目标

本单元的核心为学习遮挡关系和动态画法画出灵动的画面。在解读相应学段课程标准、教材、学情的基础上，从艺术核心素养出发制订单元应用性目标“画面”，根据应用性目标制订支撑性目标“方法”，进而逆推理解性目标“作用”。在此过程中层层链接，从应用到思维、认知，梳理出体现完整思维路径的知识结构，提炼出本单元的大观念。

（一）提炼单元大观念

1. 课程标准分析

基于《义务教育艺术课程标准（2022年版）》进行分析。

学段目标：能使用传统的或现代的工具、材料和媒介，创作平面、立体或动态等表现形式的美术作品，表达自己的所见所闻、所感所想，学会以视觉形象的方式与他人交流。

内容要求：根据自己对生活的感受与想法，使用不同的工具、材料和媒介，采用写实、夸张等手法进行表现。

学业要求：能使用传统或现代的工具、材料和媒介，创作不同表现形式的美术作品，表达自己对生活的看法。在活动结束时，能收拾、整理工具和材料，保持课桌和教室的整洁。

学业质量标准：能根据教师提出的主题或根据自己的所见所闻、所感所

* 齐思薇　蒋励　崔楚，郑州中学第二附属小学

想，使用美术工具、材料和媒介创作 2 ～ 3 件富有创意的平面、立体或动态的美术作品，运用造型手段表达美。在参与综合探索活动中，能主动学习和探究，与同学交流合作时尊重、理解他人的看法。

本单元属于美术第二学段“造型·表现”领域，在艺术表现方面学习写实的表现手法，相比第一学段增加了美术创作的难度；在文化理解方面学生在综合探索中能主动学习和探究，相比第一学段增加了探究合作的要求。综合分析本单元的核心标准是：能使用现代的工具、材料，采用写实的手法创作平面的美术作品，表达自己的所见所闻、所感所想，学会以视觉形象的方式与他人交流。在参与综合探索活动中，能主动学习和探究，与同学交流合作时尊重、理解他人的看法。

2. 教材分析

（1）相关教材内容梳理。

《草丛中》选取潘天寿的兰花作品，便于学生观察草叶生长规律，研学遮挡、穿插等前后关系的表现，锻炼学生的观察能力和写实能力。设置的“改画三片草叶”的小训练，可增强学生的理性分析能力；处理画面空间时，采用对比的方法，为教师示范和讲解提供了很好的指引。学生作业设计了观察、描绘草类植物并进行写生任务，兼具写实性绘画和想象性绘画的特点；学生在写实线描的基础上进行绘画，是学生从想象到写实的重要过渡。

《城市美容师》展示环卫工人清洁卫生时的整个动态过程，这种典型的劳动美的动态，贴近学生的生活。扫地的动态示意图采用三个不同的线描图例和提示语，把扫地的日常动态做了概括的呈现，教师可以让学生上台表演劳动者的动作，引导学生观察人物肢体的变化，采用人物动态线辅助绘画，从而使画面真实灵动、准确。教材提供的手部小练习示意图，可以作为局部练习使用。学生擦洗公交车和街道护栏的两幅作品，为学生创作提供了借鉴和参照。

（2）教材内容整合分析。

经过分析，基于两课“画面要灵动不呆板”这一共同要素，我们将画出遮挡关系和画准人物动态作为表现灵动的画面的核心，将本册教材中的这两节课整合为一个单元，具体安排如下：

课前设计前置任务，让学生自由创作一幅灵动的画，并梳理使画面不呆板的方法。

第 1 课时为引导学生相互交流，初步建立学生对创作灵动的画面的认识。然后学习《草丛中》，归纳运用遮挡关系灵动的表现植物的方法，并运用此方法进行创作。

第 2 课时《城市美容师》。让学生在观察、模仿不同的人物动态的基础上，归纳画准人物动态的方法，并运用此方法进行创作。

第 3 课时为艺术创作课。学生综合运用所学方法围绕不同的主题创作灵动的画。

展演评价利用课余时间进行，在单元作品展示活动中，学生能够大胆介绍自己的作品。学生通过交流分享，欣赏、理解他人画作的优美之处，同时学会欣赏、评价他人的作品，在评价中明确未来努力的方向。

3. 学情分析

四年级学生大脑内部结构和功能逐步完善，思维能力的发展也处于转折阶段，抽象概括、分类、比较和推理能力开始形成，思维的敏捷性和灵活性提高。基于大脑发育的特点，学生从儿童绘画开始向少年绘画转型，他们在绘画方面有了初步写实的倾向，也称之为“萌芽写实阶段”。他们希望自己画得写实、灵动，以“像与不像”作为画面的评价标准。本单元的学习内容符合四年级学生年龄特点，可以以此为切入点设计教学环节，激发学生对写实类绘画的热情。

学生在以往的美术学习中，已掌握一定基础绘画的能力，在课堂上能够大胆想象创作，作品内容丰富。但是学生往往对物体描绘“眼高手低”，心中想画得写实，但作品往往呈现平面化、呆板化，由于线条组织能力欠缺，无法准确描绘观察对象，所以画面容易出现没有层次变化的现象。如何帮助学生建立写实意识、有效运用写实方法，是教师在教学中需要关注的重点，需要系统的训练和大胆的创作。

4. 单元大观念

结合课标、教材及学情分析，本单元的核心价值是：要理解灵动的画面与画出遮挡关系、画准人物动态的方法之间的关系。主要内容是：通过欣赏、探究、分析等活动，归纳遮挡关系和准确的人物动态的表现方法，并进行艺术创作。为此，确定单元大观念：好画需灵动，灵动有方法。

（二）建构单元知识结构

单元知识结构如图 1 所示。

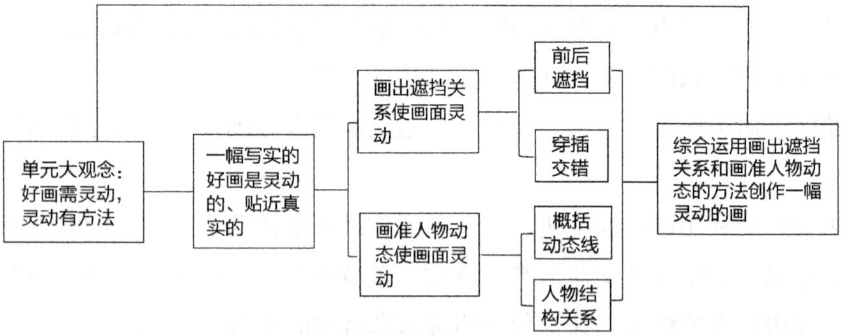

图 1　单元知识结构

（三）表述单元目标

（1）通过研讨，能说出遮挡关系和准确的人物动态在画面中的作用，认识到灵动的画面需要两种方法的合理运用。

（2）通过对比分析，能总结出画出遮挡关系和画准人物动态的方法，创作美术作品。

①通过观察实物分析，总结画出遮挡关系的方法，创作一幅体现遮挡关系的画。

②通过观察表演分析，总结画准人物动态的方法，创作一幅人物动态丰富的画。

（3）在真实的经历后，综合运用两种表现方法进行创作，表达自己的所见所闻，形成学习迁移的能力。

二、创设学习情境和评价任务

（一）学习情境

同学们，周末游玩的时候什么样的景象会引起你的注意？是大自然的花草树木，还是游玩的人们？不论是花草树木的茂密枝叶，还是人们的动作姿态都是非常自然、灵动的，如果大家回顾一下自己一、二年级时的绘画作品，我们往往会发现自己画得比较重复、呆板，不符合真实的状态。那么怎样才能画出灵动的画面呢？本单元我们将围绕如何描绘一幅灵动的画进行探讨并创作作品。单元结束时，我们将举办以“我的写生”为主题的作品展，展示自己的绘画作品，并与同学们分享自己的创作想法。

（二）评价任务

评价任务如图 2 所示。

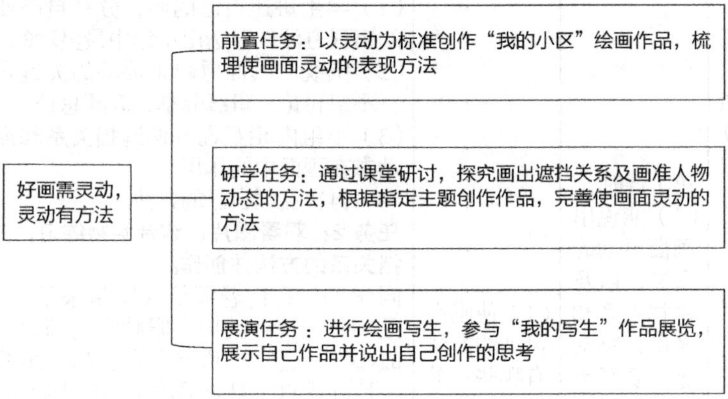

图 2　评价任务

课时总体规划：前置任务课前完成，研学任务 3 课时，展演任务课余时间进行，本单元共 3 课时。

三、设计学习活动方案

（一）前置任务

同学们，周末的生活丰富多彩，小区里的植物生长茂盛，小朋友们在游乐区尽情地玩耍。请大家利用周末时间，用线条创作一幅“我的小区”绘画作品，要求画面中要有植物和人物，同时思考你要怎样才可以画出灵动、不呆板的画面，梳理好你的想法，我们上课时进行交流。

（二）研学任务

研学任务如表 1 所示。

表 1 研学任务

基本问题：用什么方法表现灵动的画面？			
单元目标	**课时目标**	**学习问题**	**学习活动**
（1）通过研讨，能说出遮挡关系和准确的人物动态在画面中的作用，认识到灵动的画面需要两种方法的合理运用。 （2）通过对比分析，能总结出遮挡关系和画准人物动态的方法，创作美术作品。 （3）在真实的经历后，综合运用两种表现方法进行创作，表达自己的所见所闻，形成学习迁移的能力	第 1 课时： （1）能说出画面灵动的含义，以及遮挡关系和准确人物动态在表现灵动画面中的作用。 （2）通过观察实物分析，总结画出遮挡关系的方法，创作一幅体现遮挡关系的画	（1）使画面灵动的方法有哪些？关键是什么？ （2）如何用线条表现植物穿插交错、前后遮挡的关系？	**任务 1：交流作品，初步提炼单元大观念。** 同学们，上个周末大家观察小区的生活场景，用线条创作了一幅灵动的画，大家画得怎么样呢？你探究出了什么好方法？我们一起来探究吧！ （1）学生讲述自己的画，分享自己使画面灵动的表现方法，评选出小组中最灵动的一幅作品。 （2）围绕“画面看起来灵动的关键是什么”进行小组讨论，班级分享，教师总结。 （3）小组内相互说一说遮挡关系和准确的人物动态在画面中的作用。 （4）再次梳理自己的方法。 **任务 2：观看图片，结合实物练习，归纳画出遮挡关系的方法并创作。** 同学们，看！老师给大家带来了什么？对了，是小草，现在请闭上眼睛听老师讲“草丛中的故事”。这些小草组合在一起，想要画出来每一片叶子真不是容易的事情！大家不要觉得难，掌握了方法就简单了，请同学们分小组观察草叶，完成以下探究任务吧！ （1）组拼游戏：学生将草叶自由组合，观察它们的变化，小组讨论并分享，教师总结草叶的组合变化。 （2）小组围绕“如何用线条表现植物的穿插交错、前后遮挡关系”进行讨论，组内分享，教师点评。 （3）教师总结草叶翻折后外轮廓的变化和与草叶交叉后出现的穿插交错、前后遮挡的空间关系，示范描绘步骤。 （4）改画练习：查看教材“小训练”的三片草叶，将这三片草叶在小练笔本上进行改画。 （5）组内分享自己的改画，给同伴提出合理建议，推选优秀组员班级展示，教师总结。 （6）学生在小练笔的基础上增加小草的数量，完成“草丛”描绘，同时思考“在草丛中除了草还有什么？”学生在“草丛”的基础上进行添画创作，作品完成后小组内分享，教师点评

续表

单元目标	课时目标	学习问题	学习活动
（1）通过研讨，能说出遮挡关系和准确的人物动态在画面中的作用，认识到灵动的画面需要两种方法的合理运用。 （2）通过对比分析，能总结出遮挡关系和画准人物动态的方法，创作美术作品。 （3）在真实的经历后，综合运用两种表现方法进行创作，表达自己的所见所闻，形成学习迁移的能力	第 2 课时： 通过观察表演分析，总结画准人物动态的方法，创作一幅人物动态丰富的画	怎样画准人物动态?	**任务 3：观察、模仿不同的人物动态，归纳画准人物动态的方法并创作。** 同学们，大家都说劳动最光荣，在你我身边，就有这样一群劳动者，他们将我们的生活场所打扫得干干净净，用自己辛勤的汗水，换来城市的清洁。让我们一起探究怎样用画笔记录他们工作的姿势，看看谁画得最灵动吧！ （1）观察不同劳动者的动态，尝试模仿不同的人物姿态，并上台表演。学生进行小练笔，初步写生。 （2）小组讨论、分析小练笔中人物重心不稳和动作不真实的原因，围绕“怎样画准人物动态”进行讨论，班级内分享。 （3）教师讲解运用动态线辅助画准人物动态的方法，并板演示范。学生修改自己的小练笔。 （4）组内分享自己的小练笔，给同伴提出合理建议，推选优秀组员班级展示，教师总结。 （5）运用本节课所学，画一幅自己家庭劳作的场景图。作品完成后，同桌互相说一说自己的想法，教师评价。 （6）完善自己的方法
	第 3 课时： 运用画出遮挡关系和画准人物动态的方法进行综合创作，创作一幅灵动的画		**任务 4：综合运用两种表现方法进行创作。** 同学们，今天我们进行校园写生课，请同学们六人为一组，带好你的作画工具和教师一起到校园进行写生，注意要用到我们本单元所学的画出遮挡关系和画准人物动态的方法，期待大家精彩的表现！

（三）展演任务

“我的写生”作品展览：

通过本单元的学习，同学们创作出了属于自己的写生作品，学会了如何使画面变得灵动而不呆板的方法，描绘了活灵活现的植物、姿态各异的人物。现在请同学们分享自己创作中的思考，在欣赏其他同学作品的同时选出你最喜欢的作品，并说出喜欢的理由，体会绘画交流的乐趣。

四、研制评价量表

根据单元学习目标，围绕前置任务、研学任务和展演任务（研学活动、课堂表现）设计了三组相应的评价量表，评价量表依据评价标准设定为A、B、C三个等级。三组任务由学生自评、互评与教师评价相结合进行。

（一）前置任务评价量表

“我的小区”作品评价量表如表2所示。

表2 “我的小区”作品评价量表

维度	A	B	C
画面	画面完成度高，线条流畅，体现出灵动	画面完成度比较高，线条比较流畅，画面不呆板	画面基本完成，线条基本流畅，画面显得呆板
方法	能梳理出2种使画面灵动的表现方法	能梳理出1种使画面灵动的表现方法	没有梳理出使画面灵动的表现方法

（二）研学任务评价量表

“研学活动”评价量表如表3所示。

表3 “研学活动”评价量表

维度	A	B	C
遮挡关系	草叶之间的穿插交错变化多，前后遮挡的关系表现明显，线条流畅	草叶之间的穿插交错变化较多，前后遮挡的关系表现较为明显，线条较为流畅	草叶之间的穿插交错变化较少，前后遮挡的关系表现不明显，线条不够流畅
人物动态	人物重心稳定、人物动态准确，结构比例合理，线条流畅	人物重心稳定、人物动态较为准确，结构比例较为合理，线条较为流畅	人物重心不够稳定，大致画出人物动态，部分结构比例失调，线条不够流畅

“课堂表现”评价量表如表4所示。

表4 “课堂表现”评价量表

维度	A	B	C
合作情况	自信分享与交流自己的作品，分析或评价同学的作品全面准确	能分享与交流自己的作品，分析或评价同学的作品基本准确	能分享自己的作品，简要评价同学的作品

续表

维度	A	B	C
听课情况	积极和教师、同学互动，主动参与探究活动，能全程注意力集中	能回应教师、同学的提问，参与探究活动，大部分时间注意力集中	在他人提醒下参与探究活动，少部分时间注意力集中
安全卫生	明确不同工具、材料和媒介的安全使用规则。活动结束时积极主动收拾、整理工具和材料，保持课桌和教室的整洁	基本明确不同工具、材料和媒介的安全使用规则。活动结束时能收拾、整理工具和材料，保持课桌和教室的基本整洁	基本明确不同工具、材料和媒介的安全使用规则。活动结束时，在教师的提醒下，能收拾、整理工具和材料，保持课桌和教室的基本整洁

（三）展演任务评价量表

“我的写生”作品展评价量表如表5所示。

表5 “我的写生”作品展评价量表

维度	A	B	C
作品	准确表现出物象之间遮挡的关系，人物姿态贴近真实，人物比例协调。内容丰富，主体突出，线条流畅	表现出物象之间遮挡的关系，人物姿态较为真实，人物比例较为协调。有添加内容的空间，线条较为流畅	没有表现出物象之间遮挡的关系，人物姿态不够真实、人物比例不够协调。内容较少，线条不够流畅
分享展示	能用准确的美术术语表达自己创作作品中的思考。声音洪亮、语言流畅，条理清晰，仪态大方	能用美术术语表达自己创作作品中的思考。声音较洪亮，有中心有条理，仪态较大方，有一两处停顿的地方	能表达自己创作作品中的思考。声音低沉，说话断断续续，表达不自然，中心不明确

五、教学设计反思

我们深刻认识到单元教学设计的核心路径是建构“关联”。在本单元设计中，在解读整册美术教材的基础上，将原本的美术知识、能力统整到单元之中，用大观念将美术要素之间建立“关联”，以单元为整体，明确单元目标，设计教学活动和评价。以往的《草丛中》和《城市美容师》采用单课时教学的形式，《草丛中》主要任务是学习前后遮挡，《城市美容师》使学生初步掌握运用线条描绘动态人物的方法并画出人物真实的动态，学生在分课时的美术创作中难以形成整体的认识，更是很难将两个要素融合运用到一幅作品中，学生创作灵动的画通常是单一、不够丰富的。本单元从艺术表现素养出发进行整合，以“灵动”为主线建立两个美术要素之间的“关联”，引导学生在观察、分析的基础上研讨表现植物之间穿插遮挡关系和人物的动态变化的方法。前置、研学、展演三层任务环环相扣，以单元大观念为统领，以创作一幅灵动的画为载体，以“方法”为主线，由学生自主梳理到科学建构，再到实际应用，评价则始终贯穿其中。由此，美术要素是“关联”的，学习过程是“关联”的，学生与教师是“关联”的，学生之间也是“关联”的，学生的认知发展当然就是“关联”的，这样的“关联”让教育更为系统，让学生成长更为有力。

要想画得像，线条形状组合来帮忙

——湘美版《美术》小学一年级下册

伍欣婷　陈永贵　窦　瑞*

一、制订基于核心素养的单元目标

本单元围绕“画得像”这一主旨，让学生运用不同线条形状和组合的方法表现景物特点，进行美术创作。通过对课标、教材、学情的层层分析，紧扣主旨强化“方法”的探究、理解与应用，提炼大观念，梳理知识结构，为学生思维发展搭建支架。立足学生发展视角，聚焦学与用相结合，制订单元目标，发展学生核心素养。

（一）提炼单元大观念

1. 课程标准分析

基于《义务教育艺术课程标准（2022 年版）》进行分析。

学段目标：能使用不同的工具、材料和媒介，按照自己的想法，以平面、立体或动态等表现形式表达所见所闻、所感所想。能积极参与班级或小组开展的各种游戏活动，初步形成综合探索与学习迁移的能力。

学业要求：对美术创作具有好奇心和想象力。能在教师的指导下养成安全使用不同工具、材料和媒介的习惯。在活动结束时，能收拾、整理工具和材料，保持课桌和教室的整洁。

学业质量标准：能根据教师提出的主题或根据自己的所见所闻、所感所想，使用美术工具、材料和媒介创作 1 ～ 2 件富有创意的平面、立体或动态的美术作品。能积极参与小组或班级组织的各种造型游戏活动，并结合各种活动

* 伍欣婷　陈永贵　窦瑞，郑州高新区外国语小学

创作 1 ~ 2 件作品。在造型游戏活动中，能与同学交流合作，并尊重、理解他人的看法。

本单元为一年级下册“造型 · 表现”领域的学习内容，除了落实一年级下册常规的工具使用和安全卫生的素养要求外，对于艺术表现方面的造型元素——线条的学习更加深入，创作方面要求学生按照教师指定的情境进行创作，相比上学期增加了难度。因此，本单元最核心的标准为：能使用不同的工具、材料，按照自己的想法，以平面的表现形式表达所感所想；积极参与小组活动，能与同学交流合作，尊重、理解他人的看法。

2. 教材分析

（1）相关教材内容梳理。

《小雨沙沙》中的小动物、花草儿在雨中跳舞的画面和雨中小动物和人一起聚会的欢乐场景，让学生体会到小雨的美丽与生命的美好。两幅作品用线条的不同组合变化，传达了雨中景物的趣味性和情意性。教材展示的小雨的表现方法分别为短斜线、水滴形、长短不一的短斜线，为学生练习提供了直观的参考。本课布置的作业让学生观察春天的小雨，大胆联想，运用拟人、夸张的表现方法，启发学生用不同形态的线条变化组织画面。

《软绵绵的云》中选取拟人化的云朵形状，动物们和小朋友快乐地拥抱云朵嬉戏，激起学生兴趣。教材中对云朵的表现方法从简单的半圆形弧线到两三组不同大小的半圆形弧线，再到封闭的完整弧线，将云朵的绘画过程完整地表现了出来，给学生展示了怎样用弧线条绘制出软绵的云朵形状的方法。学生作业的设置也恰到好处地充满了趣味和欢乐，为学生提供了驰骋想象的舞台，使学生从客观上认识云的形状和形态变化等特点，启发学生用不同形态的弧线组织画面，并大胆的添画场景，发展学生观察能力、形象思维能力和想象能力。

（2）教材内容整合分析。

通过教材内容分析《小雨沙沙》，要求学生利用线条画出不同的雨的形态及雨中景物的特点，这里把点转换为短线的概念，目的是将点统一纳入线条的范畴。《软绵绵的云》让学生学习弧线表现云的特点。基于这两课“不同线条形状组合表现不同的景物特点”这一共同要素，将之整合为一个单元，具体安排如下：

课前设计前置任务，让学生自由创作一幅特点明显的画，并梳理表现景物特点的方法。

第1课时引导学生对前置任务总结的方法进行交流，建立利用线条形状及不同的组合方式来表现景物特点的认识。接着学习《小雨沙沙》，组织学生探究短线和长直线的形状和组合方法并运用此方法表现景物特点。

第2课时《软绵绵的云》。让学生探究弧线的形状和组合方法并运用此方法表现景物特点。

第3课时为艺术创作课。学生综合运用三种不同线条的表现方法创作美术作品。

展演评价利用课余时间进行，让学生通过交流分享提升表达能力，同时学习同伴的创意想法，提出合理的建议。

3. 学情分析

小学一年级学生想象力丰富，模仿力强，自制能力较弱，对大自然充满了好奇和丰富的想象，对于画雨和云这种生活中常见的景物兴趣很高，喜欢观察模仿，能借助教师示范或图片进行临摹，更喜欢天马行空的自由创作。但是缺乏理性的分析和比较，只能凭感觉印象画画，欠缺对于景物细致描绘的能力。为此，教学中应该提供丰富的视觉形象和教师及时的示范作画，以便加深学生们的印象。对于细节的描绘，教师应理性看待，对于孩子的天真应注意保护，让童真童趣表现出来。教学中还应链接丰富的音视频和设计造型游戏活动吸引学生的兴趣。

从平时学生的绘画创作经验来看，学生在一年级上学期已初步尝试用线条、形状进行绘画表现，具有一定的造型表现基础，但是大多数是通过联想进行绘画，对于线条的形状及组合没有着重的学习，甚至部分孩子绘画时，线条还不能按照一个方向排列，对于同一种景物极易画得雷同，不能抓住物象的特点进行绘画。本单元要求用线条的形状和组合画出景物的特点，对于学生提出了更高的要求，对于线的形状区别及组合方法的学习，应侧重动手练习帮助学生理解。

4. 单元大观念

通过以上分析，围绕“画得像”，本单元重点是要建立学生对于线条形状组合与表现景物特点的关系的认识，核心价值是通过自主学习归纳线条的形状和组合的表现方法进行艺术创作。为此，确定单元大观念：要想画得像，线条形状组合来帮忙。

（二）建构单元课程结构

单元课程结构如图 1 所示。

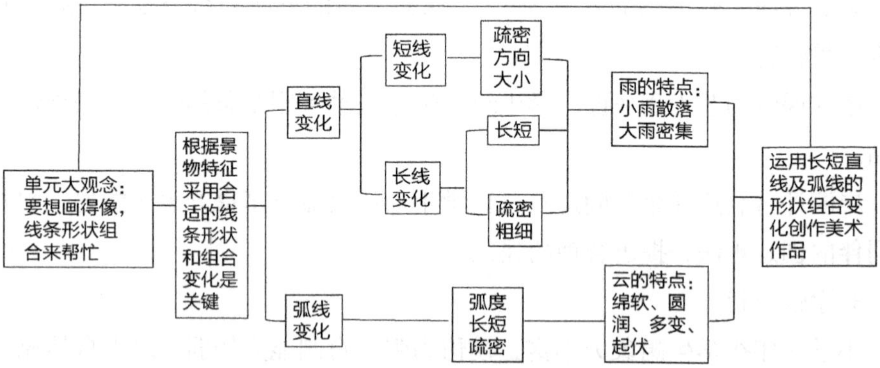

图 1　单元课程结构

（三）表述单元目标

（1）通过交流作品，建立线条形状组合与表现景物特点的关系的一般认识。

（2）通过课堂探究活动，能总结出利用线的变化表现景物特点的方法。

①通过参与造型游戏、分析研讨，能归纳出短线和长直线形状和组合的方法并创作作品。

②通过提取图片信息、分析研讨，能归纳出弧线形状和组合的方法并创作作品。

（3）结合具体情境，利用直线和弧线的形状和组合变化进行美术创作，大胆表达自己的所见所闻，形成综合探索与学习迁移的能力。

二、创设学习情境和评价任务

（一）学习情境

同学们，大自然的美无处不在。美在哪里？美在沙沙作响的小雨中，美在弯弯曲曲的梯田里，美在鳞次栉比的竹林间，美在千变万化的云朵上，还有那阳光下清澈见底的小溪，任凭风雨吹打傲然挺立的小草。这些美丽的景物在大自然中翩翩起舞。我们如何用线条描绘它们呢？那就需要掌握具体的线条绘画方法。本单元我们将围绕怎样“画得像”来探索线条的表现力，创作绘画作品。单元结束后，我们班级将举办“风雨中的大自然”作品展，到时将展示我们的作品并说说我们的创作想法。

（二）评价任务

评价任务如图 2 所示。

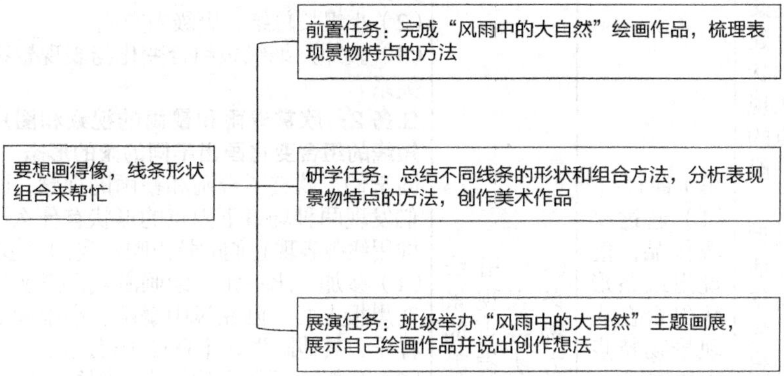

图 2　评价任务

课时总体规划：前置任务课前完成，研学任务 3 课时，展演任务课余时间进行，本单元共 3 课时。

三、设计学习活动方案

（一）前置任务

同学们，大自然的美无处不在。风雨中的雨滴、云朵、树林、小草是不是和平时相比别有一番情趣呢！请同学们观察大自然中的景物，用线条创作“风雨中的大自然”绘画作品！同时思考你是怎样表现景物特点的，梳理出自己的方法。

（二）研学任务

研学任务如表 1 所示。

表 1　研学任务

基本问题：怎样用线条形状组合画出景物的特点？			
单元目标	**课时目标**	**学习问题**	**学习活动**
（1）通过交流作品，建立线条形状组合与表现景物特点的关系的一般认识。 （2）通过课堂探究活动，能总结出利用线的变化表现景物特点的方法。 （3）结合具体情境，利用直线和弧线的形状和组合变化进行美术创作，大胆表达自己所见所闻，形成综合探索与学习迁移的能力	第 1 课时： （1）通过交流作品，能说出线条形状组合在表现景物特点中的作用。 （2）通过参与造型游戏、分析研讨，能归纳出短线和长直线形状和组合的方法并创作作品	（1）用线条表现景物特点的方法有哪些？ （2）短线和长直线形状和组合的方法有哪些？	**任务 1：交流作品，初步提炼单元大观念。** 同学们，大自然给我们带来无限的创作空间，大家都用线条创作了“风雨中的大自然”绘画作品，梳理出了表现景物特点的方法，我们一起来交流。 （1）小组相互展示自己的作品并交流自己的方法。 （2）小组长总结，班级内交流。 （3）教师归纳线条组合变化与表现景物特点的关系。 **任务 2：欣赏春雨和暴雨的视频和图片，运用短线的组合变化画出不同的雨的形态。** 同学们，欣赏了春雨和暴雨的视频、图片，你们发现两种场景下雨点的形状有什么不同？怎样用线条表现它们的特点呢？我们一起来探究。 （1）参加“比一比”绘画游戏，三名学生上台在黑板上画一画在风中暴雨、小雨和毛毛雨的样子，其他同学评比看谁画得最像。 （2）分析三幅作品的特点，围绕“短线的组合方式有哪些”？小组进行讨论，班级内分享。 （3）教师示范，师生归纳短线的疏密、方向、大小的变化与组合的方法。 （4）学生自主进行小练笔，运用短线的组合变化画出在风中不同大小的雨的形态。 **任务 3：欣赏竹林、春笋的视频和图片，运用短线和长直线的变化画出雨中的竹林。** 同学们，我们看了风雨中竹林和春笋的材料，发现它们和雨的形象不一样，这些景物该怎样用线条表现呢？我们一起来探究。 （1）参考图片，用长直线画出竹林的变化。 （2）小组研讨作品，推选出画得最好的同学，班级分享“好在哪里”。 （3）教师示范并总结不同长直线疏密、粗细、长短变化和组合的方法。 学生自主进行综合小练笔。 （1）运用短线和长直线的组合变化，画出雨中竹林、春笋的形象，然后有选择的添画雨中小花、小草的可爱模样。 （2）同桌相互评价

续表

单元目标	课时目标	学习问题	学习活动
（1）通过交流作品，建立线条形状组合与表现景物特点的关系的一般认识。 （2）通过课堂探究活动，能总结出利用线的变化表现景物特点的方法。 （3）结合具体情境，利用直线和弧线的形状和组合变化进行美术创作，大胆表达自己所见所闻，形成综合探索与学习迁移的能力	第2课时：通过提取图片信息、分析研讨，能归纳出弧线形状和组合的方法并创作作品	弧线的形状和组合方法有哪些？	**任务4：欣赏云朵的视频和图片，画出变化多端的云朵。** 同学们，我们观看了教材中好多小伙伴在云中玩耍的场景，是不是感觉非常有趣呀？请同学们闭上眼睛，假设自己和云朵是好朋友，想象自己和云朵在一起，抱抱它、摸摸它，让我们一起用画笔表现它吧！ （1）用线条画一朵云的形状，同桌相互提建议，班级分享"怎样画好一朵云"？ （2）教师总结弧线的弧度变化对云朵的影响，示范用不同大小弧度的弧线画出云朵。 （3）学生自主进行小练笔，画出变化多端的云朵。 **任务5：欣赏梯田的视频和图片，创作白云下的梯田和山丘。** 同学们，很多弧线组合在一起会产生怎样的美丽景象呢？分析梯田的图片，你有什么新的创想？我们一起来探讨！ （1）学生自主发言，交流弧线的组合变化。 （2）教师示范并总结弧线的组合方法。 （3）学生自主进行小练笔，尝试运用弧度和不同弧线组合变化，画出白云下的梯田和山丘。 （4）同桌相互评价。 共学梳理：完善表现景物特点的方法
	第3课时：综合运用线条的表现方法进行美术创作，能表现出景物的特点	**任务5：** 山谷里风景如画，那里有千变万化的云朵，有弯弯曲曲的梯田，有鳞次栉比的竹林，有清澈见底的小溪，有傲然挺立的小草。对了，还有生活在那里无忧无虑的小动物，在风雨交加的时候这些小动物和植物会发生哪些故事呢？请同学们展开想象，两人一组运用不同的线条形状组合，画一画它们之间发生的故事吧！	

（四）展演任务

"风雨中的大自然"作品展览：

在本单元的学习过程中，同学们主动探索线条的表现方法，用不同的线条形状和组合变化画出景物的特点，并两人一组创作了作品。在本次作品展览中，请选取一人作为代表，展示你们的优秀作品并分享创作想法吧！最后，大家根据评价量表评选出你最喜爱的作品，为优秀作品投票，向优秀作者学习！

四、研制评价量表

根据单元学习目标，围绕前置任务、研学任务（研学活动、课堂表现）和展演任务设计了三组相应的评价量表，评价量表依据评价标准设定为A、B、C三个等级。前置任务及研学任务由学生依据评价标准自评、互评，展演任务依据评价标准由学生进行互评。

（一）前置任务评价量表

"风雨中的大自然"绘画作品评价量表如表2所示。

表2 "风雨中的大自然"绘画作品评价量表

维度	A	B	C
画面	画面完成度高，主体突出	画面完成度较高，主体较突出	画面基本完成，主体不突出
方法	能梳理出至少3种用线条表现景物特点的方法	能梳理出至少2种用线条表现景物特点的方法	能梳理出至少1种用线条表现景物特点的方法

（二）研学任务评价量表

"研学活动"评价量表如表3所示。

表3 "研学活动"评价量表

维度	A	B	C
短线	画出短线疏密、方向、大小共3种形状和组合变化，符合景物特点	画出短线形状和组合至少2种变化，较符合景物特点	画出短线形状和组合至少1种变化，较符合景物特点
长直线	画出长直线长短、密集、粗细共3种形状和组合变化，符合景物特点	画出长直线形状和组合至少2种变化，较符合景物特点	画出长直线形状和组合至少1种变化，较符合景物特点
弧线	画出长直线弧度、长短、疏密共3种形状和组合变化，符合景物特点	画出弧线形状和组合至少2种变化，较符合景物特点	画出弧线形状和组合至少1种变化，较符合景物特点

"课堂表现"评价量表如表4所示。

表 4 “课堂表现”评价量表

维度	A	B	C
合作情况	自信分享与交流自己的作品，全面正确分析或评价同学的作品	能分享与交流自己的作品，正确分析或评价同学的作品	能分享自己的作品，简要评价同学的作品
听课情况	积极和教师、同学互动，主动参与探究活动，能全程注意力集中	能回应教师、同学的提问，参与探究活动，大部分时间注意力集中	在他人提醒下参与探究活动，少部分时间注意力集中
安全卫生	明确不同工具、材料和媒介的安全使用规则，活动结束时能有序收拾、整理工具和材料，保持课桌和教室的整洁	基本明确不同工具、材料和媒介的安全使用规则，活动结束时能收拾、整理工具和材料，课桌和教室的整洁度能达到 80%	不同工具、材料和媒介的安全使用规则不够明确，活动结束时收拾、整理工具和材料行动缓慢无序，课桌和教室的整洁度达到 60%

（三）展演任务评价量表

“风雨中的大自然”作品展评价量表如表 5 所示。

表 5 “风雨中的大自然”作品展评价量表

维度	A	B	C
作品	创作作品主题突出，合理运用直线和弧线的形状和组合变化，准确表现景物特点，线条流畅	创作作品主题明确，较为合理运用直线和弧线的形状和组合变化，能表现景物特点，线条较为流畅	创作作品主题不够明确，直线和弧线的形状和组合变化运用不当，未能准确表现景物特点，线条不够流畅
分享表现	声音洪亮、语言流畅，中心明确、条理清晰，仪态大方	声音较洪亮，有中心有条理，仪态较大方，有一两处停顿的地方	声音低沉，说话断断续续，表达不自然，中心不明确

五、教学设计反思

本单元选取的内容在以往的分课时教学中，一般为先进行线条表现的学习，然后让学生发挥联想进行自由创作，学习结束学生对于造型元素——线条的变化认识不深刻，结果：一是容易使学生产生审美疲劳，二是没有把造型元素在美术表现中的作用进行强调，学生发挥想象力进行自由创作，学习结束后对线条的运用能力没有提高，难以给学生留下深刻印象。本案例设计将美术造型元素——线条的变化选取出来，据此将分散开的两课整合为一个单元，结合课标、教材、学情综合分析，找出关键点即“线条的形状和组合变化”，遵循“观察—体验—探究—联想”的思路，在研学活动中让学生总结不同线条的长短、粗细、疏密的画法，并在用线条画好主体物基本形状特点的基础上融入大胆的想象添画完成，绘制出既体现美术基本能力提升，又能表达自己独特感受的绘画作品。使学生很好地认识到线条的表现力及如何运用线条表现身边事物。学生在学习后深刻理解大观念，为将来造型表现中线条运用方面奠定基础。